D1662304

Peter A. Worel

Türöffner zum Erfolg

Peter A. Worel

Türöffner zum Erfolg

*Wie Sie bei Gesprächs-
partnern und Kunden
überzeugend auftreten*

WILEY-VCH Verlag GmbH & Co. KGaA

1. Auflage 2011

Alle Bücher von Wiley-VCH werden
sorgfältig erarbeitet. Dennoch übernehmen
Autoren, Herausgeber und Verlag in keinem
Fall, einschließlich des vorliegenden Werkes,
für die Richtigkeit von Angaben, Hinweisen
und Ratschlägen sowie für eventuelle Druck-
fehler irgendeine Haftung

**Bibliografische Information
der Deutschen Nationalbibliothek**
Die Deutsche Nationalbibliothek verzeich-
net diese Publikation in der Deutschen
Nationalbibliografie; detaillierte bibliografische Daten sind im Internet über
http://dnb.d-nb.de abrufbar.

© 2011 Wiley-VCH Verlag & Co. KGaA,
Boschstr. 12, 69469 Weinheim, Germany

Printed in the Federal Republic of Germany

Gedruckt auf säurefreiem Papier.

Satz Mitterweger & Partner, Plankstadt
Druck und Bindung CPI – Ebner & Spiegel,
Ulm
Umschlaggestaltung init GmbH, Bielefeld

Print ISBN: 978-3-527-50626-2

Inhaltsverzeichnis

Vorwort

Menschen treffen sich beruflich oder privat und reden miteinander: Sie wollen sich entspannt austauschen, sie fragen nach neuen Informationen, sie suchen Antworten auf offene Fragen, sie wollen ihr Wissen weitergeben, sie verhandeln, sie streiten, sie wollen Produkte oder Dienstleistungen verkaufen, um nur einige Gründe aufzuführen.

Erstaunlich dabei ist, dass es immer wieder zu Missverständnissen und Misserfolgen in der Kommunikation kommt, die auf den ersten Blick unverständlich sind. Und dies, obwohl die Gesprächspartner dieselbe Sprache sprechen. Kennen Sie das auch? Sie sprechen mit jemandem und machen ihn auf eine in Ihren Augen unwichtige Kleinigkeit aufmerksam, doch Ihr Gesprächspartner reagiert verärgert, er rechtfertigt sich, eventuell bricht er das Gespräch sogar ab. Oder: Sie unterbreiten Ihrem Gegenüber einen einzigartigen Vorschlag, doch er lehnt ihn ohne Diskussion ab.

Solche Gesprächssituationen können Sie im Geschäftsalltag ebenso erleben wie im Privaten. Woran liegt das? Häufig stimmen »Sendekanal« und »Empfangskanal« nicht überein. Ihr Gegenüber versteht etwas anderes, als Sie vermitteln wollen. Das kann daran liegen, dass er Ihre Worte falsch interpretiert, weil Sie sich unklar ausgedrückt haben. Doch selbst dann, wenn Ihre Worte richtig verstanden werden, ist dies kein Garant für erfolgreiches Kommunizieren. Denn der erfolgreiche Umgang mit Menschen hängt von mehr ab, als von richtig verstandenen Worten. Sie können eine geschliffene Wortwahl benutzen und klar und deutlich sprechen, und trotzdem »kommen Sie bei Ihrem Gegenüber nicht an«. Er bleibt für Sie »verschlossen«. Es ist Ihnen nicht gelungen, ihn für Sie und Ihre Argumente zu »öffnen«.

Was liegt also näher, als im Umgang mit Menschen Türöffner zum Erfolg einzusetzen? Denn nicht nur das, was Sie sagen, ist für Ihren

Erfolg im Beruf wie im Privatleben wichtig, sondern mindestens ebenso wichtig ist, wie Sie etwas sagen. Ihre Worte, Ihre Körpersprache, Ihre Kleidung und Ihr Benehmen können andere Menschen »öffnen«, doch genauso auch »verschließen«. Sie gewinnen Gesprächspartner und Kunden für sich und Ihr Anliegen dann besonders einfach, wenn es Ihnen gelingt, durch Ihr Auftreten deren Unterbewusstsein positiv zu konditionieren. Worauf es dabei ankommt, erfahren Sie in diesem Buch.

Die Ergebnisse der modernen Gehirnforschung geben Ihnen ausgezeichnete Ansatzpunkte für den passenden Einsatz Ihrer Türöffner zum Erfolg. Das menschliche Gehirn nimmt nur gewisse Signale positiv auf und interpretiert sie als wichtig. Andere Signale dagegen führen sofort dazu, dass eine Sache oder eine Person abgelehnt wird, ohne dass alle relevanten Fakten geprüft worden sind. Daraus können Sie ableiten, dass nicht jeder vermeintliche Türöffner zum Erfolg führt. Es kommt darauf an, dass Sie in der jeweiligen Situation die passende Kombination aus den einzelnen Türöffnern einsetzen und diese stimmig wirken. Wer sich nur einseitig in Rhetorik weiterbildet und dabei seine Körpersprache, seine Kleidung und sein Benehmen vernachlässigt, wird sich im Geschäftsleben ebenso schwer tun wie jemand, der zwar perfekt gekleidet ist, aber unsicher auftritt und schlecht spricht. Wie Sie die einzelnen Türöffner überzeugend kombinieren, das erfahren Sie ebenfalls in diesem Buch.

Dieses Buch hilft Ihnen somit, im Umgang mit Menschen erfolgreicher zu werden. Sie werden als Führungskraft Ihre Mitarbeiter überzeugender führen. Sie werden als Verkäufer Ihre Kunden leichter für Ihr Angebot gewinnen. Sie werden als Politiker besser bei Ihren Wählern ankommen. Sie werden – unabhängig von Ihrer Funktion und Position – erleben, dass der Einsatz der Türöffner zum Erfolg immer dann von Nutzen für Sie ist, wenn Sie mit anderen Menschen kommunizieren.

Sie erhalten in diesem Buch eine Übersicht über Erkenntnisse der modernen Gehirnforschung, die für Ihren Erfolg wichtig sind. Sie lernen die Türöffner im Einzelnen kennen und Sie erfahren, wie Sie sie in der passenden Kombination in speziellen Situationen des Geschäftslebens erfolgreich einsetzen.

Der amerikanische Automanager Henry Ford sagte zutreffend: »Erfolg besteht darin, dass man genau die Fähigkeiten hat, die im

Moment gefragt sind.« Mit den in diesem Buch vorgestellten Türöffner-Kombinationen besitzen Sie genau diese Fähigkeiten und Sie werden das Unterbewusstsein Ihrer Gesprächspartner und Kunden damit erfolgreich ansprechen. Mit diesem Wissen sind Sie bestens gerüstet, jeden Gesprächspartner, Kunden oder Zuhörer zu »öffnen«.

Ich wünsche Ihnen viel Freude beim Lesen und eine Vielzahl neuer Erkenntnisse.

Schreiben Sie mir, wenn Sie Fragen zu Ihrer individuellen Situation oder weitere Anregungen zum Thema dieses Buches haben. Und schreiben Sie mir, wenn Sie selbst oder Ihre Mitarbeiter die Türöffner zum Erfolg vertiefen wollen. Die ideale Ergänzung zu diesem Buch finden Sie in entsprechenden Seminaren, Coachings und Individualberatungen von Stilwelt. Gerne antworte ich auf Ihre Fragen und helfe Ihnen weiter.

August 2011   *Ihr*
                               Peter A. Worel

                               Stilwelt – Führungsberatung,
                               Seminare & Coaching
                               Postfach 11 20
                               85631 Höhenkirchen
                               www.die-stilwelt.de
                               kontakt@die-stilwelt.de

Wenn Sie beim Lesen auf die männliche Form von Gesprächspartnern, Kunden, Zuhörern und Sonstigen treffen, so sind die Frauen damit stets eingeschlossen. Nur der besseren Lesbarkeit wegen wird auf die stetige Nennung der weiblichen Form verzichtet.

Das menschliche Gehirn – wie hilft es uns für den Umgang mit Menschen?

»Achte auf Deine Gedanken!
Sie sind der Anfang Deiner Taten.«

Chinesisches Sprichwort

Sie fragen sich, weshalb Sie in diesem Buch ein Kapitel zum menschlichen Gehirn finden? Das Gehirn, seine Funktionsweisen und die daraus ableitbaren Erkenntnisse liefern Ihnen die entscheidenden Schlüssel zum Verständnis und damit die Türöffner zum erfolgreichen Umgang mit anderen Menschen. Sie finden auf den folgenden Seiten zunächst grundlegende Punkte, wie das Gehirn aufgebaut ist, wo sich was im Gehirn abspielt und was wir daraus lernen können. Bitte beachten Sie, dass diese Ausführungen keinesfalls den Anspruch auf Vollständigkeit erheben, was die Ergebnisse der Gehirnforschung angeht. Im Gegenteil: Sie beschränken sich nahezu ausnahmslos auf ausgewählte Inhalte und solche Forschungsergebnisse, die für das Thema des vorliegenden Buches, für das Verständnis und das »Öffnen« anderer Menschen notwendig sind.

Wenn Sie wissen, was Ihren Gesprächspartner – sei es Ihr Kunde, Ihr Vorgesetzter, Ihr Mitarbeiter oder sonst jemand – im tiefsten Inneren bewegt und wie er in bestimmten Situationen reagieren wird, dann fällt Kommunikation und zielorientiertes Umgehen miteinander deutlich leichter und wird für Sie beide von Nutzen sein.

Der Grundaufbau des Gehirns

Rund zwei Prozent des Körpergewichts eines durchschnittlichen Erwachsenen ist es schwer. Etwa 55 Prozent der im Körper vorhandenen Glukose verbraucht es im Ruhezustand. Das menschliche Gehirn – ein Wunderwerk der Natur.

Drei große Bereiche bilden es: das Großhirn mit dem Neokortex, das Kleinhirn und der Hirnstamm. Über die Entstehungszeit des Menschen betrachtet ist der älteste Teil von ihnen der Hirnstamm, der jüngste ist das Großhirn. Hirnstamm und Kleinhirn zusammen werden oft auch »Reptiliengehirn« genannt.

Diese drei großen Hirn-Bereiche sind in Wirklichkeit anatomisch keineswegs so deutlich voneinander getrennt, wie es deren differenzierte Bezeichnungen vermuten lassen. Letztlich ist das Gehirn ein großes Netzwerk aus verbundenen Nervenzellen.

Von vorne und von oben zeigt das Gehirn zwei Hälften, die sogenannten Hemisphären, zwischen denen eine große Furche verläuft. Jede Gehirnhälfte ist grundsätzlich für die gegenüberliegende Körperhälfte zuständig. Zudem gibt es Aufgaben, für die nur eine Hemisphäre zuständig ist – wie zum Beispiel die Sprache –, und es gibt Aufgaben, die nur durch beide Hälften gemeinsam bewältigt werden können – wie zum Beispiel das räumliche Sehen. Hierzu sind beide Hälften miteinander verbunden.

Noch eine weitere Zweiteilung lässt sich erkennen: Im Großhirn gibt es graue und weiße Gehirnmasse. Die »graue Substanz« umschließt das restliche Gehirn wie die Rinde das Bauminnere. Dementsprechend wird sie Hirnrinde genannt. In ihr werden Informationen verarbeitet. Die weiße Substanz dagegen übernimmt Leitungs- und Verbindungsaufgaben. Hierin eingebettet liegen erneut graue Gehirnmassen, die beispielsweise spezielle, bewusst nicht wahrgenommene Funktionen wie Atmen, Schlafen, Verdauen und den Herzschlag ausführen.

Ein für eine erfolgreiche Kommunikation mit anderen Menschen sehr wichtiger Teil des Gehirns ist das sogenannte Limbische System. Zu ihm gehören mehrere Hirnstrukturen aus unterschiedlichen Gehirnbereichen, zum Beispiel der Mandelkern (Amygdala), der Hippocampus, der Nucleus accumbens und die Insula. Das Limbische System ist derjenige Teil des Gehirns, der Emotionen verarbeitet, Gefühlseindrücke und Reaktionen des Körpers koordiniert sowie Sinneswahrnehmungen als positiv oder negativ einstuft. Zugleich bestimmt das Limbische System unsere Gedächtnisleistung, indem es beispielsweise mit starken Emotionen verbundene Ereignisse besonders gut abspeichern hilft. Mit im Spiel sind dabei stets Nervenbotenstoffe sowie Hormone. Darüberhinaus reagiert das Limbische System besonders stark auf Veränderungen und neue Situationen, wobei positiv erlebte Veränderungen mit Belohnungsimpulsen verbunden werden.

Ausgewählte Funktionsabläufe im Gehirn

Auf einen kurzen Nenner gebracht: Der Mensch strebt letztlich stets nach Belohnung, Bestrafungen hingegen will er vermeiden.

Zwischen in bestimmten Situationen erlebten Emotionen und direkt anschließend gezeigtem Verhalten steht das Belohnungssystem. Untersuchungen der Hirnforschung zeigen, dass Reize, die mit belohnenden oder bestrafenden Folgen verbunden sind, im Neokortex eine größere Speicherfläche erhalten als sonstige Reize.

Der Neokortex kann als ein emotionales Rechenzentrum bezeichnet werden. Er berechnet Verhaltenswege mit dem Ziel, möglichst viel Belohnung und Lust zu erreichen. Allerdings geschieht dies nach anderen Maßstäben als denen der Logik und Mathematik. Hierzu finden Sie im folgenden Kapitel Beispiele aus der Praxis. Wenn der Neokortex besagten Weg berechnet, wirkt die linke Gehirnhälfte gleichsam als optimistischer Antreiber, während die rechte Gehirnhälfte den vorsichtigen und pessimistischen Bremser spielt.

Interessant ist, dass der Neokortex die Berechnungen anstellt, das Limbische System jedoch die Entscheidungen trifft. Damit ist es das wahre Machtzentrum des Menschen, wenn es um Entscheidungen geht. Neben seinem Einfluss auf das Gedächtnis verarbeitet das Limbische System unter anderem Emotionen. Zudem koordiniert es erlebte Emotionen und die daran anschließenden Reaktionen. Außerdem bewertet es Sinneswahrnehmungen als positiv oder negativ. Die Insula hilft, die Grundbedürfnisse des Körpers zu befriedigen. Zugleich sendet sie in den Neokortex Informationen, die für Entscheidungen wichtig sind. Der Mandelkern (Amygdala) kommt ins Spiel, wenn es um Ängste geht. Der Nucleus accumbens dagegen ist der »Glücksmelder«, der dem restlichen Gehirn positive Erlebnisse signalisiert.

Wenn Sie etwas Positives erleben, dann schüttet Ihr Gehirn Endorphine und sogenannte Glückshormone (wie Dopamin und Testosteron) aus. Was jedoch positiv oder negativ ist, wird von jedem Gehirn und damit von jedem Menschen subjektiv beantwortet. Stets wird beispielsweise mit bereits gemachten Erfahrungen, mit anderen Menschen oder mit eigenen Wertevorstellungen verglichen.

Bekannt ist auch, dass Nervenzellen auf Veränderungen stärker als auf Konstanten reagieren. Etwas Neues, etwas Stärkeres oder etwas

Schwächeres – im Vergleich zum bisher Erlebten – bewirkt im Gehirn, dass mehr Nervenbotenstoffe ausgeschüttet werden, als wenn Sie jeden Tag gleichbleibende Situationen erleben. Sie merken dies beispielsweise daran, dass Sie sich nur dann an Einzelheiten Ihrer täglichen Fahrt zur Arbeit gut erinnern, wenn es sich um etwas Besonderes oder Neues gehandelt hat.

Gerade auch für den Umgang mit Menschen ist wichtig zu wissen, dass Informationen nur sehr eingeschränkt bewusst wahrgenommen werden. Obwohl unsere Sinne laufend und parallel Informationen aufnehmen, werden uns davon nur einige wenige bewusst. Dabei filtert das Gehirn den Informationsstrom so, dass wir in der Regel nur Reize jeweils eines einzelnen Sinnesorganes besonders stark wahrnehmen. Während Sie konzentriert dieses Buch lesen, nehmen Sie Umgebungsgeräusche wenig bis gar nicht wahr. Aufgrund dieser Gehirnfunktion ist es auch gefährlich, beim Autofahren zu telefonieren, denn Augen- und Ohreninformationen müssten gleichzeitig verarbeitet werden.

Bemerkenswert ist zudem, dass sämtliche Emotionen stets vom Gehirn gesteuerte Körperreaktionen hervorrufen. Und zwar so schnell, dass wir darauf mit unserem Bewusstsein in der Regel keinen Einfluss haben. Eine Schrecksekunde führt beispielsweise zu schnellerem Herzschlag, geweiteten Pupillen und möglicherweise zu Schweißausbrüchen. Dies ist der Grund zu behaupten, dass der »Körper nie lügt«, wenn er sich mittels der Körpersprache ausdrückt.

Ein weiterer wichtiger Funktionsablauf im menschlichen Gehirn hilft uns in der Kommunikation mit anderen Menschen. Es gibt Nervenzellen, die sowohl dann aktiviert werden, wenn wir eine bestimmte Handlung selbst ausführen als auch dann, wenn wir die gleiche Handlung bei einem anderen Menschen lediglich beobachten. Es handelt sich um die sogenannten Spiegelneuronen. Dank der Spiegelneuronen empfinden wir beispielsweise Gefühle, die unser Gegenüber selber durchlebt. Wer zusieht, wie sich jemand in den Finger schneidet, den durchfährt ebenfalls ein Schmerzgefühl. Dank der Spiegelneuronen sind wir außerdem in der Lage, das Verhalten unserer Mitmenschen besser zu verstehen, ja gewisse Handlungen sogar vorauszusehen. Aus dem Beginn gewisser Bewegungen können wir auf deren Fortsetzung schließen. Oft reicht sogar schon ein Geräusch, das mit einer bestimmten Handlung in Verbindung steht, damit die entsprechenden Nervenzellen so aktiviert werden, als ob diese Handlung ausgeführt wird. Spiegelneuronen helfen auch beim Lernen: Beobachtetes lässt sich leichter durch Imitieren lernen, als wenn wir eine Handlung erst selber entdecken müssen. Allerdings sind wir diesen Nervenzellen nicht völlig ausgeliefert. Starke eigene Emotionen sowie beispielsweise die Konzentration auf einen bestimmten Punkt können dazu führen, dass wir das Verhalten unseres Gegenübers nicht spiegeln und uns für seine Signale nicht empfänglich zeigen. Gibt es keine solchen »Sperren«, dann entziehen sich Spiegelneuronen jedoch unserem Bewusstsein und funktionieren unbewusst.

Alle diese Funktionsweisen des menschlichen Gehirns erlauben Ihnen Rückschlüsse darauf, wie Sie überzeugend und sinnvoll mit anderen Menschen kommunizieren können und sie lassen Sie häufig erkennen, was im Inneren Ihres Gesprächspartners vorgeht.

Erkenntnisse für den Umgang mit Menschen

Wie zuvor erwähnt: Nervenzellen – gerade auch diejenigen im Gehirn – reagieren stärker auf Veränderungen als auf Konstanten. Hieraus folgt, dass positive wie negative Erlebnisse auf gleichem Niveau mit der Zeit ihren Reiz verlieren. Die fünfte Gehaltserhöhung in Folge wird emotional weniger positiv gewertet als die erste. Der erste Tadel wird schlimmer empfunden als der vierte. Das erste Bastelset für ein Kind bedeutet ihm mehr als das dritte. Wenn Sie dies beachten, dann besitzen Sie bereits einen wichtigen Schlüssel zur nachhaltigen Motivation von Menschen. Mitarbeiter können Sie nur bis zu einem gewissen Sättigungsgrad mit Geld zu mehr Leistung motivieren. Ab dann sind neue positive Reize notwendig, wie zum Beispiel mehr Verantwortung und Freiraum für deren tägliches Arbeiten, bis auch hier eine Sättigung eintritt. Übrigens erwachsen aus diesem Grundmechanismus heraus oftmals auch Süchte: Für mehr Wohlbefinden muss die Dosis – der positive Emotionsschub – ständig erhöht werden. Diese Funktionsweise der Nervenzellen ist auch der Ausgangspunkt, wie Sie in der Kommunikation mit Menschen Aufmerksamkeit erlangen. Wenn Sie beispielsweise Ihre Präsentationen beginnen, durchführen und beenden wie fast alle anderen Referenten, dann werden Sie in der Masse untergehen und nicht entscheidend wahrgenommen. Und wenn Sie im Verkaufsgespräch die gleichen Muster einsetzen wie fast alle anderen Verkäufer – die zudem den meisten Einkäufern mittlerweile bekannt sind –, dann werden Sie einen relativ schweren Stand haben.

Der Zusammenhang zwischen Emotionen und Gedächtnis lässt den Schluss zu, dass emotionsgeladene Situationen später leichter erinnert werden als Geschehnisse ohne Emotionen. Daraus leiten Sie für Ihre Praxis ab, dass bildhafte Sprache stärker wirkt als Behördensprache. Denn Erstere löst deutlich mehr Emotionen bei Ihren Zuhörern und Gesprächspartnern aus. Dies ist ein weiterer wichtiger Schlüssel für Sie, Ihre Mitmenschen zu »öffnen«. Wenn Sie Information – insbesondere auch komplexe Zusammenhänge – vermitteln, nutzen Sie die Kraft der Bildersprache und der Vergleiche. So erzielen Sie eine deutlich höhere Verständnis- und Erinnerungsquote.

Das Wissen, dass jede Emotion eine Körperreaktion hervorruft, ist die Basis für die Interpretation der Körpersprache. Nicht umsonst heißt es: Ihr Körper lügt nie. Stellen Sie sich folgende Situation vor: Sie sitzen in einer für Sie wichtigen Verhandlung und wollen einen guten Eindruck hinterlassen. Dazu gehören auch die Signale der Körpersprache. Würden Sie nun versuchen, Ihre Körpersprache bewusst positiv zu formen, dann ginge dies unweigerlich zu Lasten Ihrer Konzentration auf die Verhandlung und deren Inhalte. Außerdem würde fast jeder Gesprächspartner merken, dass Sie gekünstelt wirken. Konzentrieren Sie sich jedoch auf die Inhalte, dann haben Sie Ihre Körpersprache nicht mehr unter Kontrolle. Und dies geht Ihrem Verhandlungspartner genauso. Das bedeutet, dass Sie bei Gesprächspartnern, die sich auf den Inhalt konzentrieren, an deren Körpersignalen ablesen können, was sie während einer Verhandlung oder eines Gesprächs wirklich denken und fühlen. Deren Körpercode sagt Ihnen damit oftmals mehr als deren Stimme.

Dank der Spiegelneuronen können Sie die Stimmung in einem Gespräch oder in einer Verhandlung beeinflussen. Sind Sie fröhlich gelaunt, so stecken Sie Ihr Gegenüber mit diesem Gefühl gleichsam an. Lächeln Sie, so können Sie fast immer ein Erwiderungslächeln erwarten. Agieren Sie mit offenen Handbewegungen, so erleichtern Sie Ihrem Gesprächspartner, dass er sich Ihnen ebenfalls öffnet. Und entsprechend kann sich eine schlechte Stimmung, die Sie ausstrahlen, auf Ihren Gesprächspartner übertragen.

Das Gehirn lässt uns nur einen Bruchteil der eingehenden Informationen bewusst werden. Dieses Wissen hilft Ihnen beispielsweise bei Präsentationen: Wenn Sie Ihrem Gesprächspartner Prospekte oder Grafiken zeigen, so reden Sie in der Zeit, in der er sich diese anschaut, nicht. Denn das Gehirn lässt ihn nur Informationen eines Sinnes wahrnehmen – entweder der Augen oder der Ohren.

Soll sich jemand von Ihnen oder Ihrem Angebot überzeugen, so gelingt dies dann sehr gut, wenn seine vorherrschenden Emotionen und Motive gehirngerecht angesprochen werden. Damit Ihnen dies erfolgreich gelingt, finden Sie in diesem Buch die entscheidenden Türöffner und Codes, die Ihnen den Zugang zu Ihren Gesprächspartnern, Kunden und Zuhörern eröffnen.

Das Unterbewusstsein – die Schaltzentrale für (Kauf-)Entscheidungen

»All unser redlichstes Bemüh'n glückt nur im unbewussten Momente.«

Johann Wolfgang von Goethe

Der große Irrglaube

Seit über 100 Jahren orientieren sich Wirtschaftswissenschaftler und mit ihnen viele Manager und Verkäufer an der vorherrschenden Meinung, dass sich Menschen im Wirtschaftsleben stets rational und vernünftig verhalten. Ob Sie ein Auto oder einen Fernseher kaufen, ob Sie mit Ihrem Chef oder Ihrem Mitarbeiter ein Gespräch führen – immer agieren Sie nach dieser Theorie ausschließlich als »homo oeconomicus«. Neben Rationalität und Vernunft werden dem »homo oeconomicus« auch die Eigenschaften »egoistisch« und »den eigenen Nutzen maximierend« zugeschrieben. Unterstellt wird außerdem, dass er über vollständige Informationen für die jeweilige Situation verfüge und sich bei seinen wirtschaftlichen Entscheidungen nie von Gefühlen leiten lässt. Kurzum: Der Mensch als »homo oeconomicus« trifft seine Entscheidungen damit vollständig bewusst. Beobachtete Verhaltensweisen, die diesen Prämissen entgegenstehen, wurden und werden teilweise auch heute noch als vernachlässigbare Ausnahmen von der Regel abgetan.

Bis heute setzt die klassische, traditionelle Wirtschaftswissenschaft auf den »homo oeconomicus«. Allerdings sieht sie sich seit einigen Jahrzehnten verstärkt kritischen Fragen ausgesetzt. Und diese kritischen Fragen sind keineswegs aus der Luft gegriffen, sondern sie basieren schlichtweg auf Beobachtungen in der realen Wirtschaftswelt – Beobachtungen, die sich im Verhalten Einzelner zeigen, und Beobachtungen, die sich im Verhalten ganzer Märkte zeigen. Die Vorherrschaft des »homo oeconomicus« nimmt rapide ab, in manchen Teilen der Wissenschaft und der Wirtschaft spielt er bereits heute keine Rolle mehr.

Denn eine Vielzahl von Geschehnissen zeigt, dass die Annahmen der klassischen Wirtschaftswissenschaften in der Realität nicht zutreffen. Würden die Prämissen für den »homo oeconomicus« gelten, hätte es beispielsweise nie Übertreibungen am Aktienmarkt (zum Beispiel am sogenannten Neuen Markt zum Ende des vergangenen Jahrhunderts) und auch keine Finanzmarktkrisen geben dürfen. In einer Welt mit perfekt funktionierenden effizienten Märkten und ausschließlich rational handelnden Menschen würden nämlich stets fair bewertete Wertpapiere an den Börsen zu finden sein. Oder: Wie kann es sein, dass ein Mitarbeiter sich über eine Gehaltserhöhung von 5 Prozent nur solange freut, bis er erfährt, dass sein Kollege einen Zuschlag von 10 Prozent erhalten hat? Dem »homo oeconomicus« wäre dieser Vergleich unwichtig, denn alleine »mehr Geld« wäre für ihn ausschlaggebend. Und ein weiteres fragwürdiges Beispiel, das bekannte Ultimatum-Spiel, lässt gehörige Zweifel am Denkgebäude der klassischen Wirtschaftswissenschaften aufkommen: Sie haben 1 000 Euro an sich selbst und an einen Partner zu vergeben. Sie weisen Ihrem Partner eine Summe zu. Sagt er hierzu »Ja«, so erhalten beide von Ihnen die entsprechenden Beträge. Ist Ihrem Partner der zugewiesene Betrag zu gering und er sagt »Nein«, so erhalten Sie beide keinen einzigen Cent. In der klassischen Sichtweise müsste sich Ihr Partner bereits über 1 Euro freuen, den Sie ihm zuweisen, und Ihr Angebot annehmen. In der Realität wird in durchgeführten Experimenten jedoch ein zu niedriger Betrag sehr oft zurückgewiesen. Dies antizipierend geben viele Zuweisende von sich aus ungefähr die Hälfte des zu verteilenden Betrags ab und mindern dadurch die Wahrscheinlichkeit, völlig leer auszugehen. Spielen Sie die Situation in Gedanken für sich bitte durch: Wie würden Sie sich fühlen, wenn Ihnen jemand von 1 000 Euro, die er zwischen Ihnen beiden verteilen kann, lediglich 1 Euro anbietet? Entstehen auch bei Ihnen Gefühle wie »das ist unfair«, »das ist ja wie ein Almosen, den Euro kann er behalten« oder »ich lass mich doch nicht für dumm verkaufen«?

Durch diese und weitere realen Situationen haben mittlerweile die Kritiker des »homo oeconomicus« einen solchen Stellenwert erreicht, dass in sämtlichen Wirtschaftsbereichen – sei es in der Industrie oder im Dienstleistungsgewerbe – von einem vermeintlich irrational handelnden, von Motiven und Emotionen geleiteten Marktteilnehmer, Kunden und Geschäftspartner ausgegangen wird. Auf der wissenschaftlichen Seite ist dieser neue Denkansatz untrennbar mit

Namen wie beispielsweise Daniel Kahneman und Reinhard Selten verknüpft.

Sie lehren uns, dass rein rationales Verhalten nicht der Realität entspricht. Sie lehren uns auch, dass Menschen in ihrem Verhalten und bei ihren wirtschaftlichen Entscheidungen von Emotionen wie Ängsten und Fairness geleitet werden. Und sie lehren uns, dass Entscheidungen unbewusst getroffen werden.

Zu dem gleichen Ergebnis wie die angesprochenen Verhaltensökonomen kommen auch Hirnforscher und Psychologen.

Der lange Zeit vorherrschende Glaube an den »homo oeconomicus« erweist sich mittlerweile als großer Irrglaube.

So entscheiden Menschen wirklich

Die große Mehrzahl der Entscheidungen, die wir Menschen treffen, vollzieht sich in unserem Unterbewusstsein – auch wenn dies viele Entscheider nicht wahrhaben wollen. Werden sie im Anschluss an ihre Entscheidung danach gefragt, wie sie diese getroffen haben, dann sind folgende und ähnliche Antworten sehr häufig: »Selbstverständlich habe ich mich zu 100 Prozent bewusst dafür entschieden.« Oder: »Diese Entscheidung habe ich völlig rational getroffen. Möglicherweise vorhandene Gefühle hatten darauf keinen Einfluss.« Besonders im vordergründig so rationalen Geschäftsleben gelten Emotionen oftmals als unangebracht. Vielmehr werden Zahlen, Fakten und Sachzwänge ins Spiel gebracht – wobei der Sachzwang einen Zwang und damit letztlich eine Emotion darstellt (»Ich verspüre den Zwang, so zu handeln.«).

Die Hirnforschung spricht hier von der sogenannten »Benutzer-Illusion«. Die vermeintliche Machtstellung des Bewusstseins ist eine Illusion: Die Macht des Unterbewusstseins ist viel größer.

Im Gehirn gibt es zwei Systeme mit unterschiedlichen Funktionsweisen. Daniel Kahneman spricht von »System 1« und »System 2«. Das erste System kann mit einem Autopiloten verglichen werden, der parallel eine Vielzahl von Informationen verarbeitet und dann entscheidet. Das zweite System verarbeitet Informationen seriell, es entspricht unserem Arbeitsgedächtnis. Das Autopiloten-System kann pro Sekunde mehr als 11 000 000 Bits wahrnehmen – fast vollständig unbewusst. Das Arbeitsgedächtnis-System schafft lediglich 40 bis 50 Bits pro Sekunde – diese allerdings bewusst. Das heißt, nur rund 0,0005 Prozent der während einer Sekunde von uns insgesamt wahrgenommenen Reize und Informationen nehmen wir bewusst wahr. Weitere Zahlen besagen, dass das Gehirn insgesamt in der Lage ist, rund 400 000 000 000 Bits pro Sekunde zu verarbeiten. Der Anteil des Bewusstseins hieran beläuft sich auf lediglich 2 000 Bits.

70 bis 80 Prozent aller Entscheidungen werden unbewusst getroffen, manche Wissenschaftler sprechen sogar von bis zu 95 Prozent. Und selbst die restlichen 5 Prozent beziehungsweise 20 bis 30 Prozent unterliegen mehr oder weniger solchen »Programmen« im Gehirn, die im Laufe der Evolution fest verankert wurden.

Welche Zahlen aus der Forschung auch herangezogen werden und wie genau oder ungenau sie auch sein mögen, eines wird deutlich: Das Unterbewusstsein ist im wahrsten Sinne des Wortes der überwiegend »entscheidende« Teil des Gehirns.

Im Kern geht es bei einer Entscheidung darum, Bedürfnisse – vor allem unbewusste – zu befriedigen und Gefahren zu vermeiden. Sobald Sie wollen, dass sich jemand von Ihrer Meinung oder Ihrem Angebot überzeugen soll, ist der entscheidende Punkt, wie stark Sie seine unbewusst vorhandenen Emotionen und Motive ansprechen. Drei besonders ausgeprägte Emotions- und Motivbereiche hat jeder Mensch: Sicherheit/Tradition, Abwechslung/Stimulanz sowie Macht/Leistung. Hiervon zeigt sich stets eine individuelle Mischung, die sich im Zeitablauf und auch abhängig vom Umfeld ändern kann. So ist ein Manager während seiner beruflichen Tätigkeit möglicherweise besonders stark leistungsorientiert, während er im Kreis seiner Familie dagegen verstärkt fürsorglich und sicherheitsorientiert auftritt. Der Käufer eines Luxusproduktes erwartet von einem Verkäufer ein anderes Auftreten als der Käufer eines Alltagsguts.

Empfängt ein Mensch nun Signale, die seine persönliche Emotionsmischung zu diesem speziellen Zeitpunkt treffend ansprechen, dann ist er – noch bevor er es sich bewusst machen kann – bereits unbewusst bereit, einer Meinung oder einem Angebot zuzustimmen.

Dies ist der Grundzusammenhang, von dem aus es Ihnen gelingen wird, Gesprächspartner und Kunden mit den entsprechenden Türöffnern zu »öffnen«. Dieses Buch will Ihnen dabei helfen und Ihr ständiger Begleiter sein.

Gesprächspartner, Kunden und Zuhörer sind oft wie verschlossene Türen — sie wollen von Ihnen ›geöffnet‹ werden

»Man erkennt niemand an als den, der uns nutzt.«

Johann Wolfgang von Goethe

Wie oft erleben Sie es, dass Ihnen Ihre Gesprächspartner oder Kunden uneingeschränkt zustimmen? Ist dies sehr häufig der Fall, dann sind Sie zu beglückwünschen – oder zu bedauern. Denn einerseits können Sie sich die Mühen ersparen, dass sich andere von Ihrer Meinung oder Ihrem Produkt überzeugen. Andererseits wären Sie dann überwiegend von Ja-Sagern umgeben, was das Leben auf den ersten Blick zwar einfach, auf den zweiten Blick aber auch langweilig machen würde.

Ich denke, Sie stimmen mit mir überein, dass einem in der Regel Gesprächspartner und Kunden selten mit offenen Armen oder Brieftaschen entgegenkommen, sondern dass sie gewonnen, motiviert oder zum Kauf bewegt werden wollen. Gleichsam wie verschlossene Türen stehen sie zunächst vor Ihnen.

Wenn dies so ist, dann benötigen Sie die passenden Türöffner, um sie für sich und Ihre Ziele zu »öffnen«. Dabei beachten Sie bitte, dass solche Türöffner von Kundengruppe zu Kundengruppe, von Branche zu Branche und auch über die Zeit variieren. Was beispielsweise vor zehn Jahren als »richtiges Verkaufen« gelehrt worden ist, dient heute nur noch eingeschränkt als Schlüssel, Kunden zu erobern. Türöffner für gehobene Kunden mögen den Durchschnittskunden irritieren, ja bisweilen sogar abschrecken. Ebenso unterscheiden sich beispielsweise die Türöffner im Finanzgeschäft von denen im Einzelhandel. Wenn Sie mit Menschen kommunizieren und diese für sich gewinnen wollen, so entscheiden Ihre Funktion, die Erwartungen Ihres Gegenübers sowie das Umfeld über die passende Kombination der einzelnen Türöffner.

Aus den Ergebnissen der Gehirnforschung wissen wir, dass Sie Menschen nachhaltig nur über deren Unterbewusstsein »öffnen« können.

Daraus folgt, dass stets die individuelle, unbewusste Emotions- und Motivmischung angesprochen werden muss. Nehmen Sie als Beispiel ein Verkaufsgespräch im Autohaus: Ein sicherheitsorientierter Kunde wird dann hellhörig und kaufbereit, wenn er den Verkäufer von der Zahl der Airbags, von Bremsassistenten, von aktiven Kopfstützen oder von Garantie sprechen hört. Ein Kunde, in dessen Emotions- und Motivmischung dagegen Macht/Leistung im Vordergrund stehen, fühlt sich von Vokabeln wie Motorkraft, Drehmoment, Beschleunigung oder Exklusivität zutreffend angesprochen.

Sie können nun fragen: Und woran erkenne ich die jeweilige Emotions- und Motivmischung meines Gesprächspartners? Die Antwort hierauf lautet: Wie Ihr Gesprächspartner emotional und motivisch geprägt ist, zeigt er Ihnen vor allem mit seiner Kleidung, mit seiner Wortwahl, mit seiner Körpersprache, mit seiner Stimme, mit seinen Hobbys und eingeschränkt mit seinem Alter. Bereits der erste Eindruck, den Sie sich von ihm bilden, hilft Ihnen hier. Und spätestens nach einem zielorientierten Smalltalk wissen Sie in der Regel sehr gut, mit welchem Typ von Menschen Sie es zu tun haben. Nun liegt es an Ihnen, die passenden Türöffner auszusenden.

Wichtige Türöffner zum ›Öffnen‹ von Gesprächspartnern, Kunden und Zuhörern

Stellen Sie sich bitte folgende Situation vor:

Sie treffen den Menschen, von dem Sie bislang stets träumten. Was schätzen Sie, wie hoch Ihre Erfolgswahrscheinlichkeit ist, mit ihm für immer zusammenzuleben, wenn Sie ihn ohne Umschweife mit den Worten konfrontieren:»Mit Dir will ich den Rest meines Lebens verbringen.« Selbst wenn wir unterstellen, dass Sie in dieser Situation das passende Outfit tragen, bewegt sich Ihre Erfolgswahrscheinlichkeit in der Regel nahe der Nulllinie.

Aus welchen Gründen ist das so? Lautet Ihre Antwort:»Weil es eine ungeschickte Vorgehensweise ist«, dann liegen Sie im Kern völlig richtig.

Das Ungeschickte an diesem Vorgehen liegt letztlich darin, dass Sie Ihr Gegenüber nicht für Ihre Person und Ihr Angebot»geöffnet« haben.

Wesentlich bessere Erfolgsaussichten haben Sie in einer solchen Situation, wenn Sie ein zweites Treffen vorschlagen, sich anschließend noch mehrmals treffen, gemeinsame Tage verbringen, damit sich der Partner von Ihren Vorzügen überzeugen kann.

Oder so ausgedrückt: Erfolgversprechend ist es für Sie, wenn Sie den Partner und sein Unterbewusstsein so konditionieren, dass er Sie, und nur Sie, als erstrebens- und begehrenswert empfindet. Dies schaffen Sie dann, wenn Sie die richtigen Türöffner benutzen und kombinieren.

Stellen Sie sich bitte ein zweites Beispiel vor:

Sie sind Verkäufer eines Luxusproduktes. Weil Sie davon ausgehen, dass Ihr Produkt für sich selbst spricht, ersparen Sie sich den Aufwand, die Kundenwünsche zu erfragen, die dazu passenden Vorteile Ihres Produktes hervorzuheben und den Nutzen für den Kunden anzusprechen. Sie setzen ausschließlich auf die Überzeugungskraft Ihrer Marke und verhalten sich entsprechend – bis hin zu einem arrogant wirkenden Auftreten. Sind Sie nicht gerade in der glücklichen Lage, ein konkurrenzloses und für den Alltag unbedingt notwendiges Produkt anzubieten – doch welches Luxusprodukt ist schon unbedingt notwendig? –, oder ist der Kunde nicht von vornherein fest zum Kauf entschlossen, dann wird die Wahrscheinlichkeit für einen Verkaufserfolg nahe Null liegen. Denn auch in diesem Fall haben Sie es versäumt, den Kunden zu »öffnen« und ihn durch die Konditionierung seines Unterbewusstseins zum Kauf zu bewegen.

Die entscheidenden Türöffner, mit Hilfe derer andere Menschen sich von Ihnen, von Ihrer Meinung oder von Ihrem Produkt überzeugen, sind:

- **Der Dresscode:**
  Er prägt bei Ihrem Gesprächspartner, Zuhörer und Kunden den ersten Eindruck, den er von Ihnen hat.
- **Der Sprachcode:**
  Er lenkt das Unterbewusstsein Ihres Gesprächspartners, Zuhörers oder Kunden durch Worte.
- **Der Körpercode:**
  Er signalisiert dem Gesprächspartner, Zuhörer und Kunden, wie sicher und von sich selbst überzeugt Sie auftreten.
- **Der Etikettecode:**
  Er zeigt Ihrem Gesprächspartner, Zuhörer und Kunden die Wertschätzung, die Sie ihm entgegenbringen.
- **Der Stilcode:**
  Er signalisiert Ihrem Gesprächspartner, Zuhörer und Kunden, ob hier insgesamt »seine Sprache« gesprochen und sein Stil gepflegt wird.

Wenn andere Menschen sich von Ihnen und Ihrem Angebot überzeugen sollen, gelingt dies dann, nachdem Sie sie zuerst dafür »geöffnet« haben. Dabei ist in der Regel weniger entscheidend, *was* Sie sagen, sondern *wie* Sie etwas sagen und *wie* Sie auftreten. Zu mindestens 51 Prozent bestimmt grundsätzlich Ihr individuelles »Wie« Ihren Erfolg. Je höher Sie in der Hierarchie beziehungsweise je stärker Sie in der Öffentlichkeit stehen und je mehr Sie Repräsentationsaufgaben erfüllen, desto größer wird der Erfolgsanteil dieses »Wie« für Sie. Es setzt sich stets zusammen aus einer je nach Situation passenden Kombination der vier Türöffner Dresscode, Sprachcode, Körpercode und Etikettecode. Insgesamt entsteht so Ihr individueller Stilcode, mit dem Sie auf Ihre Gesprächspartner, Kunden und Zuhörer wirken.

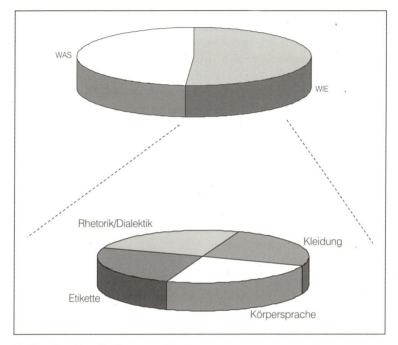

Grafik 1 So wirken Sie überzeugend

Der Dresscode – der erste Eindruck ist entscheidend

»Man empfängt die Leute nach ihrem Kleide und entlässt sie nach ihrem Verstand.«

Sprichwort

Für manche von Ihnen mag es ernüchternd sein, was wissenschaftliche Untersuchungen ergeben haben: Bereits nach einer Viertelsekunde (!) hat der erste Eindruck, den Sie aussenden, dazu geführt, dass Sie durch Ihre Zuhörer oder Ihre Gesprächspartner kategorisiert worden sind – ob Sie sympathisch und offen wirken und ob Sie Vertrauen erwecken. Innerhalb der ersten zwei bis sieben Sekunden wird dieser Eindruck dann nochmals auf Stichhaltigkeit geprüft. Und dies alles geschieht überwiegend unbewusst.

Den ersten Eindruck verursachen Sie in der Regel ausschließlich durch Ihr Aussehen und Ihr Auftreten. Hierzu zählt in erster Linie Ihre Kleidung – dass Sie darüber hinaus grundsätzlich gepflegt sind, versteht sich von selbst. Ihre Kleidung wird mit den Erwartungen an Ihre Berufsgruppe abgeglichen. Ihre Körperhaltung und Ihre Körperspannung sowie Ihre Gestik und Ihre Mimik kommen anschließend hinzu. Nur durch die optische Wahrnehmung sind Ihre Gesprächspartner zunächst in der Lage, einen ersten Eindruck von Ihnen zu gewinnen.

Innerhalb der dann folgenden ungefähr 90 Sekunden bilden sich Ihre Gesprächspartner den zweiten Eindruck von Ihnen. Sie selbst verursachen ihn durch Ihre Stimme, deren Klang und Modulation, sowie durch Ihre Wortwahl und Ihre rhetorischen Fähigkeiten. Dabei ist weniger wichtig, was Sie sagen, sondern wichtig ist, wie Sie es sagen: Wirkung schlägt Fachwissen – zumindest in dieser Phase und solange Sie keine offensichtlich völlig falschen Fachinhalte aussprechen.

Danach befinden Sie sich zunächst einmal in einer »Schublade«. Wurden Sie als vertrauenswürdig und kompetent eingestuft, dann werden Ihnen anschließend kleinere Fehler leichter verziehen. Wurden Sie jedoch als inkompetent kategorisiert, dann werden Ihre Gesprächspartner oder Zuhörer jeden Ihrer Fehler mehrfach gewichten, weil er deren Bild von Ihnen bestätigt. Positive Beiträge dagegen werden dann zunächst als eher zufällig verbucht.

Es zeigt sich zwar immer wieder, dass Sie einen negativen ersten Eindruck im Laufe der Zeit korrigieren können, zum Beispiel durch Ihre Stimme, Ihre Worte und ein an den ersten Eindruck anschließendes positives Verhalten. Dies ist aber einerseits nicht garantiert, und andererseits kostet es Sie in der Regel Zeit und Kraft. Was liegt da näher, als sich diese Zeit und Kraft zu sparen. Mehr noch: Oftmals wird Ihnen die nötige Zeit gar nicht gegeben. Denken Sie beispielsweise an kurze Statements oder an Fernseh-Interviews.

»Kleider machen Leute« – so titelt eine Erzählung des Schweizer Autors und Dichters Gottfried Keller, in der ein armer Schneider aufgrund seiner vornehmen Kleider für einen Grafen gehalten wird. Auch der »Hauptmann von Köpenick« lehrt uns, mit welcher Macht

Kleider auf andere Menschen wirken. »Kleider machen Leute« gilt allerdings nicht automatisch grenzenlos. Sie können den ersten Eindruck damit steuern. Wenn Sie während eines Gesprächs oder während Ihrer Rede diesem jedoch fachlich beziehungsweise inhaltlich nicht gerecht werden, so werden Sie über kurz oder lang als Blender eingestuft. Andererseits: Was nützt es Ihnen, wenn Sie fachlich und inhaltlich hervorragend sind, Sie dies mit Ihrem Dresscode jedoch überhaupt nicht signalisieren. Landen Sie zu Unrecht zunächst in einer falschen Schublade, so ist es sehr anstrengend und kostet viel Zeit, diese durch Ihr Fachwissen wieder zu verlassen.

Ihre Kleidung erleichtert es Ihren Gesprächspartnern, Sie einzuordnen. Wer über den gleichen Dresscode kommuniziert, weckt Sympathie. Wer den Erwartungen entspricht, weckt Vertrauen. Das Erscheinungsbild einer Person, das den Erwartungen entspricht, wird fast völlig »übersehen«. Das Unterbewusstsein hakt in einem solchen Fall den Dresscode als »in Ordnung« ab. Abweichungen von der Norm hingegen werden bemerkt und gespeichert. Oder erinnern Sie sich noch daran, welche Kleidung Ihr Vorgesetzter oder Ihr Mitarbeiter beim jüngsten Treffen trug? Vermutlich nein, falls er im Rahmen Ihrer Erwartungen oder des in der Branche Üblichen gekleidet war. Hätte er Sie jedoch in Bermudashorts statt im Anzug oder mit einer gelb-lila-hellgrün-gestreiften Krawatte mit Schneemann-Muster empfangen, so wäre Ihnen dies sicher im Gedächtnis präsent geblieben.

Untersuchungen zeigen, dass über 60 Prozent des Eindrucks, den jemand von Ihnen gewonnen hat, sich auf Optik und Körpersprache gründen. Zu rund 30 Prozent entscheidet Ihre Stimme, zu circa 7 Prozent trägt der Inhalt dessen, was Sie gesagt haben, dazu bei, wie Sie eingeschätzt werden. Ausnahmen hiervon sind Auftritte bei reinen Fachkongressen, insbesondere bei solchen von Ingenieuren und Naturwissenschaftlern. Dort zählen überwiegend Fakten und Inhalte, da ausschließlich Fachleute unter sich sind.

Wichtig ist zudem, dass Sie einen »stimmigen« Dresscode senden. Was ist damit gemeint? Gelegentlich können Sie Menschen sehen, deren Schuhe von ausgezeichneter Qualität sind, doch Kostüm oder Anzug schlabbern und sind ausgebeult. Häufiger noch können Sie von Kopf bis Knöchel gut gekleidete Menschen beobachten, allerdings passen deren Schuhe nicht ins Gesamtbild. Erstaunlicherweise legen viele Menschen mehr Wert auf Schmuck und Make-up als auf ihre Schuhe.

Doch beim Dresscode gilt: Der Schuh ist eines der wichtigsten Kleidungsstücke – manche sagen sogar, das wichtigste überhaupt. Eleganz fängt beim Schuh an. Deshalb: Kleiden Sie sich bewusst von Fuß bis Kopf – fangen Sie bei den Schuhen an!

Häufig wird der Dresscode lediglich als ein Teilsegment von Etikette beschrieben. Wie sich jemand wie und wann und zu welchem Anlasse anziehen soll, fällt durchaus in den Bereich der »Etikette«. Allerdings ist er im täglichen Miteinander im Gegensatz zum Etikettecode kaum variabel, außer Sie lagern einen Teil Ihrer Garderobe in Ihrem Büro. Mit der einmal angezogenen Kleidung wirkt Ihr Dresscode in der Regel über mehrere Stunden, während Sie Ihren Etikettecode im Zweifel auch kurzfristig anpassen können.

Im Sinne von »Wie wirke ich auf andere Menschen?« fällt der Kleidung eine besonders herausragende Funktion zu. Deshalb finden Sie in diesem Buch den Dresscode als einen eigenständigen Türöffner, mit dem Sie Ihre Wirkung auf das Unterbewusstsein anderer Menschen maßgeblich beeinflussen können.

Im Abschnitt »Business-Dresscode« lesen Sie, wie sich Frau und Mann im Geschäftsleben so kleiden, dass Sie von anderen Menschen kompetent, vertrauensvoll und überzeugend eingestuft werden.

Der Sprachcode – auf die Wortwahl kommt es an

»Der Standpunkt macht es nicht,
die Art macht es, wie man ihn vertritt.«

Theodor Fontane

Sie haben eine grandiose Idee. Sie wollen diese Ihrem Gesprächspartner schmackhaft machen. Doch was passiert: Ihre Idee wird ignoriert. Oder betrachten Sie folgendes Beispiel: Eine höhere Hierarchiestufe soll neu besetzt werden. Es gibt eine Reihe von Bewerbern, darunter sind Sie. Sie haben bis jetzt jahrelang penibel und zuverlässig gearbeitet, haben Ihren Chef öfters schon erfolgreich vertreten, wurden stets hervorragend beurteilt und zeichnen sich zudem durch ein hohes Fachwissen aus. Sie besitzen gute Umgangsformen und kleiden sich passend. Auf dem Papier spricht alles für Sie. Doch der Karriereaufstieg bleibt bei Ihnen aus.

Was haben diese beiden Beispiele gemeinsam? In beiden Fällen werden fachlich hervorragende Qualitäten ignoriert, nicht erkannt oder übersehen. Woran liegt das? Fontane gibt hier mit dem oben erwähnten Zitat die Antwort: Die Standpunkte wurden verbal zu schwach vertreten, die Qualitäten wurden rhetorisch unter Wert verkauft.

Sie sehen an diesen und ähnlichen Beispielen, wie wichtig der Sprachcode für Ihren Erfolg ist. Es reicht nicht aus, dass Sie fachlich gut oder sehr gut sind, solange dies von Ihren Mitmenschen nicht erkannt wird. Viele Menschen denken, wenn sie nur genügend »Hard Facts« wie Vorteile ihres Standpunktes oder ihres Produktes aufzählen, dann wird schon erkannt werden, wie gut sie oder ihr Produkt sind. Dieses Vorgehen hat jedoch einen Schönheitsfehler: Die Wünsche und Motive sowie die Emotionen des Gesprächspartners bleiben unberührt. Aus der Gehirnforschung wissen wir, dass sich ein Mensch dann für eine andere Meinung oder für ein angebotenes Produkt entscheidet, wenn er auf seiner Emotions- und Motivebene treffend angesprochen wird und einen Nutzen für sich erkennt.

Damit Ihnen dies gelingt, ist es für Sie wichtig zu wissen, wie Worte oder Formulierungen wirken. Sehr häufig geschieht es nämlich – dabei meist sogar ohne Absicht –, dass Gesprächspartner alleine durch die Wahl der Worte, die sie gesagt bekommen, ein Gefühl des Ablehnens verspüren. So gibt es klassische Minuswörter und Minusformulierungen, die bei Ihrem Gegenüber nahezu immer bewirken, dass er sich nicht für Sie »öffnet«, sondern weiter »zumacht«. Auch Floskeln gehören in diese Kategorie. Benutzen Sie Floskeln, so vermitteln Sie den Eindruck, dass Sie an Ihrem Gesprächspartner nicht tatsächlich interessiert sind. Andererseits können Sie mit Worten so formulieren, dass Sie Ihren Gesprächspartner in den Mittelpunkt stellen, dass er sich von Ihnen verstanden fühlt und dass er Ihnen vertraut.

Ein weiterer Aspekt ist bei der Wahl des erfolgreichen Sprachcodes wichtig:

Der von Ihnen gewählte Sprachcode entscheidet auch darüber, wie Sie verstanden werden. Kommunikation zwischen Menschen umfasst nicht nur reinen Informationsaustausch, sondern auch einen Gefühlsaustausch. Jede Ihrer Aussagen sendet auf den bekannten vier Kanälen: Information, Selbstoffenbarung, Beziehung zum Gesprächspartner, Appell.

Stellen Sie sich bitte folgende Situation vor: Sie haben die Aufgabe von Ihrem Vorgesetzten erhalten, für die nächste Sitzung die Unterlagen rechtzeitig vorzubereiten. Ihr Chef kommt zwei Tage vor besagter Sitzung zu Ihnen ins Büro und teilt Ihnen mit: »Die Unterlagen für die nächste Sitzung sind noch nicht fertig gestellt.« Der Informationskanal sendet lediglich, dass eine Aufgabe noch nicht erfüllt wurde und Unterlagen noch ausstehen. Der Selbstoffenbarungskanal sendet mehrere Botschaften: beispielsweise welche Sprache Ihr Chef spricht (deutsch oder englisch), dass er delegierte Aufgaben nicht vergisst und im Auge behält, möglicherweise auch, dass er nun ungeduldig wird. Der Beziehungskanal – der in der Regel gefährlichste, weil missverständlichste Kommunikationskanal – sendet im erwähnten Beispiel, dass Ihr Chef der Meinung ist, Sie seien möglicherweise vergesslich und er müsste Sie deshalb erinnern. Er sendet damit Misstrauen Ihnen gegenüber. Der Appellkanal signalisiert, dass Sie sich nun beeilen und die Unterlagen möglichst schnell abgeben sollen. Mit dem Appellkanal wird grundsätzlich versucht, unmittelbar Einfluss auf den Gesprächspartner oder den Zuhörer zu nehmen.

So wie jeder Ihrer Gesprächspartner oder Zuhörer besitzen auch Sie entsprechend den vier »Sendekanälen« zugleich vier »Empfangskanäle« oder »Empfangsohren«. Je nachdem, auf welchem Ohr in einer Situation besonders stark zugehört wird, kann eine Botschaft richtig oder falsch aufgenommen oder interpretiert werden. Hören Sie die Aussage Ihres Chefs überwiegend auf dem Sachohr, so nehmen Sie den Hinweis, dass die Unterlagen noch nicht fertig sind, rein sachlich auf. Hören Sie dagegen gerade besonders stark auf dem Beziehungsohr, so ist nicht ausgeschlossen, dass Ihr Chef mit seiner Bemerkung bei Ihnen Frustgefühle oder Ärger auslöst, denn Sie fühlen sich in Ihrer Arbeitsweise angegriffen. Hören Sie in diesem Moment am stärksten auf dem Appellohr, so werden Sie sich nun beeilen, die Unterlagen fertig zu stellen. Das Selbstoffenbarungsohr lässt Sie die Äußerung Ihres Chefs so verstehen, dass er offensichtlich ungeduldig wird und dass er zugleich aufmerksam ist. Ähnliches geschieht in jedem Privathaushalt mit Sätzen wie »Schatz, der Müll liegt noch in der Küche« und »Der Garten ist noch nicht gegossen«, oder unter Fremden und Bekannten mit »Ich bin offen für alles«. Hier wie dort hängt die Qualität der Kommunikation mit davon ab, in welches Ohr die Botschaft gerät. Dies wiederum hängt unter anderem davon ab, auf welche Art und Weise sie gesendet wurde, beispielsweise in welchem Tonfall oder mit welcher Mimik.

Wie eine Nachricht gehört wird, hängt zudem sehr stark von den Erwartungen, Stimmungen, Vorurteilen und Bedürfnissen ab. Wenn Sie in obigem Beispiel ein getrübtes Verhältnis zu Ihrem Chef haben, dann ist die Gefahr sehr groß, dass Sie vorrangig auf dem Beziehungsohr hören (»Nun meckert er schon wieder an mir herum.«). Ist das Verhältnis zwischen Ihnen und Ihrem Chef in Ordnung und Sie pflegen in der Regel eine »gesunde« Kommunikation, so werden Sie am stärksten mit Ihrem Selbstoffenbarungs- und Ihrem Informationsohr hören (»Er denkt mit und erinnert mich daran, dass die Unterlagen noch ausstehen.«).

Welche Konsequenzen ergeben sich für Sie und Ihren Sprachcode aus diesen Beispielen?

Wenngleich Sie schon nicht das vorrangige und für Sie günstigste Empfangsohr Ihres Gesprächspartners festlegen können, so können Sie doch sehr viel dafür tun, dass Ihre Worte unmissverständlich gesendet und möglichst in Ihrem Sinne empfangen werden.

Erstens spüren Sie hierfür die jeweilige Stimmung Ihres Gesprächspartners auf und überlegen Sie, in welchem Verhältnis Sie zueinander stehen und wie Sie normalerweise miteinander kommunizieren. Richten Sie Ihren Sprachcode dann so weit wie möglich an Ihrem jeweiligen Gesprächspartner aus. Dies ist insbesondere auch für Führungskräfte wichtig. Es reicht nicht aus, kooperativen Führungsstil zu propagieren. Er muss von einer Führungskraft durch den entsprechenden Sprachcode auch praktiziert und vorgelebt werden.

Achten Sie **zweitens** auf die Klarheit und Verständlichkeit Ihrer Worte. Je kürzer und prägnanter Sie formulieren, je weniger Fremdwörter Sie benutzen, je strukturierter Sie sprechen und je besser Ihr Tonfall und Ihre Mimik zu dem Inhalt passen, den Sie eigentlich kommunizieren wollen, umso höher liegt Ihre Chance, dass Sie richtig verstanden werden. Denken Sie in allen Situationen an die einfache Regel: Zuerst Gehirn, dann Mund! Das bedeutet für Sie: Gönnen Sie sich vor einer Aussage, einer Bemerkung oder einer Kritik eine kurze Denkpause – nicht vom, sondern zum Denken. In dieser Pause überlegen Sie kurz, was Sie sagen wollen, mit wem Sie gerade sprechen und wie Sie am besten formulieren. Viele Missverständnisse im menschlichen Miteinander entstehen durch eine unüberlegte Wahl des Sprachcodes.

Drittens denken Sie bei der Wahl Ihres Sprachcodes stets daran, dass wir Menschen viel besser mit den Augen – den »inneren Augen« – hören und verstehen, als mit den Ohren. Dies liegt in der Evolution des Menschen begründet. Kommunikation über eine Sprache mit Wörtern ist in der Entwicklungsgeschichte des Menschen noch relativ jung. Kommunikation über Gesten, über Mimik und über Bilder ist dagegen deutlich älter und damit tiefer in unseren Gehirnen verankert. Immer wieder ist das Sprichwort zu hören: »Ein Bild sagt mehr als tausend Worte.« In ihm konzentriert sich genau der Ablauf in unserem Gehirn, dass wir bildhafte Worte schneller und besser verarbeiten können als abstrakte und nichtssagende. Und einen weiteren Effekt können Sie für sich nutzen: Bildhafte Aussagen bleiben länger im Gedächtnis abrufbar als solche, mit denen kein Bild verknüpft werden kann. Für Ihre Praxis bedeutet dies: Nutzen Sie so oft wie möglich einen Sprachcode, der die »optische Sprache« beinhaltet.

Und schließlich lohnt es sich für Sie und Ihren Gesprächspartner, wenn Sie öfters nachfragen, ob Sie das Gehörte richtig verstanden haben (»Habe ich Sie richtig verstanden, dass …«). Ebenso hilfreich ist, gehörte Worte mit eigenen Worten zu spiegeln (»Sie sind also der Ansicht, dass …«).

Der Körpercode – jeder Körper spricht die Wahrheit

»Worte sind Absichtserklärungen,
Körpersprache ist Geschehen.«

Samy Molcho

Wie sämtliche hier vorgestellten Türöffner dient Ihnen auch der Körpercode in zweierlei Hinsicht: Erstens können Sie durch seinen passenden Einsatz auf andere Menschen überzeugend wirken. Und zweitens erkennen Sie an Ihren Gesprächspartnern, mit wem Sie es zu tun haben. Doch während der Dresscode, der Sprachcode und der Etikettecode und damit in großem Maße Ihr gesamter Stilcode von Ihnen bewusst beeinflusst werden können, sendet Ihr Körpercode normalerweise direkt aus Ihrem Unterbewusstsein heraus. Ein bewusstes Steuern der eigenen Körpersprache gelingt bestenfalls für einzelne Signale. Doch Ihr Körper sendet in jeder Sekunde parallel mehrere Signale aus. Wer versucht, diese Signale bewussst zu steuern, wird in der Regel unweigerlich scheitern. Und wer sich während eines Gesprächs vornehmlich auf seinen Körper konzentriert, dem fehlen meistens die passenden Worte – eine Ausnahme bilden auch hier professionelle Schauspieler.

Dies bedeutet für Führungskräfte, Verkäufer oder Politiker sowie für alle, die mit Menschen kommunizieren: Wollen Sie den Körpercode für Ihren eigenen Auftritt überzeugend und nachhaltig nutzen, dann gelingt Ihnen dies immer dann, wenn Sie die gewünschten Signale bereits als wirkliche Stimmung in sich tragen. Wollen Sie Sicherheit ausstrahlen, dann müssen Sie sich wirklich sicher fühlen. Bevor Sie also Energie darauf verschwenden, sich bestimmte eigene Körpersignale anzutrainieren, bringen Sie sich besser mental und psychisch in die entsprechende Stimmung, die Sie ausstrahlen wollen.

Gleichwohl ist es möglich, auf bestimmte eigene Körpersignale zu achten und sie zu verändern. Denn auch hier besteht eine Wechselwirkung: Die Gedanken beeinflussen den Körper, und der Körperzustand beeinflusst das Denken. Gingen Sie bislang mit gesenktem Kopf durch die Welt, weil Sie tendenziell unsicher waren, so bewirkt nach einer gewissen Zeit ein nun erhobenes Haupt auch ein positiveres und selbstsicheres Denken. Beachten Sie bei solchen Veränderungen jedoch bitte, dass Sie Ihr Umfeld nicht zu schnell mit einem neuen und dadurch eventuell unglaubwürdigen Körpercode konfrontieren.

Aufgrund dieser Zusammenhänge finden Sie die Ausführungen zum Körpercode wie zum Business-Körpercode überwiegend aus der »Passiv-Sicht« geschrieben. Dies bedeutet, dass Sie Körpersprache bewusst passiv nutzen können, um zu erkennen, in welcher Stimmung Ihr Gesprächspartner, Ihr Kunde oder Ihre Zuhörer sind. Darauf aufbauend können Sie dann aktiv Ihre weiteren Türöffner wie den Sprachcode passend einsetzen.

Lange bevor Menschen sich mit Worten unterhalten konnten, gelang ihnen dies mit Signalen ihres Körpers. Gesten, Mimik und Körperhaltung waren drei entscheidende Ausdrucksweisen, um in der Frühzeit der Menschheit zu kommunizieren. Die Körpersprache ist diejenige Sprache, die uns Menschen seit unserer Entstehung am längsten begleitet und auf die wir am längsten zurückgreifen, um mit anderen in Kontakt zu treten. Mittlerweile scheint es jedoch oft so, dass in unserer heutigen, von Schnelligkeit und Zahlen bestimmten Welt die Körpersprache nicht mehr »zu Wort« kommen kann.

Aus der Gehirnforschung wissen wir jedoch, dass sich Gesprächspartner, Kunden und Zuhörer dann am besten von Ihnen und Ihrem Angebot überzeugen, wenn Sie sie auf deren jeweils vorherrschender Emotionsebene passend ansprechen. Zugleich gilt für alle Menschen, dass jede Emotion und jeder Gedanke, den unser Gehirn erzeugt, eine Körperreaktion hervorruft. Ob jemand innerlich »kocht« oder ob er sich in einer Situation unsicher fühlt – sein Körper verrät es, auch wenn er noch so wortreich dagegen ankämpfen will oder versucht, seine Mimik zu beherrschen. Sie werden seine wahre Stimmung auf jeden Fall an mindestens einem sonstigen Körpersignal erkennen.

Was liegt mit diesem Wissen nun näher, als dass Sie die Körperreaktionen Ihres Gegenübers, dessen individuelle Körpersprache, beobachten und im Umgang mit ihm zu Hilfe nehmen. Denn sie ist gleichsam das Fenster in das Innere Ihres Gesprächspartners. Hilfreich ist der Körpercode Ihrer Mitmenschen für Sie auch gerade deshalb, weil er in der Regel unbewusst gesteuert wird und Sie somit ein ungefiltertes Feedback aus dem momentanen Gefühlszustand Ihres Gesprächspartners erhalten. Dies wiederum hilft Ihnen, den »richtigen Ton« zu treffen. Hier mag der Einwand kommen: »Und was mache ich, wenn mein Gesprächspartner sich bewusst verstellt und eine ›unehrliche‹ Körpersprache zeigt?« Diese Sorge kann für Sie klein bleiben. Denn wie schon erwähnt: Der menschliche Körper sendet in jeder Sekunde eine Vielzahl von Signalen, die sich alle auf einmal nicht bewusst steuern lassen. Wenn Ihnen jemand mit einem »aufgesetzten« Lächeln entgegenkommt und Sie den Eindruck haben, dass es aufgesetzt und unehrlich ist, dann beobachten Sie zusätzlich weitere Signale, die gesendet werden. Beispielsweise geben Ihnen die Handhaltung, die Augenwinkel (beim ehrlichen Lächeln lächeln die Augen mit) und der Stimmklang der jeweiligen Person sehr gute Hinweise, ob Sie es mit jemandem zu tun haben, der ehrlich oder unehrlich lächelt.

Doch hüten Sie sich bitte davor, ab sofort als unfehlbarer Menschenkenner aufzutreten, sobald Sie ein gewisses Körpersignal erkannt haben. Hier wie in jeder anderen Situation gilt stets: Von einem einzigen Körpersignal auf den Gemütszustand Ihres Gesprächspartners zu schließen, ist gefährlich und oft falsch. Körpersprache lässt sich nur im Gesamtkontext richtig verstehen. Zugleich denken Sie bitte stets daran, jedes Körpersignal zunächst lediglich als Äußerung eines Gefühls oder eines Gedankens anzusehen, ohne es zu werten. So bedeuten verschränkte Arme nicht immer Ablehnung. Sie zeigen zunächst nur, dass die Person im entsprechenden Moment nicht handeln möchte.

Zusammen mit dem Dresscode prägt der Körpercode den ersten Eindruck, den Sie und Ihre Gesprächspartner hinterlassen. Denn den ersten Eindruck verursachen wir alle durch unser Aussehen und Auftreten. Entscheidend dabei ist zunächst die optische Wahrnehmung: die Körperhaltung und die Körperspannung, die Gestik und die Mimik sowie die Kleidung. So wie Sie gleichen auch Ihre Gesprächspartner alle diese Einzelbausteine mit den Erwartungen an die jeweilige Berufsgruppe und Funktion ab. Wenn Sie als Führungskraft mit geneigtem Kopf und nach vorn hängenden Schultern zu Ihren Mitarbeitern sprechen, dann strahlt Ihr Körpercode Führungsschwäche aus. Ihre Mitarbeiter spüren zumindest unbewusst, dass hier etwas nicht stimmt. Wenn Sie einen Bergführer für eine schwierige Kletterpassage engagieren, so erwarten Sie von ihm, dass er Sie aufrecht und selbstsicher empfängt.

Ein weiterer Punkt ist für Sie wichtig:

Wenn sich Ihre Gesprächspartner oder Ihre Zuhörer von Ihrem Standpunkt überzeugen sollen, setzt dies voraus, dass Ihr Sprachcode und Ihr Körpercode übereinstimmen. Wie peinlich sind doch manche Situationen, in denen beide Codes divergierende Signale senden. Wollen Sie sich über Geldanlagen beraten lassen, so überzeugen Sie die Argumente von jemandem mit einer aufrechten und offenen Körperhaltung sowie einem passenden Dresscode eher als von jemandem, der unsicher auf Sie zukommt. Denn wer als Geldanlageberater unsicher auftritt, der signalisiert Ihrem Unterbewusstsein, dass er von seinen Empfehlungen selbst nicht überzeugt ist. Und ein weiteres Beispiel für unstimmiges Verhalten: Häufig können Sie in der Gastronomie die »Berufslächler« beobachten: Sie zeigen Ihnen lächelnd die Zähne, wenn Sie sich Ihnen am Tisch zuwenden, um im nächsten Augenblick, wenn Sie vom Tisch wegtreten, eine betrübte Miene aufzusetzen. Auch hier wird deutlich, dass der

Sprachcode (zum Beispiel: »Das mache ich doch gerne für Sie.«) als oberflächliche Floskel benutzt wird. Glücklicherweise gibt es jedoch hiervon rühmliche Ausnahmen.

Damit Sie den Körpercode Ihrer Gesprächspartner gut interpretieren, ist Beobachten und Üben wichtig. Selbstverständlich üben Sie nicht während wichtiger Gespräche. Sonst laufen Sie Gefahr, sich vom Gesprächsablauf zu verabschieden. Zum Üben bieten sich dagegen sämtliche Situation an, an denen Sie nicht oder nur teilweise beteiligt sind. Dies kann im Restaurant, im Café oder vor dem Fernseher sein. Insbesondere bei Talkshows finden Sie häufig Beispiele dafür, wie schlecht Widersprüche zwischen Sprachcode und Körpercode wirken.

Für Ihren Erfolg ist es hilfreich, wenn Sie sowohl den Körpercode Ihres Gesprächspartners richtig einschätzen als sich auch selbst bewusst sind, welchen Körpercode Sie senden.

Welche Körpercodes Ihnen speziell im Geschäftsleben besonders helfen, erfahren Sie im Abschnitt »Der Business-Körpercode«.

Der Etikettecode – Wertschätzung und Etikette sind wieder ›in‹

> »Gute Manieren sind das Öl im Getriebe zwischenmenschlicher Beziehungen.«
>
> *Lin Yutang*

Etikette – ist das denn nicht etwas von gestern und vorgestern? Etikette – mache ich mich damit denn nicht lächerlich? Solche Fragen höre ich vereinzelt von Seminarteilnehmern. Meist basieren diese Fragen auf einem unzutreffenden Verständnis davon, was Etikette heute bedeutet.

Etikette, so wie wir sie im deutschsprachigen Raum kennen, ist in vielen Punkten vom höfischen Leben in der Barock- und Renaissancezeit geprägt. »Höflichkeit« leitet sich von »Hof« ab. Etikette nutzten die damals Regierenden an den Höfen unter anderem dazu, um sich von ihren Untertanen abzugrenzen. Bemerkenswert war die zwiespältige Stellung der Frau: Einerseits empfing sie die Aufmerksamkeit des Herrn und wurde »hofiert«, andererseits war ihr Stellenwert in der Gesellschaft weitaus geringer als es heute der Fall ist. Im Laufe der Zeit hat sich der Inhalt von »Etikette« mehr oder weniger stark gewandelt – beeinflusst sowohl von nationalstaatlichen Entwicklungen als auch von institutionellen Vorgaben. Ebenso haben sich in den unterschiedlichen gesellschaftlichen Schichten charakteristische Merkmale ausgeprägt und wurden an die nachfolgenden Generationen weitergegeben. Und schließlich entstanden und entstehen neue Verhaltensweisen bis heute gelegentlich deshalb, um sich von der Mehrheit bewusst abzugrenzen. Beispielhaft hierfür kann die sogenannte 68er-Generation aus dem vorigen Jahrhundert angesehen werden.

Es mag immer wieder der Eindruck entstehen, als ob »Etikette« gleichzusetzen sei mit »Knigge«. Abweichend von der Meinung vieler heutiger Zeitgenossen hat Adolph Freiherr Knigge keine Regeln darüber aufgestellt, wie beispielsweise Messer und Gabel zu halten sind. Die Mehrzahl der sogenannten »Knigge-Hinweise«, die sich heute im deutschsprachigen Raum finden, stammen nicht von Adolph Freiherr Knigge. Der Name »Knigge« wird gleichsam als geflügeltes Wort sowohl für gutes Benehmen als auch für Verhaltenshilfen in allen möglichen Lebenssituationen benutzt. Beispiele reichen vom »Kleidungs-Knigge« über den »Tisch-Knigge« bis hin zum »Erotik-Knigge«. Auch der häufig strapazierte »Business-Knigge« fällt darunter. Was wir dabei heute unter »Knigge« verstehen, müsste besser »Wilmsen« heißen. Denn der Berliner Pädagoge Friedrich Philipp Wilmsen fügte rund 20 Jahre nach dem Tod Adolph Freiherr Knigges dessen Werk *Über den Umgang mit Menschen* in einem vierten Teil Passagen hinzu, die Etikette-Regeln enthielten, wie wir sie heute verstehen. Knigge veröffentlichte 1788 außerdem sein zweites Werk *Über Eigennutz und Undank*. Beide basieren auf seinen jahrelangen Beobachtungen und Erfahrungen im Umgang mit seinen Mitmenschen. Ihm ging es darum, dem Leser Hilfen für einen erfolgreichen Umgang mit Menschen unterschiedlicher Berufe und Stände zu geben. Dabei gab er sehr detaillierte Hinweise, wie sich jemand in gewissen Situationen zu verhalten hat, allerdings nicht auf all den Feldern, die ihm heute zugeschrieben werden.

Zurück zu den zuvor gestellten Fragen: Ist Etikette denn von gestern oder vorgestern und mache ich mich mit Etikette-Verhalten denn nicht lächerlich? Mitnichten. Auch heute wirkt der Etikettecode, den jemand aussendet. Und er wirkt im Zweifel abgrenzend. Abgrenzend zwischen den Menschen, deren Etikettecode in einer bestimmten Situation als nicht passend beziehungsweise als passend empfunden wird. Suchen Sie als Führungskraft einen neuen Mitarbeiter oder bewerben Sie sich auf eine vakante Position, so entscheidet in sehr starkem Maße der Etikettecode über den Erfolg. Dies umso mehr, wenn die fachlichen Qualitäten der jeweiligen Bewerber nahezu identisch sind. Damit wird klar: Wer auf seinen individuellen Etikettecode achtet, ist auf jeden Fall im Vorteil.

Auch wenn es keinen »Gesetzgeber für Etikette-Regeln« gibt, so gibt es doch ein allgemeingültiges Empfinden dafür, was sich in bestimmten Situationen gehört und was nicht. Auf dieser Basis macht beispielsweise der »Arbeitskreis Umgangsformen International« die Etikette-Leitlinien der Allgemeinheit zugänglich. Für Sie ist wichtig: Ihr Etikettecode darf nicht starr sein, sondern er muss von Ihnen jeweils an die situationsbedingten Erfordernisse und Erwartungen angepasst werden. In einem Bierzelt gelten andere Spielregeln als in einem Drei-Sterne-Restaurant. Flexibel zu sein gelingt Ihnen allerdings nur dann, wenn Sie einerseits die Etikette-Erwartungen Ihres Umfelds kennen. Und andererseits kommt hinzu: Nur wer die offiziellen Etikette-Leitlinien beherrscht, kann sie je nach Notwendigkeit beachten oder auch bewusst übertreten.

Ein grundlegender Aspekt von Etikette ist die Wertschätzung Ihres Gegenübers. Ebenso, wie der »Stil eines Menschen« sehr oft verkürzt betrachtet und auf sein Äußeres reduziert wird, wird »Etikette« mindestens genauso oft auf »Messer und Gabel richtig halten« oder »freundlich grüßen« beschränkt. »Etikette« und damit Ihr persönlicher Etikettecode umfassen jedoch weitaus mehr. Im Kern geht es darum, welchen Respekt und welche Wertschätzung Sie Ihren Mitmenschen schenken wollen. Ihre innere Grundhaltung äußert sich in Ihrem Auftreten anderen Menschen gegenüber. Adolph Freiherr Knigge sagte: »Die Kunst des Umgangs mit Menschen besteht darin, sich geltend zu machen, ohne andere unerlaubt zurückzudrängen.«

Wer seinem Gesprächspartner oder Kunden mit Respekt und Wertschätzung begegnen will, der wird viele der Etikette-Leitlinien automatisch richtig anwenden. Damit Sie glaubwürdig und vertrauensvoll erscheinen, ist es wichtig, dass Ihr Etikettecode nicht gekünstelt und aufgesetzt wirkt. Am besten gelingt dies, wenn Ihnen die Leitlinien in Fleisch und Blut übergehen. So wie Sie sich selbstverständlich ruhig verhalten, wenn Sie eine Bibliothek betreten, einem klassischen Konzert zuhören oder auf der Tribüne ein Tennisspiel verfolgen, so ist es hilfreich, wenn Sie mit möglichst vielen Etikette-Leitlinien ebenso natürlich umgehen. Denn wer sich während eines Gesprächs immer wieder auf seinen Etikettecode konzentrieren muss, dem fehlt die Überzeugungskraft bei seinem Sprachcode. Er wirkt gehemmt. Und möglicherweise erwachsen aus der Etikette-Unsicherheit sogar innere und äußere Schweißausbrüche – beides dient Ihnen nicht dazu, auf Ihre Gesprächspartner und Kunden überzeugend zu wirken.

Im Abschnitt »Business-Etikettecode« finden Sie wesentliche Etikette-Leitlinien, die Ihnen im Geschäftsleben Sicherheit geben und zu mehr Erfolg verhelfen.

Der Stilcode – zeigen Sie ein stimmiges Gesamtbild

> »Wie der Stil, so der Mensch.«
> (»Le style c'est l'homme.«)
>
> *Sprichwort nach*
> *Georges-Louis Leclerc de Buffon*

Ihr persönlicher Stilcode entspricht dem Gesamtbild, das Sie von sich geben.

»Stil«, »persönlicher Stil«, bedeutet deutlich mehr, als oftmals mit diesen Worten verbunden wird. Häufig wird »Stil« auf die Kleidung und die dabei gewählten Farben reduziert. Denken Sie jedoch an berühmte Persönlichkeiten, über die gesagt wird: »Das ist sein/ihr Stil.« Dann erkennen Sie, dass mit »Stil« sicher mehr als nur deren Kleidung gemeint ist. Oftmals reicht ein kleiner Ausschnitt, und Sie erkennen daran, welcher Maler das gesamte Bild gemalt hat. Oftmals reichen drei Takte, und Sie wissen, von welchem Komponisten das Musikstück ist oder wer es vorträgt. Und schließlich: Oftmals reichen wenige Worte, und Sie wissen, von wem diese stammen.

Der Stil eines Menschen umfasst sein gesamtes Auftreten und Kommunizieren mit seinen Mitmenschen. Jeder Mensch hat seinen individuellen Stil. Zum Stil eines Menschen gehören sein Kleidungsstil oder Dresscode, sein Sprachstil oder Sprachcode, sein Benimmstil oder Etikettecode und sein Auftrittsstil oder Körpercode. Jeder von uns lebt gleichsam in seiner eigenen Stilwelt. Diese individuelle Stilwelt ergibt das Bild der jeweiligen Person, das Mitmenschen von ihr wahrnehmen – und dies zu einem Großteil unbewusst.

Der individuelle Stil wird durch eine Vielzahl von Einflüssen geprägt. Bereits in der Kindheit legen die in der Familie gebräuchlichen Codes ein wesentliches Fundament für den späteren Stil des Erwachsenen. Werden dort Themen ausdiskutiert? Wird auf gute Umgangsformen Wert gelegt? Ist das Familienklima grundsätzlich freundlich oder griesgrämig? Welcher Schicht gehört die Familie an und welches Verhalten ist dort üblich? Empfindet sich das Kind überwiegend als Befehlsempfänger? Werden gute Leistungen gelobt? Wie stark werden schlechte Leistungen getadelt? Wichtig ist dies deswegen, weil Kinder außer durch Anweisungen besonders durch Nachahmen lernen. In der Schule lernen Kinder verstärkt, sich in vorhandene Strukturen, Normen und Gepflogenheiten einzureihen und diese zu befolgen. So lernen sie – wie auch in der Familie –, dass gewisse Ausprägungen der einzelnen Codes belohnt, andere dagegen bestraft werden. Da der Mensch sich lieber belohnen als bestrafen lässt, werden die entsprechend gewünschten Signale vermehrt gesendet. Ein mehr oder weniger starker Bruch in diesem Prozess stellt in der Regel die Pubertät dar. Während dieser Zeit zeigen die Jugendlichen Formen ihrer einzelnen Codes, die sowohl dem bislang Gelernten als auch dem in der Erwachsenenwelt nun und zukünftig Erwarteten häufig widersprechen. Die Reaktionen der Erwachsenen auf diese Phase der Entwicklung des Kindes prägen ebenfalls dessen späteren Stil. Außer in der Familie und der Schule setzt sich die »Normierung« der einzelnen Codes in einer Reihe von sozialen Konstellationen weiter fort: in Vereinen, im Freundeskreis, in sozialen und gesellschaftlichen Positionen und nicht zuletzt im beruflichen Umfeld. Wer sich über den Zeitablauf dieser »Normierungen« gewisse für ihn charakteristische Eigenheiten bewahrt oder angeeignet hat, der wird nun als »Persönlichkeit« betrachtet – positiv oder negativ, je nachdem, wie kompatibel seine individuellen Signale mit den Erwartungen der Gesellschaft sind.

Grundsätzlich ist Ihr persönlicher Stilcode nicht in Stein gemeißelt. Sie können ihn ändern. Selbst den in Ihren Emotionen und Gedanken verwurzelten Körpercode können Sie mit Geduld und kontinuierlicher Arbeit an Ihrer Gedankenwelt passender wirken lassen. Die Erfahrung lehrt jedoch: Wichtig ist stets, dass die Signale, die Sie senden, in sich ein stimmiges Gesamtbild ergeben. Dies gilt für die Signale zueinander (Stimmen beispielsweise die Signale des Sprachcodes und jene des Körpercodes überein?). Dies gilt genauso für jedes einzelne Signal im Zeitablauf (Verhalten Sie sich völlig anders als zuvor?). Für Sie bedeutet dies in der Praxis: Wenn Sie einzelne Signale ändern wollen oder müssen, gehen Sie behutsam und geduldig vor. Wer von heute auf morgen wie ausgewechselt auftritt, der verwirrt all diejenigen, die ihn bisher anders gekannt haben.

Mit Ihrem persönlichen Stilcode verfolgen Sie letztlich nahezu ausnahmslos ein Ziel: Sie wollen Vertrauen schaffen. Ob Sie eine Rede halten, ob Sie Ihre Mitarbeiter informieren, ob Sie Ihr Unternehmen in Interviews oder Pressekonferenzen vertreten, ob Sie verhandeln, ob Sie etwas verkaufen oder ob Sie sich auf eine neue Stelle bewerben – stets suchen Sie das Vertrauen Ihrer Gesprächspartner oder Zuhörer, damit diese Ihrer Meinung oder Ihrem Angebot zustimmen oder Sie persönlich gut finden. Um dieses Ziel zu erreichen ist es für Sie wichtig, dass Ihr Stilcode je nach Situation den Erwartungen Ihrer Gesprächspartner, Kunden oder Zuhörer entspricht. Manchmal benötigen Sie einen besonders ausgeprägten Etikettecode, ein anderes Mal wird von Ihnen ein starker Sprachcode erwartet, ein drittes Mal wird besonders auf Ihren Dress- und Körpercode geachtet und so weiter. Der amerikanische Philosoph und Schriftsteller Ralph Waldo Emerson bringt es auf den Nenner: »Der Erfolg eines Menschen ist immer im Grundgefüge seiner Persönlichkeit begründet.«

Besonders überzeugend wirken Sie auf Ihre Mitmenschen dann, wenn es Ihnen gelingt, die Kombinationen der Einzelcodes situationsgerecht und ohne großes Nachdenken abzurufen. Je mehr Ihnen die einzelnen Türöffner in Fleisch und Blut übergegangen sind, umso lockerer und entspannter und umso sicherer und überzeugender werden Sie auftreten.

Sie finden im weiteren Verlauf des Buches Beispiele für den erfolgreichen, situationsgerechten Einsatz dieser Türöffner sowohl im Business-Alltag als auch in speziellen Situationen des Geschäftslebens – immer unter dem Blickwinkel, wie Sie das Unterbewusstsein Ihrer Gesprächspartner, Kunden oder Zuhörer positiv beeinflussen können. Denn dort werden Entscheidungen für oder gegen Sie getroffen. Zugleich erfahren Sie jeweils, welches Gewicht Sie in den jeweiligen speziellen Situationen am besten auf die einzelnen Türöffner legen.

Damit hilft Ihnen dieses Buch für Ihren beruflichen Erfolg. Sie können es jedoch genauso für schwierige Gespräche im privaten Bereich nutzen. Denn auch dort geht es darum, wie Sie auf Ihren Gesprächspartner wirken und ob Sie ihn überzeugend ansprechen.

Der erfolgreiche Einsatz der Türöffner im Business-Alltag

>»Wenn sich zwei Menschen begegnen,
>sind in Wirklichkeit sechs Menschen
>anwesend: Jeder von beiden, wie er sich
>selber sieht, jeder, wie der andere ihn
>sieht, und jeder, wie er wirklich ist.«
>
>*William James*

Gleichgültig, in welcher Funktion oder Position Sie sich befinden, Sie kommunizieren und wirken immer – auch dann, wenn Sie es überhaupt nicht wollen. So wie Sie gehen, so wie Sie stehen, so wie Sie gestikulieren, welche Mimik Sie »draufhaben«, so wie Sie sprechen – immer, wirklich immer, wirken Sie auf Ihre Mitmenschen.

Ist es Ihnen auch schon passiert, dass Sie einen Menschen getroffen haben, der Ihnen sofort »irgendwie« sympathisch oder »irgendwie« unsympathisch gewesen ist? Sie konnten es sich rational und damit bewusst nicht erklären. Doch als ob eine innere Stimme Sie geführt hätte, haben Sie Ihr Gegenüber spontan eingeschätzt. Die vermeintliche innere Stimme war niemand anderes als Ihr Unterbewusstsein, welches während jeder Sekunde um ein Vielfaches mehr an Informationen über den Auftritt Ihres Gegenübers verarbeitet und bewertet hat, als Sie es bewusst tun konnten.

Genauso geschieht es bei Ihren Kunden, Ihren Gesprächspartnern, Ihren Mitarbeitern, kurz: bei jedem, dem Sie begegnen. Auch Sie werden über Ihre Äußerlichkeiten und das »Wie« Ihres Auftritts eingeschätzt und bewertet. Wenn Sie sich dies vor Augen führen, sind Sie bereits den ersten Schritt auf dem Weg gegangen, der Ihnen durch den geschickten Einsatz von Türöffnern zu einem überzeugenden und erfolgreichen Umgang mit Ihren Gesprächspartnern, Kunden und Zuhörern im Geschäftsleben verhilft.

Der Business-Dresscode

»Die Außenseite eines Menschen ist
das Titelblatt des Inneren.«

Aus Persien

Bereits vor Ihrem Kleiderschrank legen Sie den Grundstein für einen erfolgreichen oder einen erfolglosen Tag. Denn hier entscheiden Sie darüber, ob Ihr Dresscode, den Sie in den kommenden Stunden senden, die von Ihnen selbst gewünschte oder die von Ihren Geschäftspartnern und Mitarbeitern erwartete Wirkung entfalten wird.

Sie können eine Vielzahl von Ratschlägen finden, wie Sie sich im Berufsleben kleiden sollen. Allerdings lassen sich diese nicht auf sämtliche Situationen übertragen. Eindeutig geregelt ist der Dresscode für hochoffizielle Anlässe wie Empfänge. Werden Sie zu solch einem Anlass eingeladen, ist es für Sie einfach, sich korrekt zu kleiden. Dies gilt sowohl für Frauen als auch Männer. Denn in der Regel finden Sie auf der Einladung einen Hinweis auf die Kleidung, die von Ihnen erwartet wird. Alle diese Hinweise beziehen sich zunächst auf die Garderobe des Mannes, von der sich der passende Dresscode der Frau ableitet. Beispielsweise lesen Sie dort »white tie« oder »cravate blanche« und wissen, dass Sie als Mann einen Frack mit entsprechender Hose, weißem Frackhemd, weißer Piquet-Weste und weißer Schleife sowie Lackschuhen zu tragen haben. Als Frau kleiden Sie sich in diesem Fall mit einem bodenlangen Kleid, Abendhandschuhen, großem Schmuck sowie offenen Abendsandaletten. »Black tie« oder »cravate noir« schreiben für den Mann den Smoking mit entsprechender Hose, weißem Smoking-Hemd mit schwarzer Fliege sowie Schuhe aus schwarzem Lackleder vor. Als Frau haben Sie bei diesem Bekleidungsvermerk mehrere Möglichkeiten: Sie können wählen zwischen einem Abendkleid in Knielänge, dem »Kleinen Schwarzen« oder einem sehr eleganten Hosenanzug und passendem Schmuck. An den Füßen tragen Sie offene Abendsandaletten.

Im Geschäftsleben dagegen gibt es keine solchen festgeschriebenen und allgemeingültigen Dresscodes. Hier hängt Ihre Kleidung vor allem davon ab, in welcher Branche Sie arbeiten und welche Erwartungen Ihre Kunden und Vorgesetzten an Ihren Dresscode haben. Und sie hängt häufig auch von der Tätigkeit ab, die Sie leisten. Die

Brandbreite ist groß. Sie reicht von Uniformen über klassische dunkle Anzüge und Kostüme bis hin zu Kombinationskleidung oder Casual- und Berufskleidung. So werden in vielen Hotels die Mitarbeiter einheitlich eingekleidet. Auch im Flugzeug ist das Bordpersonal uniformiert. Ein Werbedesigner unterscheidet sich mit seinem Dresscode deutlich vom Kreditberater eines Bankhauses. Ein Bauarbeiter kleidet sich seiner Aufgabe entsprechend anders als ein Pförtner. Von einem Arzt wird ein spezifisches Outfit erwartet, von einem Anwalt – zumindest vor Gericht – ebenfalls.

Der Dresscode, den Sie senden, lässt auf den ersten Blick vieles von Ihrer Persönlichkeit erkennen. Ihre Kleidung ist die Visitenkarte Ihrer Persönlichkeit. Sind Sie angepasst? Gehen Sie mit Regeln konform? Zeigen Sie sich rebellisch? Vorhandene Vorurteile und Konventionen spielen hier eine sehr große Rolle. Im Unterbewusstsein wird sekundenschnell »Ist« mit »Soll« abgeglichen. Dabei kann es Ihnen passieren, dass Sie aufgrund eines zu weiten Kostüms oder Anzugs unausgesprochen mit der Frage zu kämpfen haben: Sind Sie Ihrer Aufgabe überhaupt gewachsen oder müssen Sie da erst hineinwachsen? Hingegen werden Ihnen mit einem perfekt sitzenden und farblich passenden Kostüm oder Anzug Attribute wie »Kompetenz« und »Macht« zu Ihrem Vorteil angeheftet.

Den Dresscode können Sie auch dazu nutzen, um Ihre Gesprächspartner, Kunden oder Zuhörer emotional richtig anzusprechen. Wenn Sie als Versicherungsverkäufer bei Ihrem Kunden dessen Motiv »Sicherheit« ansprechen wollen, empfehle ich Ihnen, dass Sie sich dementsprechend seriös kleiden.

Grundsätzlich gelten für Ihren persönlichen Business-Dresscode die folgenden drei Punkte. Entscheidend sind:
- die Branche, in der Sie arbeiten;
- die Vorgaben Ihres Unternehmens;
- die Erwartungen Ihrer Geschäftspartner.

Ein Chefarzt wird sich beim Einkaufsbummel anders kleiden als an seinem Arbeitsplatz. Ein Politiker erfüllt sowohl beim Staatsempfang als auch bei der Wahlrede im Bierzelt durch seinen jeweiligen Dresscode die Erwartungen an ihn. Als Manager wählen Sie für Kundengespräche im Büro oder im Hotel ein anderes Outfit, als wenn Sie Ihre Kundenkontakte beim Golfspielen pflegen. Die Modedesignerin Gabriele Strehle sagt: »Eine Person ist stilvoll gekleidet, wenn man sich nach einer Begegnung mit ihr an den Menschen und nicht an seine Kleidung erinnert.«

Immer wieder höre ich in meinen Seminaren und Einzelcoachings die Frage, ob denn der Dresscode von der Hierarchiestufe abhängt? Auch hier kann die Antwort nur lauten: Er hängt zunächst von den Erwartungen der Geschäftspartner ab. Häufig ist zu beobachten, dass Angestellte ohne Führungsfunktion besser gekleidet sind als deren Vorgesetzte. Vermutlich deswegen, weil sie damit das Signal geben wollen, dass sie sich wünschen, auf der Karriereleiter vorwärts zu kommen. Je nachdem, wie sensibel der jeweilige Vorgesetzte ist, wird er wenig erfreut sein, wenn seine Mitarbeiter besser gekleidet sind als er. Gelegentlich ist zu beobachten, dass obere Führungskräfte bis hin zu Vorständen einen Dresscode präsentieren, der von ihnen nicht erwartet wird. Möglicherweise wollen sie damit signalisieren, dass sie es geschafft haben und sich deswegen losgelöst von Konventionen verhalten. Jedenfalls gibt es keine festen Etikette-Regeln, nach denen der Dresscode von der Hierarchie abhängt. Lediglich der ungeschriebene, eher psychologisch zu begründende Hinweis ist anzutreffen, dass sich Mitarbeiter höchstens so elegant wie ihr Vorgesetzter kleiden sollen. Und dieser Hinweis passt auch zu den allgemeinen Erwartungen, dass die hierarchische Position sich im Dresscode widerspiegelt. Passen Sie sich mit Ihrem Dresscode am besten der nächsthöheren Hierarchieebene an. Damit signalisieren Sie, dass Sie dieser Position bei einer eventuellen Neubesetzung auch vom Dresscode her gewachsen sind und gleichzeitig übertrumpfen Sie Ihren Vorgesetzten nicht.

Sie wissen: »Der erste Eindruck ist entscheidend.« Der Dresscode ist der Code, den Sie neben Ihrem Körpercode – Ihrer Körperhaltung und Ihrem Gang – als Erstes bei einem Treffen aussenden. Deshalb ist es sinnvoll, wenn Sie sich an den oben beschriebenen drei entscheidenden Kriterien orientieren. Es bleibt Ihnen dann immer noch die Möglichkeit, Ihre Individualität und Ihre Persönlichkeit durch entsprechende Krawatten, Halstücher oder Accessoires zu betonen. Die Möglichkeiten hierfür sind für Frauen umfangreicher als für Männer. Doch beachten Sie bitte stets, dass Sie ein insgesamt stimmiges Erscheinungsbild abgeben.

Kleidung wirkt bewusst und unbewusst. Bewusst werden meist auffällige Details wahrgenommen. Unbewusst wird der Gesamteindruck verarbeitet. Kleiden Sie sich so, wie es von Ihnen erwartet wird, so wird Ihr Dresscode neutral wahrgenommen. Wer die Erwartungen erfüllt, weckt zugleich Vertrauen. Erfüllen Sie die Erwartungen nicht, so bleibt dies im Gedächtnis Ihrer Gesprächspartner haften. »Das war doch derjenige oder diejenige mit den unpassenden Schuhen, dem grellen Halstuch, der Osterhasen-Krawatte« – und so weiter. Wie eindrucksvoll Kleidung wirkt, können Sie beispielsweise in üblichen Alltagssituationen testen. Betreten Sie ein Luxuswarengeschäft in eleganter Kleidung, so werden Sie fast immer aufmerksamer und freundlicher bedient, als wenn Sie dasselbe Geschäft in ausgebeulten Jeans und einer alten Sportjacke aufsuchen. Wir alle laufen Gefahr, andere Menschen anhand Ihrer Kleidung in Schubladen einzuordnen.

Doch Kleidung wirkt nicht nur nach außen. Kleidung wirkt ebenso nach innen. Sie strahlen mit Ihrem Körpercode deutlich mehr Sicherheit aus, wenn Ihre Kleidung dem Anlass entspricht. Dagegen fühlen Sie sich unwohl, wenn Sie offensichtlich underdressed oder overdressed erscheinen. Ihr Körpercode sendet dann unwillkürlich Signale von Unsicherheit.

Nachfolgend finden Sie wesentliche Punkte, worauf es für Sie als Frau beziehungsweise als Mann im Geschäftsleben beim klassischen Dresscode wichtig ist, zu achten. Sämtliche Punkte beziehen sich ausschließlich auf den deutschsprachigen Raum.

Worauf Sie als Frau achten

Die Rolle der Frau im Geschäftsleben unterscheidet sich in der Regel von der Rolle der Frau im gesellschaftlichen Leben. Im gesellschaftlichen Leben genießt die Frau in Deutschland – und nicht nur hier – in vielen Situationen einen besonderen Stellenwert. Im Berufsleben dagegen reiht sie sich in die Unternehmenshierarchie ein. Zugleich befindet sie sich in Bezug auf Ihren Dresscode im Spannungsfeld der Erwartungen: Sie soll als Frau auftreten und doch gleichzeitig ihre weiblichen Reize nicht zur Schau stellen. Von einem unbekannten Verfasser stammt der Ausspruch zum Business-Dresscode der Frau: »Ihre Kleider sollten so eng anliegen, dass man sieht, Sie sind eine Frau, und so lose, dass man sieht, Sie sind eine Dame.« Dieser Spruch bringt auf den Punkt, worauf es ankommt.

Um in diesem Spannungsfeld zu bestehen, lohnt es sich für Sie, besonderes Augenmerk auf den Dresscode zu legen. Wenn Sie einige wesentliche Punkte beachten, werden Sie mit Ihrem Outfit den Erwartungen an Sie stets gerecht. Und dies hat in der Regel zur Konsequenz, dass Sie auch fachlich schneller und unkomplizierter anerkannt werden.

Achten Sie als Frau bei Ihrem Business-Dresscode auf die

- Qualität,
- Passform und Optik,
- Farben,
- Harmonie.

Und vermeiden Sie offensichtliche Fauxpas.

Qualität

Die Qualität Ihrer Kleidung spricht für oder gegen Sie. Abgesehen davon, dass ein etwas höherer Anschaffungspreis zunächst vom Kauf abschrecken mag, zahlt sich Qualität immer aus. Sie können Qualitätskleidung länger tragen, sie behält ihre Form auch nach mehrmaligem Reinigen und sie knittert weniger. So gibt Ihre Garderobe auch nach einer längeren Reise ein tadelloses Bild ab. Zugleich signalisieren Sie einerseits Ihren guten Geschmack und andererseits, dass Sie sich selbstbewusst sehen. Denn die Qualität Ihrer Kleidung fällt auf Sie zurück. Schlechte Stoffqualität führt häufig dazu, dass Ihre Gesprächspartner unbewusst auf eine schlechte Qualität Ihrer Arbeit schließen.

Passform und Optik

Gleichgültig, ob Sie ein Kleid mit Jackett, ein Kostüm oder einen Hosenanzug tragen: Die Passform muss stimmen.

Das Jackett passt sich Ihrem Oberkörper an und spannt auch dann nicht, wenn Sie es schließen. Beim Stehen und Gehen ist es geschlossen, im Sitzen können Sie es öffnen. Die Ärmellänge reicht bis zu Ihrem Puls. Haben Sie lange Beine und einen relativ kurzen Oberkörper, so wirken Sie in einem längeren Jackett besser. Bei kurzen Beinen achten Sie darauf, dass Ihr Jackett höchstens bis zur Hüfte reicht. Die durchschnittliche Jackettlänge endet in Schritthöhe.

Ob Ihr Rock oder Ihr Kleid die ideale Länge besitzen, hängt ebenfalls von Ihrem individuellen Körperbau und zudem von Ihrer Funktion und von Ihrem Beruf ab. Deswegen ist der Hinweis, der Rock soll im Stehen eine Handbreit über dem Knie enden, zu allgemein. Zu kurz ist Ihr Rock in jedem Fall, wenn er im Sitzen mehr als ein Viertel der Länge Ihres Oberschenkels freigibt. Die Weite ist dann in Ordnung, wenn Sie Ihren Rock vor dem Spiegel hochziehen und er von selbst über die Hüfte gleitet. Sie ersparen sich dadurch im Geschäftsalltag das Nach-Unten-Ziehen des Rockes, wenn Sie sich erheben. Es signalisiert nämlich stets Unsicherheit.

Strümpfe oder Strumpfhosen sind für Sie als Frau im Geschäftsleben Pflicht. Achten Sie darauf, dass sie nicht ins Rutschen kommen. Bei Nylonstrümpfen oder -strumpfhosen mit Elasthan-Anteil besteht kaum eine Gefahr dafür.

Die idealen Schuhe für Ihren Business-Dresscode sind Pumps – vorne und hinten geschlossen. Nur für festliche Anlässe passen offene Schuhe. Generell gilt die Regel: Je festlicher Ihr sonstiger Dresscode, desto offener sind Ihre Schuhe.

Farben

Obwohl Sie als Frau mit Ihrem Business-Dresscode insgesamt deutlich mehr Gestaltungsspielräume besitzen als Männer, gilt auch für Sie: Grau, Anthrazit und Dunkelblau sind die Business-Farben, mit denen Sie mit Ihrem Kostüm und Ihrem Hosenanzug nichts falsch machen. Dazu tragen Sie eine weiße oder hellblaue Baumwollbluse oder ein hochwertiges T-Shirt sowie hautfarbene Strümpfe oder Strümpfe im Ton Ihres Kostüms oder Hosenanzugs. Schwarze oder dunkelblaue Pumps runden Ihr Gesamtbild gut ab. Daneben setzen Sie individuelle Farbakzente beispielsweise durch ein Tuch. Die Farbe Ihrer Tasche muss im Geschäftsleben nicht mit der Farbe Ihrer Schuhe übereinstimmen. Sie muss allerdings zum Grundton Ihrer Kleidung passen. Inwieweit es für Sie Sinn macht, darüber hinaus eine individuelle Farbberatung in Anspruch zu nehmen, entscheiden Sie selbst. Für das klassische Business-Outfit ist eine solche in den meisten Fällen entbehrlich.

Nutzen Sie die Macht der Farben insbesondere in schwierigen Verhandlungen, wichtigen Gesprächen oder entscheidenden Sitzungen dafür, um das Unterbewusstsein Ihres Gegenübers zu konditionieren. Denn auch beim Dresscode spielt das Unterbewusstsein eine große Rolle So lenkt beispielsweise ein rotes Tuch die Aufmerksamkeit auf sich. Mit Rot signalisieren Sie Energie und Selbstbewusstsein. Blau wirkt zuverlässig und beständig.

Außer mit Rot und Blau rufen Sie mit vielen sonstigen Farben bei Ihrem Gegenüber eine für ihn unbewusste Wirkung hervor. Mit dem Wissen darüber erreichen Sie, dass Ihre Gesprächspartner, Zuhörer oder Kunden zunächst bestimmte Merkmale mit Ihnen verbinden. Damit Sie glaubwürdig erscheinen, müssen Sie diese Merkmale im weiteren Verlauf durch Ihren Sprachcode, Ihren Etikettecode und Ihren Körpercode allerdings auch bestätigen.

Welche der Farben Sie sinnvoll einsetzen, um Ihr Gegenüber zu konditionieren beziehungsweise Charaktereigenschaften von Ihnen zu betonen, hängt vor allem auch von der Branche ab, in der Sie tätig sind. So wird Schwarz in Künstlerkreisen oder in kreativen Branchen meistens als passend empfunden, schreibt Ihnen diese Farbe doch Individualität zu. In Finanzkreisen wirken Sie dagegen mit anthrazit oder grau besser angezogen, Denn durch beide Farben werden Sie als sachlich eingestuft und Ihre individuelle Persönlichkeit bleibt jeweils im Hintergrund. Schwarz wirkt dort zu förmlich und wird bei der Abendgarderobe erwartet.

Außer durch die Grundfarben Ihrer Business-Kleidung können Sie durch Ihre Accessiores – wie einen Schal – mit der passenden Farbwahl gewünschte Akzente setzen. Wählen Sie die Farbe Gelb, so wird Ihr Gegenüber Sie unbewusst als heiter, intellektuell und kommunikativ einschätzen. Mit Orange drücken Sie Ihre Lebensfreude aus und wirken extrovertiert. Violett verleiht Ihnen den Hauch des Ungewöhnlichen, des Besonderen – oft auch des Mächtigen. Pastelltöne lassen Sie in der Regel weich, zurückhaltend und einfühlsam erscheinen.

Farben eignen sich somit hervorragend als Türöffner – zumindest für den ersten Eindruck.

Harmonie

Ihr Gegenüber nimmt zunächst Ihr gesamtes Erscheinungsbild wahr. Mit dem ersten Eindruck, den Sie hinterlassen, bestimmen Sie sein Urteil über Sie: Nimmt er Sie »stimmig, harmonisch« oder »unstimmig, störend« wahr? Harmonie erreichen Sie als Frau automatisch, wenn Sie sich in den zuvor genannten Business-Farben kleiden, Ihr Outfit gut sitzt, und wenn Sie zugleich darauf achten, dass

Ihre Schuhe nicht heller als Ihre sonstige Kleidung sind. Harmonie erzielen Sie zudem durch passende Accessoires wie Schmuck, Gürtel und die Armbanduhr. Dabei achten Sie bitte darauf, dass die Farbe Ihres Gürtels der Ihrer Schuhe entspricht oder dieser sehr nahe kommt. Die Zahl Ihrer Schmückstücke ist im Business-Outfit geringer als in der Abendgarderobe. Dort sind maximal fünf bis sieben Schmückstücke – je nach Zählweise – angebracht.

Vermeiden Sie die folgenden Fauxpas

Wie ernst Sie im Geschäftsleben genommen werden, hängt – genauso wie beim Mann – mehr als von Ihrer Leistung davon ab, wie Sie auf Ihre entsprechenden Mitmenschen wirken. Ein unpassender Dresscode lenkt Ihre Gesprächspartner von Ihrem Fachwissen ab. Sie werden unnötig abqualifiziert. Vermeiden Sie dies, indem Sie die folgenden Punkte beachten.

Wenn Sie einen für Sie ungünstigen Eindruck hinterlassen wollen, dann

- tragen Sie grelle Farben,
- zeigen Sie sich mit gemusterten Strümpfen,
- kommen Sie mit Leggings oder Shorts ins Büro,
- tragen Sie zu kurze Röcke oder ein zu tiefes Dekolleté,
- verzichten Sie auf Strümpfe oder Strumpfhosen,
- stecken Sie an jeden Finger einen Ring,
- zeigen Sie Ihren Bauchnabel,
- zeigen Sie Ihre Piercings und Tattoos,
- tragen Sie ein Kleid oder ein Top mit Spaghetti-Trägern,
- gönnen Sie Ihren Füßen Sandalen oder Sandaletten,
- treten Sie mit schiefen Absätzen auf,
- lassen Sie Ihre Mitmenschen wissen, welche Form Ihre Unterwäsche besitzt.

Worauf Sie als Mann achten

Als Mann besitzen Sie beim Business-Dresscode deutlich weniger Gestaltungsspielräume als eine Frau. Die Zahl der möglichen Fettnäpfchen, in die Sie treten können, ist dadurch relativ groß. Hin und wieder mag der Eindruck entstehen, als ob Männer grundsätzlich weniger Wert auf Ihr Äußeres legen. Hängende Krawatten, ungeputzte Schuhe sowie zu große oder zu kleine Anzüge sind häufig als Beispiele anzutreffen. Parallel hierzu zeigen jedoch Umfragen, dass das Interesse der Männer an Ihrem Dresscode in den vergangenen Jahren gestiegen ist, wie übrigens auch der Verkauf von Körperpflegemittel für Männer. Die Sensibilität für passende Kleidung steigt offensichtlich. Und dies ist gut – vor allem gut für die jeweiligen Männer. Denn obwohl die Meinung vorherrscht, dass männliche Stärke und Machtbewusstsein wichtige Faktoren für den beruflichen Erfolg darstellen, werden auch bei Männern die Soft Skills – und damit insbesondere auch die Kleidung, die sie tragen – besonders beachtet. Und dies umso mehr, je höher sie in der Hierarchie bereits stehen oder noch kommen wollen.

Deshalb lohnt es sich für Sie, wenn Sie Wert auf Ihr Äußeres legen. Wie als Frau beachten Sie auch als Mann bitte die folgenden Punkte, wenn Sie Ihre Garderobe auswählen:

- Qualität,
- Passform und Optik,
- Farben,
- Harmonie.

Und vermeiden Sie offensichtliche Fauxpas.

Qualität

Was für die Frau gilt, gilt hier auch für den Mann: Die Qualität Ihrer Kleidung spricht für oder gegen Sie. Schlechte Stoffqualität führt häufig dazu, dass Ihre Gesprächspartner unbewusst auf eine schlechte Qualität Ihrer Arbeit schließen. Die Qualität eines Anzugsstoffs erkennen Sie an den Super-XXX-Angaben. Super 100 oder Super 120 bis hin zu Super 180 und höher geben Ihnen die Feinheit des Stoffs an – je größer die Zahl, desto feiner das Tuch.

Passform und Optik

Ihr Anzug muss sitzen. Dies gilt unabhängig davon, ob Sie sich für ein einreihiges Jackett oder ein zweireihiges entscheiden, beziehungsweise für eine Hose mit oder ohne Umschlag. Auch die Weste, die Sie gegebenenfalls unter Ihrem Sakko tragen, muss sitzen. Ihr geschlossenes Jackett wirft im Rückenbereich beim Stehen keine Falten und bedeckt Ihr Gesäß. Der Kragen des Jacketts liegt über die gesamte Länge am Hemdkragen an. Schließen Sie Ihr einreihiges Jackett im Stehen und Gehen stets so, dass der unterste Knopf offen bleibt. Dies gilt übrigens auch für Ihre Weste. Im Sitzen öffnen Sie Ihren Einreiher wieder, während die Weste geschlossen bleibt. Hat Ihr Jackett drei Knöpfe, so haben Sie die Wahl, ob Sie die beiden oberen schließen (moderne, italienische Variante) oder lediglich den mittleren Knopf (konservative, englische Variante). Hat Ihr Jackett mehr als drei Knöpfe, so bleibt auf jeden Fall der unterste offen, ansonsten haben Sie ebenfalls die Wahl, ob Sie alle restlichen schließen oder nur die mittleren. Tragen Sie eine Weste, so schließen Sie Ihr einreihiges Jackett auf jeden Fall dann, wenn Sie sich bei einem offiziellen Anlass befinden und stehen. Dies kann beispielsweise ein Empfang sein, bei dem Sie eine Rede halten, oder eine Bilanzpressekonferenz, auf der Sie Ihr Unternehmen präsentieren. Die Weste hat die richtige Länge, wenn am unteren Rand weder das Hemd noch der Gürtel hervorschauen. Ein zweireihiges Jackett dagegen bleibt immer geschlossen, ob Sie stehen, gehen oder sitzen. Bei ihm schließen Sie zusätzlich den inneren Knopf. Den untersten äußeren Knopf können Sie geöffnet lassen. Die Ärmellänge ist dann in Ordnung, wenn Ihre Hemdmanschette ungefähr einen Zentimeter herausschauen kann. Diese endet normalerweise am Daumenansatz im Handgelenk. Nehmen Sie als Merksatz: Ein gut geschnittenes Jackett darf beim Tragen die Haut nicht berühren. Einen Maßanzug oder entsprechend ausgestattete Maßkonfektion erkennen Sie daran, dass die Knöpfe an den Jackettärmeln aufknöpfbar sind. Gleichwohl lassen Sie solche Knöpfe zugeknöpft. Wer einen oder mehrere von ihnen offen trägt, gilt sehr schnell als Angeber.

Einen besonders guten Eindruck hinterlassen Sie, wenn Sie Baumwollhemden mit Doppelmanschetten und Manschettenknöpfen aus Metall wählen. Doch beim Standardhemd darf es auch eine Sportmanschette mit zwei Knöpfen sein. Knöpfe aus Perlmutt gelten dabei als ein »Muss«. Bei guten Hemden finden Sie Stäbchen auf der Hinterseite der Kragenspitzen, die Sie zum Waschen entfernen können. Der Kenner achtet zudem auf die Anzahl der Fadenstiche an den Nähten: Je mehr Stiche, desto höher die Qualität. Ihr Hemd beziehungsweise Ihr Jackett sitzen richtig, wenn die Kragenspitzen des Hemdes vom Revers des Jacketts verdeckt werden. Als klassische Kragen-Form wählen Sie den Kent-Kragen. Kurzärmelige Hemden haben im Business-Dresscode nichts zu suchen.

Tragen Sie eine Krawatte, so schließen Sie bitte stets auch den obersten Knopf Ihres Hemdes. Verzichten Sie auf eine Krawatte, dann bleibt dieser Knopf offen. Der Krawattenknoten sitzt fest und schmiegt sich in den vorderen Teil des Hemdkragens ein. Je nach Kragenform finden Sie dort mehr oder weniger Platz für Ihren Krawattenknoten. Entsprechend kann dieser einfach oder doppelt ausfallen. In Deutschland gehen Sie auf Nummer sicher, wenn Sie zu einem Hemd mit Button-down-Kragen keine Krawatte tragen. In England dagegen ist dies durchaus üblich.

Wählen Sie Ihre Krawatten stets aus Seide. Sämtliche sonstigen Materialen passen bestenfalls in Ihr Freizeit-Outfit und selbst dort wirken sie oftmals deplatziert. Die Krawatte ist für Sie als Mann einer der wenigen Teile Ihres Dresscodes, an dem Sie Ihre Persönlichkeit besonders durchscheinen lassen können. Grundsätzlich verzichten Sie auf Krawatten mit ausgefallenen oder kitschigen Motiven. Ansonsten darf Ihre Krawatte von klassischen Paisley-Mustern über Streifen und Punkte bis hin zu unifarbener Ausführung vieles zeigen. Bei der Farbauswahl denken Sie bitte an den Anlass, zu dem Sie die Krawatte tragen. Die Länge Ihrer Krawatte stimmt, wenn die Krawattenspitze den Hosenbund leicht berührt. Eine weitere Möglichkeit, individuell und elegant aufzutreten, bietet Ihnen ein Einstecktuch. Als Kenner zeigen Sie sich, wenn das Einstucktuch und die Krawatte nicht in Farbe und Muster übereinstimmen – obwohl selbst in manchen guten Herrenfachgeschäften Pakete aus Krawatte und Einstecktuch in identischer Farbe und identischem Design angeboten werden.

Die Anzughose entspricht selbstverständlich in Stoff und Farbe dem Jackett. Sie hat die passende Länge, wenn sie hinten an der oberen Absatzkante endet. Besitzt die Hose einen Umschlag, dann kann sie hinten etwas weiter oben enden. Vorne steht die perfekt geschnittene Hose auf dem Schuh mit genau einer Falte auf. Die Frage, ob die Hose beim Business-Dresscode mit oder ohne Umschlag getragen werden soll, wird unterschiedlich gesehen. Klassisch tragen Sie mit einem zweireihigen Jackett stets eine Hose mit Umschlag. Mit einem einreihigen Jackett können Sie sowohl die Variante mit als auch jene ohne Umschlag wählen.

Ist Ihre Hose mit Gürtelschlaufen ausgestattet, so ist ein Gürtel Pflicht. Tendieren Sie zu Hosenträgern, dann finden Sie hierfür spezielle Hosenmodelle ohne Gürtelschlaufen. Wenn Sie einen Gürtel tragen, so wirken Sie passend gekleidet, wenn dieser in Farbe und Material mit Ihren Schuhen korrespondiert.

Strümpfe sind beim Business-Dresscode ein absolutes Muss. Mehr noch: Die Strümpfe müssen so lang sein, dass Sie niemals ein unbekleidetes Stück Ihres Beines zeigen. Tragen Sie knielange Strümpfe, ist dies automatisch garantiert. Entscheiden Sie sich bei hohen Temperaturen für kurze Socken, so achten Sie unbedingt darauf, dass beim Sitzen oder beim Beine-Übereinanderschlagen Ihr nacktes Bein nicht zu sehen ist. Ein kurzer Test vor dem Gang aus dem Haus oder dem Hotel lohnt sich für Sie. Vermeiden Sie, Strümpfe aus Kunstfasern zu tragen.

Last but not least entscheiden die Schuhe darüber, ob Sie einen guten Eindruck hinterlassen oder nicht. Das beste Outfit wird zerstört, wenn die Schuhe nicht dazu passen. Dass die Schuhe sauber geputzt und die Absätze nicht abgelaufen sind, sowie dass Sie Lederschuhe mit Ledersohle tragen, ist für Sie selbstverständlich. Bei der Wahl des Schuhes haben Sie im Geschäftsalltag die Wahl zwischen solchen mit geschlossener oder mit offener Schnürung. Nehmen Sie an einer formellen Veranstaltung teil, so sind Sie mit solchen mit geschlossener Schnürung passend gekleidet.

Farben

Oftmals können Sie eine vermeintliche Regel hören, die lautet »No brown after six«, und die sich auf Herrenschuhe beziehen soll. Diese Regel können Sie getrost als falsch abhaken. Korrekt lautet die Regel: »No brown in town.« Ihren Ursprung hat sie in Zeiten, als Männer stets Anzüge trugen. In England, wo die europäische Männermode erfunden wurde, werden die Farben Braun und Grün ausschließlich auf dem Land getragen. Allerdings ist England zentralistischer als Deutschland. In Deutschland gibt es keinen derart kultivierten Stadt-Land-Gegensatz. Daher ist die an sich »ländliche« Kleidung in Deutschland auch in Städten erlaubt, jedoch außerhalb von Büros und abseits von Geschäftsterminen. Im deutschsprachigen Raum ist Braun als Farbe für Ihren Business-Dresscode unpassend.

Wählen Sie Ihre Anzüge deshalb in Anthrazit, Dunkelblau oder Grau. Je höher Ihre Position und je formeller Ihre Geschäftstermine sind, desto dunkler wird von Ihnen der Anzug erwartet. Ein schwarzer Anzug jedoch gilt für den Business-Dresscode immer noch als unpassend, auch wenn zeitweilige Modeströmungen ihn dort auftauchen lassen. Schwarze Anzüge werden zu Trauerfeiern, Beerdigungen oder zu hohen akademischen Feiern getragen.

Mit einem weißen Baumwollhemd liegen Sie immer richtig. Außerdem passen fast immer hellblaue Hemden. Denken Sie bitte daran: Gerade bei dieser Farbe sind Schweißflecken oder -ränder besonders gut sichtbar. Je nach Anlass kann auch ein Hemd in Hellrosa oder Hellgelb gut wirken. Ob Sie ein Hemd mit Streifen wählen, hängt von Ihrem jeweiligen Umfeld ab. In manchen Situationen mag es bereits zu sportlich wirken. Falls Sie ein gestreiftes Hemd tragen, dann bieten sich als Streifenfarben blau oder grau an.

Wer sich die Krawattenlandschaft ansieht, findet ein sehr breites Spektrum. Von trist bis grell ist nahezu alles vertreten. Die Krawatte ist einer der Teile Ihres Dresscodes, mit dem Sie im Geschäftsleben – trotz aller Konventionen – Ihre Persönlichkeit und Ihre Individualität zum Ausdruck bringen können. Gerade dadurch entsteht eine Reihe von Peinlichkeiten. Krawatten, auf denen Osterhasen, Schneemänner oder Automobile zu sehen sind, wirken schlicht albern und gehören nicht zum Business-Dresscode. Manche Firmen wollen ihre männlichen Mitarbeiter durch eine einheitliche Krawattenregel gleichsam als Corporate-Identity-Baustein nutzen. Dies ist dann in Ordnung, wenn die Krawatten in Farbe und Muster in den erwarteten Business-Rahmen fallen. Doch Firmenlogos oder Schriftzüge auf der Krawatte haben mit einem seriösen Business-Dresscode nichts zu tun. Gut gekleidet sind Sie mit solchen Krawatten, deren Farbe mit dem Anzug harmoniert und zur Hemdfarbe einen Kontrast aufbaut. Blau und Rot in unterschiedlichen Farbabstufungen und Mustern wirken meist seriös. Steht Ihnen eine schwierige Verhandlung, ein wichtiges Gespräch oder eine entscheidende Sitzung bevor, so können Sie die Farbe Ihrer Krawatte auch dafür nutzen, um das Unterbewusstsein Ihres Gegenübers zu konditionieren. So lenkt beispielsweise Rot die Aufmerksamkeit auf sich. Mit Rot signalisieren Sie Energie und Selbstbewusstsein. Blau wirkt zuverlässig und beständig.

Ein Einstecktuch lässt Sie noch eleganter und seriöser erscheinen. In manchen Situationen jedoch mag es Ihrem Gegenüber den Eindruck von »overdressed« vermitteln. Hier ist Ihr Fingerspitzengefühl gefragt. Wenn Sie sich für ein Einstecktuch entscheiden, dann achten

Sie bitte darauf, dass dieses auf keinen Fall in der Farbe und zugleich im Muster mit Ihrer Krawatte übereinstimmt – auch wenn Sie solche Paketangebote selbst in manchen guten Herrenausstattungsgeschäften finden können.

Gerade mit Krawatten und Einstecktüchern haben Sie als Mann die Möglichkeit, mit Hilfe von Farben Ihr Gegenüber in eine gewünschte Richtung zu konditionieren. Die Wirkung, die Sie mit einzelnen Farben erzielen, entspricht derjenigen, die Sie im Abschnitt zuvor bei den Farben für die Frau aufgezählt finden.

Ihren Gürtel haben Sie dann richtig gewählt, wenn er in Farbe und Material zu Ihren Schuhen passt. Übertrieben große Gürtelschnallen – gleich in welcher Farbe – passen nicht zu einem klassischen Business-Dresscode. Die Farbe der Gürtelschnalle harmoniert zumindest mit einem Ihrer Accessoires, die Sie in dem Moment tragen. Dies kann Ihre Armbanduhr sein, dies kann auch Ihr Ehering sein. Die Farbe Ihres Uhrenbandes entspricht der Farbe Ihrer Schuhe, wenn Sie einen Anzug mit Krawatte tragen. Kleiden Sie sich lockerer ohne Krawatte, so können Sie auch ein Metallglieder-Uhrband anziehen.

Die Farbe Ihrer Strümpfe haben Sie dann passend gewählt, wenn sie zwischen der Farbe Ihrer Schuhe und der leicht helleren Farbe Ihrer Hose liegt. Tragen Sie eine graue Hose, dann wählen Sie zu Ihren schwarzen Schuhen schwarze Strümpfe.

Ihre Schuhe krönen oder zerstören Ihren Business-Dresscode. Krönend wirken sie, wenn Sie die Farbe Schwarz wählen. Auch wenn Sie solche häufig sehen können: Braune Schuhe sind für den klassischen Business-Dresscode im deutschsprachigen Raum unpassend. »No brown in town« gilt gerade auch für die Schuhe. Braune oder bordeaux-rote Schuhe passen dagegen häufig zu Kombinationen, dann allerdings außerhalb des Geschäftsalltags.

Harmonie
»Der erste Eindruck ist entscheidend.« Diesen lassen Sie insbesondere durch Ihren gesamten Business-Dresscode entstehen. Er wird auf Ihre Gesprächspartner, Kunden und Zuhörer dann überzeugend wirken, wenn Sie »stimmig« auftreten. Achten Sie darauf, dass Ihr Dresscode von Kopf bis Fuß ein Bild der Harmonie aussendet und nichts negativ hervorsticht. Verzichten Sie beispielsweise auf jeden Fall darauf, eine Armkette zu tragen. Zu grelle Farben bei der Krawat-

te stören Ihr Gesamtbild genauso, wie zu wuchtige Armbanduhren. Schlecht geputzte Schuhe sowie abgetretene Absätze oder Schuhspitzen stören ebenfalls.

Vermeiden Sie die folgenden Fauxpas
Sie können selbst sehr viel dafür tun, dass Sie wirkungsvoll und überzeugend auftreten. Sie können die Wirkung Ihres Auftretens jedoch zerstören, wenn Sie folgende Fauxpas begehen:
- Der Kragen Ihres Jacketts steht vom Hemdkragen ab.
- Sie tragen ein kurzärmliges Hemd.
- Ihr oberster Hemdknopf ist offen und Ihre Krawatte gelockert.
- Ihr zu weiter Hosenbund wird durch den Gürtel zusammengerafft.
- Ihre Krawatte und Ihr Einstecktuch stimmen in Farbe und im Muster überein.
- Ihre Krawatte leuchtet in einer zu grellen Farbe.
- Sie kombinieren Ihre Krawatte mit einem Button-down-Hemd.
- Ihre Krawatte ist zu kurz oder zu lang.
- Sie tragen eine Armkette.
- Sie tragen einen Siegel- oder Wappenring, obwohl Ihre Familie weder Siegel noch Wappen vorweisen kann.
- Ihre Armbanduhr wirkt überdimensioniert.
- Sie treten mit abgelaufenen Absätzen und Sohlen auf.
- Sie tragen an Ihren Schuhen Gummisohlen.
- Sie begrüßen Ihre Gesprächspartner oder Kunden mit offenem Jackett, während Sie keine Weste tragen.
- Sie zeigen Teile Ihres nackten Beins.
- Sie tragen Socken oder Strümpfe mit Mustern.
- Sie tragen Socken oder Strümpfe, deren Farbe heller ist als Ihre Hosenfarbe.
- Ihre Hose ist zu lang.
- Ihre Hose ist viel zu kurz. (Im Zweifel ist Ihre Hose lieber etwas zu kurz als zu lang.)
- Sie tragen gleichzeitig Gürtel und Hosenträger.
- Sie verzichten auf einen Gürtel, obwohl Ihre Hose Gürtelschlaufen besitzt.

Vermeiden Sie diese Fauxpas auf jeden Fall. Zumindest das Unterbewusstsein Ihrer Gesprächspartner wird jeden registrieren, jedenfalls dann, wenn sie Etikette-Kenntnisse haben. Und solche setzen Sie im Zweifel besser voraus. Doch auch wenn Ihre Gesprächspartner keine entsprechenden Kenntnisse besitzen, wird von ihnen bei dem einen oder anderen Fauxpas gleichwohl unterbewusst etwas als nicht stimmig wahrgenommen. Die Folge: Aus bewusst oft unerklärlichen Gründen wird Ihnen nicht vertraut, sondern Skepsis entgegengebracht.

Der Business-Sprachcode

> »Jedes überflüssige Wort wirkt seinem Zweck gerade entgegen.«
>
> *Arthur Schopenhauer*

Sie treffen jemanden – einen Kunden, einen Mitarbeiter, einen Bekannten oder einen Unbekannten. Stets hinterlassen Sie den berühmten »ersten Eindruck«. Dieser wird vor allem durch Ihren Dresscode und Ihren Körpercode bestimmt.

Kommt es anschließend zum Gespräch, zur Diskussion, zur Debatte, zur Verhandlung oder zu einer Präsentation oder Rede, dann tritt Ihr Sprachcode in den Vordergrund. Er ist ein mächtiger Türöffner. Mit ihm können Sie Menschen bewegen, motivieren oder frustrieren. Mit ihm können Sie Menschen »öffnen« oder »verschließen«. Mit ihm können Sie den ersten Eindruck, den Sie hinterlassen haben, bestärken oder zerstören. Er ist mit dafür verantwortlich, ob jemand Ihnen Glauben und Vertrauen schenkt oder Ihnen zurückhaltend oder sogar misstrauisch begegnet.

Ihr Sprachcode wird von Ihren Gesprächspartnern und Zuhörern sowohl bewusst als auch unbewusst wahrgenommen. Wenn Sie sagen: »Diese Kugel ist rund«, so lässt diese Aussage praktisch keinen Interpretationsspielraum zu. Sie wird genau so verstanden, wie sie gemeint ist. Wenn Sie dagegen sagen oder Ihnen jemand sagt: »Die Unterlagen für die nächste Sitzung sind noch nicht fertig gestellt«, so lässt sich diese Aussage unterschiedlich verstehen. Denn in diesen Worten schwingt mehr als nur die sachliche Information mit. Stets gilt: Der Ton macht die Musik und Ihr Tonfall beim Sprechen ist mit dafür verantwortlich, wie Sie von Ihrem Gegenüber verstanden werden. Beachten Sie dabei bitte, dass Sie nicht nur mit Worten beim Sprachcode kommunizieren, sondern auch mit Ihrem Stimmklang und Ihrer Stimmmodulation. Darüber haben Sie bei der generellen Beschreibung des Sprachcodes im vorderen Teil des Buches gelesen.

Gerade der Business-Sprachcode erfordert eine klare und deutliche Sprache – sowohl was die Aussprache betrifft, als vor allem auch was den Inhalt betrifft. Führungskräfte haben hier häufig Probleme. Sie stehen oftmals vor der Frage: »Wie sage ich es meinem Mitarbeiter?« Dieser soll weder demotiviert oder frustriert werden, noch soll er das Gefühl haben, dass sie ihn für einen Überflieger halten (denn dann sägt er bald an ihrem Stuhl). Dabei bewegen sie sich häufig sehr unsicher auf dem Grat, der zwischen »autoritär« und »zu weich« verläuft. Ähnliche Unsicherheiten empfinden Mitarbeiter, Verkäufer, Kunden und sonstige Gesprächspartner.

Es gibt unendlich viele Beispiele, auf welche Art Worte bewusst und vor allem unbewusst wirken – beim Sender wie beim Empfänger. Wer eine Frage stellt und sie mit »Warum« beginnt, löst in fast allen Fällen bei seinem Gegenüber ein unbewusstes negatives Gefühl aus. Im Wort »Warum« schwingt stets ein Vorwurf mit – auch wenn der Fragesteller einen solchen überhaupt nicht ausdrücken will. Diese unbewusste Reaktion mag mit der Kindheit zusammenhängen. Sehr oft hören Kinder »Warum« verbunden mit einem energischen Stimmklang und wissen, nun folgt ein Vorwurf oder eine Anschuldigung, häufig gefolgt von einer negativen Konsequenz. »Warum hast Du Dein Zimmer noch nicht aufgeräumt?« ist eine dieser klassischen Fragen. Deshalb fühlt sich Ihr Gesprächspartner als Erwachsener unbewusst wesentlich wohler, wenn Sie anstelle von »Warum« beispielsweise mit »Aus welchen Gründen« formulieren.

Beim Business-Sprachcode kommt es wie im privaten Bereich darauf an, dass Sie die passenden Worte wählen. Sehr oft haben Sie die Wahl zwischen einer Minusformulierung oder der positiven Alternative. So können Sie beispielsweise statt dem vorwurfsvollen »Da haben Sie mich falsch verstanden« wesentlich positiver auf Ihren Gesprächspartner wirken, wenn Sie sagen: »Da habe ich mich unklar ausgedrückt.«

Es kommt jedoch genauso darauf an, überflüssige Worte zu vermeiden. Arthur Schopenhauer hat dies im zuvor erwähnten Zitat treffend formuliert. Zu überflüssigen Worten zählen auch Floskeln, wie Sie sie weiter unten finden. Sie werden meist unbedacht dahergesagt. Und gerade dadurch signalisieren sie häufig, wie gleichgültig jemand seinen Gesprächspartner nimmt oder wie gedankenlos und unbeteiligt jemand sein »Programm« abspult.

Die folgenden Seiten bieten Ihnen wesentliche Bausteine, wie Sie mit Ihrem Sprachcode überzeugend auftreten und ihn zu einem wirkungsvollen Türöffner werden lassen Das Hauptziel in der Kommunikation mit Ihren Gesprächspartnern und Kunden muss ein fairer Umgang sein. Selbstverständlich lässt sich der Sprachcode jedoch auch dafür nutzen, unfaire Verbalangriffe zu starten oder nur den eigenen Vorteil im Blick zu haben. Da Ihnen dies immer wieder begegnen wird, lernen Sie einige ausgewählte Hilfen kennen, wie Sie auf unfaire Verbalangriffe wirkungsvoll reagieren. Zudem finden Sie dort im Buch, wo spezielle Situationen wie Reden, Verhandlungen und Headhuntergespräche beschrieben werden, zusätzliche wichtige Bausteine des Sprachcodes, die Ihnen in diesen Situationen weiterhelfen. Denken Sie bitte stets daran: Auch leise Worte können schreien und auch eine weiche Stimme kann verletzen.

Lassen Sie mit Ihrem Sprachcode Bilder entstehen

Im Geschäftsleben sind wir im deutschsprachigen Raum sehr geprägt von einer nüchternen und emotionslosen Sprache – heute zwar nicht mehr so stark wie vor 50 Jahren, aber vielen Menschen fällt es immer noch schwer, Ihre Argumente mit Bildern und emotionsgeladenen Worten zu vermitteln. Dabei ist dies der Weg, dem wir tagtäglich durch Werbung ausgesetzt sind. Werbung funktioniert dann besonders gut, wenn sie direkt das Unterbewusstsein von Menschen und deren darin verborgene Wünsche und Emotionen anspricht. Wozu ein gutes Essen, wenn es nur ums Sattwerden geht? Wozu ein gut ausgestattetes Auto, wenn es nur darum geht, von A nach B zu fahren? Wozu eine teure Uhr, wenn es nur darum geht, zu erfahren, wie spät es ist?

Aus der Gehirnforschung wissen wir, dass sich Menschen durch emotionale Worte, durch Bilder und durch Betroffenheitsvokabeln besonders stark angesprochen fühlen. Dies bedeutet: Ein Sprachcode, der dazu führt, dass sich Ihre Gesprächspartner, Kunden oder

Zuhörer beim Zuhören Bilder vorstellen, erzeugt eine viel höhere Aufmerksamkeit, als es beispielsweise eine nüchterne Behördensprache vermag. Wir wissen auch, dass im Gehirn erzeugte Bilder besser erinnert werden können als bloße Worte. Bilder sind mit Emotionen verbunden. Deshalb »öffnen« Sie Ihre Gesprächspartner doppelt gut, wenn Sie so sprechen, dass diese Ihre Worte mit Bildern verknüpfen. Und es gelingt Ihnen besser und schneller, dass sie sich von Ihrer Argumentation, Ihren Produkten oder Ihren Dienstleistungen überzeugen. Einen viel besseren Türöffner zum Erfolg gibt es kaum.

Doch wie erreichen Sie, dass jemand, mit dem Sie kommunizieren, sich zu Ihren Worten Bilder vorstellt?

Sie können auf vier Methoden zurückgreifen. Je nach Situation und je nachdem, wer Ihnen zuhört, helfen Ihnen diese Methoden, dass Sie besser verstanden werden und einen stärkeren Eindruck hinterlassen. Diese sind:

1) Adjektive
2) Redewendungen und Sprichwörter
3) Gleichnisse
4) »Romanstil«

Doch denken Sie bitte bei sämtlichen dieser Methoden daran, sie wohlüberlegt und passend zur Situation einzusetzen. Sehr schnell können Sie damit ein Eigentor schießen. Ein Bild sagt mehr als tausend Worte – im Guten wie im Schlechten. Berühmte Negativbeispiele beginnen bereits bei einem Wort wie »Peanuts« und reichen beispielsweise zum Geschäftsessen, bei dem der Vorstandsvorsitzende, Herr Kohl, den Spruch zu Ohren bekommt: »Das macht den Kohl auch nicht fett.«

1) Adjektive

Adjektive geben Ihnen einerseits eine gute und einfache Alternative, damit sich Ihr Gegenüber dank Ihres Sprachcodes Bilder vorstellt. Andererseits sind sie eine äußerst »gefährliche« Wortart der deutschen Sprache.

Weshalb Adjektive »gefährlich« sind

Viele Redner oder Schreiber verspüren den Drang, nahezu vor jedem Substantiv eine Lücke zu sehen und diese durch ein Adjektiv zu füllen. Ein Adjektiv vor einem Substantiv ist in manchen Fällen angebracht oder sogar notwendig, doch in anderen Fällen völlig deplaziert.

Adjektive sind diejenige Wortart, die Tautologien erzeugen. Sie kennen den »weißen Schimmel« ebenso wie den »schwarzen Raben«. Im Immobiliensektor können Sie immer wieder lesen, dass ein Haus »neu renoviert« ist. Oder Sie erfahren davon, dass es im Gebirge »steile Felswände« gibt – eine Felswand ist immer steil, ansonsten wäre es ein Felshang. Solche Tautologien sind lästig, doch erzeugen sie durchaus ein Schmunzeln auf dem Gesicht des Gesprächspartners oder Zuhörers.

Zu Missverständnissen führen Adjektive dann, wenn Sie mit Substantiven falsch verbunden werden. Kinder wachsen üblicherweise im Elternhaus auf. Weshalb das Elternhaus ein »elterliches« Haus sein soll, ist unbekannt. Niemand käme auf die Idee, zu einem Schriftsteller »schriftlicher Steller« zu sagen. Im Beratungssektor gibt es »politische Berater«. Solche Berater können genauso wenig politisch sein, wie der »sportliche Direktor« sportlich sein muss. Es handelt sich zunächst um »Politikberater« und »Sportdirektoren«.

Die Fähigkeiten von Adjektiven reichen sogar so weit, dass sie die Logik Ihres Sprachcodes auf den Kopf stellen. Seit unserer Schulzeit wissen wir, dass sich ein Adjektiv vor einem zusammengesetzten Substantiv auf dessen hinteren Grundteil bezieht. Mit dieser Regel können Sie ungewollt komisch formulieren. Wenn Sie zu Ehren eines Paares, das Goldene Hochzeit feiert, eine Rede halten dürfen, so ist der Weg nicht weit, vom »goldenen Hochzeitspaar« zu sprechen. Gratulieren Sie Ihrem Mitarbeiter zum erneuten Nachwuchs und es handelt sich um das dritte Kind in seiner Familie, so erfordert es Konzentration, um nicht vom »dreiköpfigen Familienvater« zu sprechen. Es entsteht zwar jeweils ein Bild beim Zuhörer, aber ein unlogisches. Denn weder ist das Hochzeitspaar aus Gold, noch besitzt der Familienvater drei Köpfe. Solange ein solcher missglückter Sprachcode von Ihrem Gegenüber komisch empfunden wird, haben Sie noch nichts verloren. Doch wenn Sie zu oft auf diese Art kommunizieren, dann wird Ihr Gegenüber Ihnen unbewusst Ihre Kompetenz absprechen.

Wie Adjektive hilfreiche Bilder entstehen lassen

Damit Adjektive passende und für Ihr Anliegen hilfreiche Bilder bei Ihrem Gesprächspartner, Kunden oder Zuhörer entstehen lassen, achten Sie bitte darauf, wie Sie diese verwenden. Ein Adjektiv ist dann notwendig, wenn es dazu dient, zwei Sachen zu unterscheiden. Dies ist dann der Fall, wenn Sie beispielsweise von Ihrem jungen Assistenten und Ihrem erfahrenen Assistenten, von Ihrer alten und Ihrer neuen Preisliste oder von Ihrer roten und Ihrer blauen Krawatte sprechen. Wenn Sie Adjektive so gebrauchen, laufen Sie kaum Gefahr, dass Sie sprachlich falsch liegen. Zugleich wird das so entstehende Bild richtig sein. Damit schlagen Sie zwei Fliegen mit einer Klappe.

2) Redewendungen und Sprichwörter

Eine Reihe von Redewendungen hilft Ihnen, Bilder im Gehirn Ihres Gesprächspartners, Kunden oder Zuhörers entstehen zu lassen.

Wenn Sie darauf hinweisen wollen, dass jeder, der arbeitet, auch Fehler macht, dann wirkt das Sprichwort »Wo gehobelt wird, da fallen Späne« wesentlich anschaulicher. Wenn Sie jemanden loben wollen, der einen schwierigen Sachverhalt hervorragend analysiert und punktgenau formuliert hat, dann können Sie mit »Sie haben den Nagel auf den Kopf getroffen.« Ihr Lob mit einem plastischen Bild verknüpfen. Oder: Ihr Unternehmen will sich neu am Markt ausrichten und Sie müssen dazu umfangreiche neue Strukturen einführen. Der unberechtigten Sorge der Mitarbeiter, alles wird sich ändern, können Sie prägnant und wirksam begegnen mit: »Wir werden jedoch nicht alles auf den Kopf stellen.«

Weitere Redewendungen und Sprichwörter sind beispielsweise:

- »zwei Fliegen mit einer Klappe schlagen«;
- »Äpfel mit Birnen vergleichen«;
- »ein Eigentor schießen«;
- »der Apfel fällt nicht weit vom Stamm«;
- »stille Wasser gründen tief«;
- »süßer Wein gibt sauren Essig«;
- »wer im Glashaus sitzt, soll nicht mit Steinen werfen«;
- »alle Wege führen nach Rom«;
- »die Katze im Sack kaufen«;
- »steter Tropfen höhlt den Stein«.

Redewendungen und Sprichwörter haben eine sehr hohe »Treffer-quote«, wenn Sie mit Ihrem Sprachcode Ihren Gesprächspartner so ansprechen wollen, dass er Ihre Worte versteht, aufmerksam bleibt und sich an Ihr Gesagtes auch später gut erinnert. Dies funktioniert auch deswegen so gut, weil viele Redewendungen und Sprichwörter allgemein bekannt sind und als Bild bereits in den Köpfen vieler Menschen abgespeichert sind. Bringen Sie Ihre Aussage in Verbin-dung mit einer bekannten Redewendung oder einem bekannten Sprichwort, so wird Ihr Gegenüber unmittelbar verstehen, was Sie meinen. Verknüpfen Sie Ihre verbalen Inhalte mit noch unbekann-ten Bildern, so benötigt er etwas mehr Zeit, Bild und Inhalt zu ver-knüpfen und abzuspeichern. Gleichwohl ist ein unbekanntes Bild immer noch wesentlich besser geeignet, Ihre Gesprächspartner, Kun-den und Zuhörer zu »öffnen«, als wenn Sie überhaupt kein Bild ver-wenden.

3) Gleichnisse

Wie wirksam Gleichnisse sind, sehen Sie an deren Erfolg in der Li-teratur über Jahrtausende hinweg. So enthalten bereits die Bibel und andere religiöse Schriften eine Reihe von Gleichnissen, die bis heute bekannt sind, in neuen Zusammenhängen verwendet und ohne Schwierigkeiten wenigsten im eigenen Kulturkreis verstanden wer-den. So ist das berühmte Kamel, das durch ein Nadelöhr soll, allseits bestens bekannt. Das Bild aus diesem Gleichnis steht für Dinge, die unmöglich erscheinen. Ähnlich wie bei Redewendungen und Sprich-wörtern sind die Bilder von Gleichnissen in der Regel an alltägliche, allgemein bekannte Situationen angelehnt. Damit entfällt ein ener-gie- und zeitaufwändiges Übersetzen Ihres Sprachcodes bei Ihren Gesprächspartnern, Kunden oder Zuhörern. Sie senden Ihren Türöff-ner direkt in deren Unterbewusstsein.

Da Gleichnisse unmittelbar ins Unterbewusstsein treffen, umge-hen sie die logische und inhaltliche Prüfung des mit ihnen verbunde-nen Inhalts in fast allen Fällen. Dies bedeutet für Sie: Achten Sie ers-tens darauf, dass Sie solche Gleichnisse verwenden, die auf den von Ihnen kommunizierten Inhalt passen und in sich stimmen. Nur dann werden Sie in dem Sinne verstanden, in dem Sie es wünschen. Und zweitens spielt beim Gebrauch von Gleichnissen auch die Moral eine Rolle: Da der Zusammenhang zwischen einem Gleichnis und

einem sachlichen Inhalt fast immer vom Unterbewusstsein unge-
prüft akzeptiert und verarbeitet wird, lassen sich mit ihnen auch un-
schlüssige Zusammenhänge begründen. Gleichnisse sind für Sie
sehr hilfreich, um in der Vorstellungswelt Ihrer Gesprächspartner,
Kunden und Zuhörer Bilder entstehen zu lassen. Wie und zu welchem Zweck Sie Gleichnisse verwenden, haben Sie selbst in der
Hand. Sie sind wie Messer: Sie können sie sinnvoll zum Schneiden
von Speisen einsetzen, Sie könnten damit jedoch auch Unheil anrich-
ten. Die Geschichte zeigt uns auch hierfür ausreichend Beispiele.

4) »Romanstil«

Sie besitzen eine weitere Sprach-Alternative, damit Ihnen Ihre Gesprächspartner, Kunden oder Zuhörer aufmerksam zuhören und sie
sich von Ihnen und Ihren Argumenten schneller überzeugen. Zugleich hilft Ihnen diese Alternative dabei, dass Ihre Aussagen besser
im Gedächtnis behalten werden. Diese Alternative nenne ich den
»Romanstil«: Erzählen Sie gleichsam einen Kurzroman, in den Sie
Ihre Kernaussagen einbetten. Machen Sie Ihr Gegenüber zu einem
Teil dieses Romans. Lösen Sie damit Betroffenheit aus – positive oder
negative, je nach Situation.

Stellen Sie sich bitte einen Verkäufer von Altersvorsorgeprodukten
vor. Er will seinem Kunden die Vorteile seiner angebotenen Anlageal-
ternative verdeutlichen. Im Normalfall wird seine Argumentation wie
folgt oder ähnlich ausfallen:

> Sie wissen, dass die heute absehbare demografische Entwick-
> lung in Deutschland dazu führen wird, dass die gesetzliche
> Rente, die Sie voraussichtlich erhalten werden, nicht ausreichen
> wird, Ihren Lebensstandard auch nur annähernd aufrecht zu er-
> halten. Doch wollen Sie nicht auch in Ihrem verdienten Ruhe-
> stand das Leben noch genießen? Mit Reisen oder gutem Essen
> oder einem schönen Auto? Und denken Sie an Ihre Enkelkinder:
> Wollen Sie ihnen nicht auch hin und wieder etwas Schönes
> schenken? Ja? Dann ist unser Fondsprodukt genau das Richtige
> für Sie. Sie streuen damit die Risiken, können eine überdurch-
> schnittliche Rendite erwarten und haben jederzeit Zugriff auf Ihr
> Geld.

Um ein Vielfaches wirkungsvoller ist jedoch, wenn der Verkäufer entsprechend der Vorlieben des Kunden wie folgt oder ähnlich argumentiert:

Sie gehen aus heutiger Sicht in 15 Jahren in den Ruhestand. Sie wünschen, die Zeit im Ruhestand zu genießen. Stellen Sie sich vor, was Sie sich alles gönnen wollen. Reisen. Karibik. Kreuzfahrtschiff. Sie erleben die Schönheit der Natur. Sie schwärmen von Sonne, Sand und Meer. Sie lassen es sich gut gehen. Sie genießen gutes Essen. Drei-Sterne-Küche. Aufmerksamer Service. Sie werden bedient wie ein König. Sie genießen das beste Mehrgänge-Menü. Und dann: Ihr Enkel hat Geburtstag. Sie beide verstehen sich prächtig. Sie wollen ihm eine große Freude bereiten. Er wird 18 Jahre alt. Sie kaufen ihm ein neues Auto. Können Sie sich das alles vorstellen? Freuen Sie sich darauf? Doch es wird Ihnen mit der gesetzlichen Rente, die Sie zu erwarten haben, nicht gelingen. Sie werden nicht einmal Ihren jetzigen Lebensstandard halten können. Sie werden bei schlimmen Krankheiten finanziell möglicherweise sogar auf Ihre Kinder angewiesen sein. Wollen Sie das? Wenn nicht, dann hilft Ihnen unser Fondsprodukt. ...

Diesen »Romanstil« können Sie grundsätzlich in fast allen Branchen und fast allen Situationen anwenden. So abgehackt die kurzen Sätze beim Lesen wirken mögen, so stark wirken sie beim Sprechen. Nutzen Sie die Kraft, die hinter dieser Methode steckt.

Floskeln verhindern und zerstören Vertrauen

Unter »Floskel« wird eine nichtssagende, formelhafte Redewendung verstanden. Wer mag schon nichtssagend und formelhaft angesprochen werden?

In fast allen Fällen werden Floskeln benutzt, ohne zuvor zu reflektieren, was mit ihnen gemeint oder nicht gemeint ist und wie sie wirken.

Noch schlimmer: Viele meiner Seminarteilnehmer berichten, dass sie zuvor Formulierungen oder besser gesagt verbale Formeln gelernt haben, von denen sie sich eine besonders positive Wirkung versprechen. Doch leider handelt es sich bei solchen Formeln häufig um primitive Floskeln.

Drei von vielen Beispielen finden Sie hier:

»Was kann ich für Sie tun?«

Wenig überzeugend wirkt die Ihnen bekannte Frage: »Was kann ich für Sie tun?« – vor allem, wenn sie am Telefon abgespult wird (»Mein Name ist ..., was kann ich für Sie tun?«).

Zunächst ist diese Frage rein inhaltlich nicht durchdacht: Denn was jemand für mich tun kann, weiß ich nicht, da mir sein Können unbekannt ist. Ich weiß lediglich, was er für mich tun soll. Diese Frage entlarvt sich als floskelhaft gespieltes Interesse am Kundenwunsch. Zudem wird sie meist in einem Tonfall gesprochen, der an Oberflächlichkeit nicht zu überbieten ist. Besonders Anrufe von Call-Centern werden auch heute noch so eröffnet. Allerdings entsteht der Eindruck, dass mittlerweile besser durchdacht wird, wie sich Mitarbeiter am Telefon melden sollen.

Als Alternativen für diese Floskel-Frage bieten sich mehrere an, die Sie in der Praxis am besten abwechselnd benutzen. Eine hiervon ist »Was darf ich für Sie tun?« Bereits ein geändertes Wort genügt in diesem Fall, um dem Kunden oder dem Anrufer die wirkliche Bereitschaft zur Hilfe zu signalisieren. Eine zweite Alternative ist: »Womit darf ich Ihnen dienen?« Diese Frage eignet sich besonders gut für Dienstleistungsbranchen, kommt doch durch »dienen« der Dienstleistungsgedanke explizit zum Ausdruck.

»Ich kann Sie verstehen.«

Fast genauso schwach wirkt dieser Floskel-Satz. Er wird beispielsweise gerne dann eingesetzt, wenn in einer Diskussion oder in einem Gespräch divergierende Meinungen aufeinander treffen.

»Ich kann Sie verstehen.« In mehr als 90 Prozent der Fälle schließt sich nach diesem Satz ein »aber« an (in gelungeneren Fällen ein »jedoch« oder »allerdings«, selten ein »nur«). Selbst ein rhetorisch ungeschulter Gesprächspartner wird irgendwann merken, dass das geäußerte Verständnis nur vorgeschoben wird, um anschließend mit einer abweichenden Meinung ihm gegenüber eben kein Verständnis zu signalisieren. Eine solche Kommunikation zerstört Vertrauen. Ist der Gesprächspartner rhetorisch gut geschult, wird er an dieser Formulierung sofort erkennen, wohin »der Hase läuft« und kann sich eine entsprechend wirksame Antwort überlegen. Und dies erst recht dann, wenn der Körpercode der Person, die diese Floskel benutzt, ihrer verbalen Aussage entgegensteht, noch bevor das »aber« ausgesprochen wird. Zudem ist auch diese Floskel sprachlich unscharf: Wenn jemand einen anderen verstehen kann, ist noch lange nicht gesagt, dass er dies auch wirklich tut.

Auch hier gibt es überzeugendere Alternativen. »Ich verstehe Sie« wirkt bereits wesentlich verbindlicher. »Ich weiß aus eigener Erfahrung, wie Sie fühlen«, bringt neben dem persönlichen auch einen emotionalen Aspekt in die Aussage. Oder, wenn überhaupt kein Verständnis vorhanden ist, ist es besser, ohne Heuchelei sofort die eigene gegenteilige Meinung zu äußern: »Ich bin der Meinung, dass ...«

»Wie geht es Ihnen?«

Diese Frage wird zu Recht als einer der »Klassiker« unter den Floskeln angesehen. Zwei Menschen treffen sich oder zwei Menschen telefonieren miteinander und in fast allen Fällen taucht die Frage »Wie geht es Ihnen?« oder eine hiervon abgeleitete Form auf. Wenn Ihnen ein Arzt diese Frage stellt, dann dürfen Sie davon ausgehen, dass er die Worte nicht als Floskel gebraucht, sondern wirklich wissen will, wie es Ihnen geht. Ärzte und eigene Familienangehörige bilden zwei der wenigen Ausnahmen von der Regel, dass es sich bei dieser Frage um eine reine Floskel handelt.

Probieren Sie es bei einem Bekannten einmal aus: Wenn Ihnen diese Frage gestellt wird, antworten Sie mit Ihrem jüngsten medizinischen Befund oder den Fakten, die Sie zu Ihrem Wohlbefinden kennen. Erzählen Sie über die Höhe Ihres Blutdrucks, erzählen Sie über die kleinen Zipperlein beim Aufstehen am Morgen oder erzählen Sie über Ihre Verdauung. Sie werden Reaktionen erleben, die von Lachen über Verärgerung bis Entsetzen reichen. Denn in den wenigsten Fällen werden die Fragesteller mit einer solchen ehrlichen Antwort rechnen. Einigen von ihnen wird klar werden, wie sinnleer diese Frage im Alltag wirkt. Anderen von ihnen wird Ihre Antwort als Provokation oder gar als Scherz vorkommen.

Auch wenn diese Frage zum üblichen Umgangsvokabular gehört, so bewirkt sie doch, dass weder Fragesteller noch Gefragter sie ernst nehmen. Schlimmer noch: Es besteht die Gefahr, dass das Unterbewusstsein des so Gefragten daraus schließt, dass der Fragesteller an ihm nicht wirklich interessiert ist. Erstens, weil er die Frage als unpersönliche Floskel empfindet, und zweitens, weil der Fragesteller in der Regel zumindest nach der Standard-Antwort »Gut« sofort zu einem neuen Thema springt. Auch hier gilt: Der erste Eindruck ist entscheidend, und der letzte bleibt. Als Alternative zum Gesprächseinstieg bieten sich Ihnen Fragen an, an deren Antwort Sie wirklich interessiert sind. Ihr Gegenüber spürt dies und fühlt sich ernst genommen. Knüpfen Sie dabei beispielsweise an seine Hobbys an. Oder fragen Sie, mit welchem Verkehrsmittel Ihr Gesprächspartner oder Kunde angereist ist. Dass Sie wirklich daran interessiert sind, wie es Ihrem Gegenüber geht, ist im Geschäftsleben tendenziell erst dann der Fall, wenn Sie sich beide schon längere Zeit kennen. Dann entscheiden Ihr Tonfall und Ihre Mimik darüber, ob Ihr Gegenüber die Frage als Floskel empfindet.

Floskel-Satzteile

Neben ganzen Floskel-Sätzen oder Floskel-Fragen sind sehr oft auch Floskel-Satzteile zu hören. Manchmal entspringen diese aktuellen Sprachmoden und verschwinden aus dem Sprachgebrauch auch wieder. In anderen Fällen sind sie fest in der deutschen Sprache verankert.

Einige solcher Floskel-Satzteile finden Sie in der Liste unten aufgezählt. Sie lässt sich beliebig erweitern.

- jetzt mal ganz ehrlich
- jetzt mal ganz im Vertrauen
- Null-Wachstum
- Minus-Wachstum
- Rückantwort
- schlussendlich
- unabdingbare Voraussetzung
- Zukunftsinvestitionen
- …

Wer »jetzt mal ganz ehrlich« oder »jetzt mal ganz im Vertrauen« mit Ihnen spricht, der war zuvor offensichtlich unehrlich und nicht vertrauensvoll. »Null-Wachstum« und »Minus-Wachstum« sind Versuche, eine negative Entwicklung durch irreführenden Gebrauch von dem positiv besetzten Wort »Wachstum« rosarot zu färben. Mit »Rückantwort« ist wohl eine »Antwort« gemeint, sonst müsste es vermutlich auch eine »Hinantwort« geben. »Schlussendlich« ist ein Modewort, dass nichts anderes als »schließlich« meint. Eine »Voraussetzung« beschreibt etwas, ohne das etwas anderes nicht möglich ist. Insofern ist sie per se »unabdingbar«. Und eine »Investition« richtet sich stets in die Zukunft, oder kennen Sie eine »Vergangenheitsinvestition«?

Ebenso als Floskel wirkt, wenn Sie den Namen Ihres Gesprächspartners zu häufig nennen. Unbestritten hört jeder Mensch seinen eigenen Namen gerne. Deshalb macht es Sinn, Ihren Gesprächspartner zu »öffnen«, indem Sie ihn hin und wieder während eines Gesprächs mit seinem Namen ansprechen. Wird dieser Name jedoch unnatürlich oft genannt, dann wirkt dies aufgesetzt und als Floskel.

Sie verhindern und zerstören Vertrauen bei Ihren Gesprächspartnern, Kunden und Zuhörern, wenn Sie Floskeln benutzen. Deswegen lohnt es sich für Sie, Ihren Wortschatz entsprechend zu verkleinern und auf Floskeln völlig zu verzichten.

Sprechen Sie klar und deutlich

Rein akustisch sprechen Sie klar und deutlich dann, wenn Ihre Stimme klar und deutlich zu verstehen ist.

Doch wenn Sie richtig verstanden werden wollen, geht es um mehr als um die reine Akustik Ihres Sprachcodes. Es geht darum, dass Sie die Intention, die Sie kommunizieren wollen, mit den passenden Worten verbinden. Dass es dabei zu Missverständnissen zwischen den Sendekanälen und den Empfangsohren kommen kann, können Sie in diesem Buch weiter vorne beim Erläutern des allgemeinen Sprachcodes lesen.

Viele Missverständnisse und Misserfolge ergeben sich in der Kommunikation zudem daraus, dass jemand unscharf formuliert oder unterstellt, dass der Gesprächspartner verstehen müsse, was gemeint ist. Doch nicht jeden Gedankengang, der Sie zu Ihrem kommunizierten Sprachcode führt, kann Ihr Gegenüber kennen. Auch nicht jeden Gedankengang, der für Sie selbstverständlich ist, können Sie bei Ihrem Gegenüber als bekannt voraussetzen. Setzen Sie nicht voraus, dass Ihr Gesprächspartner Sie schon versteht, wenn Sie Ihre Inhalte verkürzt aussprechen, insbesondere dann, wenn Sie es mit fachfremden Personen zu tun haben. Denken Sie, bevor Sie sprechen. Häufig wird aus Gewohnheit oder aus Bequemlichkeit gesprochen, ohne ein Gefühl für die Bedeutung von Worten zu besitzen oder ohne sich die Mühe zu machen, über deren Bedeutung nachzudenken. In der folgenden Tabelle finden Sie drei Beispiele hierfür:

Gesagt – gemeint?

Gesagt	Gemeint?	Klarer gesagt
»Ich schaue meine neue DVD an.«	Wollen Sie nur die DVD als solche anschauen oder wollen Sie den Film, der auf dieser DVD gespeichert ist, anschauen?	»Ich schaue mir den Film, der auf meiner neuen DVD gespeichert ist, an.«
»Die Entscheidung müssen wir schnell treffen.«	»Schnell« kann zeitlich gesehen irgendwann sein. Meinen Sie eher »bald«?	»Die Entscheidung haben wir bald zu treffen.«
»Warum treffen wir uns heute zu dieser Besprechung?«	»Warum« bezieht sich hier auf Ursachen und Gründe. Meinen Sie eher Zweck und Ziele?	»Wozu treffen wir uns heute zu dieser Besprechung?«

Klar und deutlich sprechen Sie zudem, wenn Sie
- kurze Sätze bilden,
- Fremdwörter möglichst vermeiden,
- anschaulich formulieren,
- strukturiert argumentieren.

Zum Klar-und-deutlich-Sprechen gehört schließlich auch, dass Ihr Körpercode mit Ihrem Sprachcode übereinstimmt und beide in dieselbe Richtung weisen. Wenn Sie von etwas Freudigem erzählen, muss auch Ihr Körpercode entsprechende positive Signale aussenden und beispielsweise nicht durch hängende Mundwinkel und gebeugten Rücken Ihre verbale Aussage unglaubwürdig erscheinen lassen. Ebenso wecken Sie mit ironischem Lächeln, während Sie jemanden kritisieren, wenig Vertrauen. In solchen Fällen wird Ihr Gesprächspartner unbewusst und oft sogar bewusst vom konzentrierten Zuhören abgelenkt. Denn er spürt, dass Sie nicht stimmig sind.

Ändern Sie Minusformulierungen und -wörter ins Positive

Das Unterbewusstsein eines Menschen ist sehr sensibel. Es nimmt Feinheiten wahr, die wir mit unserem Bewusstsein sehr häufig übersehen oder überhören. Dies gilt generell – und insbesondere für einzelne Worte und ganze Sätze. Achten Sie mit Ihrem Sprachcode darauf, dass Ihr Gegenüber Ihre gesprochenen Worte und Sätze positiv aufnehmen kann – bewusst und vor allem unbewusst. Sehr oft geschieht es, dass ein schnell und unbedacht daher gesagter Satz – wie zum Beispiel »Da muss ich Sie korrigieren« – bei Ihrem Gesprächspartner sehr negativ ankommt, obwohl Sie ihm nichts Böses wollen, sondern vielmehr beabsichtigen, ihm bei der Suche nach den wahren Fakten zu helfen. Doch grundsätzlich entscheidet immer Ihr Gesprächspartner, Ihr Kunde oder Ihr Zuhörer, wie er Ihre ausgesandten Codes aufnimmt, interpretiert und wertet. Denken Sie bitte stets daran.

Ob Sie ein Gespräch oder eine Verhandlung führen, ob Sie einem Kunden etwas verkaufen oder Ihre Zuhörer begeistern wollen: Stets können Sie sich positiv oder negativ ausdrücken. Und: Nahezu jede negative Formulierung lässt sich ins Positive ändern, ohne dass sich der Kerninhalt Ihrer Aussage verändert.

Die folgenden Zeilen helfen Ihnen dabei, sich für die negativen »Schwingungen« zu sensibilisieren, die Ihre Worte an Ihr Gegenüber aussenden können. Auch wenn mancher Ihrer Gesprächspartner unsensibel dafür sein mag, so wirken Sie doch auf die Mehrzahl der Menschen, mit denen Sie kommunizieren, wesentlich überzeugender, wenn Sie sich auf positive Formulierungen beschränken.

Doch Vorsicht: »Positiv« meint nicht »rosarot anmalen«. Selbstverständlich sollen Dinge, die schlecht sind, nun nicht auf einmal als gut dargestellt werden. Doch entscheidend ist: Der Ton macht die Musik.

Dass Sie negativ formuliert haben, wird für Ihren Gesprächspartner am deutlichsten und bewusst wahrnehmbar, wenn Sie Wörter wie »nicht« und »kein« verwenden. Beachten Sie dabei zudem, dass für das menschliche Unterbewusstsein die Wörter »nicht« und »kein« unbekannt sind. Nehmen Sie als Beispiel den Satz: »Denken Sie nicht an eine violette Schreibmaschine.« Sekundenbruchteile später, nachdem diese Worte gefallen sind, werden Sie sich eine violette Schreibmaschine vorstellen, obwohl Sie das gerade nicht sollen. Und so ergeht es jedem Menschen, der die Sprache versteht. Und selbst für das Bewusstsein ist »nicht« sehr umständlich zu verarbeiten. Wenn Sie »nicht weit« oder »nicht wenige« hören, so muss Ihr Gehirn diese Aussagen zuerst umrechnen in »nah« und »viele«. Dies kostet Zeit und Energie. Und es wirkt auf Dauer seltsam, wenn Sie solche oder ähnliche Sprachcodes aussenden.

Außer diesen auf den ersten Blick beziehungsweise mit der ersten akustischen Welle deutlich erkennbaren negativen Wörtern und Sätzen gibt es solche, die für das Bewusstsein mitten im Gesprächsfluss schwierig zu erkennen sind. Denn oft erscheinen sie zunächst weder positiv noch negativ, sondern schlichtweg neutral. Doch das Unterbewusstsein deutet sie negativ. Diese Palette ist sehr breit. Sie beinhaltet Wörter wie »müssen«, »geschlossen« oder »unfähig« und auch solche wie »Konkurrenz«, »Kosten« oder »Einwand«.

In der folgenden Tabelle finden Sie eine Auswahl von Wörtern, die vom Unterbewusstsein negativ aufgenommen werden, die sich jedoch jederzeit positiv ausdrücken lassen:

Negative Wörter positiv ausdrücken

Negative Wörter ...	... positiv ausdrücken
Konkurrenz	Mitbewerber
Kosten (im alltäglichen Gebrauch benutzt; im streng betriebswirtschaftlichen Sinn sind Kosten und Investitionen voneinander zu unterscheiden)	Investitionen, Ausgaben für die Zukunft
Reklame	Kundeninformation
Belehren	informieren, Erfahrungen weitergeben
Halbleer	halbvoll
Schlecht	ausbaufähig
Nichtssagend	allgemein
Alt	erfahren, gereift
Streiten	diskutieren, argumentieren

In der folgenden Tabelle finden Sie häufig benutzte Formulierungen, die allerdings vom Unterbewusstsein ebenfalls negativ interpretiert werden. Auch diese können Sie positiv ausdrücken, ohne dass Sie Ihre Kernaussage ändern oder verfälschen müssen.

Negative Formulierungen positiv ausdrücken

Negative Formulierungen ...	... positiv ausdrücken
Ich habe das noch nicht geschafft.	Ich habe bislang ... erreicht.
Sie sind für diese Arbeit unfähig.	Sie sind besser geeignet für ...
Eintritt verboten.	Zutritt nur für ...
Ich habe folgenden Einwand: ...	Ich habe folgende Frage: ...
Wir haben am Samstag geschlossen.	Für Sie haben wir von Montag bis Freitag geöffnet.
Unser Angebot beginnt ab 25 Euro.	Sie erhalten unsere Leistungen schon für 25 Euro.
Da muss ich Sie korrigieren.	Aus meiner Sicht ...
Das habe ich nicht gemeint.	Ich meine ...
Das muss falsch sein.	Das ist für mich neu.
Da haben Sie mich völlig falsch verstanden.	Da habe ich mich falsch ausgedrückt.
Ich muss Sie darauf aufmerksam machen, ...	Bitte beachten Sie, ...
Mir ist egal, was wir essen.	Bitte entscheiden Sie, was wir essen.
Darauf kommt es nicht an.	Mir sind folgende Punkte wichtig: ...

Gönnen Sie sich einige Sekunden und denken Sie bitte darüber nach, was solche Formulierungen in Ihnen auslösen, wenn Sie sie hören. Äußern Sie selbst solche Sätze, dann wird in der Mehrzahl der Fälle bei Ihren Gesprächspartnern unbewusst und sogar teilweise bewusst ein Denkprozess ablaufen, den Sie an den folgenden drei Beispielen nachvollziehen können:

1) »Da haben Sie mich völlig falsch verstanden.«
   Sie erklären Ihrem Gesprächspartner ausführlich einen Sachverhalt. Zwischendurch spiegelt er Ihnen zurück, was er verstanden hat. Wenn Sie ihm nun sagen »Da haben Sie mich völlig falsch verstanden«, so wird Ihr Gesprächspartner – zumindest unbewusst – denken: *Hält der mich für blöd? Was erlaubt der sich denn? Kann er es denn nicht besser erklären?* Zugleich fühlt er sich herabgesetzt und für unfähig gehalten. Er verliert sein Gesicht. Antworten Sie dagegen: »Da habe ich mich falsch ausgedrückt«, so bricht Ihnen kein Zacken aus der Krone und Ihr Gesprächspartner wahrt sein Gesicht.

2) »Mir ist egal, was wir essen.«

Stellen Sie sich bitte die Situation vor: Sie werden von Ihrem Kunden zum Geschäftsessen eingeladen. Er gibt Ihnen drei Gerichte zur Auswahl, von denen Sie ihm Ihren Favoriten nennen sollen. Wenn Sie nun antworten: »Mir ist egal, was wir essen«, dann hinterlassen Sie einen äußerst schlechten Eindruck. Sie signalisieren damit wenig Interesse an Ihrem Kunden und seiner Gastfreundschaft. Sie signalisieren, dass Sie offensichtlich sein Angebot, die Speisen auszuwählen, nicht schätzen. Sie signalisieren Gleichgültigkeit. Antworten Sie dagegen: »Mir schmecken alle drei Gerichte sehr gut. Bitte entscheiden Sie, was wir essen«, gehen Sie auf sein Angebot ein und signalisieren ihm, dass Sie ihn für kompetent bei der Auswahl der Speisen halten. Zugleich erweisen Sie sich als höflich, indem Sie ihm als Einladendem überlassen, zu entscheiden.

3) »Darauf kommt es nicht an.«

Sie sprechen mit einem Gesprächspartner über ein Thema. Beispielsweise wollen Sie einem Kunden Ihr Produkt verkaufen. Mitten im Gespräch stellt er Ihnen Fragen zu in Ihren Augen unwichtigen Details. Antworten Sie nun: »Darauf kommt es nicht an«, so wird Ihr Gesprächspartner sich Folgendes denken: *Mir kommt es sehr wohl darauf an. Wie kommt der dazu, mir vorzuschreiben, worauf es ankommt? Der nimmt mich nicht ernst. Der spult sein Programm ab.* Entgegnen Sie jedoch mit »Mir sind folgende Punkte wichtig: ...«, dann stoßen Sie Ihren Gesprächspartner nicht vor den Kopf und Sie können sich beide darüber austauschen, was denn nun wirklich wichtig ist. Jeder kann die für ihn wichtigen Punkte ins Spiel bringen.

Gleichgültig, ob Sie einzelne Negativ-Wörter oder ganze Negativ-Formulierungen verwenden, Sie prägen damit Ihren Gesprächspartner, Kunden oder Zuhörer und dessen Unterbewusstsein negativ vor. Das kann soweit gehen, dass ein Kunde, der fast bereit wäre, Ihr Angebot anzunehmen, noch einen Rückzieher macht. Wer Negativ-Wörter oder Negativ-Formulierungen gehäuft verwendet, der wirkt unsympathisch und abweisend.

Ich / Wir oder *Du / Sie* – bereits ein Wort entscheidet darüber, wie Sie wirken

Ob »Ich« oder »Wir«, ob »Du« oder »Sie« – an diesen Worten mit wenigen Buchstaben entscheidet sich sehr oft die Richtung eines Gesprächs. Sie entscheiden mit darüber, ob Unmut, Frust und Streit oder ob Verständnis, Zustimmung und Übereinstimmung das Ergebnis eines Gesprächs, einer Verhandlung oder einer Rede sind.

Woran liegt das?

Im Unterbewusstsein eines jeden Menschen sind bestimmte Worte und Formulierungen positiv und andere negativ hinterlegt. Deshalb mag ein an sich gut gemeintes Wort auf Ihren Gesprächspartner negativ wirken und so bei ihm eine für Sie verblüffende Reaktion auslösen. Dies gilt insbesondere für die Personalpronomen »Ich«, »Du«, »Wir« und »Sie« und wie Sie diese benutzen.

Zunächst ist wichtig zu unterscheiden, in welchem Kontext »Ich«, »Wir«, »Du« und »Sie« verwendet werden. »Ich bin überrascht« hat eine völlig unterschiedliche Wirkung als »Ich erwarte von Ihnen ...« Entsprechend erfahren Sie bei Ihren Zuhörern völlig unterschiedliche Reaktionen, je nachdem ob Sie sagen »Sie machen das völlig falsch« oder »Sie erhalten folgendes Angebot«. Offensichtlich verleihen der Zusammenhang und die jeweilige Situation diesen Worten ihre positive oder negative Macht und Wirkung.

Zum einen sprechen wir von *Ich-/Wir-/Du-/Sie-Botschaften*, zum anderen vom *Ich-/Wir-/Du-/Sie-Standpunkt*. Wollen Sie Ihren Sprachcode als Türöffner einsetzen, dann ist entscheidend für Sie zu wissen, wann welche Alternative wie wirkt, wann Sie sie am besten einsetzen und wann nicht. Die nachfolgenden Tabellen helfen Ihnen dabei für Ihre tägliche Praxis.

Beide Gruppen, *Ich* und *Wir* beziehungsweise *Du* und *Sie* können Sie jeweils auf zwei Arten benutzen – auf eine verbindliche und »öffnende« Art oder auf eine abweisende und verschließende Art. Damit der Text für Sie leichter lesbar ist, finden Sie im Folgenden anstatt »Ich / Wir« lediglich »Ich« und anstatt »Du / Sie« lediglich »Sie«.

»Ich« wirkt dann verbindlich, wenn Sie damit eigene Emotionen ausdrücken. »Ich« wirkt dagegen tendenziell abweisend und selbstbezogen, wenn Sie mit diesen Worten jemandem Ihren eigenen Standpunkt erläutern und sogar aufdrängen wollen oder emotionslos eigene Handlungen, die sich auf Ihren Gesprächspartner beziehen, beschreiben. Im ersten Fall ist die Rede von der »Ich-Botschaft«, im zweiten vom »Ich-Standpunkt«.

Ich-Standpunkt und Ich-Botschaft

Ich-Standpunkt	Ich-Botschaft
Darf ich mir erlauben …	Ich bitte Sie …
Wir liefern Ihnen …	Ich bin erschüttert …
Wir werden uns dafür einsetzen …	Ich bin traurig …
Ich helfe Ihnen bei …	Wir sehen … nicht.
Ich kann mir vorstellen …	Wir sind sehr besorgt …

Sie empfindet Ihr Gesprächspartner als auf ihn bezogen, als mitdenkend und als mitfühlend, wenn Sie diese Worte mit dem Nutzen und mit Vorteilen für ihn verbinden. Sie haben dann seinen Standpunkt im Blick und »öffnen« ihn. Deswegen ist hier die Rede vom »Sie-Standpunkt«. Sie wirkt dagegen anschuldigend, drohend und belehrend, wenn Sie damit beispielsweise die Botschaft vermitteln, dass Ihr Gesprächspartner einen Fehler gemacht haben soll. Es handelt sich um eine »Sie-Botschaft«.

Sie-Standpunkt und Sie-Botschaft

Sie-Standpunkt	Sie-Botschaft
Gestatten Sie …	Sie müssen das tun.
Sie erhalten von uns …	Sie haben das völlig falsch gemacht.
Sie können sicher sein …	Sie kommen ständig zu spät.
Sie werden unterstützt bei …	Ihre Leistung ist sehr schlecht.
Was halten Sie von …	Sie schauen schlecht aus.

Sie wissen um die Macht des Unterbewusstseins beim Menschen. Selbst wenn Sie in guter Absicht und mit freundlichem Tonfall eine Sie-Botschaft senden, wird Ihr Gesprächspartner diese als Angriff empfinden und in der Regel damit beginnen, sich zu verteidigen. Diese Reaktion wird eintreten, wenn Sie über ihn urteilen (»Sie sind unzuverlässig.«), wenn Sie ihn kritisieren (»Sie kommen zu spät.«) oder beschuldigen (»Sie haben die Schuld an dieser Misere.«). Sie wird ebenfalls eintreten, wenn Sie ihn beschimpfen (»Sie sind ein Trottel.«), verhöhnen (»Sie wissen wohl alles besser, Sie Besserwisser?«) oder beschämen (»Schämen Sie sich.«). Selbstverständlich wird diese Reaktion auch dann eintreten, wenn Sie Ihren Gesprächspartner belehren (»Das dürfen Sie nicht tun.«). Und sie wird eintreten, wenn Sie mit einer Sie-Botschaft seine Aussagen oder sein Verhalten aus Ihrer Sicht interpretieren (»Sie wollen doch nur damit angeben.«), diagnostizieren (»Sie sind offensichtlich psychisch krank.«) oder analysieren (»Das was Sie da sagen, ist doch uralt.«). Sogar selbst dann wird eine solche Verteidigungsreaktion eintreten, wenn Sie interpretieren, diagnostizieren oder analysieren mit dem gut gemeinten Ziel, Ihrem Gesprächspartner zu helfen. Ausnahmen hiervon mögen Gespräche zwischen Experten und Laien sein. Zumindest wird von den Laien der Verteidigungsreflex in der Regel zurückgehalten. Wenn der Arzt zum Patienten sagt: »Sie sind krank«, dann wird er diese Diagnose widerwillig annehmen, doch sich normalerweise nicht verteidigen. Auch für Coachings und Beratungen ist es wichtig, dass die gecoachte beziehungsweise beratene Person in der Lage ist, eine Außensicht zumindest anzunehmen.

Die Frage für Sie lautet: Wie und wann setzen Sie »Ich« beziehungsweise »Wir« und wann »Du« beziehungsweise »Sie« ein? Hierzu finden Sie auf den folgenden Seiten hilfreiche Antworten.

Ich-Botschaften ersetzen Sie-Botschaften

In unserer Alltagssprache benutzen wir häufig Worte, die unseren Gesprächspartner verletzen oder angreifen, obwohl wir dies manchmal überhaupt nicht beabsichtigen.

Die Wirkung unglücklich eingesetzter Worte zeigt Ihnen folgendes Beispiel. Sicher sind Ihnen ähnliche Gespräche in Ihrem Berufsleben schon begegnet.

Chef:	Sie haben den falschen Text übersetzt.
Mitarbeiter:	Ich habe genau die Datei geöffnet, die Sie mir genannt haben.
Chef:	Das glauben Sie doch wohl selber nicht.
Mitarbeiter:	Ich bitte Sie, wollen Sie mir etwa unterstellen, dass ich lüge?

Und so kann dieses Anschuldigungs-Ping-Pong-Spiel noch eine Zeitlang hin und her gehen. Das Ergebnis wird sein: ein frustrierter Mitarbeiter, ein verärgerter Chef und möglicherweise eine ungerechtfertigte Konsequenz für den Mitarbeiter.

Einem solchen Anklage-Verteidigungs-Muster können Sie dadurch entgehen, dass Sie in Ihrem Sprachcode Sie-Botschaften durch Ich-Botschaften ersetzen.

Das Gespräch verläuft dann in etwa so:

Chef:	Ich frage mich, aus welchen Gründen Sie diesen Text übersetzt haben.
Mitarbeiter:	Ich habe Sie so verstanden, dass Ich diesen Text übersetzen soll.
Chef:	Da habe Ich mich wohl unklar ausgedrückt. Bitte entschuldigen Sie. Ich benötige die Übersetzung des Textes xy.
Mitarbeiter:	Gut, Ich beginne sofort damit.

Jetzt klagt der Chefs nicht an, sondern eröffnet dem Mitarbeiter die Chance zu erklären, weshalb er diesen und nicht einen anderen Text übersetzt hat. Auch der Mitarbeiter reagiert nun mit einer Ich-Botschaft und wirft dem Chef damit nicht vor, eine falsche Anweisung gegeben zu haben. Selbst die nächste Gesprächsfalle, in der der Chef dem Mitarbeiter vorwirft, dieser habe ihn falsch verstanden, kann mit einer Ich-Botschaft umgangen werden. Der Chef macht nun seine eigene unklare Ausdrucksweise verantwortlich für das Missverständnis. Die Bitte um Entschuldigung sowie der Hinweis, dass ein anderer Text übersetzt werden soll, lässt den Mitarbeiter nun sofort erneut an die Arbeit gehen. Keiner der Gesprächspartner hat das Gesicht verloren. Jeder von ihnen hat den anderen respektvoll behandelt.

Denken Sie bitte stets daran: Anstatt eine Sie-Botschaft zu benutzen, wählen Sie besser eine Ich-Botschaft. Insbesondere dann, wenn Sie Kritik üben oder jemanden dazu bewegen wollen, sein Verhalten zu ändern.

Ich-Botschaften anstelle von Sie-Botschaften

Anstatt die Sie-Botschaft zu benutzen ...	... wählen Sie besser die Ich-Botschaft
Sie müssen das tun.	Ich bitte Sie, das zu tun.
Sie haben das völlig falsch gemacht.	Ich bin erschüttert über dieses Ergebnis.
Sie kommen ständig zu spät.	Ich frage mich, weshalb Sie zu spät kommen.
Ihre Leistung ist sehr schlecht.	Wir sehen nicht, wie Ihre Leistung zustande gekommen ist.
Sie schauen schlecht aus.	Wir sind sehr besorgt über Ihre Gesundheit.

Dass Ich-Botschaften so viel besser wirken als Sie-Botschaften hängt auch damit zusammen, dass sie häufig eine offene oder eine versteckte Bitte enthalten. Eine Bitte löst einen unbewussten Druck aus, zu helfen.

Damit Sie mit Ich-Botschaften bessere Gesprächs- und Verhandlungsergebnisse erreichen, ist es jedoch wichtig, dass Sie daraus keine verkleidete Sie-Botschaft machen. Hätte im obigen Beispiel der Chef im ersten Statement begonnen mit

>»Ich bin enttäuscht, dass Sie den falschen Text übersetzt haben.«

dann hätte sein Sprachcode nichts anderes als eine beschuldigende Sie-Botschaft unter dem Deckmantel einer Ich-Botschaft gesandt.

Häufig höre ich in Seminaren und Einzelcoachings die Frage: »Und was soll ich machen, wenn ich einen völlig unfairen oder destruktiven Gesprächspartner gegenüber habe? Darf ich dann nicht doch mit Sie-Botschaften reagieren?« Meine Antworten hierauf lauten: »Nein, wenn Sie sich keine Blöße geben wollen und nein, wenn Sie diesen Gesprächspartner nochmals treffen oder er Ihnen womöglich später einmal helfen kann.« Sie wissen: Man sieht sich im Leben immer zweimal. »Nein« übrigens auch dann, wenn Ihr Gesprächspartner von Ihnen abhängig ist, wie zum Beispiel Ihr Mitarbeiter. Einzelne Führungskräfte lassen den Eindruck entstehen, dass ihre vermeintliche Macht sie davon entbindet, einen würdevollen Umgang mit anderen Menschen zu pflegen. Die Antwort lautet »Ja«, wenn Sie nur zu zweit diskutieren und Ihnen die Beziehung zu Ihrem Gesprächspartner nicht sehr wichtig ist. Und selbst dann stellen Sie sich bitte die Frage, wozu Sie sich auf dieses sprachliche Anschuldigungsniveau begeben.

Sie-Standpunkte ersetzen Ich-Standpunkte

Wer mit Kunden zu tun hat, läuft Gefahr, durch einen geradezu fahrlässigen Kommunikationsstil diese zu vergraulen oder ganz zu verlieren. Ähnlich geht es Politikern, die um die Wählergunst buhlen. Wenn ein Wahlflyer oder ein Parteiprogramm nur auflistet, was die Partei beabsichtigt und dies mit Ich- beziehungsweise Wir-Standpunkten formuliert, dann fühlt sich kein Leser oder potenzieller Wähler wirklich angesprochen.

»*Wir* setzen uns dafür ein, dass ...«
»*Wir* sind der Meinung, dass ...«
»*Unser* Hauptziel ist, ...«
»*Unser* Bestreben ist, ...«

Und in Firmenprospekten können Sie oft lesen:

»*Wir* haben ein umfangreiches Sortiment im Angebot.«
»*Wir* sind Marktführer.«
»*Wir* liefern Ihnen beste Qualität.«

Diese und ähnliche Formulierungen stellen Ihren Adressaten nicht in den Mittelpunkt. Es kann der Eindruck entstehen, dass »Wir« beziehungsweise »Unser« für einen geschlossenen Kreis von Menschen steht, die sich nur um sich selbst kümmern. Zudem ist oftmals überhaupt nicht klar, wofür »Wir« steht: für die Partei oder für die vermutete Übereinstimmung zwischen Partei und Wählern. Alleine dadurch fühlen sich viele Menschen nicht unmittelbar angesprochen, ja manchmal sogar ausgegrenzt. Und dasselbe gilt entsprechend für die Kommunikation von Unternehmen mit der Öffentlichkeit und den vorhandenen und potenziellen Kunden. Nicht was das Unternehmen leistet und bietet ist entscheidend, sondern welchen Nutzen die Kunden davon haben.

Immer, wenn Menschen sich von Ihnen, Ihrem Angebot oder Ihrer Meinung überzeugen sollen, werden sie sich fragen, welchen Nutzen sie davon haben. Das heißt, es ist Ihre Aufgabe als Führungskraft, als Redner, als Politiker oder als Verkäufer, den Nutzen und die Vorteile Ihres Angebots für die jeweiligen Gesprächspartner oder Zuhörer deutlich herauszustellen. Und zwar so, dass diese sich persönlich angesprochen und in Ihre Gedanken eingebunden fühlen, anstatt nur zu hören, was Sie glauben, dass für sie gut sei.

Über Ihren Sprachcode erreichen Sie dieses Ziel dadurch, dass Sie Ich-Standpunkte durch Sie-Standpunkte ersetzen.

Sie-Standpunkte anstelle von Ich-Standpunkten

Anstatt den Ich-Standpunkt zu benutzen ...	... wählen Sie besser den Sie-Standpunkt
Darf ich mir erlauben ...	Gestatten Sie ...
Wir liefern Ihnen ...	Sie erhalten von uns ...
Wir werden uns dafür einsetzen ...	Sie können sicher sein ...
Ich helfe Ihnen bei ...	Sie werden unterstützt bei ...
Ich kann mir vorstellen ...	Was halten Sie von ...

Es interessiert niemanden ernsthaft, was Ich oder Wir wollen oder leisten. Von Interesse dagegen ist, was Sie, verehrter Gesprächspartner, Kunde oder Zuhörer davon haben oder was Du davon hast. Deshalb wirkt es viel überzeugender und »öffnender«, wenn Sie Ihrem Kunden mitteilen, was er von Ihnen erhalten kann, als ihm zu sagen, was Sie ihm geben können. Auf den ersten Blick mag dies wie ein unnützes Wortspiel erscheinen. Doch das Unterbewusstsein schlägt erbarmungslos zu und führt Ihren Gesprächspartner, Ihren Kunden oder Ihre Zuhörer in die Richtung, die Ihre Worte ihnen weisen.

Gleichsam als Krönung können Sie in den Sie-Standpunkt den Namen Ihres Gesprächspartners dosiert einfließen lassen. Dies erhöht die positive Wirkung nochmals deutlich – selbstverständlich nur dann, wenn Sie den Namen kennen und richtig aussprechen. Denn es gibt kaum etwas Klangvolleres für einen Menschen, als den eigenen Namen zu hören, solange er nicht floskelhaft verwendet wird.

Für Sie bedeutet dies in der Praxis:
Wenn Sie argumentieren, so haben Sie bitte stets den Standpunkt Ihres Gesprächspartners, Zuhörers oder Kunden im Auge. Wählen Sie dafür den Sie-Standpunkt. Wollen Sie dagegen jemanden kritisieren oder auf einen Fehler aufmerksam machen, so wählen Sie Ich-Botschaften. In beiden Fällen spürt Ihr Gegenüber, dass Sie ihn wichtig und ernst nehmen und mit Ihren Worten nicht verletzen, demütigen oder herabsetzen wollen. Denn denken Sie bitte daran: Es ist in erster Linie das Unterbewusstsein Ihres Gesprächspartners, Kunden

oder Ihrer Zuhörer, das entscheidet, ob Sie glaubhaft und überzeugend sind. Probieren Sie es aus, die Wirkung wird Ihren Erfolg mehren.

So fragen Sie gekonnt – und erfahren mehr

Sie kennen den Satz:»Wer fragt, der führt.« Und:»Wer gut fragt, der führt und erfährt, was er wissen will.« Mehr noch gilt:»Wer fragt, der gewinnt Vertrauen oder er verspielt es.« Denn Fragen vermitteln Interesse. Fragen Sie jemanden, so sind Sie hoffentlich an seiner Antwort interessiert. Damit fühlt sich Ihr Gesprächspartner im Mittelpunkt und von Ihnen wichtig genommen. Fragen Sie jemanden jedoch zuviel, dann kann Ihnen dies als »Verhör« ausgelegt werden. Dann wird Ihr Gesprächspartner skeptisch und wird Ihnen sein Vertrauen nicht schenken oder zum Teil entziehen. Auf Skepsis stoßen bei Ihrem Gesprächspartner auch Floskel-Fragen. Eine der bekanntesten Floskel-Fragen lautet:»Wie geht es Ihnen?« Noch weniger hilfreich sind Fragen, die einerseits als Floskel verstanden werden und die andererseits unpassend für eine bestimmte Situation sind, weil der Fragesteller beispielsweise die Emotionen des Gesprächspartners nicht beachtet. Dazu gehören Fragen wie solche von Sportreportern, wenn sie einen schweißübergossenen, nach Atem ringenden Sportler ansprechen mit:»Was geht in Ihnen jetzt vor?« oder ähnlichen Worten. Dass wohlüberlegte Fragen dagegen »gut ankommen«, zeigen die unterschiedlichen Umfragen nach den am besten angesehenen Berufen. Zu den ersten zehn zählen regelmäßig solche, bei denen gefragt wird: Ärzte, Polizisten, Richter, Rechtsanwälte. Mit diesen Berufen verbinden sich »Hilfe« und »Vertrauen« – beide gründen auf einer guten Fragetechnik.

Auch Sie können die enorme Macht von Fragen in Ihrem Sprachcode nutzen.

- Fragen zeigen Stärke.
- Fragen verschaffen Ihnen Führung.
- Fragen helfen Ihnen, Vertrauen aufzubauen.
- Fragen unterstützen Sie dabei, andere Menschen »sanft« zu kritisieren.
- Durch Fragen gewinnen Sie Informationen.

- Durch Fragen führen Sie Entscheidungen herbei.
- Durch Fragen bringen Sie andere Menschen dazu, sich selbst zu überzeugen.
- Durch Fragen gelingt es Ihnen, andere zu eigenen Lösungen zu animieren anstatt sie zu belehren.

Gerade der Punkt »Fragen verschaffen Ihnen Führung« verwundert manche Menschen. Häufig ist die Angst zu spüren, sich durch Fragen eine Blöße zu geben. Es ist die Sorge davor, dass der Gesprächspartner einen für unwissend oder dumm hält. Doch genau das Gegenteil ist nachhaltig der Fall. Aus China stammt der Spruch: »Wer fragt, ist ein Narr für fünf Minuten. Wer nicht fragt, bleibt ein Narr für immer.« Wer Fragen stellt, beweist Mut. Wer Fragen stellt, zeigt Selbstsicherheit. Wer Fragen stellt, will vorankommen. Der schweizerisch-französische Schriftsteller und Philosoph Jean-Jacques Rousseau schreibt: »Man muss viel gelernt haben, um über das, was man nicht weiß, fragen zu können.«

Durch Fragen bringen Sie andere Menschen dazu, sich selbst zu überzeugen. Letztlich können Sie nämlich keinen anderen Menschen wirklich überzeugen. Überzeugen muss sich jeder Mensch selbst. Ihre besten logischen Argumente helfen nicht weiter, wenn Ihr Gesprächspartner Ihnen mit Argwohn begegnet. Die beste Bildersprache hilft nichts, wenn Ihr Gesprächspartner das Bild nicht versteht. Damit jemand zu Ihren Argumenten, zu den von Ihnen angebotenen Produkten oder Dienstleistungen »Ja« sagt, bedarf es einer inneren Zustimmung bei der betreffenden Person. Ihr Sprachcode und Ihre sonstigen Türöffner sind gleichsam wie Katalysatoren, die als Reaktion bei Ihren Gesprächspartnern, Kunden oder Zuhörern eine solche innere Zustimmung erzeugen sollen. Wie sagte schon der französische Mathematiker, Physiker und Philosoph Blaise Pascal: »Man lässt sich gewöhnlich leichter durch Gründe überzeugen, die man selbst gefunden hat, als durch solche, die anderen zu Sinn gekommen sind.« Durch eine geschickte Fragetechnik erreichen Sie, dass Ihr Gesprächspartner selbst auf die Argumente und Gründe kommt, die wichtig sind, damit er Ihnen zustimmt.

Damit Ihre Fragen besonders stark auf Ihren Gesprächspartner wirken, verbinden Sie sie mit seinem Namen. »Was halten Sie davon, Herr Müller?«, wirkt wesentlicher persönlicher und emotionaler als lediglich zu fragen: »Was halten Sie davon?« Doch denken Sie bitte daran, den Namen nicht zu häufig zu nennen, sonst wird auch er zur Floskel.

Zwei häufige Fehler beim Fragen – vermeiden Sie sie

Gutes Fragen will gelernt sein. Selbst Frage-Profis begehen immer wieder zwei unnötige Fehler, die dazu führen, dass sie nicht die gewünschten Antworten erhalten: Sie stellen hintereinander mehr als eine Frage und sie hängen an die Frage noch eigene Meinungen oder Begründungen an. Machen Sie es besser. Für Sie gilt: Stellen Sie immer nur eine Frage und begründen Sie Ihre Frage gegebenenfalls stets vorab.

Stellen Sie immer nur eine Frage

Sie kennen Situationen, in denen jemand mehrere Fragen hintereinander stellt. Selbst vermeintliche Sprachprofis begehen diesen Fehler, wie Sie oft in Fernseh-Talkshows verfolgen können.

Was haben Sie sich bei Ihrem Vorschlag gedacht? Waren Sie nicht nervös, während Sie ihn vorbrachten? Haben Sie so starke Nerven?

Wer so fragt, darf sich nicht wundern, wenn er unbefriedigende Antworten erhält. Denn er wird in der Regel nur eine Antwort auf die letzte Frage erhalten. Der Gefragte wird im obigen Beispiel lediglich darauf antworten, ob er so starke Nerven hat. Ob er nervös war, als er seinen Vorschlag vorbrachte und was er sich dabei gedacht hat, wird der Fragesteller bestenfalls durch Nachfragen oder überhaupt nicht erfahren. Oftmals entlarvt sich jemand, der mehrere Fragen hintereinander stellt. Er zeigt damit, dass er an den Antworten nicht wirklich interessiert ist oder dass er stark auf seine eigenen Gedanken fokussiert ist und deshalb sofort alles als Fragen formuliert, was ihm gerade einfällt. »Öffnende« Signale an den Gesprächspartner werden damit nicht ausgesandt.

Deshalb gilt für Sie die erste wichtige Regel beim Fragen: Stellen Sie immer nur eine Frage. Warten Sie die Antwort ab. Frühestens im Anschluss daran stellen Sie die nächste Frage. So signalisieren Sie echtes Interesse an Ihrem Gesprächspartner und motivieren ihn dadurch, Ihnen Ihre Fragen zu beantworten.

Begründen Sie Ihre Frage vorab
Sehr häufig können Sie beobachten, dass jemand eine Frage stellt und im Anschluss daran zunächst weiter redet, zum Beispiel, indem er seine eigene Meinung oder seine Begründung für die Frage nachschiebt. Auch dies ist ein grober Fehler, wenn Ihr Ziel lautet, die Meinung Ihres Gesprächspartners wirklich zu erfahren.

Was sagen Sie zu diesem wunderbaren Sommerwetter?
Ich finde es ganz toll, dass wir soviel Sonnenschein haben.

Eine solche Art zu Fragen führt dazu, dass der Gefragte sich sehr häufig schlichtweg dem nachgeschobenen Teil des Fragestellers anschließt. Im Beispiel wird die Antwort wie folgt oder ähnlich lauten: »Ja, ich finde es auch toll.«

Alles, was Sie nach einer gestellten Frage noch erwähnen, prägt die Antwort Ihres Gesprächspartners vor. Sie laufen damit Gefahr, dass Sie nicht seine wahre Meinung erhalten, sondern er die Ihrige einfach bestätigt.

Deshalb gilt für Sie die zweite wichtige Regel beim Fragen: Betrachten Sie ein Fragezeichen stets als temporären Schlusspunkt Ihres Sprachcodes. Haben Sie eine Frage gestellt, dann bleiben Sie nach dem gedachten Fragezeichen still. Alles, was Ihnen für die Herleitung und Begründung Ihrer Frage wichtig erscheint, sprechen Sie bitte vor der Frage aus.

Diese beiden Fragearten helfen Ihnen grundsätzlich
Grundsätzlich gibt es zwei Arten von Fragen:
- die offene Frage
- die geschlossene Frage

Die offene Frage – häufig als W-Frage bezeichnet – lässt Ihrem Gesprächspartner für die Antwort einen großen Spielraum. Er wird dazu motiviert, Ihnen möglichst viel zu erzählen. Offene Fragen beginnen in der Regel mit W-Fragewörtern: Weshalb, Wer, Was, Wann, Wo, Wozu, Wodurch, Wohin, Worin und so weiter. »Warum« als erstes Wort einer Frage vermeiden Sie am besten. Sie erinnern sich: Fragen, die mit »Warum« beginnen, lösen bei Ihrem Gesprächspartner unbewusst negative Emotionen aus. Offene Fragen können auch mit Formulierungen wie »Aus welchen Gründen« begonnen werden. Mit offenen Fragen verfügen Sie über eine Methode, die her-

vorragend dazu geeignet ist, Ihren Gesprächspartner zu »öffnen«.
Die geschlossene Frage beginnt in der Regel mit einem Verb. Der
so Gefragte hat im Prinzip als Antwortmöglichkeiten lediglich »Ja«,
»Nein«, »Vielleicht« oder »Ich weiß nicht«. Die geschlossene Frage
engt ein Gespräch ein, leitet es auf vorgegebene Bahnen und dient
dazu, eine Entscheidung herbeizuführen. Besonders eine Reihe
nacheinander gestellter geschlossener Fragen lässt bei Ihrem Gesprächspartner jedoch den Eindruck aufkommen, dass er verhört
wird. Geschlossene Fragen stellen Sie deshalb stets mit Bedacht.

In der Praxis können Sie beobachten, dass geschlossene Fragen
von manchen Menschen wie offene Fragen beantwortet werden: Sie
beginnen zu plaudern. So führt beispielsweise die Frage »Hat Ihnen
das Essen geschmeckt?« manchmal dazu, dass die Antwort sämtliche
Gänge und Zutaten des Essens kommentiert. Je nach Situation werden Sie diese Art zu antworten positiv oder negativ empfinden: Entweder Sie erfahren dadurch weitere hilfreiche Informationen von
Ihrem Gegenüber oder das gewünschte Ende des Gesprächs oder des
zuletzt besprochenen Themas wird ungewollt hinausgezögert.

Diese Fragearten helfen Ihnen in unterschiedlichen Situationen

1)	Alternativfragen	7)	Betroffenheitsfragen
2)	Fangfragen	8)	Suggestivfragen
3)	Kontrollfragen	9)	Sokratische Fragen
4)	Rhetorische Fragen	10)	Ultima-Ratio-Fragen
5)	Informationsfragen	11)	Szenariofragen
6)	Motivierungsfragen	12)	Gegenfragen

1) Alternativfragen

Alternativfragen helfen Ihnen dabei, ein Gespräch oder – mehr
noch – den Gesprächspartner selbst in eine gewünschte Richtung zu
lenken. Dies allerdings nur dann, wenn Sie Ihre Alternativfrage geschickt und nicht plump stellen. Doch selbst dann kann es sein, dass
Ihre Alternativfrage ins Leere läuft, weil Ihr Gesprächspartner Ihre
Absicht erkennt und nicht »mitspielt«.

Solange sich jedoch Ihr Gesprächspartner zu einem gewissen
Thema noch keine endgültige Meinung gebildet hat, solange haben
Sie die Chance, ihn durch eine geschickte Alternativfrage zu beein-
flussen und zu lenken.

Typische Situationen für Alternativfragen finden Sie in der Gastronomie oder im Verkauf, doch genauso in weiteren Bereichen des Geschäftslebens und auch im Privatbereich.

»Wünschen Sie als Aperitif lieber Champagner oder Kir Royal?«
»Wünschen Sie, dass das Navigationsgerät einen CD-Schacht für Ihre Lieblings-CDs besitzt oder nur für die Navigations-CD bestimmt ist?«
»Sind Sie für die Erhöhung der kommunalen Abgaben aus politischen oder aus fiskalischen Gründen?«
»Wollen wir unseren nächsten Urlaub in Kanada oder in Australien verbringen?«

In den beiden ersten Beispielen wird dem Gefragten die Alternative, keinen Aperitif oder kein Navigationsgerät zu wählen, überhaupt nicht angeboten. Die Frage »Wünschen Sie einen Aperitif?« oder »Wollen Sie ein Navigationsgerät als Sonderausstattung?« wird tunlichst vermieden. Wer sich bereits vorher nicht bewusst dagegen entschieden hatte, wird nun sehr häufig einen Aperitif oder ein Navigationsgerät wählen.

Im dritten und vierten Beispiel wird unterstellt, dass kommunale Abgaben erhöht werden beziehungsweise dass demnächst ein gemeinsamer Urlaub verbracht wird. Die Frage nach dem »Ob« wird auch hier vermieden. Dem gefragten Politiker werden zwei Antwortalternativen angeboten, von denen sehr häufig eine gewählt wird. Der Urlaubspartner erhält zwei Zielalternativen, von denen er ebenfalls sehr häufig eine von beiden wählt. Doch auch hier kann ein geschulter und aufmerksamer Zuhörer beide Alternativen für unzutreffend erklären und eine eigene dritte Antwort geben.

2) Fangfragen

Fangfragen helfen Ihnen, über einen unverfänglichen Umweg zu einer gewünschten Information zu kommen. Dazu zielt Ihre Frage auf ein Nebenthema, das vom eigentlichen Informationsziel abweicht. Über die Antwort zu diesem Nebenthema schließen Sie auf Ihr eigentliches Hauptthema.

Sie wollen wissen, ob Ihr Außendienstmitarbeiter Herr Schnell den wichtigen Kunden Ihrer Firma, Herrn Müller, heute noch besucht hat. Herr Müller ist bekannt für seine extravaganten Krawatten.

Fragen Sie Herrn Schnell direkt, ob er bei Herrn Müller war, so signalisieren Sie Misstrauen. Deswegen bietet sich hier folgende Fangfrage an:

»Herr Schnell, was für eine Krawatte trug denn Herr Müller heute?«

Wenn Herr Schnell bei Herrn Müller war, kann er die Frage beantworten. Falls er nicht dort gewesen ist, wird ihm eine vorgeschobene Antwort gefährlich erscheinen, denn Sie könnten ja anschließend bei Herrn Müller anrufen und ihn zu seiner Krawatte beglückwünschen.

Fangfragen können jedoch auch dazu genutzt werden, um den Gesprächspartner und sein Wissen zu testen. Sie kennen dies aus Prüfungen in der Schule, in der Ausbildung oder im Studium.

Wichtig ist für Sie, dass Sie als Fragesteller bei Fangfragen keine »linkischen« Gefühle verspüren. Denn dies wird unweigerlich durch Ihren Körpercode signalisiert. Ihr Gesprächspartner kann dann erkennen, dass mit der Frage etwas nicht stimmt. Bleiben Sie deswegen gerade bei Fangfragen locker und denken Sie nicht daran, den Gefragten mit der Frage in die Enge zu treiben.

3) Kontrollfragen

Kontrollfragen helfen Ihnen, zusammen mit Ihrem Gesprächspartner eine gemeinsame Gesprächsbasis festzustellen. Kontrollfragen sind besonders bekannt aus Krimis und Gerichtsverhandlungen, wenn jemand zu einem Sachverhalt verhört wird. Doch im beruflichen Alltag dient diese Frageart weniger zum Verhören, als zum Verbinden.

So beispielsweise in einem Personalgespräch oder in einem Verkaufsgespräch: Um die Gefahr zu vermeiden, an Ihrem Gesprächspartner vorbeizureden und ihn nicht »mitzunehmen«, stellen Sie immer wieder eine Kontrollfrage.

»Stimmen Sie mit mir überein, dass ...?«
»Sehen Sie diesen Punkt genauso?«
»Habe ich Sie richtig verstanden, dass ...?«

Kontrollfragen sind geschlossene Fragen.

4) Rhetorische Fragen

Normalerweise erwarten Sie von Ihrem Gesprächspartner eine Antwort, wenn Sie ihm eine Frage stellen. Dies gebieten auch die Regeln der Höflichkeit. Nicht so bei rhetorischen Fragen. Eine rhetorische Frage stellen Sie mit der Absicht, dass Sie keine Antwort erhalten. Vielmehr sprechen Sie nach einer kurzen Pause einfach weiter. Allerdings darf diese Pause nicht zu lang sein, sonst kann es Ihnen passieren, dass Ihr Gesprächspartner oder Ihre Zuhörer Ihnen doch antwortet. Im schlimmsten Fall geraten Sie dadurch völlig aus Ihrem Konzept. Formulieren Sie rhetorische Fragen so, dass die Antwort selbstverständlich ist, und deswegen nicht gegeben werden muss. Fragen Sie dagegen auf eine Art, dass Ihr Gesprächspartner oder Ihre Zuhörer nicht verstehen, worauf Sie hinauswollen, dann bleibt diese Frageform ohne Wirkung.

Mit gut gestellten rhetorischen Fragen verankern Sie Ihre Meinung und Ihren Standpunkt indirekt im Unterbewusstsein Ihres Gesprächspartners oder Ihrer Zuhörer. Zugleich erhöhen Sie die Chance, dass Ihnen zugestimmt wird. Denn wer Ihre Frage hört, wird sich selbst darauf mit seiner inneren Stimme eine Antwort geben. Und eigene Lösungen, Antworten oder Alternativen werden immer leichter akzeptiert als fremde.

Sie sind Manager eines Automobilherstellers und halten eine Rede zur Markteinführung Ihrer neuen sparsameren Motoren, die allerdings teurer als die bisherigen Aggregate sind. Mit einer rhetorischen Frage können Sie die Zuhörer trotz deren Preisskepsis leichter für sich gewinnen:
»Wer von Ihnen weiß, dass ein hoher Kraftstoffverbrauch seines Autos für die Umwelt schädlich ist?« oder »Muss uns unsere Umwelt nicht einige Euro wert sein?«

Rhetorische Fragen eignen sich sowohl für Gespräche als auch für Reden.

5) Informationsfragen

Mit Informationsfragen verfolgen Sie ausschließlich das Ziel, wirklich eine gewisse Information zu erhalten. Sie fragen direkt und ohne Umschweife nach dem Punkt, den Sie wissen wollen. Formulieren

Sie Ihre Informationsfragen als geschlossene Fragen, kann das Gespräch ins Stocken geraten. Zugleich kann Ihr Gesprächspartner bei mehreren hintereinander gestellten geschlossenen Informationsfragen den Eindruck gewinnen, dass er verhört wird.

»Wo sind Sie geboren?«
»Was haben Sie studiert?«
»Welche Ausbildung haben Sie?«

Stellen Sie die Frage dagegen offen, erhalten Sie in der Regel mehr als nur ein oder zwei Worte als Antwort. Dann hilft Ihnen die Informationsfrage sehr gut, Ihren Gesprächspartner zu »öffnen«.

»Wie ist Ihre Meinung zum Thema ...?«
»Aus welchen Gründen wollen Sie bei uns arbeiten?«

Die ersten drei Beispiele lassen mehr oder weniger kurze Antworten erwarten. Bei den beiden letzten Beispielen können Sie davon ausgehen, dass Ihr Gesprächspartner weiter ausholen und mehr erzählen wird. In allen Fällen erhalten Sie vermutlich die Information, die Sie wissen wollen, doch nur in den beiden letzten Fällen wird Ihnen Ihr Gesprächspartner möglicherweise noch mehr als von Ihnen erwartet erzählen.

6) Motivierungsfragen

Motivierungsfragen helfen Ihnen, einen verschlossenen Gesprächspartner dadurch zu »öffnen«, dass Sie ihn mit Ihrer Frage loben und als kompetent herausstellen. Sie zeigen ihm mit Ihrem Sprachcode, dass er für Sie dank seines Wissens die Person ist, die Ihnen weiterhelfen und Ihre Frage sehr gut beantworten kann. Sie können das Lob auch in einem der Frage vorangestellten Satz äußern.

»Was sagen Sie als Fachmann für Motorentechnik zu diesem Thema?«
»Ihr Lebenslauf beweist mir, dass Sie bestens geeignet sind, dieses Problem in den Griff zu bekommen. Welche Lösung schlagen Sie vor?«
»Sie haben schon sehr viele Erfolge gefeiert. Wenn uns jemand helfen kann, dann Sie. Wann können Sie damit beginnen?«

Ein so geschmeichelter Gesprächspartner kann sich der Antwort kaum entziehen. Allerdings achten Sie bitte darauf, dass Sie nicht übertreiben und damit unglaubwürdig mit Ihrem Lob werden.

7) Betroffenheitsfragen

Mit Betroffenheitsfragen erzielen Sie in der Regel eine sehr große Wirkung. Gerade, wenn sich Ihr Gesprächspartner, Kunde oder Zuhörer von Ihrer Meinung oder Ihrem Angebot überzeugen soll, helfen Betroffenheitsfragen weiter. Sie dienen auch zum »Aufrütteln« – im Vertrieb wie im gesamten Unternehmen. Gut formuliert treffen Betroffenheitsfragen unmittelbar in das Unterbewusstsein und in die Gefühlswelt Ihres Gesprächspartners. Seine Reaktion wird nahezu immer in dem von Ihnen gewünschten Sinn ausfallen, wenn Sie die Betroffenheitsfrage entsprechend gestellt haben. Damit ist diese Frageart ein sehr gutes Hilfsmittel für Sie, ein Gespräch oder einen Entscheidungsprozess zu steuern.

Sie müssen eine notwendige Geschäftsanpassung durchführen, die auf Skepsis stößt.
Betroffenheitsfrage: »Wollen Sie, dass alle Mitarbeiter – auch Sie – demnächst Ihren Arbeitsplatz verlieren?«
Sie müssen ein neues, aus Wettbewerbsgründen notwendiges Produkt einführen, von dem der Vertrieb nicht überzeugt ist.
Betroffenheitsfragen: »Wollen Sie, dass die Konkurrenz uns abhängt?«, »Wollen Sie, dass Ihr Bonus immer geringer wird?«, »Wollen Sie wirklich Gehaltseinbußen?«, »Wollen Sie sich letztlich selber überflüssig machen?«
Sie wollen ein luxuriöses Produkt verkaufen, das der Wettbewerber Ihres Kunden bereits besitzt und ihm großes Image verleiht.
Betroffenheitsfragen: »Wollen Sie im Markt als Kleingeist auftreten?«, »Wollen Sie, dass Ihr Wettbewerber im Licht und Sie im Schatten stehen?«

Wer kann und will auf solche Fragen schon mit »Ja« antworten. Ein »Nein« jedoch hat zur Folge, dass sich der Gesprächspartner schon sehr weit Ihrer Ansicht angenähert hat.

Der Kern der Betroffenheitsfrage liegt darin, dass Ihr Gegenüber die Frage normalerweise nicht mit »Ja« beantworten kann, weil es sich um ein Thema handelt, das ihn persönlich berührt und dessen

Konsequenzen für ihn schlecht wären. Achten Sie deshalb darauf, was Sie zum Gegenstand Ihrer Betroffenheitsfrage machen. Fühlt sich Ihr Gesprächspartner dadurch nicht stark genug angesprochen, so wird Ihre Frage das gewünschte Ergebnis verfehlen.

8) Suggestivfragen

Suggestivfragen dienen Ihnen dazu, Ihrem Gesprächspartner die Antwort gleichsam »in den Mund zu legen«. Es soll natürlich die Antwort sein, die Ihrer Meinung oder Ihrem Angebot entspricht. Ein geschulter Gesprächspartner wird dies erkennen und entsprechend ablehnend reagieren. Suggestivfragen wirken häufig manipulierend, manchmal sogar aggressiv. Nutzen Sie deshalb diese Frageart selten und auch nur dann, wenn Sie eine bestimmte Feststellung Ihres Gesprächspartners provozieren wollen.

»Sind Sie nicht auch der Meinung, dass ...?«
»Sicherlich stimmen Sie mit mir überein, dass ..., oder etwa nicht?«
»Alle Kunden erfahren durch unser Produkt eine deutliche Effizienzsteigerung. Sie wollen sich eine solche doch nicht entgehen lassen?«

Suggestivfragen beinhalten stets bestimmte Wörter, mit denen Sie die unterstellende Wirkung erzeugen. Hierzu gehören
- doch,
- sicher,
- sicherlich,
- nicht auch,
- etwa.

Im Gegensatz zu Alternativfragen, mit denen Sie den Spielraum für eine Antwort zunächst ebenfalls einschränken, geschieht dies bei Suggestivfragen viel massiver. Im Prinzip hat der Gesprächspartner nur eine Möglichkeit zu antworten, außer er durchschaut Ihr Vorgehen. Durch passende Signale Ihres Körpercodes können Sie die Wirkung von Suggestivfragen und damit den Druck auf den so Gefragten verstärken. Wollen Sie ein »Ja« erzielen, so nicken Sie mit Ihrem Kopf, während Sie Ihre Frage stellen. Wollen Sie ein »Nein« als Antwort hören, so schütteln Sie parallel zu Ihrer Frage mit Ihrem Kopf. Ebenso können Sie entsprechend positive oder negative Handbewegungen einsetzen.

9) Sokratische Fragen

Sokratische Fragen helfen Ihnen, wenn Sie ein »Ja« Ihres Gesprächspartners oder Kunden auf eine ganz bestimmte Frage benötigen. Ein Grundgedanke hinter Sokratischen Fragen, die häufig auch »Ja-Fragen-Straße« genannt werden, ist folgender: Ein ausgesprochenes »Ja« prägt den Menschen unbewusst für seine Antwort auf die nächste Frage vor. Dieser Zusammenhang funktioniert jedoch bei aufmerksamen Gesprächspartnern nicht immer. Wer sechsmal mit »Ja« geantwortet hat, muss beim siebten Mal nicht unbedingt wieder mit »Ja« antworten.

Der Nutzen der Sokratischen Fragen liegt vielmehr auf einer inhaltlich-logischen Frage-Antwort-Kette. Stellen Sie Ihrem Gesprächspartner vier bis fünf Fragen, die er mit »Ja« beantwortet. Damit er diese mit »Ja« beantworten kann, greifen Sie auf Inhalte zurück, die Sie im bisherigen Gesprächsverlauf oder bereits zuvor als für den Gesprächspartner wichtig und notwendig erkannt haben. Den Abschluss dieser Kette bildet eine Suggestivfrage oder eine suggestive Feststellung. Mit ihr unterstellen Sie, dass er nach dem bisher Bestätigten Ihrem Angebot doch nur noch zustimmen kann.

Sie wollen an einen Kunden den Rasenmäher »Rasix« aus Ihrem Angebot verkaufen. Im bisherigen Gesprächsverlauf hat Ihnen Ihr Kunde verraten, dass er beim Rasenmähen die Nachbarn möglichst wenig stören will, dass er nur eingeschränkt Zeit fürs Mähen besitzt, dass er jedoch einen mittelgroßen Garten sein Eigen nennt. Mit Sokratischen Fragen können Sie beispielsweise wie folgt einen Kaufabschluss herbeiführen:

»Ihnen ist wichtig, dass Ihr Rasenmäher leise arbeitet?« → »Ja.«

»Sie besitzen einen mittelgroßen Garten?« → »Ja.«

»Stimmt es, dass Sie fürs Mähen nur wenig Zeit haben?« → »Ja.«

»Würde es Ihnen also helfen, wenn der Mäher möglichst schnell mäht?« → »Ja.«

»Dann kommt für Sie nur unser Modell »Rasix« in Frage« → »Ja.« *Oder*

»Ihre Wünsche werden dann sicher durch unser Modell »Rasix« erfüllt, liege ich damit richtig?«

10) Ultima-Ratio-Fragen

Sie erleben es immer wieder, dass ein Gespräch an einem Punkt völlig ins Stocken gerät, weil Ihr Gesprächspartner hartnäckig und stur an seiner Meinung festhält, obwohl nur eine Kompromisslösung weiterhilft. Solche Situationen ergeben sich besonders in Verkaufsgesprächen, in Überzeugungsgesprächen sowie in Verhandlungen. Gleich, welches Argument Sie wählen, Ihr Gegenüber blockt und erwidert mit einem Einwand oder einer Gegenargumentation. Solche Gespräche können schnell sehr ermüdend werden, jedenfalls bringen sie Ihnen keinen Fortschritt auf dem Weg, Ihren Gesprächspartner für sich zu »öffnen«.

Die entscheidende Möglichkeit, solche Situationen zu überwinden, bieten Ihnen Ultima-Ratio-Fragen. Sie dienen dazu, dass Ihr Gesprächspartner die Gründe für seine Blockadehaltung nennt oder Ihnen mitteilt, was Sie selbst aus seiner Sicht tun müssen, um das Gespräch sinnvoll weiterzuführen.

Kennzeichnend für Ultima-Ratio-Fragen sind die ersten Worte der Frage. Sie lauten wie folgt oder ähnlich: »Was muss ich tun, damit Sie sich von ... überzeugen?« oder »Unter welchen Umständen sind Sie bereit, ...?«

Sie sind Vorstand beziehungsweise Geschäftsführer eines Unternehmens und wollen notgedrungen ein Kooperationsabkommen mit einem bisherigen Wettbewerber abschließen. Dieser kennt Ihre missliche Lage und blockiert bis zum Äußersten. Bevor Ihnen der berühmte Kragen platzt, reagieren Sie besser mit einer Ultima-Ratio-Frage:
»Unter welchen Umständen sind Sie bereit, mit uns zusammenzuarbeiten?« oder »Was muss ich Ihnen anbieten, damit die Zusammenarbeit mit uns für Sie interessant ist?«

In der Regel erhalten Sie auf eine Ultima-Ratio-Frage Informationen, die Ihnen beiden für das Gespräch und den Weg zum Ziel weiterhelfen. Und wenn jemand bislang nur geblufft hat und in Wirklichkeit überhaupt kein Interesse an Ihnen oder Ihrem Angebot hat, so werden Sie dies in der Antwort auf Ihre Ultima-Ratio-Frage ebenfalls erkennen. Gleichzeitig sind Sie sich darüber im Klaren, dass eine negative Antwort Ihres Gegenübers Ihre Kommunikation bis auf weiteres beenden kann. Deshalb sind Ultima-Ratio-Fragen das letzte Mittel, um zwischen Ihnen und Ihrem Gesprächspartner eine Entscheidung oder eine Lösung herbeizuführen.

11) Szenariofragen

Mit Szenariofragen versetzen Sie Ihren Gesprächspartner gedanklich in eine fiktive Situation. Hier verbinden Sie die Fragetechnik direkt mit der bildhaften Sprache. Immer, wenn Ihr Gegenüber unentschlossen oder unsicher vor einer Entscheidung steht, helfen Szenariofragen weiter. Durch eine entsprechend formulierte Frage versetzen Sie Ihren Gesprächspartner in eine Situation, die er nach seiner Entscheidung – in die von Ihnen gewünschte Richtung – erleben wird. Auch wenn Sie das Verhalten Ihres Gesprächspartners in einer bestimmten Situation erfahren wollen, sind Szenariofragen geeignet. Versetzen Sie ihn durch Ihre Frage in diese Situation und fragen Sie danach, was er tun würde. Reichern Sie Ihren Sprachcode bei Szenariofragen gegebenenfalls zusätzlich zu den bildhaften Elementen mit emotional wirkenden Worten an.

Sie arbeiten in einem Reisebüro und wollen einem Kunden eine Reise auf die Malediven verkaufen. Er ist völlig unentschlossen und das Gespräch scheint kein Ende zu nehmen. Sie stellen folgende Szenariofrage:»Stellen Sie sich vor, Sie liegen ungestört und völlig entspannt am Strand einer kleinen Malediveninsel, würde Ihnen das nicht sehr gut tun?«

Sie sind Personalchef und führen ein Vorstellungsgespräch mit einem Kandidaten für den Posten des Pressesprechers Ihres Unternehmens. Um seine Fähigkeiten in schwierigen Situationen zu erkennen, stellen Sie ihm eine entsprechende Szenariofrage:»Angenommen, unser Unternehmen wird mit einer Korruptionsaffäre in Verbindung gebracht. Wie reagieren Sie auf Presseanfragen?«

Gefährlich für das Gesprächsklima können Szenariofragen dann werden, wenn Sie Ihren Gesprächspartner dadurch in heikle fiktive Situationen drängen, aus denen er sich verbal nicht mehr befreien kann oder in denen er sich als schwacher Gesprächspartner genötigt fühlt, eine Antwort zu geben, die ihm später vorgehalten wird.

12) Gegenfragen

Einen besonderen Stellenwert unter den Fragen nimmt die Gegenfrage ein. Deshalb finden Sie Gedanken hierzu nachfolgend in einem eigenen Abschnitt.

Die Gegenfrage – Ihr Freund oder Ihr Feind?

Wer fragt, der führt. Wer sich nicht führen lassen will, der stellt eine Gegenfrage.

Hin und wieder höre ich von meinen Seminarteilnehmern den Zweifel, ob denn eine Gegenfrage nicht unhöflich sei. In der Tat erscheint manchen Gesprächspartnern eine Gegenfrage aggressiv. Und wer Gegenfragen gehäuft stellt, der wirkt so, als wenn er sich vor Antworten drücken will – aus welchen Gründen auch immer. Häufige Gegenfragen können dazu führen, dass Ihr Gesprächspartner das Interesse am Gespräch und an Ihnen verliert, weil er sich nicht ernst genommen fühlt.

Gleichzeitig gibt es jedoch sehr wohl Situationen, in denen Gegenfragen sehr hilfreich, nützlich und sogar notwendig sind. Gegenfragen helfen Ihnen besonders dann, wenn Sie

- Gehörtes präzisiert haben wollen, um es inhaltlich verstehen zu können.
- Zeit zum Nachdenken für Ihre Antwort benötigen oder das Gespräch umlenken wollen.
- unfaire Verbalangriffe abwehren wollen.
- Ihren Gesprächspartner verunsichern wollen.

Um diese Hilfen durch Gegenfragen zu erhalten, formulieren Sie Gegenfragen stets als offene Fragen. Stellen Sie eine geschlossene Frage, dann bekommen Sie nicht die Informationen, die Sie wünschen. Mehr noch: Wenn Sie eine geschlossene Gegenfrage als Abwehr auf einen unfairen Verbalangriff stellen, besteht die Gefahr, dass sich der Angriff dadurch verstärkt.

Angriff: »Wieso sind Sie so unfähig?«

Gegenfrage: »Mache ich diesen Eindruck wirklich auf Sie?«

Antwort: »Ja, und zwar besonders stark.«

Den Angriff haben Sie dadurch nicht abgewehrt, im Gegenteil. Denn Ihr Gegenüber kann nun das Thema noch vertiefen und begründen, weshalb er Sie für unfähig hält.

Besser wäre, eine offene Gegenfrage zu stellen – in der Schärfe auf die Situation und Ihr Gegenüber angepasst:

Angriff: »Wieso sind Sie so unfähig?«

Gegenfrage: »Weshalb gelingt es Ihnen nicht, sachlich zu bleiben?« *Oder*

»Was möchten Sie mit dieser Frage erreichen?«

Sie wollen Gehörtes präzisiert haben, um es inhaltlich verstehen zu können

Ihr Gesprächspartner stellt Ihnen eine Frage und Sie wissen beispielsweise nicht, was er unter einem darin enthaltenen Wort versteht. Dann ist es geradezu notwendig, dass Sie mit einer Gegenfrage reagieren. Hier nicht nachzufragen, kann in manchen Situationen sogar gefährlich werden.

Frage: »Wollen Sie einen Teil Ihres Geldes in das Turbo-Zertifikat anlegen?«

Gegenfrage: »Was genau ist denn ein Turbo-Zertifikat?«

Ihr Gesprächspartner wird Ihnen diese Gegenfrage normalerweise nicht übel nehmen. Im Gegenteil: Sie ist für ihn zugleich ein Signal, dass Sie an seinem Angebot grundsätzlich interessiert sind.

Sie benötigen für Ihre Antwort Zeit zum Nachdenken oder Sie wollen das Gespräch umlenken

Ihr Gesprächspartner oder einer Ihrer Zuhörer stellt eine für Sie schwierig zu beantwortende Frage. Fangen Sie an, unsicher mit »äh« und sonstigen Fülllauten zu antworten, dann wird Ihre Unsicherheit durch Ihren Sprachcode hörbar, meist unterstützt der Körpercode diese unsichere Reaktion noch. Damit Sie in einer solchen für Sie zunächst schwierigen Situation weiterhin Sicherheit ausstrahlen, verschaffen Sie sich mit einer Gegenfrage Zeit zum Nachdenken. Eine sehr wirkungsvolle Gegenfrage hierfür ist das schlichte

»Wie bitte?«

Wenn Sie direkt im Anschluss an die an Sie gestellte Frage damit kontern, wirken diese beiden Worte fast immer so, als ob Sie den Fragesteller nicht verstanden hätten. Das heißt, Sie können diese Alternative auch dann benutzen, wenn Sie die Frage sehr wohl akustisch wie inhaltlich verstanden haben. Sie gewinnen dadurch Zeit. Sehr häufig passiert es, dass der Fragesteller seine Frage nicht exakt wiederholt, woraus Sie gegebenenfalls einen Vorteil erhalten. Allerdings dürfen Sie diese Variante nicht zu oft benutzen, sonst wirken Sie unglaubwürdig, außer Sie können auf ein echtes Hörleiden verweisen.

Eine weitere Alternative ist, den Fragesteller um eine Definition seiner Ausführungen zu bitten.

Frage: »Weshalb sind Ihre Angebote so teuer?«
Gegenfrage: »Wann ist ein Produkt für Sie teuer?«

Sehr oft erhalten Sie aus der Antwort auf die Gegenfrage Anknüpfungspunkte für Ihre Antwort auf die ursprüngliche Frage. Sie erkennen Motive und Emotionen, die für den Fragesteller wichtig sind. Auf diese können Sie nun eingehen.

Eine Gegenfrage eröffnet Ihnen in manchen Fällen sogar die Chance, dass Sie das Gespräch auf einen neuen Gesichtspunkt umlenken und sich dann die Antwort auf die ursprüngliche Frage ersparen. Allerdings gelingt Ihnen das nicht immer – besonders dann nicht, wenn Ihr Gesprächspartner rhetorisch geschult ist oder schlichtweg im Gespräch aufmerksam bleibt.

Frage: »Was ist Ihre größte Schwäche?«
Gegenfrage: »Welche Schwächen würden Sie denn stören?«

Je nach Art und Inhalt der Antwort auf Ihre Gegenfrage können Sie das Gespräch gegebenenfalls umlenken und müssen so nichts über Ihre Schwächen erzählen. So kann es sein, dass Ihr Gegenüber nun eine Reihe von Schwächen aufzählt, von denen alle oder manche auf Sie nicht zutreffen. Greifen Sie eine davon auf und bekräftigen Sie ihn darin, dass er diese bei Ihnen nicht finden wird.

Sie wollen unfaire Verbalangriffe abwehren

Sie wurden von Ihrem Gesprächspartner verbal unfair angegriffen. Theoretisch können Sie ebenso unfair reagieren, was in vielen Situationen – im Berufsalltag wie im Privatbereich – auch sehr häufig geschieht. Doch damit erreichen Sie meist nur, dass das Gespräch eskaliert und Sie beide im Streit auseinander gehen. Denken Sie daran: »Man sieht sich im Leben immer zweimal.« Dieser Spruch, auch wenn er nicht in jedem Fall stimmen mag, kann Sie daran erinnern, mit Ihrem Gesprächspartner fair umzugehen. Auch unfaire Angreifer lassen sich sehr häufig durch eine entsprechende verbindliche Reaktion auf den fairen Weg zurückführen.

Unfaire Angriffe können Ihrem Standpunkt, Ihrer Funktion oder Ihrer Person gelten. Sie können ebenso als Scherz »getarnt« sein. Unfaire Verbalangriffe können sich auch gegen eine Institution wenden, wobei Sie nur stellvertretend dafür angegriffen werden.

Damit Sie passend auf solche Angriffe reagieren können, hilft es Ihnen, wenn Sie den Grund für den Angriff erkennen. Lassen Sie sich auf keinen Fall Ihre Emotionen von Ihrem Gegenüber vorschreiben. Wenn er wütend ist, müssen Sie noch lange nicht wütend reagieren. Lassen Sie sich weder das Sprechtempo noch die Lautstärke aufzwingen. Bleiben Sie locker und fair.

Je nach Situation, Inhalt und Angriffsintensität gibt es eine Vielzahl von Reaktionsmöglichkeiten. Sie reichen vom einfachen Überhören bis hin zu unfairen Antworten. Eine sehr hilfreiche faire Möglichkeit besitzen Sie stets durch eine geschickte Gegenfrage. »Geschickt« meint dabei, dass Sie eine solche Gegenfrage stellen, mit der Sie vom Angriffspunkt ablenken.

Eine ungeschickte Gegenfrage wäre beispielsweise:

Frage: »Wieso halten Sie einen so langweiligen Vortrag?«

Gegenfrage: »Was genau stört Sie denn?«

Mit dieser Gegenfrage geben Sie Ihrem Gegenüber die Möglichkeit, das von ihm angesprochene Thema noch intensiver auszubreiten. Dies kann nicht in Ihrem Sinne sein – insbesondere dann nicht, wenn weitere Zuhörer vorhanden sind.

Leider werden solche simplen Gegenfragen häufig empfohlen. Antworten Sie durchdachter. Kommunikation allgemein, und insbesondere die Abwehr von unfairen Angriffen, können Sie mit einem Schachspiel vergleichen. Denken Sie bei Ihrer Reaktion auf einen Verbalangriff mehr als einen Zug voraus. Eine vermeintlich schlagfertige Antwort oder Gegenfrage zu formulieren, ist zu wenig. Kalkulieren Sie vielmehr die möglichen Reaktionen Ihres Gegenübers bereits ein.

Eine geschickte Gegenfrage wäre beispielsweise:

Frage: »Wieso halten Sie einen so langweiligen Vortrag?«

Gegenfrage: »Was muss ich tun, damit Sie sich nicht langweilen?«

Mit dieser Gegenfrage bleiben Sie fair. Mit dieser Gegenfrage ermuntern Sie Ihr Gegenüber, positiv zu antworten. Und mit dieser Gegenfrage erhalten Sie entweder keine Antwort (was in diesem Fall auch eine Antwort wäre, die auf den Fragesteller negativ zurückfällt) oder Ihr Gegenüber verrät Ihnen, was ihm wichtig ist. Soweit möglich, gehen Sie darauf ein. Damit signalisieren Sie, dass Sie ihn und sein Anliegen wichtig nehmen. Fordert er offensichtlich unerfüllbare Punkte, so appellieren Sie an seine Fairness.

Die Gegenfrage wird gern als »Kaiserin der Dialektik« bezeichnet. Passend und geschickt eingesetzt verleiht Sie Ihnen in der Tat eine große dialektische Macht – in Gesprächen, in Diskussionen, in Debatten und in Verhandlungen.

Sie wollen Ihren Gesprächspartner verunsichern

Wenn Sie mit einer Gegenfrage primär diesen Zweck verfolgen, dann befinden Sie sich sehr oft bereits im Bereich der unfairen Dialektik. Es kann jedoch in manchen Situationen notwendig sein, dass Sie einen sehr selbstbewussten und von sich ganz und gar überzeugten Gesprächspartner auf den Boden der Tatsachen zurückholen. Bevor Sie nun Ihrerseits unfaire Angriffe starten, kann eine faire Gegenfrage das Gesprächklima spürbar verbessern helfen. Eine gewisse Sensibilität bei Ihrem Gesprächspartner sei dabei vorausgesetzt.

Einen typischen Besserwisser, der jeden Ihrer Gedanken kleinredet und sich selbst ständig ins Rampenlicht stellt, können Sie mit einer geschickten Gegenfrage bremsen.

Sie führen eine Diskussion zum Thema »Erfolgreich führen«. Sie sind seit 10 Jahren Führungskraft, Ihr Gegenüber kommt entweder frisch aus der Ausbildung oder besitzt bereits 30 Jahre Führungserfahrung. Beide zweifeln Ihre fundierten Ansichten an, die auf den anerkannten Erkenntnissen von Professor XY basieren. Beide wollen Ihre Meinung kaputtreden.

Frage Ihres Gegenübers: »Wieso verbreiten Sie hier so wirre Gedanken?«

Ihre Gegenfrage: »Wie kann es sein, dass Ihnen die grundlegenden Führungs-Erkenntnisse von Professor XY nicht bekannt sind?«

Der strategische Grundgedanke dahinter ist: Fragen Sie Ihren besserwisserischen Gesprächspartner nach ihm offensichtlich unbekannten, jedoch grundlegenden Erkenntnissen. Fragen Sie ihn nach fachspezifischen Details, bei denen Sie sicher sind, dass er diese nicht weiß. Sie benutzen einen fairen Sprachcode und erreichen damit Ihr Ziel.

Insgesamt betrachtet wird eine Gegenfrage dann zu Ihrem Feind, wenn Sie ungeschickt mit ihr umgehen. Wohlüberlegt und an der passenden Stelle formuliert wird die Gegenfrage sich stets als Ihr Freund und Helfer erweisen.

Müssen Sie schlagfertig sein?

Sie können ganze Bücher darüber finden, was unter Schlagfertigkeit zu verstehen ist und wie Sie möglichst schnell schlagfertig werden. Die Bandbreite reicht von humorvollen über witzige Antworten bis hin zu ganz normalen Fragen. Nur möglichst schnell soll die schlagfertige Reaktion gegeben werden.

Aus meiner Sicht lautet die Frage zunächst: Müssen Sie überhaupt schlagfertig sein, wenn Sie andere Menschen für sich oder Ihr Angebot »öffnen« und gewinnen wollen?

»Schlagfertigkeit« beinhaltet neben der »Fertigkeit« den »Schlag«. Und häufig wirkt Schlagfertigkeit wie ein Schlag ins Gesicht des Gesprächspartners. Gekonnte Schlagfertigkeit wirkt wie ein guter Überraschungseffekt. Weniger gekonnte Schlagfertigkeit mag auch überraschen, doch sie wirkt fast immer auf Kosten des Gesprächspartners. Zudem hängt es vom Umfeld ab, ob und wie Sie mit einer schlagfertigen Antwort ankommen.

Stellen Sie sich bitte vor, Sie befinden sich in einem Headhuntergespräch und wollen durch Schlagfertigkeit überzeugend wirken. Die Gefahr dabei ist sehr groß, dass die Art und Weise Ihrer schnellen Antworten nicht ankommt. Denn der Grad zwischen »das wirkt toll und humorvoll« und »das wirkt arrogant und verletzend« ist sehr schmal. Ebenso können Sie in einem Verkaufsgespräch Ihren Kunden beeindrucken oder auch beleidigen, wenn Sie unbedacht und schnell antworten. Auch die Meister der Schlagfertigkeit wandeln stets auf diesem schmalen Grat und selbst ihnen passieren hin und wieder peinliche Flops mit Ihrem Sprachcode.

Oftmals will jemand schlagfertig reagieren, um in seinem tiefsten Inneren eine Art von Sieg zu feiern. »Dem habe ich es gezeigt« oder ähnliche Gedanken sind dann motivierende Ziele für Schlagfertigkeit. Ihr Gegenüber wird Ihre Schlagfertigkeit dann gleichzeitig wie eine Niederlage empfinden und auf Revanche sinnen. Dies dient keinesfalls dazu, ihn für Sie zu »öffnen«, sondern er wird sich Ihnen gegenüber eher verschließen. Haben Sie das nötig?

Denken Sie bitte daran, dass jedes Gespräch, jede Diskussion und jede Verhandlung gleich einer Art Schachspiel ist. Es kommt nicht nur auf den nächsten Zug an. Für Sie ist es in der Praxis sehr wichtig, auch den übernächsten Zug und weitere Züge von Ihnen und von Ihrem Gesprächspartner zu bedenken. Eine auf den ersten Blick schlagfertige Antwort von Ihnen kann Ihr Gegenüber zu einer noch stärker wirkenden Reaktion motivieren. Anschließend fällt Ihnen darauf nichts Schlagfertiges mehr ein. Dann haben Sie das »Spiel« verloren. Oder Ihre tolle Schlagfertigkeit stellt Ihr Gegenüber unnötigerweise bloß. Wenn Ihr Ziel ursprünglich war, Ihr Gegenüber – Ihren Kunden, Ihren Vorgesetzten … – für Sie oder Ihr Angebot zu gewinnen, dann haben Sie auch dieses »Spiel« verloren, denn wer lässt sich schon gerne bloßstellen.

Unterschätzen Sie bitte nicht die häufig negative Wirkung schlagfertiger Antworten im Unterbewusstsein Ihres Gegenübers, insbesondere dann, wenn er gegen Ihre Schlagfertigkeit keine passenden Antworten findet. Um einen anderen Menschen für sich zu gewinnen und zu »öffnen«, müssen Sie nicht schlagfertig sein. In der Regel reicht es aus, wenn Sie versuchen, Ihr Gegenüber so anzusprechen, dass Sie seine Wünsche und Emotionen treffen. Dabei kommt es nicht auf Geschwindigkeit an, sondern auf die inhaltliche Genauigkeit Ihres Sprachcodes. Hierzu finden Sie im vorliegenden Buch eine Vielzahl von Hilfen.

So wird Ihr Sprachcode lebendig und abwechslungsreich

Sie befinden sich mitten in einem wichtigen Gespräch. Oder Sie stehen vor Zuhörern und halten eine Rede. Entscheidend dafür, ob Sie richtig verstanden werden, ist neben den oben aufgeführten Punkten zudem, auf welche Art Sie Gedanken in Worte fassen. Selbst wenn Sie klar und deutlich und bildhaft sprechen, selbst wenn Sie gut modulieren, selbst wenn Sie Minusformulierungen und Floskeln vermeiden und selbst wenn Sie Ich-Botschaften und Sie-Standpunkte gezielt einsetzen, kann es sein, dass Ihr Sprachcode langweilig wirkt. Dies deshalb, weil Sie mit einem zu kleinen Wortschatz sprechen.

Gemessen am Umfang der deutschen Sprache, der auf bis zu 500 000 Wörter geschätzt wird, zeigt sich unser beim Sprechen aktiv benutzter Wortschatz mit 2 000 bis 4 000 Wörtern sehr bescheiden. Auch wenn es sich hier um Durchschnittswerte handelt und der aktive Wortschatz in Einzelfällen merklich größer ausfallen kann, bleibt die Zahl trotzdem relativ klein. Dagegen zeigt sich unser passiver Wortschatz, der alle die Wörter unserer Muttersprache umfasst, die wir beim Hören verstehen, deutlich größer. Im Durchschnitt zählen hierzu 50 000 bis 60 000 Wörter.

Ihr Sprachcode wird umso lebendiger und abwechslungsreicher, je größer Ihr aktiver Wortschatz ist.

Während Ihrer Rede oder in Ihrem Gesprächsbeitrag benutzen Sie sehr oft das Wort »sagen«. »Lassen Sie mich sagen, ...«, »Ich will noch Folgendes sagen, ...«, »Ich sage Ihnen ...« und so weiter. Lebendiger wirken Sie, wenn Sie für »sagen« Synonymwörter benutzen. Zum Beispiel bieten sich Ihnen je nach Situation die folgenden an: »bekannt geben«, »erklären«, »erzählen«, »informieren«, »mitteilen«, »feststellen«, »behaupten«, »erwähnen«, »nennen« und noch viele mehr.

Wie können Sie Ihren aktiven Wortschatz vergrößern? Hierzu haben Sie mehrere Möglichkeiten. Eine spielerische Alternative ist folgende: Suchen Sie für sich alleine oder im Wettbewerb mit Ihrem Partner oder Ihren Kindern für ein bestimmtes Wort möglichst viele Synonymbegriffe. Außerdem erweitern Sie Ihren aktiven Wortschatz, wenn Sie laut lesen, wenn Sie gelesene Texte mit eigenen Worten zusammenfassen oder wenn Sie wie bei einer Fremdsprache Synonymwörter auswendig lernen. Ebenso können Sie Texte selber umschreiben, indem Sie zu einzelnen Satzbausteinen Synonyme finden.

Ein umfangreicher aktiver Wortschatz hilft Ihnen zudem, sich an das Sprachniveau Ihrer Zuhörer oder Gesprächspartner ideal anpassen zu können – nach oben wie nach unten. Denn die wichtigsten Ziele bleiben, die Sie mit Ihrem Sprachcode verfolgen: dass Sie verstanden werden und dass Sie Zustimmung erfahren.

Lebendig wird Ihr Sprachcode auch dann, wenn Sie an Stelle von Substantiven entsprechende Verben benutzen. Sehr oft ist dies möglich, ohne dass sich Ihre Aussage inhaltlich verändert. Allerdings verbessert sich die Wirkung Ihres Sprachcodes damit deutlich zum Positiven. Verben wecken im Gegensatz zu Substantiven überwiegend Bilder in den Köpfen Ihrer Gesprächspartner.

Besonders langweilig, »trocken« und unpersönlich wirkt ein Sprachcode dann, wenn er unnötig viele Substantive auf die Endung »-ung« beinhaltet. Sie finden solche auch heutzutage noch sehr häufig in der Bürokratie-Sprache.

Die folgende Tabelle zeigt Ihnen Beispiele, wie Sie mit Verben lebendiger und besser formulieren als mit Substantiven:

Verben statt Substantive

Statt dass Sie sagen ...	... formulieren Sie besser
Wir führen für Sie Beratungen durch.	Sie werden von uns beraten.
Wollen wir eine Verabredung treffen?	Wollen wir uns verabreden?
Ich übernehme die Vertretung von ...	Ich vertrete ...
Sie müssen mehr Leistung erbringen.	Bitte leisten Sie mehr.
Die Revision wird ... einer Untersuchung zuführen.	Die Revision wird ... untersuchen.
Der Vorstand wird morgen eine Entscheidung treffen.	Der Vorstand wird morgen entscheiden.
Bitte nehmen Sie Platz.	Bitte setzen Sie sich.
Das Gremium hat den Beschluss gefasst.	Das Gremium hat beschlossen.
Wir möchten unserem Bedauern Ausdruck verleihen.	Wir bedauern.
Bezug nehmend auf Ihr Schreiben vom ... senden wir Ihnen ...	Wir beziehen uns auf Ihr Schreiben vom .... Sie erhalten ...

Führungsstark oder führungsschwach? – Ihr Sprachcode entlarvt Sie

Führungskräfte signalisieren mehr oder weniger über alle hier beschriebenen Türöffner, ob Sie führungsstark oder führungsschwach sind. Am meisten erkennen dies die Mitarbeiter und andere Menschen jedoch am Körpercode (hierzu lesen Sie weiter hinten im Buch ausführlich) und am Sprachcode der betreffenden Personen.

Es gibt bestimmte Worte, mit denen Gesprächspartner, Kunden oder Zuhörer Führungsstärke oder Führungsschwäche verbinden.

Zu den Worten, die Führungsschwäche signalisieren, gehören beispielsweise

- vielleicht,
- möglicherweise,
- eigentlich,
- eventuell,
- vermutlich.

Am 11. Mai 2010 beschloss eine bekannte TV-Moderatorin während einer Live-Sendung eine ihrer gestellten Fragen mit:»...‚ die Frage vielleicht an Herrn XY oder an Frau YZ.« Weder Herr XY noch Frau YZ konnten sich wirklich angesprochen fühlen, denn das kleine Wort»vielleicht« verhinderte eine klare Ansprache. Und so verwunderte es auch nicht, dass zunächst keiner von beiden antwortete.

»Vielleicht«, »möglicherweise«, »eigentlich« sind Wörter, die abschwächen und Unsicherheit signalisieren. Sie führen dazu, dass die so Angesprochenen nicht sicher sein können, was wirklich gemeint oder gewünscht ist.

»Vielleicht können wir uns nächsten Montag wieder zum Meeting treffen«, »Möglicherweise kann ich Ihnen kommenden Freitag schon mehr sagen«, »Eigentlich ist Ihre Leistung ganz gut.«

Kennen Sie solche Sätze? Sie führen beispielsweise dazu, dass Sitzungen und Gesprächsrunden ergebnislos oder gar im Chaos enden. Hier dann von disziplinlosen Teilnehmern zu sprechen, wäre am verkehrten Punkt angesetzt. Die vermeintliche Disziplinlosigkeit in solchen Fällen entsteht nämlich erst dadurch, dass sie vom Leiter zugelassen wird. Denn der Gebrauch von Wörtern wie den oben genannten führt dazu, dass die Teilnehmer oder Gesprächspartner die vorhandene Führungsschwäche spüren und häufig versuchen, den Gesprächsrahmen zu Ihren Gunsten zu erweitern oder zu gestalten.

Führungsschwach wirken Sie auch, wenn Sie in Konjunktiven sprechen. Wann immer es geht, vermeiden Sie Wörter wie

- könnte,
- sollte,
- müsste.

Notwendig sind diese nur dann, wenn Sie einen Beruf ausüben, der Ihnen aus haftungsrechtlichen Gründen abschließende Aussagen verwehrt. So darf ein Vermögensverwalter nicht garantieren, dass sich eine Geldanlageoption positiv entwickelt. Hier muss er sich im Konjunktiv äußern. Geeignet sind Konjunktive außerdem in Verkaufsgesprächen, wenn Sie dem Kunden beispielsweise Ihre Meinung als Vorschlag unterbreiten. In allen anderen Fällen verzichten Sie am besten darauf.

Der Business-Körpercode

»Der Körper ist der Handschuh der
Seele.«

Samy Molcho

Im Geschäftsleben nehmen Sie und Ihre Geschäftspartner Rollen ein. In glücklichen Konstellationen gehen Sie mit Ihrer gesamten Persönlichkeit in dieser Rolle voll und ganz auf, woraus ein stimmiger Körpercode entsteht. In allen sonstigen Fällen werden Ihre Gesprächspartner zumindest an Ihrem gesendeten Körpercode erkennen, dass Sie an der einen oder anderen Stelle mit Ihrer Rolle unglücklich, überfordert oder uneins sind. Parallel hierzu erwarten Ihre Gesprächspartner von Ihnen rollenkonforme Signale – gleichgültig, ob Sie angestellt oder selbstständig sind, ob Sie Führungskraft sind beziehungsweise Alleinverantwortung tragen oder ob Sie einfacher Mitarbeiter sind.

Als Führungskraft wird von Ihnen ein Körpercode erwartet, der Führungsstärke signalisiert. Sind Sie Verkäufer, so muss Ihr Körpercode spürbar werden lassen, dass Sie von Ihrem Produkt oder Ihrer angebotenen Dienstleistung überzeugt sind. Ebenso als Redner oder als Politiker: Ihr Körpercode soll Ihren Zuhörern zeigen, dass Sie glaubwürdig und von Ihren Themen überzeugt sind. In manchen Punkten sind die Codes diverser Rollen identisch, in anderen unterscheiden sie sich.

Wollen Sie sich selbst beobachten und sich fragen, ob Ihr Körpercode stimmig und passend zu Ihrer Funktion ist, so besteht Ihr erster Schritt darin, sich Ihrer Rolle im Geschäftsleben genau bewusst zu sein. Im zweiten Schritt fragen Sie sich, welche Erwartungen an diese Rolle gestellt werden – aus Ihrer Sicht und aus Sicht Ihrer internen und externen Gesprächspartner. Als dritten Schritt vergleichen Sie nun die Erwartungen mit dem Ist-Zustand. Erkennen Sie Differenzen, stellen Sie fest, worin diese bestehen und wodurch sie zustande kommen. Anstatt sich jedoch nun die Differenzen handwerklich abzutrainieren, ist es sinnvoller und nachhaltiger, dass Sie Ihre innere Einstellung entsprechend anpassen. Denn wie Sie wissen: Jede Ihrer Emotionen und jeder Gedanke, den Ihr Gehirn erzeugt, ruft bei Ihnen eine Körperreaktion hervor. So wie Sie denken und empfinden, so verhält sich Ihr Körper. Bewusst gesteuerte Körpersignale sind nur punktuell möglich und wirken häufig aufgesetzt.

Neben Ihrem eigenen Körpercode hilft Ihnen auch der Ihrer Gesprächspartner dabei, erfolgreich zu kommunizieren. Denn nahezu ungefiltert lässt er Sie erkennen, in welcher Gemütslage sich diese befinden. Sie wissen: Ein Gespräch, eine Verhandlung oder eine Rede verlaufen dann besonders erfolgreich, wenn Sie Ihre Gesprächspartner oder Zuhörer auf der passenden emotionalen Wellenlänge ansprechen.

Daneben gilt: Der beste und raffinierteste Sprachcode läuft ins Leere, wenn Sie ihn zur unpassenden Zeit senden. Wann jedoch der passende Zeitpunkt ist, wann Ihr Gesprächspartner wie am besten ansprechbar ist und »geöffnet« werden kann, verrät Ihnen sein Körpercode.

Der Körpercode ist für Sie sowohl ein aktiver Türöffner als auch ein passiver ehrlicher Spiegel für den Gemütszustand Ihres Gesprächspartners. Denn der Körper lügt nie.

Im Folgenden finden Sie einige ausgewählte Facetten des Körpercodes, die Ihnen im Geschäftsleben, und nicht nur dort, begegnen und deren Kenntnis Ihnen hilft, erfolgreich zu kommunizieren und zu wirken. Nochmals sei daran erinnert, dass der Körpercode und seine Signale primär Reaktionen des Körpers auf Gedanken und Emotionen sind. Zunächst sind diese Signale wertfrei. Lassen Sie sich daher nicht zu vorschnellen Urteilen verleiten. Ebenso wichtig ist, dass Sie aus einem einzelnen Signal nur mit Vorsicht auf die Gesamtstimmung einer Person schließen dürfen. Am besten beobachten Sie mindestens zwei Signale, die in die gleiche Richtung weisen. Und schließlich: Signale des Körpercodes helfen Ihnen dann, wenn Sie sie im Rahmen der jeweiligen Situation und des jeweiligen Umfelds betrachten und interpretieren. Eine »Lümmelhaltung« während einer geschäftlichen Besprechung ist anders zu interpretieren als dieselbe Körperhaltung zu Hause vor dem Fernseher, selbst wenn sie in beiden Fällen durch ähnliche Stimmungen hervorgerufen wird. Zudem beachten Sie bitte, dass die nachfolgend beschriebenen Interpretationen der Signale sich auf die westliche Welt, ja in manchen Teilen sogar lediglich auf den deutschsprachigen Raum, beziehen. In anderen Kulturkreisen herrschen häufig hiervon abweichende Regeln, den Körpercode zu interpretieren. So können Sie beispielsweise bei Afrikanern beobachten, dass sie während eines Gesprächs den Blickkontakt eher meiden, während er im Mittelmeerraum ausgeprägter genutzt wird.

Wer kommt denn da? – Der Gang verrät es

Sie treffen sich mit einem Gesprächspartner, einem Kunden oder einem Mitarbeiter. Sie erkennen an seinem Gang, in welcher Stimmung er momentan ist. Zudem erfahren Sie viel über die Grundeinstellung dieses Menschen, was besonders beim ersten Treffen hilfreich ist. Von Kopf bis Fuß sendet der Mensch beim Gehen für ihn typische Körpersignale, die ihm in der Regel selbst unbewusst sind.

Den Gang einer innerlich ausgeglichenen Person ohne Angst und übermäßigen Ehrgeiz erkennen Sie an folgenden Merkmalen: Der Körperbereich zwischen Kopf und Becken zeigt eine gerade Linie. Die Beine werden vom Knie aus nach vorne gesetzt. Der Blick richtet sich nach vorne, Kopf und Hals zeigen sich frei beweglich. Die Handflächen der mitschwingenden Arme sind parallel zur Gehrichtung.

Weicht der Gang einer Person hiervon ab, so gibt es stets einen individuellen Grund dafür. Dieser kann ein körperliches Gebrechen wie Rückenschmerzen oder verspannte Muskeln sein. In solchen Fällen wird der körperliche (Schmerz-)Reiz die sonstigen Gedanken und die aus ihnen resultierenden Körpersignale überlagern. Deshalb muss hier ein Gang mit gebeugtem Nacken nicht bereits bedeuten, dass die Person eine schwere Verantwortung zu tragen hat. Möglicherweise ist sie grundsätzlich gelöst und locker, nur eben derzeit nicht. Doch auch hier zeigt der Körpercode die momentane Stimmung und es gilt: Der Körper lügt nie. Für Ihre Praxis bedeutet dies: Auf gewisse Charaktereigenschaften einer Person können Sie über deren Gang dann schließen, wenn Sie sicher sind, dass die individuellen Signale nicht durch körperliche Beeinträchtigungen hervorgerufen werden. Dies ist bei den folgenden Interpretationen vorausgesetzt.

Kommt Ihnen jemand mit nach hinten gedrücktem Kopf entgegen, so handelt es sich um eine Person, die eine eigene feste Weltanschauung hat und die sich exakt an Richtlinien hält. Solche Menschen werden in jedem Unternehmen, in jedem Verein oder in jeder Partei benötigt, wenn es um loyale Detailarbeiten wie die Finanzbuchhaltung geht. Gleichwohl ist es schwierig, mit solchen Menschen zu kommunizieren, geschweige denn ihnen näher zu kommen. Sind während des Ganges Kopf und Hals ständig in Bewegung, so haben Sie es mit jemandem zu tun, der an allem interessiert ist und ständig Informationen sammelt. Er fühlt sich in der Öffentlichkeitsarbeit oder bei der konzeptionellen Planung wohl. Vorsichtige Menschen dagegen schieben ihren Kopf nach vorne. Besonders vorsichtig ist jemand, der – während er geht – andauernd auf den Boden blickt.

Die Brust und wie sie gezeigt wird, gibt Ihnen ebenfalls wertvolle Hinweise über Ihr Gegenüber. Ehrgeizige und stets weiter strebende Menschen ziehen ihre Brust nach vorne. Gerade gehaltene Schultern signalisieren, dass jemand frei von jeglicher Last ist. Dagegen verrät Ihnen eine nach hinten gezogene Brust, dass diese Person eher widerwillig durchs Leben geht. Handelt es sich um einen Ihrer Mitarbeiter, so kostet es Sie vermutlich besondere Kraft, ihn zu motivieren, dass er Ihrem Weg folgt. Ist die Brust eingefallen und wirkt wie zusammengesunken, dann können Sie daraus schließen, dass Sie einem Menschen begegnen, der passiv ist und den vieles bedrückt. Frauen nehmen ihre Brust gerade im Geschäftsleben oftmals zurück, um damit erotische Signale zu vermeiden. Damit wirken sie jedoch, ob berechtigt oder nicht, zunächst energielos. Am Heben und Senken des Brustkorbs, am Atemrhythmus, erkennen Sie, wie stark Sie auf Ihren Gesprächspartner wirken. Wer kurz den Atem anhält, der denkt nach und zeigt Ihnen, dass er Ihnen im Gespräch folgt.

Menschen, die während des Gehens ihre Handflächen nach hinten drehen, verdecken oftmals ihre wahren Absichten und geizen mit Informationen. Es ist für Sie eine besondere Herausforderung, solche Menschen kommunikativ zu »öffnen«. Nur eine ausgefeilte Fragetechnik wird Ihnen hier die gewünschten Informationen bringen.

An der Stellung des Beckens können Sie erkennen, wie jemand mit vorgegebenen Richtlinien umgeht. Menschen, die ihr Becken beim Gehen zurückhalten, akzeptieren Tabus und Richtlinien. Ein nach vorne geschobenes Becken bei gleichzeitig zurückgezogener Brust finden Sie bei Menschen, die aus Spaß an der Diskussion diskutieren, jedoch kein Ergebnis anstreben und die gerne provozieren.

Wer seine Fußspitzen beim Gehen nach innen zieht, bremst sich und seinen Energiefluss. Es handelt sich um einen Zauderer. Zusammen mit einem gesenktem Kopf oder einer eingezogenen Brust erkennen Sie an eingezogenen Fußspitzen introvertierte und zurückhaltende Menschen. Wer die Fußspitzen dagegen nach außen dreht, ist an Zusatzinformationen interessiert oder hatte eine klassische

Tanzausbildung. Er geht gerne Umwege auf dem Weg zu seinem Ziel.

Wer mit großen Schritten geht, denkt in großen Bögen und nimmt durchaus Risiken auf sich. Auf Details verzichtet er gerne. Mit kleinen Schritten kommt daher, wer Sicherheit sucht und alles genau prüfen will. Allerdings kann ein zu enger Rock ebenfalls zu kleinen Schritten führen. Wer verstärkt auf dem Ballen geht, will wenig Spuren hinterlassen und wenig Aufmerksamkeit erregen. Dagegen will jemand, der stark auf den Fersen auftritt, seine bisherigen Leistungen anerkannt haben. Wer beim Gehen gleichsam einen Ball wegkickt, der schiebt in der Regel Probleme von sich weg und delegiert gerne. Wer mit großen Schritten daherkommt, jedoch vor dem Aufsetzen des Fußes den Fußballen deutlich nach oben zieht, bremst seinen eigenen Schwung ab. Bei solchen Menschen können Sie häufig davon ausgehen, dass der Ehrgeiz den Mut übersteigt und Worte mehr versprechen als Taten beweisen.

Selbstbewusste Menschen gönnen sich einen gemäßigt langsamen Gang. Sie geben ihrer Umgebung die Chance, sie zu beobachten. Sie sehen diesen Gang fast immer auf »roten Teppichen« und bei sonstigen gesellschaftlichen Anlässen. Wer schnell geht, wirkt dagegen gehetzt, unsicher und will Kritik ausweichen.

Ebenso wie Sie an Ihren Gesprächspartnern können auch diese an Ihnen und Ihrem Gang erkennen, wie die beschriebenen Charaktereigenschaften bei Ihnen ausgeprägt sind. Lassen Sie sich doch beim Gehen mit einer Videokamera von einer Vertrauensperson aufnehmen und sehen Sie sich die Aufnahme anschließend kritisch an. Dies hilft Ihnen, sich selbst mit den Augen der anderen zu sehen und im Alltag ungewollte Überraschungen zu vermeiden. Allerdings widerstehen Sie bitte auch in diesem Fall, sich mehrere Bewegungen ab- oder umzutrainieren. Kleinere Korrekturen sind möglich, wenn Sie regelmäßig darauf achten. Doch spätestens in Stresssituation zeigt Ihr Körper erneut Ihr wahres Innenleben. Deshalb gelingt das Ändern eigener Körpersignale nachhaltig nur durch das Ändern der eigenen inneren Einstellung.

Der Händedruck – wichtig im deutschsprachigen Raum

Wenn sich zwei Menschen begrüßen, so geschieht dies auf der Welt regional höchst unterschiedlich. Vom einfachen Heben der Hand ohne Körperkontakt über Wangenküsse bis hin zum Umarmen mit beiden Armen können Sie diverse Begrüßungsrituale finden. Dies ist einerseits für Sie wichtig zu wissen, wenn Sie andere Länder bereisen. Genauso wichtig ist es, wenn Sie Bewohner aus diesen Ländern im deutschsprachigen Raum begrüßen. Eine überschwängliche Umarmung muss in solchen Fällen keineswegs bedeuten, dass Ihr Gesprächspartner Sie mag und von Ihnen begeistert ist. Genauso ordnen Sie es zutreffend ein, wenn Ihnen ein Gast aus Asien von sich aus nicht die Hand reicht. Der Händedruck beim Begrüßen anderer Menschen ist ein typisches Merkmal im deutschsprachigen Raum.

Die nachfolgenden Interpretationen gelten nur für den deutschsprachigen Raum.

Die »normale« Begrüßung beinhaltet den Blickkontakt und den Händedruck. Der Abstand zwischen beiden Personen beträgt dabei etwas mehr als eine Armlänge. Der Oberarm schiebt hierzu den Unterarm nach vorne, und beide Personen schütteln sich dann die Hände.

Wie sich die Arme zum Händedruck hin bewegen und wie die Hände geschüttelt werden, gibt Ihnen Aufschluss darüber, wie Ihr Gegenüber einzuschätzen ist.

Bleibt der Oberarm am Körper »kleben«, so erkennen Sie daran, dass Ihr Gegenüber emotional gehemmt ist. Begrüßt Sie dagegen jemand mit gestrecktem Arm, so werden Sie von ihm in Ihrer eigenen Bewegung beschränkt und im wahrsten Sinne des Wortes zur Zurückhaltung gezwungen. Wer seinen Partner beim Händeschütteln zu sich zieht, will ihn gleichsam vereinnahmen.

Ein zu starker Händedruck baut Blockaden auf und deutet darauf hin, dass die Person eine eigene Unsicherheit überdecken will. Ein lascher Händedruck kann erst dann interpretiert werden, wenn auch der Oberkörper beachtet wird. Sind sowohl Händedruck als auch Oberkörper lasch, so deutet dies auf Desinteresse, Gleichgültigkeit und Schwäche hin. Ist lediglich der Händedruck lasch und der Oberkörper steht aufrecht, dann können Sie aus dem Händedruck schließen, dass Ihr Gegenüber mit Ihnen sachlich diskutieren will, jedoch Gefühle und näheren Kontakt vermeiden will. Kontaktscheu wirkt der Händedruck dann, wenn die Hand des Partners nur kurz zwischen Finger und Daumen genommen wird oder wenn zwar die ganze Hand gereicht wird, aber die Handinnenseite so gewölbt ist, dass nur die Handränder Kontakt erlauben.

Dominanz strahlt ein Händedruck aus, wenn die Hand schräg nach unten gehalten wird. Dominanz strahlt ein Händedruck auch dann aus, wenn die Hand leicht verdreht von oben her kommt, so dass die Hand des Partners nach unten gedrückt werden kann. Ebenfalls will derjenige Partner Dominanz zeigen, der einem zwar mit offenen Armen entgegenkommt, aber beim Händedruck mit der zweiten Hand den Ellbogen oder den Oberarm seines Gegenübers festhält. Dominant wirkt ein Händedruck außerdem, wenn er nur flüchtig gegeben wird. Und schließlich ist das beliebte Schulterklopfen auf die Oberseite der Schulter nichts anderes als ein Zeichen von Dominanz, während ein Klopfen an die seitliche Schulter freundschaftlich und wohlwollend wirkt.

Sie sehen: Der Händedruck ist ein sehr hilfreicher Teil des gesamten Körpercodes. Unscheinbar und doch aussagekräftig gibt er Ihnen Hinweise darauf, welchen Charakter Sie gerade begrüßen und worauf Sie daher am besten in den folgenden Gesprächen oder Verhandlungen achten.

Positive und negative Gesten mit den Händen

Unsere Hände sind eines der wichtigsten Kommunikationsmittel, die wir besitzen. Nicht umsonst wird zumindest Menschen aus südeuropäischen Ländern nachgesagt, dass sie mit den Händen reden. Und in der Tat: Häufig sagen uns Hände mehr als Worte es vermögen, angefangen vom zärtlichen Streicheln bis hin zum dominanten Befehl. Dass die Hände wichtig sind, spiegelt sich auch in dem relativ großen Teil wider, der für ihre Aktionen im Gehirn zuständig ist. Bereits Daumen und Zeigefinger belegen ein Mehrfaches des Anteils, der die Füße steuert.

Die Hände nehmen während eines Gesprächs eine Vielzahl von Positionen ein. Und häufig scheint es so, dass jemand nicht weiß, wohin er seine Hände nehmen soll. Eine solche Unentschlossenheit strahlt eine enorme Unsicherheit aus.

Sechs Hauptkategorien können Sie für die Haltung der Hände beobachten:
1) Die Handinnenseite zeigt nach oben.
2) Die Hand steht senkrecht.
3) Die Handinnenseite zeigt nach unten.
4) Die Hand bildet eine Faust.
5) Die Hände kommen zusammen.
6) Die Hände werden versteckt.

1) Die Handinnenseite zeigt nach oben

Eine Hand mit nach oben gerichteter offener Innenseite kann entweder etwas in Empfang nehmen oder etwas darlegen und überreichen.

Grundsätzlich wird eine Hand, deren Innenseite nach oben zeigt, positiv gewertet, besonders dann, wenn die Gelenke locker bleiben. Sie signalisiert Offenheit, Vertrauen und die Bereitschaft zum Dialog. Was sie in einer bestimmten Situation wirklich bedeutet, hängt von dieser Situation und von weiteren Körpersignalen ab.

Sie können mit dieser Handhaltung auch positive Aussagen Ihres Sprachcodes unterstreichen und verstärkt wirken lassen.

Wenn Sie Ihr Unternehmen präsentieren und über seine Vorzüge sprechen, so müssen Ihre Handflächen dabei nach oben zeigen. Ansonsten entsteht ein widersprüchlicher Eindruck. Dieser kann so weit gehen, dass man Sie als Blender empfindet.

Doch eine offene Handhaltung kann ihre Wirkung auch verfehlen, wenn die Geste hastig vollzogen und schnell abgebrochen wird. Denn schnellen Bewegungen wird unbewusst auch ein Funken Aggressivität zugeschrieben. Deshalb bringen Sie Ihre Handfläche fließend und entspannt nach oben und lassen Sie die Hand dann mindestens ein bis zwei Sekunden in der offenen Position stehen. So wirken Sie sehr glaubwürdig.

2) Die Hand steht senkrecht

»Senkrecht stehende Hände« meint einerseits, dass der Daumen jeweils oben liegt, die rechte Handinnenfläche nach links zeigt und die linke Handinnenfläche nach rechts zeigt. So wirken Hände grundsätzlich neutral. Ich nenne diese Handhaltung die »Brotschneide-Haltung«. Denn wenn Sie Ihre Hand in dieser Stellung mehrmals hintereinander von oben nach unten bewegen, so entsteht der Eindruck, als wollten Sie einen Brotlaib damit schneiden.

Aus dieser Schlag- und Schneidefunktion heraus lässt sich eine senkrechte Handhaltung so interpretieren, dass diejenige Person Probleme oder Beziehungen durchschlagen oder zerschneiden will. Bleiben die Finger dabei geschlossen, geht es um die Sache. Sind die Finger gespreizt, so deutet diese Handhaltung auf mehr Emotionalität hin. Zwar wirken senkrecht gehaltene Hände grundsätzlich neutral, doch können sie auch eine innere Distanziertheit signalisieren.

Wenn Sie versuchen, jemanden mit glühenden Worten von einem Argument oder einem Produkt zu überzeugen und Ihre Hände bleiben dabei in der neutralen Haltung, so schwächen Sie damit Ihre mit dem Sprachcode signalisierte Begeisterung ab.

Werden beide Hände parallel senkrecht gehalten, dienen sie manchmal auch zum Zeigen von Begrenzungslinien. So können Sie damit signalisieren, dass für Diskussionen über ein Thema kein Raum besteht. Es wird so gemacht, wie Sie es fordern.

»Senkrecht stehend« kann andererseits bedeuten, dass die Handinnenfläche nach vorne oder nach hinten zeigt.

Im ersten Fall wirkt die Haltung abwehrend. In manchen Regionen dient diese Handhaltung jedoch zugleich als grüßende Hand.

Sie sitzen im Restaurant und werden vom Kellner gefragt, ob Sie noch etwas essen wollen. Wenn Sie verneinen, so heben Sie dabei unbewusst fast immer die Hand und deren Innenseite zeigt nach vorne zum Kellner.

Im zweiten Fall wirkt sie begrenzend.

Sie verhandeln mit einem Gesprächspartner. Wer hier seine Argumentation mit den Händen derart begleitet, dass eine oder beide seiner Handinnenflächen zu ihm hin zeigen und der Daumen dabei jeweils oben liegt, der signalisiert, dass er nur schwer bereit sein wird, auf den anderen zuzugehen. Er grenzt seinen Verhandlungsspielraum gleichsam ab.

3) Die Handinnenseite zeigt nach unten

Eine nach unten gerichtete Handinnenfläche kann drücken und platt machen. Langsame Handbewegungen mit der Innenseite nach unten wirken dämpfend. Grundsätzlich wirkt diese Handhaltung jedoch negativ.

Sie präsentieren oder reden vor mehreren Zuhörern. Es geht um das neueste Produkt Ihres Unternehmens. Mit ihm wollen Sie sämtliche Wettbewerber überholen. Sie können nun einen tosenden Beifall durch langsame Handbewegungen mit der Innenseite nach unten dämpfen und zum Abklingen bringen. Dies wird Ihnen vermutlich nicht negativ ausgelegt, auch wenn diese Geste einen dominanten Charakter in sich birgt. Wenn Sie jedoch beim Sprechen Ihre Hände mit den Innenseiten nach unten einsetzen, dann wird sich auch in der letzten Reihe niemand durch Ihre Worte davon überzeugen lassen, wie toll Ihr Produkt ist. Denn jeder spürt, dass Ihr Sprachcode und Ihr Körpercode sich widersprechen.

4) Die Hand bildet eine Faust

Eine zur Faust geballte Hand signalisiert Aggressivität, Wut und Kampfbereitschaft, wenn sich der Daumen außerhalb der Faust befindet. Sie kann jedoch auch bedeuten, dass sich die Person sehr stark auf etwas konzentriert (wie beim »Daumendrücken«) oder dass sie vor etwas Angst hat (beispielsweise vor der Spritze beim Arzt), wenn sich der Daumen innerhalb der Faust befindet.

Welche Aussage in einer bestimmten Situation der zur Faust geballten Hand zugeschrieben werden kann, hängt insbesondere von der Mimik ab. Je nach Gesichtsausdruck und Daumenposition lässt sich auf Angst, Wut, Aggressivität oder Konzentration schließen.

5) Die Hände kommen zusammen

Hände einer Person, die zusammenkommen und sich berühren, können dies in einer großen Zahl von Varianten tun.

Häufig zu beobachten und besonders prägnant sind die folgenden vier Varianten:
- Schneepflug
- Kuppeldach
- Stachelschwein
- Predigerhaltung

Schneepflug

Die Hände bilden bei dieser Variante eine nach vorn gekippte Pyramide. Die zur Spitze zulaufenden Finger zeigen auf den Gesprächspartner oder die Zuhörer. Dieser Körpercode wirkt abweisend, kann drohen oder gar attackieren. Zugleich kann er auch bedeuten, dass sich die Person in die Enge getrieben fühlt. Sie können diese Handhaltung auch bei vielen Persönlichkeiten des öffentlichen Lebens beobachten, sei es in Talkshows oder bei sonstigen Auftritten.

Ein feiner Unterschied in der Interpretation ergibt sich, je nachdem, ob die Finger geschlossen oder gespreizt sind. Geschlossene Finger weisen auf die zuvor erwähnte Deutung hin: abweisend, drohend, attackierend, in der Enge sein. Sind die Finger gespreizt, so besteht die Möglichkeit, dass die Person die vorhandenen Informationen prüft und nach Ihren Maßstäben aussortiert. Insofern bietet Ihnen diese Variante in Verhandlungen den Hinweis, ob Ihr Verhandlungspartner für eine Lösungsoption offen ist.

Kuppeldach

Beim »Kuppeldach« zeigen die Ellbogen nach unten. Die beiden Hände berühren sich lediglich leicht über die einzelnen Fingerkuppen. Dadurch entsteht die Form eines Kuppeldachs. Wer dieses Körpersignal sendet, der wägt Argumente ab und denkt nach. In Gesprächen oder Verhandlungen sucht er zugleich Berührungspunkte der beiden Standpunkte. Damit deutet er die Bereitschaft zu einer Einigung an.

Stachelschwein

In der Stachelschwein-Haltung sind die Finger ineinander verschränkt und werden dabei nicht gefaltet, sondern gerade gehalten. Wer die Hände so hält, verteidigt sich – gegen eine Person oder gegen Argumente. Sendet Ihr Gesprächspartner dieses Körpersignal, so empfiehlt es sich, dass Sie ihn durch einen entsprechenden eigenen Sprach- oder Körpercode aus seiner Verteidigungsposition zu bringen versuchen. Erst dann werden Sie im Gespräch mit ihm weiter vorankommen.

Predigerhaltung

Die Predigerhaltung erkennen Sie daran, dass die beiden Hände quer ineinander liegen. Diese Handhaltung strahlt etwas Väterliches und Besänftigendes aus. Zugleich lässt sie jegliche Emotion vermissen. Je nach dem, wer mit ihr konfrontiert wird, wird beruhigt oder verärgert – weil provoziert – reagieren.

6) Die Hände werden versteckt

Hände können auf unterschiedliche Art versteckt werden: beispielweise hinter dem Rücken, unter dem Tisch oder in Kleidungsstücken. Und jedes Mal wird dadurch ein spezielles Signal gesandt.

Hände, die sich unter dem Tisch verstecken, strahlen Unsicherheit aus oder bedeuten, dass diejenige Person etwas zu verstecken hat.

Hände, die hinter dem Rücken gehalten werden, deuten auf ein passives körperliches Verhalten hin. Diejenige Person will nicht stören, denkt intensiv nach oder gönnt sich eine Auszeit aus dem Trubel des Alltags. Sie sehen diese Handhaltung sowohl bei Spaziergängern, die gemütlich durch die Gegend schlendern, als auch bei dominanten Vorgesetzten.

Bei den Händen in Kleidungsstücken denken wir weniger an Handschuhe, als vielmehr an Hosen oder Mäntel. Hände, die in Taschen von Hosen, Jacken oder Mänteln stecken, können nicht handeln. Sie signalisieren ein Desinteresse am Gesprächspartner und seinen Argumenten. Häufig jedoch ist schlichtweg Unsicherheit der jeweiligen Person der Grund dafür, dass die Hände in die Taschen wandern. Es ist immer wieder zu beobachten, dass selbst gestandene Führungskräfte bei Reden ohne Pult und ohne Hilfsmittel nicht wissen, was sie mit ihren Händen während der Rede tun sollen. Vor einer ausgeprägten Gestik scheuen sie sich. Da scheint das einfachste Mittel zu sein, die Hände ruhig zu stellen, sie in die Hosentasche zu stecken. Fast ausnahmslos wird eine solche Handhaltung als unhöflich und arrogant empfunden, obwohl sich manchmal nur Hilflosigkeit und Unsicherheit hinter ihr verbergen.

Die Körperhaltung – befreit oder von Lasten beschwert?

Der zivilisierte Mensch, zumal in unserer schnelllebigen Zeit, hat allerhand zu tragen. Er trägt Verantwortung, er trägt Sorgen mit sich, er trägt Leid, er erträgt Ungerechtigkeit, er trägt schwer. Von solchen Lasten beschwert kann der Körper nicht aufrecht gehen. Und dies sehen Sie den jeweiligen Personen von weitem schon an.

Eine gesunde, »normale« Körperhaltung zeigt derjenige, beim dem sich Kopf, Hals und Wirbelsäule in einer Linie befinden, Arme und Hände locker am Körper entlang hängen, der Brustkorb aufrecht ruht, das Becken eine gerade Position zeigt und Beine sowie Füße beckenbreit stehen. Dabei verteilen die Füße das Körpergewicht gleichmäßig zwischen Ballen und Ferse. Stellen Sie sich in Gedanken vor, Sie werden von einer Schnur am oberen Ende Ihres Kopfes aufrecht gehalten, dann kommen Sie dieser Haltung schon sehr nahe. Allerdings hat jeder Mensch im Laufe der Zeit seine ihm eigene »normale« Körperhaltung entwickelt. Diese an sich gibt bereits Aufschluss über sein emotionales Innenleben. Zeigen sich dann zudem Abweichungen von seiner individuellen Normalhaltung, dann verstärken sich manche Signale, andere dagegen können neutralisiert werden.

Ein vorgeschobener Kopf im Stand bedeutet, dass die Person davon überzeugt ist, alles besser als ihr Gegenüber beherrschen zu können. Wer den Kopf nach hinten nimmt, blockiert automatisch seinen Nacken und damit seine Beweglichkeit. Es wird schwierig sein, jemanden aus dieser distanzierten und reservierten Haltung zu bewegen und zu »öffnen«. Eine eingefallene oder zurückgezogene Brust zeigt Schwäche an. Ist das Becken frei und gelöst, so deutet dies auf eine Offenheit gegenüber Emotionen hin. Zieht jemand sein Becken dagegen nach hinten, spiegelt er damit seine Reserviertheit und seinen Respekt gegenüber Richtlinien und Tabus wider. Dies ist die identische Interpretation wie beim Gang. Wer mit beiden Füßen fest auf dem Boden steht und zugleich eine offene und dynamische restliche Körperhaltung zeigt, dem unterstellen wir, dass er realistisch und bodenständig ist. Werden die Knie jedoch durchgedrückt, so deutet dies auf Unflexibilität hin. Diese Person will dort bleiben, wo sie gerade steht – körperlich und inhaltlich.

Zugleich gilt immer: Wer verkrampft ist, kann Informationen nur schwer aufnehmen. Erkennen Sie in Gesprächen, Diskussionen oder

Verhandlungen, dass Ihr Gesprächspartner verkrampft, so versuchen Sie, ihn verbal zu lockern oder legen Sie gegebenenfalls eine Pause von einigen Minuten ein.

Blickkontakt ist nicht gleich Blickkontakt – so gewinnen Sie Vertrauen

Immer wieder können Sie hören und lesen, dass der Blickkontakt bei Gesprächen wichtig ist. Doch selten wird Ihnen dabei erklärt, was denn unter »Blickkontakt« zu verstehen ist. Sollen Sie ununterbrochen in die Augen Ihres Gegenübers blicken? Sollen Sie in ein bestimmtes Auge blicken? Und welches Signal senden Sie mit Ihrem Körpercode, wenn Sie den Augenkontakt unterbrechen?

Die Augen haben in unserem Körper eine herausragende Funktion, denn sie leiten in jedem Moment, in dem wir sie geöffnet haben, deutlich mehr Informationen an das Gehirn weiter, als dieses bewusst verarbeiten kann. Zudem sind es besonders die Augen, die Aufmerksamkeit, Interesse oder Desinteresse signalisieren.

Während eines Gesprächs geht der Blickkontakt über das flüchtige Sich-Anschauen hinaus. Doch bitte vermeiden Sie es, Ihrem Gesprächspartner zu lange am Stück direkt in die Augen zu schauen. Denn ein intensiver und anhaltender, direkter Blick in die Augen signalisiert eine Konfrontation, eine Drohung oder eine Warnung. Damit gewinnen Sie kein Vertrauen, lediglich einen »Augenkampf«. Die gleiche Wirkung hat ein intensiver und anhaltender Blick auf die Nasenwurzel. Eine schlechte Tagesbilanz wäre es, wenn Sie am Abend feststellen, dass Sie zehn Augenkämpfe gewonnen und zugleich zehn Gesprächspartner oder Kunden verloren haben. Geben Sie Ihrem Gesprächspartner die Chance, dass er sich auf Ihre Inhalte und nicht auf Ihren durchdringenden Blick konzentriert. Besser als längere Zeit direkt in die Augen zu schauen ist es daher, wenn Sie Ihren Blick leicht über sein Gesicht, inklusive der Augen, und hin und wieder über seinen Hals wandern lassen. Bis zu einer individuell unterschiedlich großen Entfernung zwischen Ihnen und Ihrem Gegenüber kann dieser übrigens an Ihren Augen nicht ablesen, ob Sie auf seine Nase, seinen Mund oder ihm direkt in die Augen schauen. Probieren Sie es aus.

Wenn Sie den Blickkontakt unterbrechen, also weder in das Gesicht noch an seinen Hals schauen, dann verrät die Richtung, in welche Sie nun blicken, sehr viel. Wollen Sie Ihrem Gesprächspartner signalisieren, dass Sie nachdenken, gedanklich jedoch noch bei ihm sind, dann ist es am besten, wenn Sie Ihren Blick kurz senken, ohne dabei den Kopf stark nach unten zu bewegen. Blicken Sie dagegen zur Seite, so kann der Eindruck entstehen, dass Sie aus dem Gespräch fliehen wollen, sich bereits gedanklich verabschiedet haben oder eine eigene Antwort scheuen. Oder Sie suchen nach einer Antwort. Ein Blick nach oben zeigt, dass Sie Hilfe suchen. Auf den Boden oder auf die Füße schauen häufig Menschen, die stark aus ihren bisherigen Erfahrungen leben und keine neuen machen wollen. Wer ins Leere nach vorne schaut, lebt häufig in einer Traumwelt oder er hofft voller Mut auf die Zukunft. Wer die Augen schließt, ist ermüdet, erschöpft oder hat genug Informationen erhalten. Genauso kann es sein, dass jemand die Augen schließt, wenn er mit unangenehmen Situationen konfrontiert wird. Ist der Blickkontakt relativ lange unterbrochen, so ist das Gespräch für den einen Gesprächspartner möglicherweise schon zu Ende, obwohl der andere noch unbeirrt weiter spricht.

Interesse signalisiert, wer beide Augenbrauen gelegentlich hochzieht. Ziehen sich die Augenbrauen dagegen zusammen, so kann dies bedeuten, dass die Person mit den Worten, die sie gesagt bekommen hat, noch nicht einverstanden ist und diese skeptisch prüft. Oder es kann bedeuten, dass die Person »in sich geht« und konzentriert nachdenkt.

Auch die Pupillen verraten viel über den Emotionszustand eines Menschen. Allerdings nur dann, wenn die Lichtintensität, die durch die Augen aufgenommen wird, unverändert bleibt. Dann zeigt Ihnen die Größe der Pupille den Gemütszustand Ihres Gesprächspartners, ansonsten wird der entscheidende Reiz zunächst durch das sich ändernde Licht ausgelöst. Weiten sich seine Pupillen, dann geschieht dies stets durch angenehme Reize oder durch starke Konzentration auf eine Person oder Sache. So geweitete Pupillen sind ein Signal dafür, dass die entsprechende Person sich interessiert zeigt, nach mehr Information verlangt oder jemanden oder etwas als angenehm empfindet. Zugleich wirken Menschen mit großen Pupillen in der Regel sympathisch. Bereits vor mehreren Jahrhunderten träufelten sich Frauen einen Extrakt der Tollkirsche in die Augen, um ihre Pupillen zu weiten. Erkennen Sie, dass sich die Pupillen Ihres Gesprächspartners weiten, dann haben Sie ihn bis hierher mit Ihrem Auftreten »geöffnet«. Er ist empfangsbereit für das, was Sie ihm sagen oder bieten. Bleiben Sie in einer solchen Situation deshalb »am Ball«. Bei negativen oder ungewünschten Eindrücken dagegen verengen sich die Pupillen. Dies ist für Sie ein Zeichen, dass Ihr Gesprächspartner »zumacht«, dass sein Interesse schwindet.

Wie, wo und worauf sitzen Sie?

Wie jemand sitzt, spricht Bände über seinen momentanen emotionalen Zustand. Ist die Person aufgeschlossen, abweisend oder nervös? Ist sie selbstsicher oder unsicher? Fühlt sie sich in die Enge getrieben oder will sie dominieren? Vieles hiervon zeigt sich an der Bein- und Fußstellung. Auch die Kopfhaltung und das Spiel der Hände verrät sehr viel. Zugleich spielen selbstverständlich auch hier die Umstände eine wichtige Rolle: Wie bequem ist die Sitzgelegenheit? Hat die Person Rückenschmerzen? Besteht Zeitdruck beim Gespräch? Fällt starkes Licht in die Augen?

Grundsätzlich gilt für die Interpretation der Oberkörperhaltung beim Sitzen dasselbe wie beim Gang und bei der gesamten Körperhaltung. Auch im Sitzen strahlt ein aufrechter Oberkörper Sicherheit und Energie aus. Kommt der Oberkörper aus der aufrechten Position nach vorne, so kann dies sowohl Interesse als auch Angriffslust bedeuten. Wird der Oberkörper dagegen zurückgenommen, kann dies sowohl Desinteresse als auch Arroganz oder Überheblichkeit bedeuten.

Wer die Sitzfläche nicht ausnutzt und lediglich an der vorderen Kante des Stuhls sitzt, signalisiert entweder »Sprungbereitschaft« – zum Gehen wie zum Dienen – oder Unsicherheit.

Besonders interessant ist es, die Füße zu beobachten. Prüfen Sie in Sitzungen oder Besprechungen, ob der Tisch vorne verkleidet ist oder ob die Füße sämtlicher Teilnehmer zu sehen sind. Ein besonders guter Blick auf die Füße zeigt sich in Gesprächsrunden ohne Tische – auf die Füße anderer genauso wie auf Ihre Füße. Um Ihren Blick für die unterschiedlichen Fußstellungen zu schulen, eignen sich viele TV-Talkshows sehr gut. Wer seine Füße an den Knöcheln verschränkt und dabei unter den Stuhl zieht, sagt unbewusst, dass er etwas zurückhält. Zugleich ist diese Fußstellung auch ein Zeichen von Unsicherheit. Wer dagegen seine Füße um die Stuhlbeine schlingt, der klammert sich an seine Position oder Funktion. Wem es langweilig wird oder wer sich innerlich von einer Diskussionsrunde bereits verabschiedet hat, der beginnt mit den Füßen im Sitzen Gehbewegungen. Ein »Klassiker« unter den Sitzpositionen sind übereinandergeschlagene Beine. So lange jemand alleine sitzt und seine Beine übereinanderschlägt, kann dies durchaus ein Zeichen von Entspannung sein. Besondere Aussagekraft erhält eine solche Sitzposition, wenn mehrere Personen zusammensitzen. Sitzen zwei Personen mit übereinandergeschlagenen Beinen so, dass ihre Fußspitzen in entgegengesetzte Richtungen zeigen, so bestehen Differenzen und wenig Wohlwollen zwischen diesen beiden Personen. Zeigen dagegen die Fußspitzen bei dieser Sitzposition zueinander, so deutet dies auf Zuneigung und Harmonie hin. Weisen die Fußspitzen in dieselbe Richtung, spricht dies für eine Übereinstimmung zwischen beiden Personen.

Und was bedeuten verschränkte Arme? Fast immer erhalten Sie als Antwort:»Das ist eine Abwehrhaltung.« Doch stimmt dies in der Realität so nicht. Entscheidend für die Antwort ist, was zugleich Schultern und Kinn signalisieren. Solange die Arme bei lockeren Schultern und nach vorne gerichtetem Kinn verschränkt werden, nimmt diese Person lediglich ihre Aktivitäten zurück. Oftmals, weil sie sich konzentriert. Viele Redner werden nervös, wenn sie unter ihren Zuhörern solche mit verschränkten Armen sehen, denn sie setzen dies mit Ablehnung gleich, obwohl es sich häufig um konzentriertes Zuhören handelt. Ablehnend und verteidigend können verschränkte Arme dann interpretiert werden, wenn zugleich die Schultern hochgezogen werden und das Kinn gesenkt wird.

Wo jemand während einer Diskussionsrunde oder einer Besprechung sitzt, spiegelt seine Stellung, sein Selbstwertgefühl und oftmals sein geplantes taktisches Verhalten wider. Bei den beiden letztgenannten Punkten ist unterstellt, dass es keine vorgegebene Sitzordnung gibt. Wer direkt gegenüber dem Diskussionsleiter sitzt, deutet eine mögliche Konfrontation mit diesem an oder will seine persönliche Macht demonstrieren. Sich in Verhandlungen direkt gegenüberzusitzen signalisiert, dass man sich in der Sache auseinandersetzen will. Das Abwenden einer Schulter aus einer solchen parallelen Sitzsituation zeigt dann an, dass die jeweilige Person mit Argumenten oder Vorschlägen der Gegenseite nicht übereinstimmt. Direktes Gegenübersitzen birgt stets die Gefahr in sich, dass beide Gesprächspartner das Gespräch als Kampf betrachten. Um diese Gefahr zu verringern, bietet sich das Sitzen über Eck an. Es bietet zudem den Vorteil, dass sich jede Person besser auf ihre eigenen Gedanken konzentrieren kann, was in der Regel mit dem Unterbrechen des Blickkontakts einhergeht. Während das Aneinandervorbeischauen beim Gegenübersitzen als unangenehm empfunden wird, ist es bei der Über-Eck-Position kein Problem. Wenngleich der runde Tisch sich in vielen Situationen bewährt hat, so wird er in hierarchiebetonten Veranstaltungen nicht gewählt. Hierarchie lässt sich nämlich besser an rechteckigen Tischen realisieren. Je näher Sie an solchen »Hierarchietischen« beim Vorsitzenden sitzen, desto wichtiger wirken (oder sind) Sie. Je weiter von ihm weg Sie sitzen, umso unwichtiger werden Sie innerhalb dieses Kreises angesehen.

Worauf jemand sitzt, zeigt in der Regel seinen gesellschaftlichen Status oder seinen hierarchischen Rang innerhalb eines Unternehmens. Der Chefsessel unterscheidet sich deutlich vom Stuhl, auf dem der einfache Mitarbeiter sitzen darf. Auch in Sitzungszimmern mit einem großen Tisch findet sich oft ein solcher Chefsessel, der sich von den übrigen Stühlen unterscheidet – sowohl in der Politik als auch in den Vorstandsetagen. Besonders subtil wird dieses Thema dann, wenn Besucher oder Mitarbeiter zwangsweise eine deutlich schlechtere Sitzgelegenheit erhalten. So bieten manche Unternehmen in ihrer Einkaufsabteilung den externen Verkäufern Stühle mit nach vorn geneigter und glatter Sitzfläche an. Diese Verkäufer fühlen sich unsicher, weil sie ständig vom Stuhl rutschen. Die Einkäufer nutzen dies, um in den Verhandlungen die Oberhand zu gewinnen. Selbst bei Bewerbergesprächen soll diese Art von Stühlen hin und wieder vorkommen. Auch in manchen Vorgesetztenzimmern steht auf der einen Seite des Chefschreibtisches ein deutlich niedrigerer Stuhl als auf der Seite des Chefs – niedrig bezieht sich dabei nicht nur auf die Rückenlehne, sondern unfairerweise auf den Abstand der Sitzfläche zum Boden. Der so Platzierte muss gezwungenermaßen zu seinem Vorgesetzten im Sitzen aufblicken, die Machtverhältnisse werden dadurch auf unnötige Weise unterstrichen.

Führungsstark oder führungsschwach? – Ihr Körper verrät es

Von Führungskräften werden solche Körpersignale erwartet, die zeigen, dass sie von ihren Worten und Taten überzeugt sind, dass sie zugleich sicher sind, und dass sie offen für andere Menschen sind. Doch so einheitlich, wie der Begriff »Führungskraft« es erscheinen lässt, ist diese Gruppe von Menschen in der Realität keineswegs. Dies wiederum hat unmittelbaren Einfluss auf deren Körpercode. Sie können im Geschäftsleben zwei Hauptkategorien voneinander unterscheiden: die wirkliche Führungskraft von der »Aus-Führungskraft«. Eine wirkliche Führungskraft führt. Sie führt die ihr zugeordneten Mitarbeiter im Sinne der Personalführung, sie führt jedoch insbesondere auch inhaltlich, indem sie eigenständig entscheidet, in welche Richtung ein Unternehmen »geführt« wird. Jeder Selbstständige, jeder Privatunternehmer und jeder operativ tätige Eigentümer eines Unternehmens ist in diesem Sinne eine wirkliche Führungskraft. Wer den Titel »Führungskraft« als Angestellter trägt, ist jedoch in vielen Fällen in der Praxis lediglich eine »Aus-Führungskraft«, die Befehle von einer übergeordneten Hierarchiestufe erhält, um sie an die ihr zugeordnete Hierarchieebene weiterzuleiten beziehungsweise von dieser ausführen zu lassen. Angestellte Führungskräfte sind dann »Aus-Führungskräfte«, wenn sie nicht die Kompetenz besitzen, über die inhaltliche und richtungsweisende Führung unabhängig und endgültig zu entscheiden. Häufig müssen sie sich mit ihrem Vorgesetzten abstimmen und dessen Weisungen ausführen. Selbst bei manchen Vorständen – auch von börsennotierten Unternehmen – mag hin und wieder der Eindruck entstehen, dass ihr Aufsichtsrat in das Tagesgeschäft hineinregiert und somit die wirkliche »Führungskraft« darstellt.

Weshalb lesen Sie diese Unterscheidung von Begriffen hier? Weil sie wichtig ist für das Selbstverständnis dieser Menschen und deren Körpercode und damit für Sie, wenn Sie mit ihnen kommunizieren. Jeder Gedanke und jede Emotion führt zu Körpersignalen. Wer »Aus-

Führungskraft« ist, denkt und fühlt in vielen Situationen anders als jemand, der wirkliche Führungskraft ist. Dies entspringt alleine schon dem Verständnis der Rolle und zusätzlich vor allem dem zu tragenden Risiko. Eine angestellte »Aus-Führungskraft« kann sich mental darauf einstellen, bei schlechter Arbeit den Arbeitsplatz zu verlieren, und selbst dies wird nicht immer der Fall sein, oder von seinem Vorgesetzten geschützt, gescholten oder versetzt zu werden. Eine eigenverantwortliche Führungskraft mit persönlicher Haftung verliert mit einer falschen Führungsentscheidung im schlimmsten Fall seine gesamte Existenz. Deshalb können Sie bei wirklichen Führungskräften in der Regel extremere Körpersignale von Freude und Betrübnis erleben wie bei »Aus-Führungskräften«. Daneben sind Situationen anzutreffen, in denen sich eine »Aus-Führungskraft« als wirkliche »Führungskraft« fühlt. Deren Verhalten wirkt fast immer gespielt, jedenfalls in jenen Situationen, in denen der Führungsanspruch an Grenzen stößt. Und: Wer seine Führungsrolle bereits so in sich aufgenommen hat, dass er seine Rolle und sein privates Ich nicht mehr unterscheiden kann, der wird sich in jeder Situation seines Lebens als Leitwolf zeigen, auch wenn ihm diese Rolle außerhalb des Geschäftslebens manchmal überhaupt nicht zusteht. Kalkulieren Sie diese Zusammenhänge bitte mit ein, wenn Sie mit entsprechenden Personen kommunizieren.

Daneben liefert der Körpercode Signale, die grundsätzlich und unabhängig von der jeweiligen Rolle auf vorhandene Führungsstärke oder auf Führungsschwäche hinweisen.

Je nach Personalführungsverständnis und je nach Führungssituation sind dominante Signale anzutreffen und sogar notwendig. Das Merkmal dominanter Gesten ist die Bewegung von oben nach unten – gleichgültig, ob es sich um die Hand, den gesamten Arm oder um einen Finger handelt.

Nur in Situationen, in denen schnell gehandelt werden muss oder in denen keine Diskussionen erwünscht sind, sind dominante Signale notwendig. Hier, und nur hier, müssen diese zum Einsatz kommen. Denn sie zeigen nur dann die Dringlichkeit der Situation an, wenn sie ansonsten nicht ständig verwendet werden. Dominante Signale, die dagegen ständig benutzt werden, verlieren erstens ihre besondere Wirkung in wichtigen Situationen. Zweitens fühlen sich die so behandelten Personen gleichsam entmündigt und verzichten bei ihrer Arbeit darauf, kritisch und kreativ mitzudenken. Manchmal verlieren sie dadurch sogar ihre Motivation. Und drittens signalisieren zu häufig eingesetzte dominante Körpersignale Führungsschwäche. Führungsschwäche zeigt auch, wer mit seinem Körpercode Signale der Unsicherheit aussendet. Sein Gang ist nicht aufrecht, sondern gebückt. Der Blick geht an anderen Menschen vorbei. Stühle werden nur am Rand oder zur Hälfte besetzt, die Beine verknoten sich unter dem Stuhl mit sich selbst oder mit den Stuhlbeinen. Die Hand greift in den Nacken, Haare werden aus dem Gesicht gestrichen oder Hände bleiben unter dem Tisch. Auch abrupt beendete Gesten wirken führungsschwach. Wer ein fremdes Büro betritt, bleibt als führungsschwache Person häufig im Türrahmen stehen, nachdem er die Tür geöffnet hat. Führungsschwach wirkt zudem eine leise und undeutliche Stimme.

Führungsstark dagegen wirkt, wer mit beiden Beinen fest auf dem Boden steht und dabei den Brustkorb nicht nach vorne wölbt – denn dies ist ein Zeichen für übersteigerten Ehrgeiz. Er hält seinen Körper aufrecht, sein Blick geht nach vorne und im Kontakt zu anderen Personen in deren Gesichtszone. Er lässt während eines Gesprächs oder einer Sitzung seine Hände auf dem Tisch und argumentiert mit offen gehaltenen Händen. Ansonsten zeichnen ihn diejenigen bereits beschriebenen Körpersignale beim Gang, beim Händedruck und beim Sitzen aus, die Sicherheit ausstrahlen. Gesten werden ruhig und bestimmt ausgeführt und bleiben am Schluss kaum merklich im Raum stehen, bevor sich der Arm oder die Hand in ihre Ausgangslage zurückziehen. Er spricht mit fester Stimme klar und deutlich.

Der Business-Etikettecode

> »Die Grundlage guter Manieren ist Selbstvertrauen.«
>
> *Ralph Waldo Emerson*

Im Geschäftsleben wird der Etikettecode seit einigen Jahren wieder zunehmend beachtet. Dies geht soweit, dass eine Vorstandsposition oder eine obere Führungsposition nur mit demjenigen Bewerber besetzt wird, der bei einem gemeinsamen Essen mit dem angestrebten zukünftigen Arbeitgeber die beste Tischetikette zeigt. Mehr noch: Häufig wird hierzu auch der Lebenspartner des Bewerbers eingeladen und auch sein Wissen über richtiges Verhalten bei Tisch und im gesellschaftlichen Miteinander wird getestet. Denn je exponierter Sie in einem Unternehmen arbeiten, umso wichtiger ist ein souveräner persönlicher Etikettecode für Sie und für Ihr Unternehmen – und dieser geht weit über »Messer und Gabel« hinaus.

»Die Grundlage guter Manieren ist Selbstvertrauen«, so formuliert Ralph Waldo Emerson, der US-amerikanische Philosoph und Schriftsteller. Gefragt ist neben einem gesunden allgemeinen Selbstvertrauen auch das Vertrauen darin, die jeweiligen Etikette-Leitlinien zu kennen und zu beherrschen.

Sie finden nachfolgend ausgewählte wichtige Bausteine für Ihren Business-Etikettecode, die Ihnen helfen, überzeugend und vertrauensvoll vor Gesprächspartnern, Kunden und Zuhörern aufzutreten. Bitte beachten Sie: Diese Bausteine und deren Inhalte gelten im deutschsprachigen Raum, zum Teil sogar nur in Deutschland. Reisen Sie ins Ausland, werden dort sehr häufig hiervon abweichende Verhaltensweisen erwartet.

Wird Ihr Wissen um das »Wie« von der inneren Einstellung und dem Willen begleitet, Ihrem Gegenüber Respekt und Wertschätzung entgegenzubringen, dann wirken Sie auf ihn auch wirklich stimmig. Denn ähnlich wie beim Körpercode werden Ihre Mitmenschen einen gespielten Etikettecode früher oder später enttarnen.

Der Etikette-Unterschied zwischen ›korrekt‹ und ›passend‹

In allen möglichen Situationen im Berufsleben wird »korrektes« Verhalten gefordert. Doch ist »korrekt« beim Etikettecode auch immer »passend«?

Auf jeden Fall ist die folgende Grundregel der Etikette korrekt und zugleich immer passend: Stellen Sie niemals eine andere Person bloß, nur weil sie offensichtlich etwas falsch gemacht hat.

Dies bedeutet auch, dass Sie niemals jemanden ohne dessen ausdrücklichen Wunsch darauf hinweisen, wenn sein Etikettewissen Lücken aufweist. »Das macht man aber nicht so, sondern so: ...« ist ein klassischer Satz, der in diesem Zusammenhang immer wieder zu hören ist. Streichen Sie ihn aus Ihrem Wortschatz, falls er sich dorthin verirrt hat. »Man sagt nicht ›Guten Appetit‹« oder »Man stößt nicht mit Gläsern an« ist zwar vom Inhalt her korrekt. Aber es ist falsch und unpassend, jemanden darauf hinzuweisen. Schweigen Sie in einem solchen Moment. Sitzen Sie an einem Tisch und alle stoßen mit den Gläsern an, nur Sie nicht, so wäre dies ein Fauxpas Ihrerseits. Selbst wenn Sie wissen, dass es nicht korrekt ist, würde Ihr Verweigern den Respekt für die sonstigen Anwesenden vermissen lassen. Doch gerade der Respekt vor den Mitmenschen ist einer der Hauptgründe, Etikette zu praktizieren. Deshalb ist es oftmals angemessen, etwas zu tun, was streng genommen nach den Etikette-Leitlinien nicht korrekt ist. Denn es gilt: »Korrekt« ist bei der Etikette nicht immer »passend«. Oft gilt es, dass Sie Ihr Fingerspitzengefühl einsetzen.

Es kommt nicht darauf an, dass Sie als wandelndes Etikette-Lexikon stets die korrekte Antwort parat haben und von sich geben. Es kommt vielmehr darauf an, dass Ihr möglichst großes Wissen über die Etikette-Leitlinien Sie in die Lage versetzt, sich stets flexibel und passend zu verhalten. Denn: Nur wer weiß, was korrekt ist, kann ganz leicht und selbstsicher entscheiden, was jeweils passend ist.

Grüßen und Begrüßen – auf die Reihenfolge kommt es an

»Gib schön die Hand!« – Diesen Satz hörten viele Menschen in ihrer Kindheit. Er entspringt einer falsch verstandenen Höflichkeit. Wurde versäumt, ihn im Laufe des Erwachsenenlebens zu reflektieren, so führt er dazu, dass die entsprechenden Personen unnötigerweise in Fettnäpfchen treten.

Zwischen »Grüßen« und »Begrüßen« besteht in der Praxis ein großer und wichtiger Unterschied. Denn wer zuerst grüßen soll, darf nicht unbedingt auch zuerst begrüßen, wobei unter »Begrüßen« das Handreichen zu verstehen ist.

Stellen Sie sich bitte die folgende Situation vor: Eine Frau und ein Mann gehen spazieren und treffen auf einen ihnen bekannten Mann. Der Mann, der die Frau begleitet, streckt dem Bekannten die Hand entgegen. Dieser jedoch weist sie zurück mit den Worten:»Ladies first« und will zuerst der Frau seine Hand reichen. Doch damit begeht er im Sinne der Etikette gleich drei große Fauxpas: Erstens: Eine entgegengestreckte Hand wird niemals zurückgewiesen. Zweitens: Dadurch, dass er die Hand zurückweist und einen besserwisserischen Satz äußert, stellt er sein Gegenüber bloß. Und drittens: Im Privatbereich entscheidet die Frau über den Handschlag.

Falls Sie mit Ihrem Partner zusammen unterwegs sind, können Sie diese Situation bewusst herbeiführen, wenn Sie prüfen wollen, ob sich jemand mit Etikette wirklich auskennt und die Leitlinien beherrscht.

Grüßen

»Grüßen« geschieht ohne Handschlag.

Grüßen ist ein verbales Signal, dass Sie jemanden gesehen haben. Es ist zugleich ein Zeichen der Wertschätzung für die entsprechende Person. Dazu gehört auf jeden Fall der Blickkontakt. Wenn Sie dann noch ein ehrliches Lächeln, bei dem die Augen mitlächeln (Fältchen an den Augenrändern), von sich geben und die Hände hoffentlich nicht in den Hosentaschen verstecken, wird sich Ihr Gegenüber freundlich angesprochen und wohl fühlen. Ein Gruß ohne Blickkontakt ist jedoch nichts wert.

Wer grüßt wen zuerst? Die folgenden drei Grundleitlinien sind für Sie wichtig:

- Der Gast grüßt den Gastgeber zuerst.
- Wer zu einer Einzelperson oder zu einer Gruppe hinzukommt, grüßt zuerst.
- Derjenige, der den anderen ansonsten zuerst wahrnimmt, grüßt zuerst.

Dies bedeutet, dass beispielsweise der Chef seine Sekretärin zuerst grüßt, wenn er deren Büro betritt, obwohl er einen höheren Rang einnimmt. Wenn Sie ein Zugabteil betreten oder sich im Großraumwagen neben eine Person setzen, so grüßen Sie zuerst. Andererseits erwarten viele Kunden heutzutage im Gegensatz zur Gast-Gastgeber-Leitlinie, dass sie gegrüßt werden, wenn sie ein Geschäft betreten.

In einem äußerst hierarchisch geprägten Unternehmen wird der Ranghöhere stets den Gruß vom Rangniederen erwarten. Ebenso wird außerhalb der Geschäftsräume der deutlich Ältere den Gruß des Jüngeren erwarten. Und eine Frau wird auch heute den Gruß des Mannes erwarten. Entsprechen Sie diesen Erwartungen.

Darüber hinaus gilt: Je anonymer das Umfeld wird, in dem Sie sich bewegen, desto entbehrlicher wird der Gruß. Während Sie beim Betreten des Zugabteils noch grüßen, wird dies im Gang des Zuges bereits schon nicht mehr von Ihnen erwartet. Während Sie Entgegenkommende beim Bergsteigen grüßen, unterlassen Sie dies beim Bummel in der Fußgängerzone einer Großstadt. In einer Kleinstadt kann es jedoch bereits zum guten Ton gehören, auch dort zu grüßen.

Mit welchen Worten wird gegrüßt? Grundsätzlich liegen Sie mit »Guten Tag«, »Guten Morgen« oder »Guten Abend« im Geschäftsleben richtig. Allerdings mögen diese Worte bei manchen Geschäftspartnern zu distanziert klingen. Passend ist dann oftmals die entsprechende regionale Grußformel wie »Grüß Gott« oder »Moin, moin«. »Hallo« wirkt locker und passt in der Regel beim Erstkontakt nicht, kann jedoch nach längerer Zusammenarbeit in manchen Fällen die enge Verbundenheit zum Ausdruck bringen. Je nach Branche und durchaus über alle Hierarchiestufen hinweg können Sie hin und wieder in Unternehmen den Gruß zum Essen mit »Mahlzeit« hören und erhalten. Korrekt ist er in keinem Fall. Wollen Sie dieses Wort selber nicht verwenden, dann antworten Sie mit »Guten Tag« oder »Hallo« – je nachdem, wie gut Sie die jeweilige Person kennen.

Bitte denken Sie außerdem daran: Erwidern Sie stets einen erhaltenen Gruß, gleichgültig von wem er kommt und ob korrekt oder unpassend gegrüßt wurde.

Begrüßen

»Begrüßen« geschieht mit Handschlag.

Während das »Grüßen« heutzutage relativ formlos praktiziert wird, gelten bei der Frage, wer wem zuerst die Hand reicht, nach wie vor klare Regeln. Grundsätzlich entscheidet stets der Ranghöhere über den Handschlag. Innerhalb eines Unternehmens ist der Rang durch die Hierarchie definiert. Außerhalb des Geschäftslebens wird der Rang durch die Kriterien Gastgeber, Kunde, Funktion, Bekanntheit, Alter und Geschlecht definiert.

Im Geschäftsleben gilt stets:
- Der Ranghöhere entscheidet über dem Handschlag.
- Gibt es keinen Unterschied im Rang, so zählt die Bekanntheit (Wer kennt sich bereits gegenseitig?) mehr als das Alter und dieses wiederum mehr als das Geschlecht.
- Empfangen Sie Besuch, so entscheiden Sie in Ihrer Funktion als Gastgeber, ob Sie die Hand reichen.

Außerhalb des Geschäftslebens verhalten Sie sich korrekt, wenn Sie die folgenden Punkte beachten. Über den Handschlag entscheiden Sie:
- als Gastgeber,
- als ältere Person,
- als Frau,
- als Kunde.

Außerdem gilt außerhalb des Geschäftslebens:
- Sie reichen zuerst den Ihnen bekannten Personen und unter jenen den ranghöheren die Hand, wenn Ihnen Bekannte und Unbekannte gegenüberstehen.
- Wenn Sie mehrere Ihnen bekannte Personen mit Handschlag begrüßen, die alle denselben Rang haben, so richtet sich die Reihenfolge zuerst nach dem Alter und dann nach dem Geschlecht.
- Treten Sie zu einer Gruppe hinzu, die Ihnen im Rang gleich ist, so grüßen Sie und warten, ob Sie per Handschlag begrüßt werden. Falls ja, dann geben Sie allen Anwesenden Ihre Hand. Sind Sie Gastgeber, dann entscheiden Sie auch in dieser Situation über den Handschlag.

Der Gastgeber nimmt eine Sonderrolle ein. Er steht stets über dem Rang, dem Alter und dem Geschlecht seiner Gäste.

Sind Sie beispielsweise ein junger männlicher Gastgeber und empfangen Damen und ältere Herren, so entscheiden Sie über den Handschlag. Gäste, die die Etikette-Leitlinien kennen, werden nichts anderes erwarten. Wem Sie zuerst die Hand reichen, hängt davon ab, ob Sie jemanden der Gäste schon kennen und wie alt die Frauen im Vergleich zu den Männern sind.

Die Gastgeberrolle hat auch ein Verkäufer oder ein Kunde zu respektieren, wenn er seinen Geschäftspartner in dessen Büro besucht.

Wenn Sie als Verkäufer oder Berater Ihren Kunden besuchen, so entscheidet dieser darüber, ob er Ihnen die Hand gibt. Sie grüßen und warten ab. Besuchen Sie als Kunde Ihren Verkäufer oder Berater, so grüßen Sie und warten ebenfalls ab.

Konflikt-Situationen können eintreten, wenn mehrere der oben genannten Punkte aufeinander treffen.

Sie gehen beispielsweise in ein Restaurant und der Besitzer kommt Ihnen entgegen. Ist er nun der Gastgeber oder nicht oder sind Sie als Kunde in diesem Fall ranghöher? In der Regel ist es passend, wenn der Besitzer als Quasi-Gastgeber Ihnen die Hand reicht, auch wenn Sie das Essen anschließend bezahlen müssen. Kommen Sie als Kunde mittleren Alters in ein Bekleidungsgeschäft, in dem Sie von einer deutlich älteren Frau beraten werden, so mag es passend sein, der älteren Frau die Entscheidung zu überlassen.

Geben Sie jemandem, der in Ihr Büro eintritt, die Hand, so vermeiden Sie, dies über den Schreibtisch hinweg zu tun. Einen überzeugenden Etikettecode senden Sie, wenn Sie um den Schreibtisch herumgehen und der Person entgegen kommen.

Obwohl das Begrüßen mit Handschlag klarer geregelt ist als das Grüßen ohne Handschlag, gibt es genügend Situationen, in denen gilt: Ihr Fingerspitzengefühl ist gefragt, um zu entscheiden, was jeweils passend ist und was nicht.

Wer stellt wem wen zuerst vor?

Beim Begrüßen entscheidet stets der Ranghöhere über den Handschlag. Die Frage, wer stellt wem wen zuerst vor, leitet sich daraus größtenteils ab. Vereinfacht gesagt gilt: Der Ranghöchste erfährt stets zuerst, mit wem er es zu tun hat. Anschließend wird die im Rang zweithöchste Person vollständig informiert, wer ihr gegenübersteht und so weiter, bis alle untereinander bekannt gemacht worden sind. Dabei werden Unbekannte durch Bekannte vorgestellt oder sie stellen sich selbst vor.

Dies bedeutet in der Praxis:

- Vorgesetzte erfahren zuerst, wer die Mitarbeiter sind.
- Gastgeber erfahren zuerst, wer ihre Gäste sind.
- Kunden erfahren zuerst, wer die Anbietenden sind.
- Sie stellen stets zuerst sich selbst vor, dann Ihre Begleitung.

Gibt es weder Rangunterschiede noch Gastgeber oder Kunden, dann gilt:

- Den Älteren werden die Jüngeren vorgestellt.
- Den Frauen werden die Männer vorgestellt.

In der Praxis stellt sich häufig die folgende Frage: Welche Rangfolge gilt, wenn sich zwei Männer und zwei Frauen treffen, wobei der eine Mann einen erkennbar höheren Rang als der andere Mann hat? Für solche Situationen können Sie sich merken: Die jeweils zusammengehörigen Partner »teilen« ihren Rang. Dies bedeutet: Der Partner des Ranghöheren steht im Rang vor dem Partner des Rangniederen. Hilfreich ist zudem, sich die grundsätzliche Reihenfolge Rang vor Bekanntheit vor Alter vor Geschlecht ins Gedächtnis zu rufen.

Oftmals erscheint die Vorstellungsrunde kompliziert und manche fürchten, dabei etwas falsch zu machen. Diese Sorge können Sie verkleinern oder vermeiden, wenn Sie sich mental auf absehbare Konstellationen vorbereiten. Genauso hilfreich ist es, wenn Sie gleichsam als Training in Gedanken hin und wieder mehr oder weniger schwierige Aufeinandertreffen und das dazugehörige Vorstellen durchspielen. Und denken Sie bitte daran: Den Personen, auf die Sie treffen, wird es in der Regel ähnlich ergehen wie Ihnen und diese werden sich manchmal nicht sicher sein, in welcher Reihenfolge vorgestellt wird. Bleiben Sie deshalb getrost locker.

Es geht im Kern darum, dem Gegenüber Respekt entgegenzubringen. Insofern besitzt die Reihenfolge beim Vorstellen ihre Berechtigung, doch wichtig ist der dabei benutzte Sprachcode. Wie desinteressiert wirkt das häufig zu hörende »Angenehm«. Verzichten Sie bitte darauf, wenn Ihnen jemand vorgestellt wird, so zu antworten. Wenn Sie jemandem verbal Ihre Wertschätzung signalisieren wollen, dann beispielsweise mit Worten wie: »Ich freue mich, Sie zu treffen.« Und wenn Sie sich partout nicht freuen, dann wirkt das schlichte »Guten Tag« neutral. Gerne wird der Satz »Ich habe schon viel von Ihnen gehört« benutzt. Nicht jeder Ihrer Gesprächspartner unterstellt dabei automatisch Gutes. Insofern können Sie mit dieser Formulierung auch in ein unbeabsichtigtes Fettnäpfchen treten. Sprachlich unpassend wirkt, den Partner oder die Partnerin mit »mein Gatte« oder »meine Gattin« vorzustellen. Hier liegen Sie mit »mein Mann« beziehungsweise »meine Frau« richtig. Nennen Sie bitte stets den Vor- und Nachnamen und gegebenenfalls die Titel der Person, die Sie vorstellen. Hilfreich ist zudem, wenn Sie einige Worte zur Funktion oder Lebensleistung der vorgestellten Person erwähnen.

»Dies ist Frau Dr. Angelika Müller. Sie ist Hautärztin und bekannt für ihre ...«

Vermeiden Sie die Floskel-Einleitung »Darf ich Ihnen vorstellen?« oder »Darf ich Sie mit ... bekannt machen?«. Was soll Ihr Gegenüber darauf antworten? Meist aus falsch verstandener Höflichkeit oder Unterwürfigkeit heraus benutzt, generieren diese Floskeln jedoch unnötigen Wortballast. Führen Sie sich bitte die Situation vor Augen, wenn sich vier oder fünf Personen gegenseitig vorstellen und jeweils mit einer der Floskeln-Einleitungen begonnen wird. Legen Sie vielmehr Wert auf charakterisierende und wertschätzende Worte.

Neben dem Sprachcode spricht auch Ihr Körpercode Bände, während Ihnen jemand vorgestellt wird. Der offensichtlichste Fauxpas ist, an der Person, die Ihnen die Hand reicht, vorbei zu blicken. So wie ein Gruß ohne Blickkontakt wertlos ist, so signalisiert auch beim Händeschütteln und beim Vorstellen Ihr Körpercode Ihre Aufmerksamkeit für die gegenüberstehende Person. Oft zu beobachten ist zudem, dass sich zwei Personen die Hände reichen und eine Person sich mit ihrem Körper bereits zur Seite wegdreht. Auch damit wird signalisiert, dass jemand oder etwas anderes wichtiger ist. Und selbstverständlich befinden sich Ihre Hände auch beim Vorstellen außerhalb Ihrer Hosentaschen.

So stellen Sie sich selbst vor

Treffen Sie auf eine Ihnen unbekannte Person oder treten Sie zu einer Gruppe hinzu und niemand stellt Sie vor, dann tun Sie dies selbst. Selbst vorstellen werden Sie sich auch am Telefon. Desgleichen, wenn Sie bei einer Veranstaltung, einem Kongress oder einer Messe mit jemanden Kontakt aufnehmen wollen. Und selbst vorstellen werden Sie sich immer dann, wenn Sie mit jemandem zusammenarbeiten werden, der Sie bislang noch nicht kennt.

Im Gegensatz zu früheren Zeiten, als das Selbstvorstellen einen schlechten Eindruck hinterließ, können Sie sich heute in vielen Situationen ohne Bedenken selber vorstellen. Zumal Sie damit Ihren Gesprächspartnern helfen. Denn Sie ersparen ihnen die peinliche Frage: »Mit wem habe ich es eigentlich zu tun?«

Sich selbst vorzustellen bietet Ihnen die Chance, Ihren Gesprächspartner für Sie und Ihr Anliegen zu »öffnen«. Doch dazu ist es notwendig, dass Sie die entsprechenden Worte wählen. Ihr Sprachcode ist entscheidend dafür, wie sicher und überzeugend Sie in dieser Situation wirken. Und er entscheidet zudem darüber, ob Ihr Gesprächspartner Sie interessant findet und sich an Sie auch nach einigen Tagen noch positiv erinnert.

Als hilfreich erweisen sich die folgenden Punkte:

- Nennen Sie Ihren Vor- und Nachnamen. Dies hat mindestens zwei Vorteile: Erstens erhöht sich die Wahrscheinlichkeit, dass Ihr Nachname besser verstanden wird, wenn zuvor der Vorname genannt wurde. Zweitens erleichtern Sie Ihrem Gesprächspartner, Sie gegebenenfalls von jemandem mit demselben Nachnamen zu unterscheiden.
- Lassen Sie akademische Titel oder Adelstitel weg, wenn Sie sich selbst vorstellen.
- Sprechen Sie langsam und deutlich.
- Besitzen Sie einen schwierig auszusprechenden oder schwierig zu merkenden Nachnamen, so bieten Sie Ihrem Gegenüber eine bildhafte Gedächtnisbrücke an.
- Verzichten Sie auf die Floskeln »Mein Name ist …« oder »Ich heiße …« Besser und zugleich selbstbewusster wirkt »*Ich bin …*«
- Helfen Sie Ihrem Gegenüber, Sie einzuordnen, indem Sie Ihre Position, Ihre Funktion oder sonst erklärende Worte zu Ihrer Person erwähnen.
- Bringen Sie überraschende Bemerkungen, die mit Ihnen oder Ihrem Namen zusammenhängen. Diese erregen Aufmerksamkeit und bleiben im Gedächtnis Ihres Gesprächspartners länger haften.

Sie stehen Ihrem Gesprächspartner gegenüber und Sie beide kennen sich noch nicht. Die Frage ist nun: Wer soll sich zuerst selbst vorstellen? Auch beim Selbstvorstellen gilt: Der Ranghöhere erfährt zuerst, wer ihm gegenübersteht. Ranghöher ist

- der Gastgeber gegenüber seinen Gästen,
- die deutlich (rund eine Generation) ältere Person gegenüber der jüngeren,
- die Frau gegenüber dem Mann.

Und achten Sie bitte beim Selbstvorstellen auf Ihren Körpercode. Blickkontakt ist auch hier Pflicht. Ihre Hände befinden sich außerhalb der Hosentaschen. Zeigen Sie sich locker und unverkrampft. Wenn Sie sich selbst vorstellen, so überreichen Sie damit gleichsam eine lebende Visitenkarte. Nutzen Sie diese Chance.

Wer geht voraus?

Sie erwarten einen Kunden. Der Empfang meldet Ihnen, dass Ihr Kunde eingetroffen ist. Sie holen ihn ab oder lassen ihn abholen. So weit, so gut. Doch beim Gang durch die Räumlichkeiten bis zu Ihrem Büro oder Besprechungszimmer stellt sich die Frage: Wer geht voraus?

Sinn und Zweck des praktizierten Etikettecodes ist, dem Gegenüber Respekt und Wertschätzung zu zeigen. Daraus lässt sich ableiten, wer wann vor oder hinter jemandem geht. Und auch hier gilt: Der Ranghöhere wird durch den Rangniederen geehrt. Häufig bekomme ich die Frage gestellt: Wer ist denn der Ranghöhere, wenn ein Kunde ins Büro auf Besuch kommt? Einerseits sind Sie als der Besuchte Gastgeber und entscheiden damit beispielsweise über den Handschlag. Andererseits wollen Sie Ihrem Kunden oder Besucher Respekt und Wertschätzung entgegenbringen, so dass die Gastgeberrolle nicht ausschließlich áls ranghöher betrachtet werden darf.

Bei der Frage, wer voraus geht, ist Ihr Besucher diejenige Person, der Unannehmlichkeiten oder Verunsicherungen erspart bleiben müssen. Deshalb beachten Sie bitte die folgenden Punkte:

- Gehen Sie durch eine große Empfangshalle – oder bei einer Bank durch eine große Schalterhalle –, so geht Ihr Kunde zunächst rechts von Ihnen. Dies gilt genauso, wenn Ihr Assistent oder Ihre Assistentin den Kunden begleitet. Wird unklar, in welche Richtung der Weg geht, so gehen Sie voraus, der Kunde folgt.

- Stehen Sie beide vor einer automatischen Drehtür, so geht Ihr Kunde voran. Ist die Drehtür von Hand zu schieben, so ersparen Sie dem Kunden den Kraftaufwand. Deshalb gehen Sie zuerst in die manuelle Drehtür.
- Fahren Sie mit dem Aufzug, so betritt Ihr Kunde den Aufzug als Erster. Blockieren Sie sicherheitshalber mit Ihrem Körper die Lichtschranke des Aufzugs. Ist der Aufzug voll besetzt, so verlässt ihn die Person zuerst, die an der Tür steht. Befinden nur Ihr Kunde und Sie sich im geräumigen Aufzug, so treten Sie zur Seite und lassen Ihren Kunden zuerst aussteigen.
- Steht Ihnen beiden eine Tür im Wege, so öffnen Sie sie dem Kunden und lassen ihn zuerst durchgehen.
- Kommen Sie beide an eine Treppe, so geht der Kunde als Gast vor Ihnen die Treppe hinauf und hinter Ihnen die Treppe herab. Korrekterweise gilt dies auch dann, wenn der Gast eine Frau ist. Spüren Sie jedoch, dass es der Frau unangenehm ist, wenn Sie hinter ihr auf der Treppe folgen, so verhalten Sie sich passend, wenn Sie vor ihr die Treppe hinaufgehen. Diese Situation ist ein Beispiel dafür, dass sich die Etikette-Leitlinien im Laufe der Zeit wandeln. Adolph Freiherr Knigge schrieb noch in seinem Buch *Über den Umgang mit Menschen*: »… dass man auf steilen Treppen im Hinuntersteigen die Frauenzimmer vorausgehn, im Hinaufsteigen aber sie folgen lassen müsse.«
- An Ihrem Büro oder Besprechungszimmer angekommen, lassen Sie Ihren Kunden voraus ins Zimmer treten. Sie schließen hinter Ihnen beiden die Tür.

Damit Sie nicht in die Gefahr geraten, die korrekten Etikette-Leitlinien stur zu verfolgen, signalisieren Sie Ihrem Gast oder Kunden bei seinem Besuch durch Ihren Sprachcode, was Sie zu tun gedenken: »Darf ich vorgehen?«

Das Geschäftsessen – Ihre Chance zu punkten

Das Geschäftsessen gibt Ihnen immer eine gute Chance, zu punkten und überzeugend aufzutreten – sowohl als Gastgeber als auch als Gast. Gleichzeitig bietet es allerdings eine Reihe von Fettnäpfchen, die Sie am besten umgehen. Ein Geschäftsessen eröffnet Ihnen zudem die Möglichkeit, enorm viel über Ihre Tischnachbarn zu erfahren, nicht nur durch Worte, sondern durch Gesten. Denn das Verhalten bei Tisch, gerade im Rahmen von Geschäftsessen, lässt grundsätzlich auf den Charakter von Personen schließen. Bei Tisch erkennen Sie, ob jemand ein Gespür dafür hat, sich einem vorgegebenen Rahmen anzupassen oder rücksichtslos auf seinen Vorstellungen besteht. Bei Tisch erkennen Sie auch, inwieweit sich jemand beherrschen kann oder ob er ab einem gewissen Punkt die Kontrolle über sich verliert. Feinsinnige Menschen registrieren dies und schließen zumindest unbewusst auf den gesamten Charakter und auf die Zuverlässigkeit im Geschäftsleben.

Ein Geschäftsessen ist mehr als ein Anlass, den Hunger zu stillen. Ein Geschäftsessen dient der Pflege der Gemeinsamkeit zwischen Gastgeber und Gästen, zwischen Kunde und Anbieter, zwischen Geschäftspartnern allgemein. In der Regel finden Geschäftsessen nicht in der Imbissbude um die Ecke statt, sondern in guten bis gehobenen Restaurants. Damit Sie dort ein souveränes und überzeugendes Bild von sich hinterlassen, orientieren Sie sich zunächst an der allgemeinen Tisch-Etikette. Viele Geschäftspartner legen besonderen Wert auf Tisch-Etikette. Achten Sie bitte zugleich auf den passenden Dresscode. Ihr Dresscode spiegelt die Wichtigkeit wider, die Sie dem Geschäftsessen beimessen.

Ausgewählte wichtige Punkte der allgemeinen Tisch-Etikette

Auch bei Tisch unterscheiden Sie bitte zwischen »korrekt« und »passend«. Beharren Sie in Ihrem Verhalten auf den korrekten Leitlinien, so kann es passieren, dass Sie damit indirekt Ihre Gäste beziehungsweise Ihren Gastgeber bloßstellen. Sei es, dass Sie nicht mit dem Glas anstoßen wollen, oder dass Sie auf den »Guten-Appetit-Wunsch« verzichten. Beides ist zwar korrekt, aber manchmal doch nicht passend. In jedem Fall ist Ihr Fingerspitzengefühl gefragt. Nachfolgend finden Sie ausgewählte wichtige Punkte, die bei Tisch »korrekt« sind:

Zur Serviette:

• Die Serviette hat ihren Platz auf Ihrem Schoß, so lange Sie am Tisch sitzen. Sie legen sie dorthin, nachdem der Gastgeber dies zuvor bei sich getan hat. Auf keinen Fall gehört die Serviette in den Kragen oder in den Ausschnitt gesteckt. Wenn Sie Krebs essen, erhalten Sie in guten Restaurants eine entsprechende Umhängeserviette.

- Legen Sie die Serviette so gefaltet auf Ihren Schoß, dass die offene Längsseite (nicht immer sind die Serviette quadratisch) zu Ihnen zeigt.
- Benutzen Sie die Serviette immer, bevor Sie aus einem Glas trinken, wenn Sie einen Gang beendet haben und wenn Sie eine kleine Pause während des Gangs einlegen – zum Beispiel, um kurz mit Ihrem Tischnachbarn zu sprechen.
- Führen Sie die gefaltete Serviette so zum Mund, dass eine der Innenseiten Ihre Lippen berührt. Besonders elegant wirken Sie, wenn Sie sich den Mund nicht abwischen, sondern wenn Sie mit der Serviette tupfen.
- Verlassen Sie den Tisch zwischendurch, dann falten Sie Ihre Serviette und legen Sie sie links neben den Platz des Tellers. Ein grober Fauxpas ist es in Deutschland, die Serviette auf den Stuhl zu legen.
- Ist das Essen beendet, so legen Sie die gefaltete Serviette rechts neben den Platz des Tellers. Manchmal erhalten Sie hier den Rat, dass auch beim Ende des Essens die Serviette ihren Platz auf der linken Seite des Tellers hat. Doch ist die Signalwirkung deutlicher, wenn eine Essensunterbrechung vom Ende des Essens unterschieden wird.
- Fällt Ihnen Ihre Serviette auf den Boden, so bitten Sie das Service-Personal um eine frische Serviette. Ein Fauxpas wäre es, die Serviette vom Boden aufzuheben und weiter zu benutzen.

Zum Besteck:
- Bei einem Mehr-Gänge-Menu verwenden Sie das aufgelegte Besteck stets von außen nach innen.
- Nehmen Sie Ihr Besteck erst dann auf und beginnen Sie zu essen, wenn der Gastgeber dies vor Ihnen getan hat.
- Ein einmal benutztes Besteck berührt die Tischdecke oder den Tisch nicht mehr. Dies bedeutet für Sie: Machen Sie eine kleine Pause vom Essen, um zum Beispiel vom Wein zu trinken, so legen Sie Ihr Besteck auf den Teller – doch nicht willkürlich, sondern wie folgt: Wenn Sie sich eine Uhr mit Zeigern vorstellen,

dann liegt die Gabel – die Zinken weisen nach oben – ungefähr bei »sieben«, das Messer ungefähr bei »fünf«. Auf diese Art legen Sie Ihr Besteck auch auf den Teller, wenn Sie dem Service-Personal signalisieren wollen, dass es Ihnen noch mehr von dem Gang nachlegen soll.

- Haben Sie einen Gang vollendet und wünschen keinen Nachschlag mehr, dann legen Sie Ihr Besteck so auf den Teller, dass sämtliche Besteckteile ungefähr zwischen »vier« und »fünf« liegen. Dabei liegt das Messer oberhalb der Gabel. Die Zinken der Gabel zeigen wieder nach oben, die Schneide des Messers zeigt zur Gabel hin. Einen eventuell aufgelegten Saucen-Löffel platzieren Sie oberhalb des Messers. Das geschulte Service-Personal wird Ihren Teller samt Besteck abräumen.

- Den Suppenlöffel führen Sie zu Ihren Lippen und lassen die Suppe vom Löffelrand in Ihrem Mund fließen. Er wird – ebenso wie der Kaffeelöffel – nicht abgeleckt. Legen Sie ihn nach Gebrauch in den Teller oder auf den Unterteller.

- Elegant benutzen Sie die Gabel, wenn Sie sie als »Schaufel« einsetzen: Sie führen sie mit den Zinken nach oben zum Mund. Wenn Sie Fleisch aufgespießt haben, dann können Sie die Gabel mit den Zinken nach unten zum Mund führen, doch eleganter ist es, wenn Sie die Gabel drehen.

- Das Messer benutzen Sie zum Schneiden, wenn sich Speisen mit der Gabel nicht zerkleinern lassen. Heutzutage dürfen Sie mit dem Messer Kartoffeln, Gemüse und insbesondere Spargel sowie große Salatblätter schneiden. Nudeln mit Ausnahme von überbackenen Nudel-Gerichten wie Lasagne schneiden Sie nicht. Auch Knödel werden nicht geschnitten, sondern mit der Gabel gerissen. Doch Vorsicht: Beim Reißen von Knödeln können sich diese sehr schnell verselbstständigen. Dass Sie ein Messer nicht ablecken, versteht sich von selbst.

- Ein Fischmesser dient Ihnen zum Filetieren des Fisches. Wird festes Fischfleisch serviert, so ist in der Regel ein »normales« Messer eingedeckt. Auch geräucherten Fisch essen Sie ohne Fischmesser.

- Zum Nachtisch finden Sie das Dessertbesteck am oberen Rand Ihres Tellers. In einem gehobenen Restaurant wird es Ihnen vom Service-Personal kurz vor dem Dessertgang links und rechts

Ihres Tellers gelegt. Benutzen Sie beide Besteckteile – Dessertlöffel und -gabel – so bietet sich an, mit einem Teil gleichsam als »Hilfswerkzeug« die Speisen zu zerkleinern oder zu schieben und mit dem anderen Teil die Speisen zum Mund zu führen. Welches Teil Sie wofür benutzen, bleibt Ihnen überlassen.

- Zu Beginn des Menüs finden Sie neben dem Platzteller den Brotteller, auf oder neben dem ein kleines Messer liegt. Mit ihm nehmen Sie zunächst Butter, Schmalz oder ähnliches aus dem entsprechenden Gefäß auf Ihren Brotteller. Falls bei diesem Gefäß ein eigenes Besteck liegt, so benutzen Sie dieses dafür. In einem Brotkorb finden Sie relativ kleine Brotstücke, von denen Sie sich eines ebenfalls auf Ihren Brotteller legen. Entscheidend ist nun, dass Sie nicht das gesamte Brotstück auf einmal bestreichen, sondern jedes Mal ein mundgerechtes Stück abbrechen, dieses bestreichen und mit der Hand zum Mund führen.

Zu den Gläsern:

- Fassen Sie Gläser mit langem Stiel stets an selbigem an, dies gilt auch für Wassergläser mit Stiel. Cognac- oder Pils-Gläser werden am Kelch festgehalten.
- Bevor Sie den ersten Schluck Alkohol trinken, nehmen Sie das Glas ungefähr auf Augenhöhe, prosten sich gegenseitig zu und halten dabei Blickkontakt. Dies gilt ebenfalls für den ersten Schluck jeder neuen Weinsorte während des Geschäftsessens.
- Verzichten Sie auf ein Anstoßen der Gläser, außer es erscheint für die jeweilige Tischgesellschaft unbedingt passend.
- Mit warmen Getränken stoßen Sie auf keinen Fall an.
- Nachdem Sie den ersten Schluck Alkohol getrunken haben und bevor Sie Ihr Glas wieder auf den Tisch stellen, nehmen Sie erneut Blickkontakt auf. Dies gilt ebenso für den ersten Schluck jeder neuen Weinsorte während des Geschäftsessens.

Zu den Getränken:

Vor Beginn des Essens wird häufig ein Aperitif gereicht. Wird er woanders als am Essens-Tisch getrunken, so nehmen Sie bitte das Glas niemals mit an selbigen, auch wenn Sie es noch nicht vollständig ausgetrunken haben. Stellen Sie es an einem geeigneten Platz ab. Ein aufmerksames Service-Personal wird Ihnen Ihr Glas, wenn es leer ist oder vor dem Gang zum Tisch, abnehmen. Trinken Sie den Aperitif am Essens-Tisch, so achten Sie darauf, dass Sie ihn ausgetrunken haben, bevor der erste Gang oder das Amuse gueule serviert wird. Wollen Sie das Glas nicht austrinken, so geben Sie dem Service-Personal ein entsprechendes Zeichen.

Die Wahl der Getränke hängt sehr stark vom Ort und vom Anlass des Geschäftsessens ab.

Handelt es sich um ein lockeres informelles Essen, so haben Sie eine größere Auswahl. Hier können Sie neben

- Wasser und Wein auch
- Bier oder
- säuerliche Apfel- oder Johannisbeerschorle

anbieten und trinken. Findet das Geschäftsessen in einem für sein Bier bekanntes Lokal, zum Beispiel einer Brauereigaststätte statt, so werden Sie über das gesamte Menü hinweg Bier und eventuell Wasser trinken.

Für ein formelles und feierliches Geschäftsessen geben Ihnen die Etikette-Leitlinien jedoch weniger Möglichkeiten an die Hand. In einem solchen Fall beschränken Sie sich bitte auf

- Wasser,
- Wein,
- gegebenenfalls einen Aperitif (hier kein Bier).

Zum Abschluss des Essens bieten sich jeweils

- Kaffee (ohne Milch!) oder Espresso,
- Digestif

an.

Die Hauptmotivation für Kaffee oder Espresso sind neben dem Geschmack die enthaltenen Bitterstoffe, die die Verdauung beschleunigen. Milch leistet dies nicht, doch Milch sättigt. In der Regel, ohne es zu wissen, signalisiert deshalb jemand, der zum Abschluss des Essens einen Kaffee mit Milch oder einen Cappuccino bestellt, dass er noch Hunger hat. Aufmerksame Gastgeber oder gutes Service-Personal werden dies registrieren.

Zum Sprachcode bei Tisch:

Im Zusammenhang mit einem Essen hören Sie immer wieder klassische Formulierungen wie »Guten Appetit«, »Auf Ihr Wohl« oder gar das häufig in Kantinen beheimatete »Mahlzeit«.

Was den Sprachcode bei Tisch angeht, unterscheiden Sie bitte ebenfalls stets zwischen korrekt und passend. Wenn alle Anwesenden sich aus Gewohnheit »Guten Appetit« wünschen, dann stellen Sie diese nicht bloß, indem Sie sich dem Wunsch verweigern. Ein Ausweg wäre allerdings, mit »Lassen Sie es sich schmecken« zu antworten.

Bei einem formellen und festlichen Geschäftsessen verzichten Sie korrekterweise auf die folgenden Formulierungen:

- »Guten Appetit«: Es impliziert die Möglichkeit, dass das Essen vielleicht doch nicht schmeckt und kann als Affront gegen die Küche gewertet werden.
- »Auf Ihr Wohl«: Denn höflicherweise wird derjenige, auf dessen Wohl getrunken wird, selbst nicht mittrinken. Wollen Sie ihn wirklich ausschließen?
- »Mahlzeit.«
- »Gesundheit«, wenn jemand niest.
- »Machen Sie zweihundertvierzig«: So oder ähnlich klingt es häufig, wenn der Gastgeber bezahlt. Es klingt schlecht. Besser klingt: »Bitte geben Sie mir zehn Euro zurück.« Dabei erhält der Kellner das Bargeld diskret, beispielsweise in der Mappe, in der die Rechnung gereicht wird.

Sie sind Gastgeber

Laden Sie Gäste zu einem Geschäftsessen ein, so fällt Ihnen eine Reihe von Aufgaben zu, von denen aufmerksame Gäste auch erwarten werden, dass Sie diese erfüllen. Zeigen Sie sich sicher und souverän und runden Sie somit den Eindruck positiv ab, den Ihre Gäste bisher von Ihnen gewonnen haben.

Als Gastgeber eines Geschäftsessens

- repräsentieren Sie Ihr Unternehmen und schenken zugleich Ihren Gästen ein Zeichen der Wertschätzung. Wie gut Ihnen dies gelingt, hängt auch von der Wahl des Restaurants ab. Achten Sie darauf, dass Sie bei der Preiskategorie weder unangemessen hoch noch zu niedrig liegen.
- öffnen Sie Ihren Gästen die Tür zum Restaurant und lassen diese eintreten. Holt Sie der Kellner nicht an der Tür ab, dann gehen Sie vor Ihren Gästen durch das Lokal zum Kellner oder zu Ihrem Tisch.

- weisen Sie Ihren Gästen deren Plätze zu. Wenn möglich, sollten diese nicht mit dem Rücken zum Raum hin sitzen, sondern den Überblick über das Lokal haben. Setzen Sie sich zuletzt.
- schlagen Sie einen angemessenen Aperitif vor.
- helfen Sie Ihren Gästen, in welcher Preiskategorie sie bestellen können, indem Sie bestimmte Speisen empfehlen. Essen alle ein Menü, so erübrigt sich dieser Hinweis.
- lassen Sie sich die Essenswünsche Ihrer Gäste nennen und bestellen Sie alleine sämtliche Speisen und Getränke. Ab einer gewissen Anzahl von Gästen signalisieren Sie dem Service-Personal, dass jeder Gast selbst bestellt.
- wählen Sie – gegebenenfalls zusammen mit dem Sommelier – die passenden Weine aus.
- entscheiden Sie mit einem Probierschluck, ob Ihnen der Wein zusagt.
- eröffnen Sie jede Runde einer neuen Weinsorte, indem Sie das Glas erheben, in die Runde der Anwesenden blicken und passende Worte wie »Auf unser Zusammensein«, »Auf den guten Geschäftsabschluss« oder »Auf die Zukunft« sprechen.
- eröffnen Sie das gemeinsame Essen, indem Sie Ihr Besteck aufnehmen und in die Runde der Anwesenden blicken. Auf den Wunsch »Guten Appetit« verzichten Sie.
- achten Sie darauf, ob sämtliche Gäste das Essen gleichzeitig erhalten. Ist dies nicht der Fall, so geben Sie den »Startschuss« für diejenigen, die zuerst bedient wurden, wenn absehbar ist, dass die restlichen Teller noch auf sich warten lassen werden.
- zeigen Sie sich besonders aufmerksam, indem Sie Ihr Esstempo tendenziell an dem der Langsam-Esser unter Ihren Gästen ausrichten.
- halten Sie eine Tischrede immer erst nach dem Hauptgang.
- fragen Sie Ihre Gäste, ob sie am Ende des Essens einen Kaffee oder Espresso und einen Digestif wünschen.
- beenden Sie das Essen, indem Sie Ihre Serviette gefaltet rechts neben Ihren Platzteller legen.
- bezahlen Sie diskret: am besten nicht am Tisch, sondern beim Kellner an der Kasse. Behelligen Sie Ihre Gäste gerade in diesem Umfeld nicht mit Preisen. Elegant bezahlen Sie in bar, wenn Sie vom Tisch weg zum Kellner gehen. Am Tisch nennen Sie bei

Barzahlung bitte nur die Summe, die Sie zurückbekommen wollen. Bezahlen Sie mit Kreditkarte, so können Sie das Trinkgeld damit verrechnen lassen. Allerdings bevorzugt es das Service-Personal, wenn Sie auch in diesem Fall das Trinkgeld in bar geben.

Sie sind Gast

Als Gast eines Geschäftsessens denken Sie bitte daran, dass ein gewisses Verhalten von Ihnen erwartet wird. Besonders deutlich wird dies, wenn Sie von einem Headhunter oder einem potenziellen Arbeitgeber eingeladen werden. In diesen Fällen werden Sie besonders beobachtet und geprüft, inwieweit Sie die Etikette-Leitlinien beherrschen und bei Tisch repräsentieren können. Doch auch bei jedem Essen unter bereits etablierten Geschäftspartnern kommt dem Etikettecode bei Tisch eine wichtige Rolle zu. Denn er signalisiert dem Gastgeber, wie Sie ihn und seine Einladung zum Essen schätzen. Zugleich können Sie ein bislang durch Ihren Sprach-, Dress- und Körpercode entstandenes souveränes Bild von Ihnen bei Tisch sehr schnell zerstören, wenn Sie die grundlegenden Etikette-Leitlinien nicht befolgen.

Deshalb denken Sie bitte daran, dass Sie als Gast:

- Ihre Wünsche im Rahmen des Angebotenen halten und keine Sonderwünsche äußern.
- sich an den Empfehlungen des Gastgebers orientieren und bei A-la-carte-Essen den Preisrahmen nicht sprengen – weder nach oben (Sie würden unverschämt wirken) noch nach unten (Sie würden unsicher wirken).
- bei einem Geschäftsessen in einem gehobenen Restaurant zum Essen ausschließlich Wasser oder Wein trinken, wobei Sie auf den Wein verzichten können.
- Ihren Speisewunsch an den Gastgeber und nicht an den Kellner richten.
- bei Wünschen oder Unpässlichkeiten den Kellner nicht selbst an den Tisch bestellen, sondern den Gastgeber darum bitten.
- Ihr Ess- und Trinktempo an das des Gastgebers anpassen, insbesondere auch dann, wenn Sie ein Langsam-Esser sind.
- keine Beschwerden über das Essen oder den Service äußern, außer der Gastgeber hat die Ursachen dafür selbst schon erkannt.

Allerdings kann es Ihnen als Gast passieren, dass Ihr Gastgeber die Etikette-Leitlinien nicht vollständig beherrscht. Beispielsweise kann er vergessen, das Glas vor dem ersten Schluck Wein zu erheben. Streng genommen ist das Weintrinken für die Gäste deshalb noch nicht erlaubt. Hieraus können sehr peinliche Situationen entstehen, insbesondere wenn zu jedem Gang ein neuer Wein serviert wird. Helfen Sie in solchen Fällen diskret, wenn Sie unter den Gästen der Ranghöchste oder der Älteste sind, indem Sie einige kurze Dankesworte an den Gastgeber richten und das Glas auf das Zusammensein oder die gemeinsame Zukunft erheben– nicht auf den Gastgeber alleine oder auf alle Anwesenden (!), denn die so Geehrten dürften nicht mittrinken. Vergisst der Gastgeber jedoch am Ende des Essens Kaffee/Espresso oder einen Digestif anzubieten, dann nehmen Sie dies so zur Kenntnis und halten sich zurück.

Der richtige Umgang mit Visitenkarten

Es handelt sich zwar nur um ein kleines Stück Papier, doch der Umgang mit diesem lässt oft tief in das Innere des Gegenübers schließen und hält eine Reihe von Fettnäpfchen bereit.

Visitenkarten dienen dazu, sich besser bei den Gesprächs- oder Geschäftspartnern im Gedächtnis zu verankern. Denn besser als Worte bleiben Bilder und Gegenstände haften. Auf kleinstem Raum erhält Ihr Gegenüber Ihre wichtigsten Kontaktdaten und erfährt etwas über Ihre Ausbildung und Ihre Position beziehungsweise Funktion im Geschäftsleben. Als Selbstständiger signalisieren Sie mit Ihrer Visitenkarte zudem einiges über Ihren Geschmack und Ihr Marketingempfinden, da Sie nicht auf ein normiertes Firmen-Layout festgelegt sind.

Drei Fragen sind beim Umgang mit Visitenkarten für Sie besonders wichtig:
• Wie ist Ihre Visitenkarte gestaltet und was enthält sie?
• Wie und wann überreichen Sie Ihre Karte?
• Wie gehen Sie mit fremden Visitenkarten um?

Wie ist Ihre Visitenkarte gestaltet und was enthält sie?
Sind Sie in einem Unternehmen angestellt, so haben Sie in der Regel weder auf die Gestaltung noch auf den Inhalt Einfluss. Ihnen

bleibt nichts anderes übrig, als mit Ihrer Visitenkarte die vorhandene Norm zu erfüllen.

Können Sie als Selbstständiger Ihre Visitenkarte nach eigenen Vorstellungen gestalten, so achten Sie darauf, dass all jene Punkte enthalten sind, die für Ihre Geschäftskontakte wichtig sind. Dabei macht es oftmals Sinn, die Vorder- und die Rückseite zu bedrucken.

Neben den »Pflichtteilen« haben Sie als Selbstständiger zudem die Möglichkeit, die »Kürteile« so zu gestalten, dass Sie damit punkten können. Hierzu zählen

- die Papierart der Visitenkarte,
- die Schriftart,
- die Schriftgröße,
- die Farben,
- ein möglicher Prägedruck, der Ihre Visitenkarte haptisch auffällig gestaltet.

Ergibt sich hier ein stimmiges Bild zu Ihrem sonstigen Auftreten sowie zu Ihrem Angebot oder zu Ihrer Dienstleistung, dann hinterlassen Sie mit Ihrer Visitenkarte einen guten Eindruck.

Wann und wie überreichen Sie Ihre Karte?

Die Visitenkarten werden in der Regel beim Vorstellen überreicht. Üblich ist vereinzelt auch, sie erst am Ende eines Gesprächs auszutauschen.

Tragen Sie Ihre Visitenkarten am besten in einem entsprechenden Etui bei sich. Einen schlechten Eindruck hinterlassen Sie, wenn Sie Ihre Visitenkarte aus der Hosentasche ziehen. Auch die Sakkotasche birgt die Gefahr, dass sie Ihre Karten verformt. Einen ebenfalls schlechten Eindruck hinterlassen Sie, wenn Sie im Geschäftsleben keine Visitenkarten bei sich tragen.

Wer wem zuerst seine Visitenkarte überreicht, orientiert sich an der Rangfolge, die Sie bereits vom Begrüßen und vom Vorstellen kennen. Die Karte überreicht zuerst

- der Gast dem Gastgeber,
- der Rangniedrigere dem Ranghöheren,
- der Jüngere dem Älteren, wenn beide denselben Rang innehaben,
- der Mann der Frau, wenn beide denselben Rang innehaben.

Übrigens muss der Ranghöhere anschließend seine eigene Karte nicht unbedingt überreichen. Er wird es in der Regel aus Gründen der Höflichkeit tun. Hat er jedoch das Gefühl, dass ihm sein Gegenüber dessen Visitenkarte gleichsam aufzwingt, um den Tausch zu erzwingen, wird er seine Karte nicht weiterreichen. Kommen Sie in diese Situation, vermeiden Sie jedoch peinliche Ausreden wie:»Ich habe keine Karte bei mir.« Weisen Sie darauf hin, dass Sie die Kontaktdaten Ihres Gegenübers ja haben und sich bei Bedarf melden. Geben Sie Ihre Visitenkarte Ihrem Gegenüber in dessen Hand. Schieben oder werfen Sie Visitenkarten niemals über den Gesprächstisch hinweg, auch wenn Ihr Partner dort sitzt. Sie signalisieren, dass Sie empathisch mitdenken, indem Sie Ihre Karte so überreichen, dass Ihr Gegenüber direkt die Schrift lesen kann und die Karte nicht erst um 90 oder 180 Grad drehen muss. Halten Sie auf jeden Fall Blickkontakt – mit Ihrem Gesprächs- oder Geschäftspartner, nicht mit Ihrer Visitenkarte. Wie beim mündlichen Vorstellen kann es hilfreich sein, dass Sie Gedächtnisbrücken zu Ihrem Namen geben oder die Aussprache Ihres Namens erläutern. Ist Ihre Funktion durch eine der üblichen, häufig wenig aussagenden Bezeichnungen wie»Managing Director« beschrieben, so wird sich Ihr Gegenüber freuen, wenn Sie ihm Ihre genaue Tätigkeit beschreiben.

Wie gehen Sie mit fremden Visitenkarten um?

Ein Signal der Unhöflichkeit und der Respektlosigkeit senden Sie, wenn Sie eine erhaltene Visitenkarte sofort auf den Tisch legen oder wegstecken, ohne einen Blick darauf geworfen zu haben.

Nehmen Sie die Visitenkarten, die Ihnen Ihr Gegenüber reicht, in die Hand und lesen Sie sie in Ruhe. So zeigen Sie Interesse und Respekt. Zugleich fällt es Ihnen dann meistens leichter, sich den Namen Ihres Gegenübers zu merken. Fragen Sie gezielt nach oder äußern Sie, dass Ihnen die Karte gefällt. Auch damit zeigen Sie Interesse und Respekt.

Während Sie Ihre eigene Visitenkarte mit einem handschriftlichen Zusatz bereichern können, gilt dies für die fremde Visitenkarte nicht – jedenfalls solange Sie nicht alleine sind. Nach dem Gespräch oder nach der Sitzung ist es sinnvoll, sich Notizen zu der jeweiligen Person oder zum gemeinsamen Treffen auf deren Visitenkarte zu machen.

Der Business-Stilcode

»Der Stil ist die Physiognomie des Geistes.«

Arthur Schopenhauer

Sie können einerseits über hervorragende rhetorische und dialektische Fähigkeiten und damit über einen geschliffenen Sprachcode verfügen, wenn Ihr Dresscode und Ihr Etikettecode nicht stimmen, werden Sie es schwer haben, bei Gesprächspartnern und Kunden überzeugend aufzutreten. Andererseits kann es sein, dass Sie passend gekleidet sind, Ihr Dresscode also stimmt, und dass Sie jedes Fettnäpfchen der Etikette souverän umgehen, also einen überzeugenden Etikettecode aussenden, und Ihre Gesprächspartner und Kunden doch kein Vertrauen zu Ihnen gewinnen, weil Ihr Sprachcode zu schwach ist. Und last but not least werden Ihre Gesprächspartner und Kunden verunsichert, wenn Ihr Körpercode zu Ihren sonstigen Codes nicht stimmig erscheint. Was hilft Ihnen die vornehmste Kleidung und die feinsinnigste Rhetorik, wenn Sie mit Ihren Körpersignalen Unsicherheit, Zweifel und Schwäche ausstrahlen.

Im Geschäftsleben konkurrieren Sie nicht nur mit Produkten oder Dienstleitungen. Diese sind in vielen Branchen nahezu austauschbar. Sie bringen Ihre gesamte Persönlichkeit ein, damit Gesprächspartner, Kunden oder Zuhörer sich von Ihnen und Ihren Botschaften überzeugen, unabhängig davon, in welcher Funktion und Hierarchiestufe Sie sich befinden. Zugleich gilt jedoch: Je höher Sie in der Hierarchie stehen und je mehr Sie repräsentieren, umso mehr ist Ihr Auftreten, ist Ihr persönlicher Stilcode im Vergleich zu Ihren Fachkenntnissen dafür entscheidend, wie Sie auf andere Menschen wirken. Selbstverständlich benötigen Sie Fachkenntnisse. Doch alleine über Ihr fachliches Wissen wirken Sie auf andere Menschen noch lange nicht überzeugend. Wer kennt sie nicht: Menschen, die zwar über ein großes Fachwissen verfügen, doch äußerst schwach sind im sozialen Umgang und wenig bis kein Wissen über den geschickten Einsatz von Soft Skills, von Türöffnern wie den hier beschriebenen, besitzen?

Deshalb ist Ihr Business-Stilcode, die Summe aus Ihrem Dresscode, Ihrem Sprachcode, Ihrem Etikettecode und Ihrem Körpercode im Geschäftsleben – Ihr umfassender Türöffner, um überzeugend vor anderen Menschen aufzutreten. Je nach Situation und je nachdem, mit wem Sie es gerade zu tun haben, benötigen Sie eine passende Kombination der einzelnen Türöffner, damit Ihr Stilcode und damit Sie selbst auf andere Menschen »öffnend« und gewinnend wirken. Ihr persönlicher Business-Stilcode ist der Spiegel dessen, »Wie« Sie auftreten.

Sie wissen, dass sich Menschen dann relativ leicht von Ihnen oder Ihrem Angebot überzeugen, wenn es Ihnen gelingt, auf passende Art und Weise deren Unterbewusstsein anzusprechen. Häufig können Sie den Rat hören: Um erfolgreich zu sein, sollen Sie anders als alle anderen sein. Dies darf jedoch nicht um jeden Preis geschehen. Auffallen um jeden Preis kann manchmal das Gegenteil von dem bewirken, was Sie ursprünglich damit bezwecken wollten. Besonders dann, wenn Sie sich so verhalten, dass Ihr Stil weder zu Ihrem Angebot noch zum Stil Ihres Arbeitgebers passt. Arbeiten Sie beispielsweise in der Finanzbranche als Kreditberater, so fallen Sie zwar mit einem roten Jackett und einer gelben Krawatte bestimmt auf, aber gleichzeitig verfehlen Sie damit die Erwartungen Ihrer Kunden an den Stil eines Kreditberaters. Ebenso können Sie durch einen überzogenen Sprachcode auffallen, indem Sie besonders lässig, verschachtelt oder mit Fremdwörtern gespickt formulieren. Je nach Branche und Tätigkeit mag dies angebracht sein und fällt dort nicht auf. Doch eine generelle Alternative für Ihren Erfolg stellt auch diese Form des »anders als alle anderen sein« nicht dar.

Erfolgreich sind Sie dagegen dann, wenn Sie mit Ihren Mitmenschen, Ihren Gesprächspartner, Kunden und Zuhörern so kommunizieren und Ihnen gegenüber so auftreten, dass Sie sich im Rahmen der Erwartungen bewegen und trotzdem nicht als »graue Maus« erscheinen. Ihr Business-Stilcode, Ihr Auftreten im Geschäftsleben, entscheidet über Ihren Erfolg. Je besser Sie die einzelnen Türöffner beherrschen und je bewusster Sie diese steuern und kombinieren können, umso größer werden Ihre Chancen sein, dass Sie überzeugend auftreten.

Passt Ihr persönlicher Stil zu Ihrem Arbeitgeber?

Stellen Sie sich diese Frage bitte immer wieder. Überprüfen Sie sich von Zeit zu Zeit selbst, ob Ihr persönlicher Stil das widerspiegelt, was Ihre Gesprächspartner, Kunden oder Zuhörer von Ihrem Arbeitgeber und der entsprechenden Branche erwarten. Auch wenn Sie gerne bequeme Sandalen tragen, sind diese im Geschäftsleben in der Regel – außer bei Sandalenverkäufern – fehl am Platze. Wenn Krawatten Sie stören, gehören sie doch in vielen Geschäftsbereichen zur »Grundausstattung« des Dresscodes. Wenn Sie im Privatbereich unbedingt »Mahlzeit« sagen wollen, muss dies im Geschäftsalltag nicht sein. Wenn Sie grundsätzlich Frauen den Vortritt lassen, kann das beim Treffen mit Kunden falsch sein.

Je länger Sie bei einem Arbeitgeber beschäftigt sind, desto besser kennen Sie die offiziellen und die inoffiziellen Stil- und Spielregeln. In meinen Seminaren höre ich immer wieder, wie stark oder wie wenig das Auftreten in einzelnen Unternehmen geregelt ist. Die Bandbreite reicht von vorgeschriebener Kleidung – zum Beispiel im Hotel- und Gaststättengewerbe – und von vorgeschriebenen Redewendungen am Telefon bis hin zur völligen Individualität des Auftretens. Je mehr geregelt ist, umso weniger können Sie falsch machen. Allerdings entsprechen manche Regeln nicht dem, was Kunden erwarten. In diesem Fall vermeiden Sie es jedoch bitte, einen eigenen »richtigen« Stil zu entwickeln. Versuchen Sie vielmehr, durch interne Diskussionen darauf aufmerksam zu machen. Wie würde es auf Sie wirken, wenn sämtliche Stewardessen und Stewards bei einer Fluglinie einheitlich gekleidet sind, eine Person von ihnen jedoch drastisch davon abweicht? Oder wie würden Sie es empfinden, wenn in einer Besprechung fast alle Vertreter Ihres Geschäftspartners einen für die Situation passenden Sprachcode wählen, nur eine Person spricht mit Ihnen umgangssprachlich?

Ihr persönlicher Stil, der von Ihnen erwartet wird, wird mehr oder weniger von der Branche, in der Sie tätig sind, sowie von Ihrem Arbeitgeber vorgeschrieben.

Immer dann, wenn Sie Spielräume besitzen, wie Sie Ihren Business-Stilcode gestalten, kommt es darauf an, dass Sie einerseits wissen, was grundsätzlich üblich und korrekt ist, und andererseits sich daran orientieren, was Ihre Geschäftspartner von Ihnen erwarten.

Freigegebene Spielräume bedeuten keinen Freibrief für völligen Individualismus. Dies gilt übrigens auch für Selbstständige.

Denken Sie bitte daran: Entspricht Ihr individueller Stil dem, der von Ihnen als Repräsentant eines bestimmten Unternehmens erwartet wird, dann werden Ihnen Ihre Kunden und Gesprächspartner Vertrauen entgegenbringen.

Passt Ihr persönlicher Stil zu Ihrem Angebot?

Wenn Sie fest angestellt sind oder als freier Mitarbeiter einem Arbeitgeber dienen, dann bestimmen der Stil des Arbeitgebers und der zum Angebot passende Stil Ihr Auftreten. Orientieren Sie sich bitte daran.

Wenn Sie selbstständiger Unternehmer sind, dann liegt es zunächst in Ihrer Hand, den Stil Ihres Unternehmens zu gestalten. Häufig ist Ihr persönlicher privater Stil zugleich der Stil Ihres Unternehmens, den Geschäftspartner damit verbinden.

Wichtige Orientierungspunkte, wie Sie überzeugend auftreten, erhalten Sie von Ihrem Angebot. Stellen Sie sich bitte sowohl als selbstständiger Unternehmer als auch als Angestellter Fragen wie die folgenden:»Trete ich so vor meinen Kunden und vor Interessierten auf, dass sich die Art und Qualität meines Angebots in meinem persönlichen Stil widerspiegeln?« Oder:»Was erwarten Kunden von mir, wenn ich ein bestimmtes Angebot anbiete?«

Bei einem Rasenmäherverkäufer – ob selbstständig oder angestellt – wird von seinen Kunden im Geschäftsalltag eine andere Kleidung und Sprache erwartet, als bei einem Bankvorstand. Als Repräsentant eines Luxusherstellers wird von Ihnen ein anderer Business-Stilcode erwartet als bei einem Repräsentanten eines Billigherstellers. Arbeiten Sie als selbstständiger Unternehmensberater, dann muss Ihr Auftreten ein anderes sein, als wenn Sie selbstständiger Gartenbauarchitekt sind.

Nur wenn Ihr Angebot und Ihr Auftritt miteinander harmonieren, erreichen Sie die notwendige Glaubwürdigkeit bei Ihren Kunden und kommen letztlich zu den gewünschten Aufträgen. Denn Sie wissen: Kunden kaufen im Unterbewusstsein und orientieren sich nicht nur an Daten und Fakten.

Der erfolgreiche Einsatz der Türöffner in speziellen Business-Situationen

»Erfolg besteht darin, dass man genau die
Fähigkeiten hat, die im Moment gefragt
sind.«

Henry Ford

Drei der wichtigsten Botschaften aus der Gehirnforschung für Ihren
Erfolg im Geschäftsleben sind:

- 70 bis 95 Prozent des menschlichen Verhaltens werden vom Unterbewusstsein gesteuert – also auch 70 bis 95 Prozent der Kaufentscheidungen Ihrer Kunden.
- Emotionale und bildhafte Informationen nimmt das Gehirn leichter und länger auf als nüchterne Fakten. Sie sind zugleich sehr gut geeignet, andere Menschen zu »öffnen«.
- Signale und Informationen wirken auch dann, wenn sie unbewusst oder ohne besondere Aufmerksamkeit wahrgenommen werden.

Im Gegensatz zum alltäglichen Miteinander im Geschäftsleben
verfügen Sie bei den nachfolgend beschriebenen Business-Situationen lediglich über einen mehr oder weniger eng beschränkten Zeitrahmen, damit sich Ihre Gesprächspartner, Kunden oder Zuhörer
von Ihnen überzeugen. Umso gezielter setzen Sie bitte die entsprechenden Türöffner ein, damit Sie größten Nutzen von ihnen ziehen.
Orientieren Sie sich immer wieder an der Frage:»Spreche ich nur
oder wirke ich schon überzeugend?«

Die nachfolgend beschriebenen Business-Situationen lassen sich
grob in zwei Kategorien einteilen: zum einen in solche Situationen, in
denen Sie nahezu unwidersprochen Ihre Meinung vorstellen können
und zum anderen in solche, in denen Sie sich im unmittelbaren Gespräch oder in der Diskussion behaupten müssen. Dies hat direkten
Einfluss darauf, wie Sie am besten vorgehen, um überzeugend zu wirken. In die erste Kategorie fallen Reden, Präsentationen und zum Teil
auch Interviews. Die zweite Kategorie umfasst Besprechungen und
Diskussionen, Verkaufsgespräche, (Preis-)Verhandlungen sowie Headhunter- und Vorstellungsgespräche, zum Teil auch Interviews. In

Situationen der ersten Gruppe legen Sie beim Sprachcode das Gewicht auf die klassische Rhetorik, in den Situationen der zweiten Kategorie gewinnen zudem Ihre dialektischen Fähigkeiten an Bedeutung.

In Besprechungen und Diskussionen

> »Es ist besser zu schweigen und für einen Idioten gehalten zu werden, als zu sprechen und alle Zweifel zu beseitigen.«
>
> *Abraham Lincoln*

Wichtige Merkmale von Besprechungen und Diskussionen

Je nach Business-Situation benötigen Sie jeweils eine spezielle Kombination der Türöffner, um erfolgreich zu sein. Diese hängt davon ab, mit wie vielen Menschen Sie jeweils kommunizieren und ob Sie Widerspruch erfahren oder nicht. In Besprechungen und Diskussionen, zu denen auch Sitzungen aller Art gehören, treffen sich mindestens zwei Menschen mit dem Ziel, zu einem gewissen Thema oder zu einer bestimmten Fragestellung die beste Alternative oder die beste Lösung zu finden.

Von Besprechungen und Diskussionen grenzen Sie bitte Debatten ab, wie Sie sie zum Beispiel im Deutschen Bundestag verfolgen können. Dort geht es in erster Linie um die Drittwirkung des jeweiligen Redners und weniger um die Sache selbst. In Debatten sollen verbal nicht beteiligte Zuschauer und Zuhörer für die eigenen Argumente gewonnen werden. Es geht darum, besser zu wirken als die Gegenseite. Es geht im Kern um den Sieg im direkten Vergleich. Die eigentlichen Sachdiskussionen finden in kaum beachteten Ausschüssen statt. Wenn Sie an Debatten teilnehmen, verwenden Sie bitte die empfohlenen Türöffner für Reden.

In Besprechungen und Diskussionen geht es grundsätzlich nicht um Drittwirkung. In fast allen Fällen finden diese Veranstaltungen ohne Zuhörer statt. Klassische Situationen für Besprechungen und Diskussionen sind Verwaltungs- oder Aufsichtsratssitzungen, Vorstandssitzungen, Bereichs- und Abteilungsbesprechungen sowie Besprechungen auf den sonstigen Organisationsebenen. Ebenso gehören hierzu Besprechungen und Diskussionen jeglicher Art in Parteien wie zum Beispiel Strategietreffen von Parteigremien. Eingeschränkt können auch Diskussionen im Anschluss an eine Rede oder Präsentation hierzu gezählt werden. Bei ihnen hören jedoch Dritte zu, die nicht unmittelbar in die Diskussion eingreifen. In solchen Fällen besteht gegebenenfalls ein fließender Übergang zur Debatte. Auch in jedem Verein oder in jeder ehrenamtlichen Gruppierung finden Besprechungen und Diskussionen statt. Stets soll der Austausch von Argumenten, Meinungen und Fragen helfen, zu dem diskutierten Thema eine optimale oder zumindest eine tragfähige Lösung zu finden. Diese wird sehr oft in einem Kompromiss bestehen.

So weit so gut. Wenn es alleine um die Lösung eines Sachthemas ginge, wäre es kaum nötig, Besprechungen und Diskussionen in diesem Buch einen eigenen Abschnitt zu widmen. In der Praxis erweisen sich solche Veranstaltungen jedoch oft als Plattformen für persönliche Eitelkeiten, als Spielwiese für unsachliche verbale Auseinandersetzungen oder als pure Zeitverschwendung. Woran liegt das?

Wenn sich eine Besprechung im Nachhinein als pure Zeitverschwendung entpuppt, dann liegt ein Problem vor, welches relativ leicht gelöst werden kann. Denn in der Mehrzahl der Fälle ist dafür eine ungenügende Diskussionsleitung verantwortlich. Die erforderlichen Fähigkeiten für eine gute Leitung lassen sich bis zu einem gewissen Grad lernen. Nachfolgend finden Sie 11 wichtige Regeln, wie Sie Besprechungen und Diskussionen erfolgreich leiten.

Schwieriger sind solche Besprechungen, in denen einzelne Teilnehmer sich selbst in den Mittelpunkt stellen oder in denen die Diskussion über Sachthemen als Deckmantel für den verbalen Kampf zwischen einzelnen Teilnehmern benutzt wird. Auch wenn in diesen Fällen eine überzeugende Leitung sehr viel zum Besseren beitragen kann, entscheiden doch die Sprachcodes der einzelnen Teilnehmer, also deren rhetorische und dialektische Fähigkeiten, ob eine Besprechung erfolgreich oder destruktiv verläuft.

In Besprechungen und Diskussionen setzt sich häufig nicht der beste Beitrag oder das sinnvollste Argument durch, obwohl das eigentliche Ziel der Veranstaltung darin besteht. Es setzen sich sehr oft diejenigen Argumente durch, die am überzeugendsten vorgetragen werden und die nur deswegen von den sonstigen Teilnehmern als eine sinnvolle und hilfreiche Alternative betrachtet werden. Es geht somit in Besprechungen und Diskussionen auch darum, dass Sie andere Menschen »öffnen«, damit diese bereit sind, Ihnen zuzuhören und zuzustimmen.

Damit Ihnen dies gelingt – ob als Teilnehmer oder als Leiter –, erfahren Sie nachfolgend, wie Sie die einzelnen Türöffner entsprechend nutzen können.

11 wichtige Regeln, wie Sie Besprechungen und Diskussionen erfolgreich leiten

Immer wieder geschieht es, dass Besprechungen oder Diskussionen ergebnislos oder gar im Chaos enden.

Die Ursachen können vielfältig sein. Und nicht immer liegen sie bei disziplinlosen Teilnehmern. Selbst wenn sich Diskussionsteilnehmer disziplinlos verhalten und so zu einem schlechten Ende der Besprechung beitragen, liegt die eigentliche Ursache beim Leiter der Besprechung, der die Türöffner nicht oder unzureichend einsetzt. Nur das, was ein Leiter zulässt, wird geschehen – und dies hängt von seinem Auftreten ab.

Oftmals fühlen sich Teilnehmer durch einen führungsschwachen Diskussionsleiter geradezu herausgefordert, zu testen, wie weit sie gehen dürfen.

Bereits wie Sie als Leiter den Raum betreten, wie Sie sich hinsetzen oder die Teilnehmer vorab begrüßen und wie Sie gekleidet sind, signalisiert, ob Sie als stark oder schwach eingeschätzt werden. Achten Sie deshalb darauf, dass Sie souverän und sicher auftreten. Welche Worte und Formulierungen Führungsschwäche signalisieren, finden Sie weiter oben im Abschnitt zum Business-Sprachcode. Insbesondere gehören dazu Konjunktive und Worte wie »vielleicht«, »möglicherweise« oder »eigentlich«. Welche Körpersignale Führungsschwäche signalisieren, finden Sie weiter oben im Abschnitt zum Business-Körpercode. Vermeiden Sie sie auf jeden Fall.

Daneben leiten Sie eine Besprechung und Diskussion dann erfolgreich, wenn Sie diese 11 wichtigen Regeln beachten:

1. Bereiten Sie sich gründlich vor.
2. Überlegen Sie, ob es sinnvoll ist, eine Sitzordnung festzulegen. Und falls ja, welche.

3. Stehen Sie inhaltlich stets neutral über den einzelnen Teilnehmern und bewerten Sie deren Statements nicht. Sie sind als Leiter Schiedsrichter und als solcher unparteiisch.

4. Legen Sie die Spielregeln zu Beginn der Veranstaltung so fest, dass alle Teilnehmer sie verstehen. Definieren Sie die Dauer der gesamten Diskussion sowie der einzelnen Statements und Beiträge.

5. Eröffnen Sie die Diskussion freundlich. Geben Sie das Ziel der Diskussion bekannt. Stellen Sie in dieser Phase keine Fragen. Kennen sich die Teilnehmer nicht, bauen Sie eine geeignete Vorstellungsrunde ein.

6. Erteilen und entziehen Sie konsequent das Wort und unterbinden Sie Zwiegespräche. Dazu gehört auch, dass Sie mit den Teilnehmern Blickkontakt halten. Fassen Sie zwischendurch den Stand der Dinge neutral zusammen.

7. Halten Sie Ihre Emotionen unter Kontrolle, denn diese übertragen sich unweigerlich auf die Teilnehmer.

8. Wehren Sie Angriffe auf Ihre Leitungsfunktion und Ihre Person sofort kurz und sicher ab. Hierzu finden Sie weiter unten entsprechende Hilfen.

9. Folgen Sie den Beiträgen konzentriert. Sie müssen stets den Stand der Diskussion kennen.

10. Wenn Sie selbst einen inhaltlichen Beitrag und Ihre Position äußern wollen, gehen Sie folgendermaßen vor: Erwähnen Sie, dass Sie die Funktion des Leiters nun kurz ablegen und als »normaler« Teilnehmer sprechen. Bringen Sie Ihre Gedanken erst zum Schluss der Diskussion ein, wenn Sie an den Meinungen der Teilnehmer wirklich interessiert sind. Äußern Sie Ihre inhaltliche Position zu früh, kann es passieren, dass Sie die Teilnehmer vorformen und in eine bestimmte Richtung lenken. In manchen Situationen kann dies erwünscht sein – es birgt jedoch die Gefahr, dass die Teilnehmer den Eindruck verspüren, das Ergebnis sei bereits vor der Diskussion klar.

11. Schließen Sie die Diskussion. Stellen Sie dazu rechtzeitig vor Schluss nochmals eine motivierende Frage zum Inhalt und unmittelbar vor Schluss gegebenenfalls eine Alternativfrage, um klar zu machen, was am der Ende der Diskussion erreicht worden ist oder welche nächsten Schritte nun zu tun sind. Soll abgestimmt werden, so veranlassen Sie dies jetzt.

Als Leiter tragen Sie große Verantwortung für das Gelingen der Veranstaltung. Zeigen Sie sich souverän und sicher. Die einzelnen Türöffner helfen Ihnen dabei.

22 nützliche Punkte für Sie als fairen Teilnehmer

Der Ablauf und das Ergebnis einer Besprechung und Diskussion hängen sehr stark davon ab, wie gut die Veranstaltung geleitet wird. Doch dies alleine reicht nicht aus. Denn dem besten Leiter bleibt nur, das Treffen abzubrechen, wenn die Teilnehmer konstruktives Engagement vermissen lassen. Wie bereits erwähnt, nutzen einzelne Personen ihre Teilnahme manchmal als Plattform für persönliche Eitelkeiten oder als Spielwiese für unsachliche verbale Auseinandersetzungen. Denen gegenüber stehen oder sitzen die fairen Anwesenden, die an dem jeweiligen Thema wirklich sachlich interessiert sind, es diskutieren und lösen wollen. Wenn es dem Leiter nicht gelingt, störende Einflüsse zu verhindern, dann liegt bei sämtlichen fairen Teilnehmern eine Mitverantwortung, unfaire verbale Angriffe und sonstige Störungen abzuwehren und zu stoppen.

Ihr Verhalten als fairer Teilnehmer trägt zum Gelingen der Veranstaltung maßgeblich bei. So wie Sie sich zu Wort melden, so wie Sie argumentieren und sich mit gegenteiligen Meinungen auseinandersetzen, so wie Sie auf verbale Angriffe reagieren, genauso werden Sie von allen sonstigen Anwesenden wahrgenommen und bewusst sowie vor allem unbewusst bewertet. Liegt Ihnen daran, ein Thema in Ihrem Sinne zu lösen, dann sind die dialektischen Fähigkeiten, die Sie mit Ihrem Sprachcode senden, entscheidend. Denn die beste Lösung wird häufig deswegen nicht gewählt, weil sie schlecht, abweisend oder von einem unsympathischen Teilnehmer vorgetragen wird. Dies widerspricht dem »homo oeconomicus«, doch die Praxis beweist auch hier, dass Entscheidungen weniger rational als vielmehr emotional im Unterbewusstsein getroffen werden.

Zusätzlich zu den weiter unten ausführlich beschriebenen Verhaltensweisen wie dem Umgang mit schwierigen Teilnehmern oder der fairen Reaktion auf unfaire Verbal-Attacken sind für Sie als fairen Teilnehmer einer Besprechung oder Diskussion die folgenden 22 Punkte wichtig:

1. Sammeln Sie zu den einzelnen Tagesordnungspunkten Hintergrundinformationen. Sie helfen Ihnen dabei, dass Sie nicht überlistet werden.
2. Erstellen Sie für sich eine Pro-und-Contra-Liste zu jedem Ihrer Argumente. So können Sie sich bereits im Vorfeld der Diskussion in die Gedanken der Gegenseite hineinversetzen und sowohl gegen diese als auch für Ihre eigenen Argumente starke Worte vorbereiten.
3. Akzeptieren Sie den Leiter und seine Funktion.
4. Wenn Sie Ihren Platz frei wählen können, setzen Sie sich möglichst rechts oder links neben den Diskussionsleiter. Diesen Plätzen wird von den sonstigen Teilnehmern unterbewusst eine besondere Position zugeschrieben.
5. Sitzen Sie aufrecht. Zu starkes Vorbeugen signalisiert oft Angriff oder Aggression, zu entspanntes Zurücklehnen wird von vielen Menschen als arrogant oder überheblich empfunden. Achten Sie auf Ihre Hände und die Signale, die von ihnen ausgehen.
6. Vermeiden Sie, als Erster nach dem Leiter zu Wort zu kommen. Derjenige, der zuerst beginnt, kann zwar zunächst die Diskussionsrichtung festlegen. Er befindet sich aber in der Gefahr, dass sich die nachfolgenden Wortmeldungen gegen ihn richten.
7. Nennen Sie öfters die Namen der Personen, die Sie direkt ansprechen.
8. Halten Sie mit allen Anwesenden Blickkontakt.
9. Formulieren Sie kurz und präzise.
10. Verzichten Sie auf Floskeln.
11. Verzichten Sie auf ironische oder sarkastische Bemerkungen ebenso wie auf Witze oder verbale Seitenhiebe.
12. Verkneifen Sie sich Zwischenrufe.
13. Wenn Sie etwas zu sagen haben, sagen Sie es. Niemand kann Ihre Gedanken lesen.
14. Hören Sie anderen Teilnehmern bei deren Statements aufmerksam zu.
15. Beachten Sie die Reihenfolge Ihrer Argumente. Beginnen Sie stets mit dem zweitstärksten und setzen Sie das stärkste Argument erst zum Schluss ein.

16. Bleiben Sie entspannt, auch wenn die Diskussion hitzig wird. Lassen Sie sich nicht provozieren.
17. Sprechen Sie in Sie-Botschaften und denken Sie dabei an den Nutzen für diejenigen, die Ihnen zustimmen sollen.
18. Setzen Sie die Fragetechnik geschickt ein. Sie können mit ihr die Diskussion steuern und unliebsame Positionen anderer Anwesenden elegant hinterfragen und angreifen.
19. Vermeiden Sie, »gegnerische« Standpunkte zu widerlegen. Einerseits wissen Sie aus der Gehirnforschung, dass wiederholt Gesagtes (hier: der »gegnerische« Standpunkt) an Gewicht gewinnt. Andererseits wird jeder Widerlegungsversuch bei Ihrem Gegenüber eine Trotz-Reaktion und den Zwang, sich zu verteidigen, auslösen.
20. Anstatt »gegnerische« Standpunkte zu widerlegen, bieten Sie bessere Alternativen an.
21. Behaupten Sie nicht, fragen Sie. Bringen Sie Ihre Lösungsalternativen mit der Fragetechnik ins Spiel. Eine Idee, die Ihre Mitdiskutierenden durch eine geschickte Frage selber finden, ist hilfreicher als jede Behauptung von Ihnen.
22. Falls es eine Abstimmung gibt: Versuchen Sie, davor das letzte Wort zu erhalten. Der so gewonnene letzte Eindruck vor der Abstimmung beeinflusst unentschlossene Teilnehmer in ihrem Abstimmungsverhalten unterbewusst.

Auf Floskeln zu verzichten bedeutet auch, die typische Besprechungsfloskel »Ich schließe mich den Ausführungen meines Vorredners an« aus dem Wortschatz zu streichen. Wer sich überhaupt nicht zu Wort meldet oder sich nur den Äußerungen anderer Teilnehmer anschließt, wird über kurz oder lang als schwach, als »Mauerblümchen« wahrgenommen. Sie signalisieren mit dieser Floskel wenig Selbstbewusstsein. Selbst wenn Ihre Position vor Ihrer Wortmeldung schon von mehreren anderen Teilnehmern vertreten wurde, so bleibt es trotzdem Ihre Position. Bringen Sie dies dadurch zum Ausdruck, dass Sie sie mit Ihren eigenen Worten in die Veranstaltung einbringen, auch wenn die Diskussionszeit schon weit vorangeschritten ist. Wieso sollte fehlende Zeit zu Lasten Ihrer Äußerungen gehen? »Verkaufen« Sie sich nicht unter Wert.

So kommunizieren Sie erfolgreich mit schwierigen Teilnehmern

»Es könnte eine so harmonische Sitzung sein, wäre da nicht immer der eine Störenfried.« Solche und ähnliche Aussagen sind oft von Sitzungsteilnehmern zu hören. Auch der beste Sitzungs- oder Diskussionsleiter kann den Charakter der Teilnehmer an einer Besprechung nicht ändern. Er kann lediglich darauf hinwirken, dass die Spielregeln eingehalten werden.

Schwierige Besprechungsteilnehmer gibt es immer wieder. Was jedoch unter »schwierig« verstanden wird, ist zunächst subjektiv. Jedenfalls handelt es sich stets um eine Person, die sich anders verhält als derjenige es sich wünscht, der sie als schwierig empfindet. Zugleich wird dieses Anderssein negativ empfunden. Doch auch ein Spaßvogel, der zunächst positive Emotionen auslöst, kann auf Dauer als störend und schwierig angesehen werden. Selbst wie die Besprechung zusammengesetzt ist, entscheidet darüber, was als »schwierig« empfunden wird. Treffen sich ausnahmslos gesprächige Typen, dann wird ein Vielredner nicht negativ auffallen, solange er keinen Unsinn erzählt. Trifft sich eine Gruppe von Bilanzfachleuten, so ist die Wahrscheinlichkeit hoch, dass keiner den anderen als Pedanten empfinden wird. Treffen jedoch Marketing-Spezialisten mit Controllern zusammen, so definiert sich der Begriff »schwierig« häufig auf zweifache Art.

Damit Sie erfolgreich mit schwierigen Besprechungsteilnehmern kommunizieren können, ist es für Sie wichtig, nicht nur die Störung als solche zu empfinden, sondern zu erkennen, um welche Art von Menschen-Typ es sich handelt. »Schwierig« kann beispielsweise jemand wirken, wenn er zuviel, zu laut oder zu besserwisserisch spricht, zu pessimistisch ist oder wenn er zu zurückhaltend ist, zu erhaben wirkt, zu optimistisch ist, zu dickhäutig bleibt. Für sämtliche Typen gibt es angemessene Reaktionen, die den Umgang mit ihnen erleichtern. Während Sie einen zurückhaltenden Teilnehmer zum Sprechen motivieren, ist diese Reaktion bei einem Schwätzer völlig unpassend. Grundsätzlich gilt: Auch wenn ein Teilnehmer Sie stört und auf die berühmte Palme bringt, bleiben Sie gelassen. Sobald Sie wütend werden, wird Ihr Denken negativ beeinflusst. Ihr Körpercode signalisiert Anspannung und Ihr gesamter Auftritt kann so stark negativ werden, dass Sie Ihr gesetztes Ziel in der Besprechung nur alleine deswegen nicht mehr erreichen.

Sie finden nachfolgend einige ausgewählte »schwierige« Typen von Besprechungsteilnehmern und Hilfen, wie Sie insbesondere mit Ihrem Sprachcode überzeugend auf deren Verhalten reagieren.

Der Besserwisser

Fast immer kompensiert ein Besserwisser durch sein Auftreten seine eigenen Minderwertigkeitskomplexe. Dagegen will er eine »Wissens-Fassade« aufbauen, die andere am Blick auf seine Schwächen hindern soll.

Daran erkennen Sie ihn:
- Er will stets im Mittelpunkt stehen.
- Er spielt sich als Wichtigtuer auf und drängt sich ständig vor.
- Er mischt sich ein, auch wenn er nicht gefragt wurde.
- Er glaubt, alles besser zu wissen.
- Er spricht in einem Tonfall, der Überlegenheit signalisiert.
- Er lässt andere Meinungen kaum bis überhaupt nicht gelten.
- Er überzeugt sich nur sehr schwer von einer anderen als der eigenen Meinung.
- Er findet stets einen Schuldigen, wenn etwas schief gelaufen ist.

So reagieren Sie auf ihn:
- Stellen Sie sich mental auf ihn ein.
- Äußern Sie Ihre Meinung ihm gegenüber stets gut vorbereitet. Jede Schwäche von Ihnen wird er dankbar aufgreifen.
- Bringen Sie Alternativvorschläge in Frageform in die Diskussion ein.
- »Verkaufen« Sie ihm Alternativen als weitere Ideen, jedoch nicht als zu seiner Meinung entgegenstehende Möglichkeiten.
- Signalisieren Sie ihm Respekt vor seiner Meinung, ohne ihm jedoch zuzustimmen, wenn Sie es nicht wollen.
- Stellen Sie ihm geschlossene Fragen.
- Vermeiden Sie es, als »Gegenexperte« aufzutreten.
- Erwähnen Sie in seinem Beisein keine eigenen Schwächen, auch nicht selbstironisch gemeinte.
- Als Diskussionsleiter stellen Sie seine Beiträge öfters mal zurück oder klammern Sie sie aus. Erteilen Sie ihm Sonderaufträge.

Der Schwätzer

Bis zu einem gewissen Grad besitzt er Ähnlichkeit mit dem Besserwisser. Denn auch er besitzt ein enormes Geltungsbedürfnis. Doch fast immer steckt dahinter nur »heiße Luft«.

Daran erkennen Sie ihn:
- Er will sich durch ständiges Reden Geltung verschaffen.
- Er muss sich verbal abreagieren.
- Er redet häufig thematisch durcheinander, ohne Struktur und ohne Zusammenhang.
- Er versucht durch sein Reden sein Unwissen zu verbergen.

So reagieren Sie auf ihn:
- Lassen Sie ihn am Anfang zunächst ausreden, damit er »Luft ablassen« kann.
- Fordern Sie ihn auf, seinen Beitrag zu konkretisieren.
- Fordern Sie Gründe für seine Behauptungen.
- Als Diskussionsleiter weisen Sie ihn auf die Spielregeln hin – zum Beispiel die begrenzte Redezeit.

Der Aggressive

Fast immer ist sein Wesen von Komplexen oder Frust durchdrungen. Die Ursachen dafür können vielfältig sein.

Daran erkennen Sie ihn:
- Er ist immer grundsätzlich streitsüchtig.
- Er wartet nur darauf, Sie zu provozieren.
- Er legt es darauf an, dass ein Streitgespräch entsteht.

So reagieren Sie auf ihn:
- Lassen Sie sich auf keinen Fall in ein Streitgespräch mit ihm verwickeln.
- Lassen Sie ihn vorgebrachte Behauptungen durch Beispiele begründen.
- Stellen Sie ihm geschlossene Fragen.
- Überraschen Sie ihn durch ein Lob.
- Als Diskussionsleiter stellen Sie seine Fragen unter allen Teilnehmern zur Diskussion.

Der Ablehnende

Ihm begegnen Sie in unterschiedlichen Ausprägungen: Ein Ablehnender kann seine Ablehnung sowohl durch Desinteresse als auch durch ständiges Nörgeln zum Ausdruck bringen. Oft verbergen sich hinter seinem Verhalten Frust oder erlebte Misserfolge.

Daran erkennen Sie ihn:
- Er zeigt sich desinteressiert.
- Er verhält sich unkollegial.
- Er hält an Bekanntem fest.
- Er führt eine Liste von Beschwerden auf.
- Er nörgelt an jeder neuen Idee herum.

So reagieren Sie auf ihn:
- Haben Sie mit ihm Geduld.
- Stellen Sie ihm direkte Fragen zu seinen Erfahrungen.
- Geben Sie ihm ein Gefühl der Sicherheit.
- Sprechen Sie mit ihm öfters in Einzelgesprächen.
- Bestätigen Sie ihn keinesfalls in seiner Ablehnung.
- Bringen Sie ihn in Verlegenheit.
- Als Diskussionsleiter geben Sie ihm Aufgaben, durch deren Lösungen er sich im Gegensatz zu seiner zunächst ablehnenden Haltung vom Gegenteil überzeugt.

Der Hinterhältige

Er ist einer der gefährlichsten Typen von schwierigen Teilnehmern an einer Besprechung oder Diskussion – und darüber hinaus. Er versucht, Sie als Gesprächspartner, als Diskussionsteilnehmer oder als Besprechungsleiter durch unfaire Methoden anzugreifen, bloßzustellen oder gar in Verruf zu bringen.

Daran erkennen Sie ihn:
- Er spielt vordergründig die Unschuld in Person.
- Er stachelt andere zunächst gegen Sie auf und greift erst dann an.
- Er verbreitet im Vorfeld von Besprechungen und danach Halbwahrheiten und Gerüchte über Sie.
- Er stellt unangenehme Fragen, mit denen er Sie bloßstellen will.

- Er wartet in Diskussionen häufig bis kurz vor Schluss, um dann eine Reihe von verunsichernden Fragen zu stellen.

So reagieren Sie auf ihn:
- Stellen Sie ihn unter vier Augen zur Rede, nicht vor einer Gruppe. Zeigen Sie ihm, dass Sie sein Verhalten durchschauen. Sagen Sie es ihm, wenn Sie ihn ertappt haben. Erwarten Sie dabei kein Geständnis, sondern ein Dementi.
- Signalisieren Sie während der Besprechung durch eine passende Ich-Botschaft, dass Sie sein Spiel erkannt haben. Vorsicht jedoch, wenn Sie keine Beweise dafür haben.
- Unterschätzen Sie ihn nie.
- Bestätigen Sie ihn nicht.
- Hoffen Sie nicht darauf, dass er sich in seinem Verhalten zum Positiven ändern wird.
- Als Diskussionsleiter stellen Sie seine Fragen zur allgemeinen Diskussion. Ernennen Sie ihn auf keinen Fall zum Protokollführer.

Der Arrogante
Der Arrogante will seinen Mitmenschen klar machen, dass er »etwas Besseres« ist. Meist überschätzt er sich selbst maßlos, kann und will dies jedoch nicht zugeben.

Daran erkennen Sie ihn:
- Er spricht überheblich und herablassend.
- Er verwendet oft polemische oder sarkastische Worte.
- Er will andere lächerlich machen.
- Er lässt andere Meinungen außer der eigenen nicht gelten.
- Er will stets die Initiative in der Hand haben.

So reagieren Sie auf ihn:
- Geben Sie ihm auf den ersten Blick recht, doch bringen Sie anschließend rhetorisch gut verpackt Ihre gegebenenfalls gegenteilige Ansicht in die Diskussion ein.
- Beharren Sie auf Ihrer Sichtweise.
- Schmeicheln Sie hin und wieder seinem Ego.
- Gewinnen Sie durch Überraschungen seine Aufmerksamkeit.

- Bleiben Sie ruhig und gelassen.
- Als Diskussionsleiter stellen Sie ihm keine direkten Fragen.

Der Schüchterne

Der Schüchterne ist von Angst geprägt. Häufig ist es die Angst davor, vor anderen Menschen zu sprechen. Oft ist es jedoch auch die Angst davor, sich zu blamieren oder nicht ernst genommen zu werden.

Daran erkennen Sie ihn:
- Er meldet sich von sich aus nicht zu Wort.
- Er ist oft sehr sensibel und fühlt sich schnell gekränkt.
- Er ist in Besprechungen und vor größeren Menschengruppen verkrampft und sehr zurückhaltend, im Einzelgespräch dagegen oftmals locker und gesprächig.

So reagieren Sie auf ihn:
- Sprechen Sie ihn direkt und mit Namen an.
- Stellen Sie ihm leicht zu beantwortende Fragen, damit er ein Erfolgserlebnis verspürt.
- Loben Sie ihn bei vorhandenem Anlass.
- Als Diskussionsleiter motivieren Sie ihn, sich in Diskussionen einzubringen. Häufig hat er gute Ideen, die er sich zunächst nur nicht traut, zu äußern.

Der Zauderer

Er hat Angst vor Entscheidungen und traut sich selbst nichts zu. Er überlegt sehr lange, um ja keine relevante Information zu übersehen. In Sitzungen, die einstimmige Beschlüsse für eine Lösung erfordern, wird er oft zum Bremser. In vielen Fällen will er anerkannt werden.

Daran erkennen Sie ihn:
- Er entscheidet sich nicht oder nur sehr langsam.
- Er wägt jeden Gedanken mehrmals auf Pro und Contra ab.
- Er ist »Weltmeister« im Verzögern und im Erfinden von Ausreden.
- Er will gefallen und nicht stören.
- Er formuliert gefällig und ist freundlich im persönlichen Umgang.
- Er bringt nichts voran.

So reagieren Sie auf ihn:
- Erklären Sie ihm Vor- und Nachteile, die mit einer anstehenden Entscheidung verbunden sind.
- Geben Sie ihm viel Information, damit er sich sicher fühlt.
- Entlocken Sie ihm die Probleme, mit denen er hadert.
- Als Diskussionsleiter verpflichten Sie ihn auf eine getroffene Entscheidung.

Der Pessimist

Für ihn besteht die Welt aus lauter unlösbaren Problemen. Er ist von Unsicherheit, oft auch von Angst geprägt.

Daran erkennen Sie ihn:
- Er sucht und findet ständig Gründe dafür, weshalb etwas nicht funktionieren kann.
- Er spricht nur negativ über die Zukunft.
- Er geht davon aus, dass die aktuelle Situation noch viel schlimmer wird und dies nicht zu verhindern sein wird.
- Er fühlt sich ständig überfordert und klagt darüber, wie stark er belastet ist.

So reagieren Sie auf ihn:
- Stellen Sie Ihr Gehör auf »Durchzug«.
- Erwarten Sie nicht, dass Sie mit ihm ernsthaft diskutieren können.
- Erklären Sie ihm die schlechteste aller möglichen Alternativen und deren geringe Wahrscheinlichkeit.
- Als Diskussionsleiter verschaffen Sie ihm Erfolgserlebnisse.

So wirken Ihre Worte noch stärker

Kennen Sie das auch? Jemand meldet sich zu Wort, erhält das Wort, gibt sein Statement ab und anschließend geht niemand darauf ein. Dafür kann es mehrere Gründe geben, wenngleich die Höflichkeit es verbietet, ein Statement völlig zu ignorieren.

Es kann erstens sein, dass diejenige Person bei den sonstigen Teilnehmern in einer Schublade abgelegt ist, die die Aufschrift »unfähig« oder ähnlich besitzt – zu Recht oder zu Unrecht. Gleichgültig, wie gut oder schlecht nun der einzelne Diskussionsbeitrag auch sein mag, er wird vom Rest der Anwesenden unbewusst sofort als unwichtig eingestuft und ignoriert.

Es kann zweitens sein, dass der Beitrag inhaltlich unpassend und an der falschen Stelle gebracht wird.

Und es kann drittens sein, dass der Beitrag von einer angesehenen Person und an der richtigen Stelle im Diskussionsablauf eingebracht wird, jedoch rhetorisch zu schwach und nicht überzeugend formuliert wird. Sehr oft ist dies der Grund dafür, dass der Beitrag ignoriert wird und dadurch sehr gute Vorschläge nicht ausreichend beachtet werden.

Ihre Worte wirken dann auf die anderen Diskussionsteilnehmer besonders stark, wenn sie
* Betroffenheit auslösen,
* die Teilnehmer direkt ansprechen oder fragen,
* den Nutzen Ihrer Argumente für die Teilnehmer ansprechen.

Sie erreichen dies durch Ich-Botschaften, durch den geschickten Einsatz der Fragetechnik sowie einen konsequenten Sie-Standpunkt.

Ich-Botschaften können Betroffenheit auslösen. Mit Ich-Botschaften äußern Sie Emotionen. Mit Ich-Botschaften formulieren Sie Kritik annehmbar.

»Ich fühle mich von Ihrer Äußerung verletzt.«
In fast allen Fällen wird die Reaktion des so Angesprochenen Betroffenheit und Bedauern zeigen: »Oh, das wollte ich nicht.«

Bevor Sie damit beginnen, die Aussagen anderer zu interpretieren oder bei Ihren eigenen Aussagen ein gewisses Verständnis oder einen Unmut des Diskussionspartners zu unterstellen, fragen Sie doch einfach. Wer fragt, der führt. Wer fragt, der gewinnt Aufmerksamkeit. Zugleich zeigen Sie Ihrem Gegenüber damit, dass Sie ihn ernst nehmen und Ihnen seine Meinung wichtig ist.

»Verstehe ich Sie richtig, dass …?« oder »Wie verstehen Sie meinen Vorschlag?«

Auch mit dem Einsatz von Sie-Standpunkten nutzen Sie Erkenntnisse der Gehirnforschung, wie Sie Ihre Mitmenschen für sich und Ihre Anliegen »öffnen«. Sie stellen Ihren Diskussionspartner damit in den Mittelpunkt und signalisieren ihm, dass Sie nicht egoistisch nur an Ihren eigenen Vorteil denken, sondern das Thema auch von seinem Blickwinkel aus betrachten.

»Für Sie hat mein Vorschlag den Vorteil, dass …«

Gerade auch in Besprechungen und Diskussionen hat das Unterbewusstsein jedes Teilnehmers eine große Macht darüber, wie Wortbeiträge bewertet werden. Nutzen Sie die hier und im Abschnitt über den Business-Sprachcode erwähnten Möglichkeiten, Ihre eigenen Worte noch stärker wirken zu lassen.

So reagieren Sie gekonnt und fair auf unfaire Verbal-Attacken

Gerade auch dann, wenn Sie verbal angegriffen werden, gilt die Regel: Zuerst Gehirn, dann Mund. Denken Sie kurz nach, bevor Sie antworten:

- über die Art des verbalen Angriffs,
- ob es sich überhaupt lohnt, zu reagieren,
- wenn Sie reagieren, wie Sie gekonnt und fair reagieren.

Daneben besteht die Kunst darin, Ruhe zu bewahren und fair zu reagieren. Denn eine unfaire Reaktion auf eine unfaire Attacke hilft Ihnen nicht weiter. Ausgesprochene Worte können Sie nicht mehr zurückholen. Die Folge wird sein, dass eine anfänglich einseitig unfaire Situation eskaliert und ein verbaler Streit oder das Ende der Besprechung, eventuell sogar das Ende der Beziehung zum Gesprächspartner, eintritt. Johann Wolfgang von Goethe sagte: »Das Wort verwundet leichter, als es heilt.« Benutzen Sie Ihren Sprachcode deshalb dazu, auch unfaire Gesprächs- und Diskussionspartner so weit wie möglich zu »öffnen«. Gelingt dies in Einzelfällen nicht, dann nehmen Sie ihnen wenigstens den »Wind aus den Segeln«, ohne sie dabei zu verletzen.

Erkennen Sie den Grund des verbalen Angriffs, bevor Sie reagieren

Es gibt unterschiedliche Motivationen, weshalb jemand Sie verbal attackiert. Er will Sie als Person treffen, er attackiert Sie lediglich als Stellvertreter für eine Institution oder Organisation oder er ist einfach mit dem falschen Fuß aufgestanden. Es kann sich auch lediglich um einen nicht böse gemeinten Scherz handeln. Oder das Ziel der Attacke ist, Sie vor allen Anwesenden »fertig zu machen« und Ihnen Unfähigkeit zu attestieren.

Abhängig hiervon muss Ihre Reaktion ausfallen. Reagieren Sie auf einen Scherz vehement ablehnend, dann werden Sie als überempfindlich eingestuft. Gehen Sie auf direkte persönliche Attacken nicht ein, dann gelten Sie als weich und führungsschwach.

Deshalb beachten Sie bitte: Für eine passende Reaktion ist es wichtig, dass Sie zuerst den Grund und die Art des Angriffs erkannt haben.

Vermeiden Sie grundsätzliche Fehler

Sehr oft werden die folgenden unnötigen Fehler begangen, wenn jemand verbal unfair angegriffen worden ist. Vermeiden Sie diese Fehler, denn sie schwächen Ihre Position. Sie wirken dadurch erst recht angreifbar und fordern Ihr Gegenüber unbewusst heraus, Sie noch mehr zu anzugreifen.

Bleiben Sie ruhig und souverän. Denn Ihre innere Unruhe oder Ihr Ärger äußern sich unwillkürlich in Ihrem Körpercode und fast immer auch in Ihrem Sprachcode.

Typische Methoden des unfairen Verbal-Angriffs – und wie Sie darauf fair reagieren

Es gibt unzählige Möglichkeiten, jemanden verbal unfair zu attackieren. Unfaire Verbal-Angriffe geschehen offen, subtil oder nahezu unbemerkt. Gleichwohl handelt es sich immer um ein »Spiel«, bei dem der Angegriffene getestet, provoziert oder direkt »fertig gemacht« wird. Erkennen Sie das Spiel und reagieren Sie souverän und fair.

Sie finden nachfolgend einige der »Klassiker«, die immer wieder als unfaire Verbal-Angriffe auftauchen. Und obwohl sie an sich bekannt sind, treffen sie einen doch so unverhofft, dass häufig eine adäquate Reaktion schwer fällt. Deshalb finden Sie zusätzlich Reaktions-

Fehler bei verbalen Angriffen vermeiden

Diese Fehler vermeiden Sie ...	... so reagieren Sie souverän
Ich lasse mir meine Emotionen vom Angreifer vorschreiben.	Ich bleibe ruhig und gelassen.
Ich übernehme die Lautstärke der Stimme und das Sprechtempo vom Angreifer.	Ich rede unbeeindruckt vom verbalen Angriff in meiner bisherigen Tonlage und Lautstärke weiter.
Ich verliere meinen roten Faden und mein Konzept.	Ich verfolge mein Konzept weiter und behalte den roten Faden im Auge.
Ich reagiere unbedacht und zu schnell.	Ich mache eine kurze Pause und denke nach, bevor ich reagiere.
Ich will schlagfertig sein.	Ich will nachhaltig überzeugend wirken.
Ich versuche, ebenfalls unfair anzugreifen, was schließlich zur Eskalation führt.	Ich widerstehe der Provokation.
Ich verteidige mich.	Ich spreche über die Sache, die zur Diskussion steht.
Ich verliere die innere Lässigkeit. Somit stehe ich nicht mehr über der Situation.	Ich bleibe selbstbewusst und so gut es geht gelassen.

muster, die Sie in der jeweiligen Situation fast immer einsetzen können, um fair und gekonnt zu reagieren.

Jemand bestreitet Ihre Kompetenz
Dies ist eine sehr beliebte Methode, um Sie zu verunsichern.

Unfaire Attacke: »Wie wollen Sie dies überhaupt beurteilen?«

Ihre Reaktion: Geben Sie eine Antwort, deren Inhalt Ihre Kompetenz zum Thema beweist. Vermeiden Sie jedoch, Ihre Kompetenz durch direkte Argumente wie beispielsweise den Hinweis auf Ihre Ausbildung und Erfahrung zu beweisen.

Sie werden persönlich angegriffen
Persönliche Angriffe reizen besonders dazu, sich beim Antworten auf die unfaire Gesprächsebene zu begeben. Häufig ist gerade dies vom Angreifer beabsichtigt und er will Sie entsprechend provozieren.

Unfaire Attacke:	»Obwohl Sie eine so lange Nase haben, fehlt Ihnen offensichtlich das Gespür für das Wesentliche.«
Ihre Reaktion:	Die Bandbreite für Ihre Reaktion ist hier groß und hängt von der jeweiligen Situation ab. Sie reicht vom Ignorieren des Angriffs bis hin zum deutlichen Zurückweisen. In Diskussionsrunden können Sie sich auch von Ihnen wohlgesonnenen Teilnehmern verteidigen lassen. Zeigen Sie sich jedoch auf keinen Fall beleidigt oder gekränkt, sondern stehen Sie über dem Angriff – mit Ihrem Sprachcode ebenso wie mit Ihrem Körpercode.

Ihnen wird vorgehalten, dass Sie früher eine andere Meinung als heute vertreten haben
Diese Methode wird häufig dazu benutzt, um Ihnen Wankelmut, Unzuverlässigkeit oder gar Charakterlosigkeit zu unterstellen.

Unfaire Attacke:	»Sie ändern Ihre Meinung wohl so häufig wie andere Menschen Ihre Unterwäsche. Gestern gesagt und heute schon wieder verworfen.«
Ihre Reaktion:	Nehmen Sie für sich in Anspruch, dazugelernt zu haben.

Ihnen werden falsche Formulierungen oder falsch benutzte Fremdwörter vorgeworfen
Dies ist ein Versuch, Sie einerseits zu verunsichern und Sie andererseits bloßzustellen.

Unfaire Attacke:	»Wenn Sie nicht einmal in der Lage sind, die Worte, die Sie gebrauchen, selbst zu verstehen, dann …«
Ihre Reaktion:	Geben Sie Ihren Irrtum ohne großes Erklären einfach zu und bitten Sie um Nachsicht.

Sie werden während Ihrer Wortbeiträge laufend unterbrochen

Das Ziel dieses Angriffs ist, Sie aus Ihrem Konzept zu bringen. Normalerweise ist es Aufgabe des Diskussionsleiters, solche Störungen zu unterbinden.

Unfaire Attacke: Ständige Zwischenrufe oder Zwischenfragen, während Sie sprechen.

Ihre Reaktion: Appellieren Sie an die Fairness und machen Sie deutlich, dass Sie Ihren Wortbeitrag ungestört zu Ende führen wollen. Solange Sie von den anderen Teilnehmern akustisch noch verstanden werden können, überhören Sie die Störungen einfach.

Sie werden öfters darum gebeten, Ihre Worte nochmals zu wiederholen

Auf den ersten Blick zeigt sich diese Methode als fair. Denn es scheint nur darum zu gehen, dass Ihr Gegenüber Sie nicht richtig verstanden hat. Werden Sie ein oder zweimal gebeten, sich zu wiederholen, dann ist es in der Regel eine faire Vorgehensweise. Werden Sie jedoch öfters während einer Sitzung darum gebeten, Ihre Aussage zu wiederholen, dann handelt es sich um absichtliche Störungen auf eine naive Art und Weise.

Unfaire Attacke: »Ich habe Sie leider schon wieder nicht verstanden. Können Sie Ihre Worte bitte nochmals wiederholen?«

Ihre Reaktion: Wiederholen Sie Ihre Aussage nicht sofort. Fragen Sie zuerst nach, was genau Ihr Gegenüber von Ihrem zuvor Gesagten nicht verstanden hat. Bringen Sie ihn dazu, dass er konkret wird. Oder stellen Sie seine Frage zurück mit dem Hinweis, dass Sie später darauf antworten. Sie können ihn – an der Grenze der Fairness – auch darauf hinweisen, dass Sie bei ihm mehr Wissen vorausgesetzt haben, wenn allen Teilnehmern klar ist, dass es dem Fragesteller nur darum geht, Sie aus dem Konzept zu bringen.

Sie werden als »kleinkariert« und als »Pedant« hingestellt, weil Sie sehr ausführlich auf Details eingehen

Im Kern geht es bei dieser Methode um die Frage: »Können Sie strategisch denken?« Ihr Gegenüber will Ihnen den Weitblick absprechen und Sie auf die Funktion des Pedanten festnageln.

Unfaire Attacke:	»Ihnen fehlt doch offensichtlich die Fähigkeit, strategisch und vorausschauend zu denken. Alles was Sie können, ist, sich an Kleinigkeiten festzubeißen.«
Ihre Reaktion:	Betonen Sie, dass Sie sehr wohl die große Linie im Blick haben. Doch auch ein Mosaik besteht aus kleinen Teilen, von denen jedes wichtig ist.

Sie werden als »oberflächlich« und »unwissend« hingestellt, weil Sie die große Linie betonen und auf Details nicht ausführlich eingehen

Hier handelt es sich um das Gegenteil der zuvor erwähnten »Pedanten-Methode«:

Unfaire Attacke:	»Ihnen fehlt doch offensichtlich das Detailwissen. Schlau in Schlagworten. Daher reden bringt uns nicht weiter.«
Ihre Reaktion:	Betonen Sie, dass Sie sehr wohl die Details bei Ihrer Lösung beachtet haben. Doch aus Zeitgründen verzichten Sie darauf, diese sämtlich vorzustellen. Je nach Situation mag es notwendig sein, den »Beweis« Ihres Wissens dadurch zu erbringen, dass Sie ein Detail näher ausführen.

Ihnen werden als Teil einer Gruppe bestimmte Eigenschaften
zugeschrieben

Eine sehr primitive, doch immer wieder wirksame Methode, jemanden in Zugzwang zu bringen. Lassen Sie sich darauf nicht ein.

Unfaire Attacke:	»Alle Politiker sind doch gleich.«
	»Alle Wirtschaftsleute denken nur ausschließ-
	lich an den eigenen Profit.«
Ihre Reaktion:	Fragen Sie den unfairen Angreifer, wie er zu
	dieser Ansicht kommt. Wenn es möglich ist,
	erwähnen Sie eine Ihrer bekannten Eigen-
	schaften, die dem Angriff widersprechen (bei-
	spielsweise, wenn Sie sich nebenbei für so-
	ziale Projekte engagieren). Seine Fähigkeit
	zum Unterscheiden zwischen Menschen an-
	zuzweifeln, wäre bereits unfair und würde die
	Aggression Ihres Gegenübers steigern.

Ihr Alter wird Ihnen vorgehalten

Diese Methode kann Sie in jedem Alter treffen: Sind Sie relativ
jung, dann wird Ihre mangelnde Erfahrung betont. Sind Sie schon
älter, dann werden Sie als jemand von »gestern« hingestellt.

Unfaire Attacke:	»Wie können Sie das in Ihrem Alter denn be-
	urteilen?«
	»Wissen Sie, die Zeit hat sich verändert.
	Heute gelten andere Regeln.«
Ihre Reaktion:	Beginnen Sie Ihre Antwort mit »Gerade weil
	...« und betonen Sie anschließend die Vorzü-
	ge Ihres Alters – in jungen Jahren beispiels-
	weise Ihre neuen Ideen, in älteren Jahren Ihre
	Lebenserfahrung.

Ihr Gegenüber spricht mit Ihnen in Fremdwörtern, die Sie nicht verstehen

Das Ziel Ihres Gegenübers ist, Sie als provinziell und wenig gebildet erscheinen zu lassen.

Unfaire Attacke:	Fremdwörter, die Sie nicht kennen und nicht verstehen
Ihre Reaktion:	Fragen Sie Ihren Gesprächspartner, was er darunter versteht.»Was verstehen Sie unter ...?«

Höhere Werte werden in die Diskussion eingebracht, um Ihre Position abzuwerten

Dies ist eine sehr beliebte Methode, gerade auch bei öffentlichen Diskussionen, um Eindruck bei den sonstigen Teilnehmern und Zuhörern zu machen und dem Gesprächspartner eine verantwortungslose Position zu unterstellen.

Unfaire Attacke:	»Hier geht es nicht um Ihre persönlichen Ideen. Hier geht es vielmehr um das Wohl des gesamten Unternehmens/der gesamten Partei/des gesamten Landes, ...«
Ihre Reaktion:	Stellen Sie klar, dass es auch Ihnen um diese Werte geht und dass Sie gerade deswegen Ihren Standpunkt einnehmen.

Ihr Gegenüber drückt sich um eine Antwort auf Ihre Frage

Während einer Sitzung benötigen Sie an einem bestimmten Punkt die Meinung eines bestimmten Teilnehmers. Dieser drückt sich davor, sich zu äußern, denn er will erst später Stellung nehmen oder er stellt ständig Rückfragen.

Unfaire Attacke:	»Lassen Sie mich später dazu etwas sagen.«
Ihre Reaktion:	Fordern Sie ihn auf, seine Antwort jetzt zu geben, da ansonsten die gesamte Sitzung aufgehalten wird. Wenn Sie sicher sind, dass die sonstigen Teilnehmer auch an seiner Antwort zum jetzigen Zeitpunkt interessiert sind, binden Sie diese durch eine entsprechende Frage ein: »Sind Sie alle nicht auch der Meinung, dass ...?«

Ihr Diskussionspartner schweigt und sagt nichts
Diese Situationen sind meistens unangenehm. Sie bringen Ihren Wortbeitrag und warten darauf, was Ihr Gegenüber davon hält. Doch dieser blickt Sie nur an und schweigt.

Unfaire Attacke:	Schweigen – mit oder ohne Blickkontakt.
Ihre Reaktion:	Motivieren Sie ihn zu einer Antwort:»Was sagen Sie als Fachmann hierzu?« Rütteln Sie ihn auf, indem Sie sein Schweigen als seine Zustimmung interpretieren.

Ihr Diskussionspartner beginnt gegen Sie laut zu werden
Wie aus heiterem Himmel ein Blitz, so kommt aus dem Nichts eine überraschend laute und aggressive Antwort auf Ihre Aussage. Ihr Gegenüber will Sie provozieren.

Unfaire Attacke:	Ihr Gegenüber schreit Sie an.
Ihre Reaktion:	Bleiben Sie ruhig und gelassen. Sie können diesen Angriff überhören. Sie können Verständnis für seine Reaktion zeigen (Überraschungsreaktion!). Sie können fragen, was Sie ihm denn getan haben, dass er so scharf reagiert.

Ihre Worte werden verdreht und es entsteht eine für Sie unbequeme Schlussfolgerung
Dies ist häufig eine sehr subtile Methode, die von»Könnern« mit großem Scharfsinn eingesetzt wird. Oft sind es nur Nuancen in der Bedeutung eines Wortes, die verdreht werden. Die Gefahr besteht, dass sonstige Zuhörer diesen Vorgang nicht erkennen und dem unfairen Gesprächspartner sogar Recht geben.

Unfaire Attacke:	»Sie sagten soeben ... Daraus folgt, dass ...«
Ihre Reaktion:	Machen Sie sofort deutlich, dass Sie die Methode erkannt haben. Betonen Sie erneut, worum es Ihnen geht und welche Meinung Sie wirklich haben.

Besonders unangenehm wird diese Methode dann, wenn der Diskussionsleiter Ihre Ausführungen am Ende der Besprechung falsch zusammenfasst. Nicht immer haben Sie dann noch die Möglichkeit, den Irrtum richtig zu stellen. Gleichwohl versuchen Sie, den Irrtum klarzustellen.

Steht eine Entscheidung bevor, so werden zwei extreme Alternativen angeboten

Dieser Methode geht oftmals eine hitzige Diskussion voraus. Der unfaire Angreifer ist vermutlich frustriert vom bisherigen Verlauf der Veranstaltung.

Unfaire Attacke:	»Wir haben nur die Wahl zwischen ... und ... Bitte entscheiden Sie sich.«
Ihre Reaktion:	Zeigen Sie sich erstaunt darüber, dass Ihr Gegenüber für Ihr Empfinden nur Schwarz-Weiß sehen kann. Fragen Sie die sonstigen Teilnehmer, welche weiteren Alternativen sie sehen. Bringen Sie selbst weitere Alternativen ins Gespräch.

Ständig werden neue Gesichtspunkte in die Diskussion eingebracht

Wer so agiert, will fast immer seinen Führungsanspruch signalisieren, obwohl er nur einfacher Teilnehmer in einer Besprechung ist. Fast immer werden solche Attacken auf den Diskussionsleiter und seine Position gerichtet. In Einzelfällen mag dieses Vorgehen gerechtfertigt sein. Kommt es jedoch gehäuft vor, dann ist es unfair.

Unfaire Attacke:	»Wir haben noch gar nicht über folgenden Punkt diskutiert: ...«
Ihre Reaktion:	Führen Sie die Diskussion auf das Ausgangsthema zurück. Heben Sie die Tagesordnung hervor.

Aus einem Einzelbeispiel wird eine generell gültige Regel
»gezaubert«
Gleich, welche Meinung Sie vertreten, es wird nahezu immer eine
Gegenmeinung mit entsprechenden Beispielen geben. Und auf der
Basis eines Gegenbeispiels wird nun versucht, Ihr Gedanken- und
Argumentationsgebäude zum Einsturz zu bringen.

Unfaire Attacke:	»Das klingt alles ganz nett, was Sie sagen. Doch das Beispiel XY lehrt uns, dass Sie mit Ihrer Meinung falsch liegen.«
Ihre Reaktion:	Zeigen Sie, dass Sie die Methode durchschaut haben. Das bekannte Sprichwort »Eine Schwalbe macht noch keinen Sommer« ist eine mögliche Antwort auf einen solchen Angriff. Möglicherweise gelingt es Ihnen sogar, das Gegenbeispiel des unfairen Teilnehmers zu Fall zu bringen, beispielsweise, indem Sie die unterstellten Prämissen als falsch entlarven. Vermeiden Sie jedoch, ein eigenes Beispiel für Ihren Standpunkt zu nennen. Denn Einzelbeispiele belegen nichts.

Sie werden als weltfremder »Theoretiker« hingestellt.
Diese Methode begegnet Ihnen häufig dann, wenn Sie Ihre Meinung (wissenschaftlich) fundiert vortragen und Praktikern gegenübersitzen.

Unfaire Attacke:	»In der Theorie mag das ja alles stimmen was Sie sagen. Doch von der Praxis haben Sie offensichtlich keine Ahnung.«
Ihre Reaktion:	Fragen Sie den Gesprächspartner, wo er die Grenze zwischen Theorie und Praxis zieht. Betonen Sie, dass eine tragfähige Theorie stets gut für die Praxis ist. Fragen Sie ihn, wann er negative Erfahrungen mit theoretischem Wissen in der Praxis gemacht hat.

Übrigens: Bei Floskeln wie »Bitte nehmen Sie meine Worte nicht persönlich« können Sie in fast allen Fällen davon ausgehen, dass es sich um einen persönlichen Angriff handelt, der nun gleich folgen wird. Es ist erstaunlich, dass diese durchsichtige Floskel immer noch so häufig gebraucht wird.

Sämtliche Ihrer Reaktionen auf unfaire verbale Angriffe können Sie emotionaler wirken lassen, wenn Sie ihnen eine Ich-Botschaft voranstellen.

Gleichgültig, auf welche Art Sie unfair angegriffen werden: Bleiben Sie ruhig und gelassen. Reagieren Sie fair und verbindlich. Damit wirken Sie positiv und behalten die Chance, Ihr Gegenüber und die sonstigen Teilnehmer für Ihre Gedanken und Ansichten zu »öffnen«. Sie kennen den Spruch: »Man sieht sich im Leben immer zweimal.«

Zu allen unfairen Verbal-Attacken gibt es selbstverständlich auch unfaire Reaktionsmuster. Doch gerade diese vermeiden Sie besser aus den genannten Gründen. Sehr häufig stellt sich ein unfairer Teilnehmer selbst ins Abseits. Zudem können Ihnen unfaire Antworten Ihrerseits auch deshalb schaden, weil Ihr Gegenüber nun Mitleid erfährt oder sich weitere Teilnehmer mit ihm solidarisieren.

So wichtig sind die einzelnen Türöffner in Besprechungen und Diskussionen

In Besprechungen und Diskussionen kommt es darauf an, dass Sie Ihre Argumente wirkungsvoll vertreten und damit möglichst viele Teilnehmer für sich und Ihren Standpunkt »öffnen« und gewinnen. Dies gelingt Ihnen in erster Linie mit Ihrem Sprachcode sowie Ihrem Körpercode. Geben Sie mit beiden ein stimmiges Bild ab, um souverän und überzeugend aufzutreten. Ihr Dresscode muss wie immer dem Anlass angemessen sein, spielt jedoch in diesem Fall nicht die wichtigste Rolle. Er wirkt allerdings während der gesamten Dauer der Veranstaltung. Der Etikettecode ist vor allem beim Begrüßen wichtig.

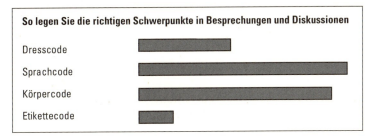

So legen Sie die richtigen Schwerpunkte in Besprechungen und Diskussionen

Dresscode

Sprachcode

Körpercode

Etikettecode

Grafik 2 Türöffner in Besprechungen und Diskussionen

In Verkaufsgesprächen

»In Dir muss brennen, was Du in
anderen entzünden willst.«
Augustinus

Verkaufsgespräche finden täglich millionenfach statt. Die Bandbreite reicht vom einfachsten Gespräch am Kiosk, das zum Verkauf einer Tageszeitung führt (»Guten Morgen, die Zeitung, wie immer.« – »Bitteschön.« – »Dankeschön.«) bis hin zum zeitintensiven Beratungsgespräch, bei dem komplexe oder schwer verständliche Produkte und Dienstleistungen verkauft werden. Im Folgenden finden Sie schwerpunktmäßig Hilfen zum klassischen zeitintensiven Verkaufsgespräch. Manche von ihnen lassen sich jedoch auch im einfachsten Verkaufsgespräch nutzen.

Verkaufen kann ganz einfach oder sehr kompliziert sein. Zwischen diesen beiden Extremen bewegen sich sämtliche Verkäufer. Erfolgreich verkaufen erfordert auf jeden Fall mehr, als auswendig gelernte Verkaufsmechanismen abzuspulen. Denn jeder Kunde ist einzigartig – in seinem Wesen, in seinen Bedürfnissen und in seinen Motiven. Dies gilt für Geschäftskunden und für Privatkunden gleichermaßen. Zudem erreichen Sie bei Geschäftskunden mit dem Abspulen von bekannten Verkaufsmustern Ihr Ziel oft nicht. Denn solche Muster sind Ihrem Gesprächspartner, gut geschulten Einkäufern beispielsweise, längst bekannt. Sie haben entsprechende »Abwehrmechanismen«, so dass Sie mit einem Standardauftritt sehr schnell in eine Sackgasse geraten.

Verkaufen heißt deshalb:

- Gewinnen Sie das Vertrauen Ihres Kunden.
- Machen Sie es anders als alle anderen.
- Bringen Sie Ihre Persönlichkeit überzeugend ein.
- Sprechen Sie das Unterbewusstsein Ihres Kunden an.
- Lösen Sie sich von reinen Zahlen und Fakten, sprechen Sie Ihren Kunden auch emotional an.
- Verfolgen Sie nicht blind Ihr Ziel, sondern lassen Sie sich von den Wünschen und Bedürfnissen Ihres Kunden leiten.
- Erreichen Sie das oberste Ziel: die Zufriedenheit des Kunden.

»Öffnen« Sie Ihren Kunden so, dass er Ihnen sein Vertrauen schenkt. Nur dann erfahren Sie von ihm, was Sie wissen wollen und müssen, um ihn gut beraten zu können. Und je mehr Sie von ihm erfahren und je besser dadurch Ihre Lösungsangebote sind, umso zufriedener wird anschließend Ihr Kunde sein. Er wird Sie weiterempfehlen und Ihnen auch zukünftig Aufträge übertragen.

Der leichteren Lesbarkeit wegen lesen Sie hier und nachfolgend vom »Kunden«. Damit ist einerseits der Kunde gemeint, der schon einen Vertragsabschluss getätigt hat und nun vor dem nächsten steht. Andererseits ist damit auch der potenzielle Kunde gemeint, mit dem der Verkäufer erstmals zusammensitzt und ein Verkaufsgespräch führt. Sämtliche Hilfen, die Sie für Verkaufsgespräche auf den folgenden Seiten finden, können Sie für beide Kundengruppen einsetzen.

Wann sind Sie ein guter Verkäufer?

Diese Frage erscheint zunächst überflüssig. Die Reflex-Antwort lautet: »Ein guter Verkäufer bin ich dann, wenn ich möglichst viel verkaufe.« Das stimmt und stimmt zugleich auch nicht. Es stimmt grundsätzlich. Es stimmt jedoch nicht, wenn damit jeder beliebige Zeitraum gemeint sein soll. Denn manchmal ist es langfristig betrachtet besser, kurzfristig auf einen bestimmten Umsatz zu verzichten.

Ein guter Verkäufer muss demnach mehr können, als ständig viel zu verkaufen.

Ein guter Verkäufer sind Sie, wenn Sie erfolgreich mit Menschen umgehen können. Die Zeiten, in denen »Verkaufen« gleichbedeutend war mit »den Abschluss um jeden Preis erzielen«, sind schon lange vorbei. Der damalige Hochdruckverkauf hat manchen Verkäufern viel Geld beschert, doch zugleich das Image des Verkäufer-Berufs stark geschädigt. Noch heute finden Sie den Verkäufer in Umfragen zu den am meisten angesehenen Berufen in Deutschland sehr weit abgeschlagen. Vielen Verkäufern wird zunächst einmal mit Misstrauen begegnet, was den Verkäuferalltag erschwert. Hiergegen anzukämpfen und dem Kunden glaubhaft zu vermitteln, dass Sie ein seriöser Vertreter Ihrer Zunft sind, erfordert einiges an Geschick. Als guter Verkäufer spielen Sie souverän auf der Klaviatur der Türöffner. Hierzu zählt auch die Fähigkeit, Ihren Kunden mit Empathie zu begegnen. Sie müssen sie »öffnen« können – für Ihre Person und für Ihr Angebot. Ihre Kunden wollen individuell angesprochen und betreut werden. Streben Sie danach, ihr Vertrauen zu gewinnen.

Als guter Verkäufer sind Sie von sich selbst und von Ihrem Angebot überzeugt und strahlen dies auch aus, jedoch ohne überheblich oder arrogant zu wirken. Als notwendige, jedoch keinesfalls hinreichende Regel für den Erfolg beachten Sie bitte: Nur wenn Sie davon überzeugt sind, wird sich auch Ihr Kunde von Ihnen und Ihrem Angebot überzeugen. Der Spruch von Augustinus trifft dies auf den Punkt: »In Dir muss brennen, was Du in anderen entzünden willst.«

Als guter Verkäufer treten Sie nicht als Bittsteller auf. Sie wissen, dass Sie dem Kunden etwas zu bieten haben, was dieser für seine noch nicht befriedigten Bedürfnisse benötigt. Sie verstehen sich deshalb nicht nur als Auftragnehmer, sondern als gleichberechtigter Partner und Lösungsgeber.

Als guter Verkäufer besitzen Sie Menschenkenntnis. Denn eine Ihrer Hauptaufgaben besteht darin, Ihren Kunden gleichsam zu durchschauen und seine verborgenen Wünsche und Bedürfnisse zu erkennen. Der Körpercode Ihres Kunden hilft Ihnen dabei genauso wie sein Sprachcode, die erforderlichen Erkenntnisse zu gewinnen. Auch sein Dresscode gibt Ihnen fast immer hilfreiche Hinweise, wenngleich Sie damit manchmal irren können.

Als erfolgreicher Verkäufer sprechen Sie mit Ihren Kunden über deren Mangelsituationen und über Emotionen. Erfolglose Verkäufer sprechen über ihr Produkt oder ihre Dienstleistung. Als erfolgreicher Verkäufer verkaufen Sie in erster Linie nicht Produkte, sondern Lösungen.

Als erfolgreicher Verkäufer können Sie zuhören und geschickt fragen. Sie treten sicher und überzeugend auf – und dies mit all Ihren Türöffnern: Dresscode, Körpercode, Sprachcode und Etikettecode. Zugleich sind Sie durchsetzungsstark und zielstrebig.

Als erfolgreicher Verkäufer sind Sie gegenüber allen Ihren Kunden zuverlässig und pünktlich – auch gegenüber solchen Kunden, durch die Sie immer wieder mal genervt werden.

Neben alledem kennen Sie als erfolgreicher Verkäufer die Zahlen, Daten und Fakten zu Ihrem Angebot vollständig auswendig. Allerdings kommt es nicht darauf an, dem Kunden sämtliche Informationen wie ein sprechender Katalog zu präsentieren. Dosieren Sie die Informationen über die Angebotseigenschaften entsprechend den Bedürfnissen des Kunden, und haben Sie auf Fachfragen des Kunden stets die passenden Antworten parat. Auch dadurch gewinnen Sie Vertrauen. Denn nochmals: Wenn Sie Ihr Angebot nicht kennen und überzeugend vorstellen können, wie soll sich Ihr Kunde dann davon überzeugen.

Als erfolgreicher Verkäufer denken Sie stets an die Worte des US-amerikanischen Ökonomen Peter F. Drucker:»Den Kunden zufrieden zu stellen ist die Mission und der Zweck jedes Unternehmens.« Und:»Die Welt von Seiten des Kunden sehen.«

Und last but not least: Als erfolgreicher Verkäufer sind Sie bereit, ständig an sich zu arbeiten und Ihren Kundenstamm zu vergrößern. Denn Sie wissen: Kunden sind nicht Ihr Eigentum, auch langjährige Kunden nicht.

Das alles zusammengenommen mag den Eindruck erwecken, dass Sie als guter Verkäufer eine Art Übermensch sein müssen. Nein, dies müssen Sie nicht sein. Es reicht, wenn Sie einen seriösen Umgang mit Ihren Kunden pflegen und an erster Stelle deren Wohl und deren Zufriedenheit vor Augen haben. Dann wird der Kunde Ihnen Vertrauen schenken und mit Ihnen das Geschäft abschließen.

Leider ist dieses Vorgehen nicht in allen Fällen ohne weiteres möglich. In meinen Seminaren erlebe ich einerseits immer wieder die große Bandbreite, wie Verkäufer sich selbst sehen und ihren Beruf verstehen. Und ich sehe andererseits, wie Verkäufer von ihren Vorgesetzten die notwendigen Rahmenbedingungen erhalten oder auch nicht, um ein guter Verkäufer zu sein. Dazu zählen insbesondere das Vergütungssystem und die Vertriebssteuerung.

Die folgenden Gedanken richten sich an Sie als Vorgesetzter, der Verkäufer als Mitarbeiter führt:

Ihr Umgang mit Ihren Verkäufer-Mitarbeitern entscheidet darüber, wie erfolgreich diese die einzelnen Türöffner einsetzen werden. Überlegen Sie bitte, wie Sie Ihre Verkaufsmitarbeiter motivieren. Was belohnen Sie? Nur die Zahl der Abschlüsse oder differenzieren Sie danach, ob es Abschlüsse mit Neukunden oder mit Bestandskunden sind? Oft ist es sinnvoller, besondere Prämien für Geschäfte mit Bestandskunden zu gewähren, als vorrangig den Schwerpunkt auf das Neugeschäft zu legen. Denn Einmalabschlüsse bringen keine Nachhaltigkeit in Ihre Planung und bergen die Gefahr, dass Ihre Verkäufer nicht das Wohl des Kunden im Auge haben. Bestandskunden, die immer wieder kaufen, sind offensichtlich noch mit Ihrem Angebot und Ihrem Mitarbeiter zufrieden, was für die Qualität bei beiden spricht.

Auch die Frage nach dem Verhältnis zwischen Fixgehalt und Provisionen spielt eine große Rolle, damit ein durchschnittlicher Verkäufer zu einem guten Verkäufer wird. Ab einem gewissen niedrigen Niveau des Fixgehaltes gerät ein Verkäufer zwangsweise in die Versuchung, seinen Kunden Angebote zu verkaufen, die diese überhaupt nicht benötigen. Will Ihr Unternehmen das?

Fragwürdig sind sogenannte »Produkte der Woche / Produkte des Monats«, die mit besonderer Anstrengung in einer bestimmten Woche beziehungsweise in einem bestimmten Monat verkauft werden sollen. Doch benötigt der Kunde gerade jetzt diese Produkte und nicht vielleicht erst in einem Jahr? Diese Art der Vertriebssteuerung birgt ebenfalls die Gefahr, dass an den Bedürfnissen des Kunden vorbeiverkauft wird. Kunden, die dies erkennen, werden Ihrem Unternehmen das Vertrauen entziehen und den Anbieter wechseln. Ausnahmen hiervon sind solche Verkaufsaktionen, mit denen Sie beispielsweise gezielt im Frühling für Rasenmäher oder in der Vorweihnachtszeit für Lebkuchen werben. Bei einem guten Abschluss hat Ihr Unternehmen durch Ihren Mitarbeiter Geld verdient und der Kunde hat ein ihm eigenes Bedürfnis befriedigt. Sie können sich anschließend beide noch in die Augen sehen. Die wahre Qualität eines Verkäufers zeigt sich häufig erst über längere Zeit.

Damit ein Verkäufer ein erfolgreicher Verkäufer wird oder bleibt, ist es unbedingt notwendig, dass er von sich selbst, von seinen Angeboten und von dem Unternehmen, für das er arbeitet, hundertprozentig überzeugt ist. Achten Sie deshalb in der Führung von Verkäufern darauf, inwieweit diese in allen drei Fällen – von sich selbst, von dem Angebot und vom Unternehmen – überzeugt sind. Herrschen auch nur in einem Punkt Zweifel vor, so werden sich diese fast immer negativ auf die Verkaufserfolge und die Umsätze Ihres Unternehmens auswirken. Deshalb ist eine der Hauptaufgaben der Verkaufsleitung, die Verkaufsmitarbeiter mental aufzubauen und ihnen immer zu vermitteln, dass sie die richtigen Personen am richtigen Platz sind.

Geben Sie Ihren Verkaufsmitarbeitern die Rahmenbedingungen, die für erfolgreiche Verkäufer notwendig sind, damit sie mit ihren Türöffnern die Kunden erfolgreich »öffnen« und deren Wünsche, Motive und Bedürfnisse erkunden und befriedigen können.

Reden ist Silber, Fragen und Zuhören ist Gold

Aus dem alltäglichen Sprachgebrauch kennen Sie das Sprichwort: »Reden ist Silber, Schweigen ist Gold.« Abgewandelt für Verkaufsgespräche lautet es: »Reden ist Silber, Fragen und Zuhören ist Gold.«

Geht es Ihnen auch so wie mir, dass Sie von einem Vielredner ungern beraten werden und bei ihm eher nicht kaufen? Leider glauben immer noch zahlreiche Verkäufer, dass sie ihrem Gesprächspartner, dem potenziellen Kunden, möglichst viel Information im Verkaufsgespräch übermitteln müssen, damit er sich von ihrem Angebot überzeugt. Doch in der Regel ist es so: Der Gesprächspartner kann überhaupt nicht alle Informationen bewusst aufnehmen, die er gesagt bekommt. Unglücklicherweise nimmt er eventuell nur diejenigen wahr, die seine Bedürfnisse nicht befriedigen. Von zehn genannten Vorteilen, die das Angebot an sich bietet, mögen zwei ihm in seiner individuellen Situation helfen, acht interessieren ihn überhaupt nicht. Damit hat der Verkäufer am Kunden und dessen Wünschen vorbeigeredet. Wer als Verkäufer nur redet, belegt immer den zweiten Platz.

Den ersten Platz und die »Goldmedaille« erreichen Sie, wenn Sie den Kunden nach seiner Situation und seinen Bedürfnissen befragen und anschließend seinen Antworten aktiv zuhören. Dies ist unbedingt notwendig für jeden erfolgreichen Verkäufer. Durch genaues Zuhören erhalten Sie in der Regel stets Anknüpfungspunkte, um das Verkaufsgespräch so zu steuern, dass Sie die Bedürfnisse des Kunden und die Vorteile Ihres Angebots in Einklang bringen. Mehr noch: Sehr oft erhalten Sie zudem Hinweise auf versteckte Bedürfnisse oder vorhandene Mangelsituationen, die dem Kunden selbst noch gar nicht bewusst geworden sind. Helfen Sie ihm, diese zu erkennen und zu befriedigen.

Hinweise dazu, wie Sie geschickt und gekonnt fragen, finden Sie im Abschnitt über den Business-Sprachcode. Denken Sie bitte daran: Fragen will gelernt sein. Wer fragt, der führt. Wer gut fragt, führt und erfährt, was er wissen will. Und der Grat zwischen gekonntem Fragen und dem Gefühl des Kunden, dass er von Ihnen verhört wird, ist häufig schmal.

Und auch zuhören ist nicht gleich zuhören. Zwischen »den Kunden nur reden lassen« und »dem Kunden beim Zuhören signalisieren, dass ich ihn verstehe« liegen Welten. Das sogenannte »aktive Zuhören« ist eine sehr gute Art, wie Sie beim Zuhören auf Ihren Kunden vertrauensvoll und interessiert wirken. Wenn Sie aktiv zuhören, dann nicken Sie während den Ausführungen Ihres Kunden mit dem Kopf und deuten ihm zwischendurch verbal mit »da haben Sie Recht«, »bestimmt« und ähnlichen Worten an, dass Sie gedanklich bei ihm sind. Doch bitte übertreiben Sie es nicht. In Gesprächen erlebe ich hin und wieder, dass mein Gegenüber in einem monotonen Rhythmus meine Ausführungen ständig mit einem »hm« und mit Kopfnicken begleitet. So eingesetzt wirkt aktives Zuhören als unreflektierte Marotte. Sie bringen dem Kunden dagegen Verständnis entgegen und »öffnen« ihn, wenn Sie seine Aussagen mit Ihren eigenen Worten wiederholen und spiegeln. Sie schlagen damit mindestens zwei Fliegen mit einer Klappe: Erstens zeigen Sie Ihrem Gesprächspartner, dass Sie mit ihm denken und fühlen. Und zweitens überprüfen Sie, ob Sie ihn richtig verstanden haben, um so Missverständnisse im weiteren Gesprächsverlauf zu vermeiden.

Verkauft und gekauft wird stets im Unterbewusstsein

Beim Käufer, bei Ihrem Kunden

Sie wissen, dass Menschen ihre Entscheidungen fast immer im Unterbewusstsein treffen. Dies bedeutet zugleich, sie treffen sie nicht alleine auf Grund von Zahlen und Fakten, sondern stets sind emotionale Inhalte daran beteiligt.

Für Ihre Praxis folgt daraus: Verkaufen Sie nicht ein Produkt oder eine Dienstleistung, sondern verkaufen Sie eine Idee, eine Lösung oder eine Vision. Der Kunde will stets wissen, wofür ihm Ihr Angebot nützt. Das klassische Beispiel hierfür sind Schraubendreher, auch Schraubenzieher genannt. Niemand benötigt dieses Produkt zunächst. Es wird jedoch millionenfach gekauft, weil es den Käufern einen großen Nutzen bietet. Ebenso benötigt zunächst niemand einen Schuhlöffel oder einen Schuhspanner. Doch sobald der Kunde erkennt, dass ihm diese einfachen Produkte helfen, seine wertvollen Schuhe vor unnötigen Abnutzspuren zu schützen, kauft er sie. Als erfolgreicher Verkäufer sprechen Sie diesen Nutzen beziehungsweise die Mangelfolge an. Verkaufen Sie immer so, dass im Unterbewusstsein Ihres Kunden ein Film abläuft, der ihm den Mangel und die negativen Folgen daraus bewusst macht, die er erfahren wird, wenn er Ihr Angebot nicht annimmt.

Ob Ihr Kunde Ihr Angebot annimmt, entscheidet sich fast ausschließlich in seinem Unterbewusstsein. Sprechen Sie es wirkungsvoll an – beispielsweise dadurch, dass Sie Betroffenheit auslösen oder dass Sie mit Ihrem Sprachcode beim Kunden Bilder entstehen lassen. Oder sprechen Sie gegen Ende des Verkaufsgesprächs bereits Details an, die erst nach dem Abschluss relevant werden. Sie versetzen Ihren Kunden damit bereits jetzt gedanklich in die Situation nach dem Kauf. Geschieht dies jedoch zu offensichtlich oder gar aufdringlich, dann wird Ihr Kunde Ihre Worte bewusst als Methode durchschauen und nicht wie gewünscht reagieren.

Denken Sie auch an die Reziprozitätsregel. Informationen dazu finden Sie im Abschnitt über Profi-Strategien für Verhandlungen. Daneben gelten selbstverständlich auch für Verkäufer die weiteren Hinweise, wie Sie Ihren Kunden »öffnen«, die Sie im Abschnitt über den Business-Sprachcode finden.

Beim Anbieter, bei Ihnen selbst

Während sich im Unterbewusstsein des Kunden entscheidet, ob er Ihr Angebot annimmt, entscheidet sich in Ihrem Unterbewusstsein, ob Sie überzeugend wirken und bei Ihrem Kunden Vertrauen erwecken. Ähnlich wie bei Preisverhandlungen ist auch bei Verkaufsgesprächen sehr wichtig, wie Sie sich mental darauf vorbereitet haben. Stellen Sie sich bitte immer wieder die folgenden Fragen und geben Sie sich selbst ehrliche Antworten:

* Bin ich mit Freude Verkäufer?
* Bin ich von meinem Angebot hundertprozentig überzeugt, auch wenn es offensichtlich bessere Angebote am Markt gibt?
* Bin ich von meinem Unternehmen, für das ich arbeite, hundertprozentig überzeugt?
* Bin ich von meinen eigenen Fähigkeiten als Verkäufer überzeugt?
* Kenne ich sämtliche relevanten Daten und Fakten zu meinem Angebot?
* Kenne ich sämtliche Vor- und Nachteile meines Angebots?
* Spreche ich in meinen Verkaufsgesprächen relativ wenig und frage sowie höre ich dagegen mehr zu?
* Will ich dem Kunden helfen, dass er sich von meinem Angebot überzeugt?

Wenn Sie alle diese Fragen mit »ja« beantworten, dann gehen Sie mit der richtigen mentalen Einstellung in Ihre Verkaufsgespräche. Haben Sie einzelne Fragen mit »nein« beantwortet, dann fragen Sie sich bitte, was die Ursache dafür ist und wie Sie sie abstellen können. Bereits ein »nein« als Antwort wird dazu führen, dass Sie im Verkaufsgespräch irgendwann unglaubwürdig erscheinen, gleichgültig, welche der Fragen Sie mit »nein« beantworten.

Entscheidend für Sie sind im Verkaufsgespräch die Grundzusammenhänge im menschlichen Wesen, dass einerseits jeder Gedanke und jedes Gefühl ein Körpersignal aussendet und dass andererseits auch Ihr Sprachcode – sowohl der Inhalt als auch die Stimmführung – auf Ihre Gemütslage schließen lässt. Es kann nicht oft genug erwähnt werden: Wenn Sie selbst nicht überzeugend auftreten, wie soll sich dann Ihr Kunde von Ihnen und Ihrem Angebot überzeugen?

Wie Ihnen die Gehirnforschung für Ihre Verkaufsgespräche hilft

Die derzeitigen Forschungsergebnisse lassen den Schluss zu, dass nur positive Emotionen einen Wert Ihres Angebots beim Kunden entstehen lassen. Angebote ohne Emotionen wirken auf fast jeden Menschen wertlos, denn in der Realität lassen sich Rationalität und Emotionalität bei Kaufentscheidungen nicht voneinander trennen. Emotionen werden beim Kunden auf sehr vielfältige Art ausgelöst. Termintreue bei Lieferungen schafft Vertrauen. Die Farbe und die Form des Anbieterlogos löst unbewusste Emotionen aus, die sich fernab vom Preis und von fachlichen Spezifikationen bewegen. Stets sind solche Emotionen für den Kaufabschluss entscheidend.

Sie gewinnen und »öffnen« Kunden für sich und Ihr Angebot also vor allem dann, wenn es Ihnen gelingt, zunächst deren Bedürfnisse und vorrangige Motive zu erkennen und diese dann anschließend emotional anzusprechen. Zugleich wissen Sie, dass sich Ihre Kunden stets möglichst stark belohnen und möglichst wenig bestrafen wollen. Die Belohnung entsteht bei einem Privatkunden durch den unmittelbaren Erwerb eines Produkts oder einer Dienstleistung. Die Belohnung entsteht bei einem professionellen Einkäufer dadurch, dass er für sein Unternehmen zum Beispiel ein hervorragendes Preis-Leistungs-Verhältnis verhandelt hat oder dass er für seine Einkaufsleistungen von seinem Vorgesetzten einen Bonus zugesprochen bekommt. Vermeiden Sie bitte den Fehler zu glauben, dass Business-to-business-Kunden gleichsam als emotionslose »Maschine« nur für deren Unternehmen verkaufen beziehungsweise einkaufen. Auch bei diesen Verkaufsgesprächen agieren Menschen miteinander. Und die Grundmechanismen des Gehirns laufen dabei ebenso ab, wie wenn Sie sich einen neuen Fernseher kaufen. Das heißt, Sie können gerade auch im Geschäft mit Business-to-business-Kunden in Ihren Verhandlungsgesprächen darauf setzen, dass Ihr Gegenüber sich durch einen entsprechenden Sprachcode, Körpercode und Dresscode von Ihnen beeinflussen lässt. Lediglich in Einzelfällen kommt es vor, dass Kunden – Geschäfts- wie Privatkunden – sich aus Imagegründen beim Kauf eines Produktes oder einer Dienstleistung mehr bestrafen und weniger belohnen, als Sie es eigentlich wünschen. So kann es Sinn machen, den Dienstwagen eine Nummer kleiner zu wählen, als es sich das individuelle Belohnungssystem wünscht, damit ein sparsamer Eindruck nach außen entsteht. In solchen Fällen eines rebellierenden Belohungssystems werden übrigens in der Regel die von Dritten nicht wahrnehmbaren Zusatzausstattungen relativ üppig ausfallen, damit die »Strafe« nicht zu groß ist. Den Drang nach Belohnung und den Schutz vor Bestrafung können Sie in Ihren Verkaufsgesprächen unmittelbar nutzen. Zeigen Sie dem Kunden, welche negativen Folgen für ihn aus einer erkennbaren Mangelsituation erwachsen. Achten Sie jedoch darauf, dass er den Mangel bei sich entweder bereits schon erkannt hat oder nun mit Ihrer Hilfe selbst erkennt. Denn ein gleichsam aufgezwungener und nicht akzeptierter Mangel löst bei Ihrem Kunden keinen Wunsch aus, eine Lösung zu finden. Zeigen Sie ihm zugleich, wie stark er sich belohnen kann und wie gut es ihm gehen wird, wenn er Ihr Angebot annimmt.

Die Ergebnisse der Gehirnforschung helfen Ihnen, Ihre Verkaufsgespräche kürzer und konsequenter zu führen und dabei den Kunden in den Mittelpunkt zu stellen. Nicht der Kampf um die bewusste Aufmerksamkeit des Kunden muss an erster Stelle stehen. Viel wichtiger ist, dass Sie durch Ihr Auftreten, durch Ihr Produkt und durch Ihre Marke solche Botschaften senden, die an die Bedürfnisse und Motive des Kunden anknüpfen und damit an sein Unterbewusstsein heranreichen. Und dass Sie signalisieren, dass Sie von sich und Ihrem Angebot selbst überzeugt sind. In der Regel können Sie als Verkäufer weder das Produkt noch die Marke ändern, die Sie verkaufen sollen – außer Sie wechseln den Arbeitgeber. Mehr Verkaufserfolge erzielen Sie deshalb dann, wenn Sie die passenden Türöffner einsetzen und diese gegebenenfalls bei sich selbst verbessern.

Nachfolgend finden Sie Beispiele, wie Ihnen die Ergebnisse der Gehirnforschung zudem weiter helfen:

AIDA und Ihr Kunde

Nach wie vor wird das sogenannte AIDA-Modell aus dem Jahr 1898 (!) weit verbreitet als eine der Erfolgsstrategien im Verkauf propagiert, selbst in heutigen Verkaufsseminaren noch:

A = attention (bewusste Aufmerksamkeit)
I = interest (Interesse)

D = **d**esire (Wunsch, zu kaufen)
A = **a**ction (Kaufabschluss)

AIDA unterstellt, dass ohne bewusste (!) Aufmerksamkeit beim Kunden Ihre vorgetragenen Argumente keine Wirkung zeigen. Mehr noch: Wenn nur eine genügend hohe bewusste Aufmerksamkeit des Kunden gewonnen werden kann, lassen sich laut AIDA sogar neue Wünsche bei ihm kreieren. Diese beiden Ziele zu erreichen, ist für viele Verkäufer nach wie vor sehr wichtig und sie setzen einen Großteil der Zeit in ihren Verkaufsgesprächen daran, durch einen entsprechenden Sprachcode beim Kunden bewusste Aufmerksamkeit für sich und ihr Angebot zu erzeugen.

Allerdings: Die Gehirnforschung zeigt, dass Sie sich als Verkäufer damit im Prinzip wertvoller Zeit berauben. Denn bewusste Aufmerksamkeit beim Kunden alleine hilft Ihnen relativ wenig, um ihm Ihre Botschaft zu vermitteln. Was sind schon 40 bis 50 verarbeitete Bits pro Sekunde im Bewusstsein (explizite Verarbeitung) gegenüber 11 000 000 (!) verarbeiteter Bits pro Sekunde im Unterbewusstsein (implizite Verarbeitung) des Kunden. Zudem: Wer garantiert Ihnen, dass Ihr Kunde, nur weil er Ihnen aufmerksam zuhört, auch wirklich für Ihr Angebot interessiert werden kann? Solange Sie an seinen Bedürfnissen vorbeisprechen, wird dies nicht gelingen. Andererseits kann Ihr Angebot beim Kunden Emotionen hervorrufen und Interesse wecken, obwohl er sich nicht bewusst und aufmerksam damit beschäftigt hat. Beispiele hierfür finden Sie in der Werbung zur Genüge. Wird nur für Bruchteile einer Sekunde ein Produkt in einen Film eingeblendet, nehmen die Zuschauer dieses Einblenden nicht bewusst wahr, doch die Werbung wirkt in ihnen emotional sowie unbewusst und führt zu steigenden Verkaufszahlen.

Außerdem zeigt die Gehirnforschung, dass wir keine Wünsche im Kopf des Kunden »einpflanzen« können. Die Hoffnung, Sie können durch gute Argumentation bei hoher bewusster Aufmerksamkeit Ihres Kunden ihm zusätzlich etwas verkaufen, erfüllt sich nur dann, wenn es Ihnen gelingt, an bereits vorhandene Bedürfnisse, Emotionen und Motive anzuknüpfen. Tun Sie dies, dann gewinnen Sie automatisch sowohl seine Aufmerksamkeit als auch sein Interesse für das, was Sie ihm anbieten.

In gewisser Weise geht es heutzutage darum, das AIDA-Modell umgekehrt zu betrachten.

Für Ihre Praxis bedeutet dies:

Herbeigeredete bewusste Aufmerksamkeit alleine garantiert Ihnen weder, dass sich Ihr Kunde für Ihr Angebot interessiert und es sogar kauft, noch, dass Sie ihm dadurch zusätzliche Angebote verkaufen werden.

Das Gegenteil hilft Ihnen zum Erfolg: Wenn es Ihnen gelingt, Ihr Angebot von Anfang des Verkaufsgesprächs an so zu präsentieren, dass Ihr Kunde erkennt, es nutzt ihm, es befriedigt bei ihm unbefriedigte Bedürfnisse, es erfüllt ihm offene Wünsche oder es behebt erkennbare Mangelsituationen und vermeidet negative Folgen, dann wird er sich automatisch dafür mit großer Aufmerksamkeit interessieren.

Überlegen Sie deshalb weniger, wie Sie beispielsweise durch Smalltalk die bewusste Aufmerksamkeit Ihres Kunden gewinnen können. Überlegen Sie vielmehr, welche Bedürfnisse und unerfüllten Wünsche Ihr Kunde hat. Mehr noch: Erfragen Sie diese. Knüpfen Sie mit Ihrem Angebot dann geschickt an diese an – zum Beispiel, indem Sie einen Mangel und die daraus entstehenden Folgen verdeutlichen oder indem Sie Bilder entstehen lassen. Bieten Sie Ihrem Kunden Lösungen und Ideen, die ihm helfen. Zeigen Sie ihm den Nutzen, den Ihr Angebot ihm bietet. Damit sparen Sie künftig sehr viel Zeit und erzielen mehr und bessere Verkaufsabschlüsse.

Sokratische Fragen sowie Alternativfragen und Ihr Kunde

Sokratische Fragen und Alternativfragen dienen dazu, Ihren Kunden in seinen Antworten vorzuformen. Darüber können Sie weiter vorne im Abschnitt zum Business-Sprachcode ausführlich lesen.

Allerdings gelingt Ihnen dies richtig gut erst dann, wenn Sie beide Fragearten nicht nur als Methode abspulen. Denn vielen Kunden – insbesondere professionellen Einkäufern – sind solche Methoden bewusst (!). Sie werden vermehrt durchschaut und häufig sogar als ungewollte Beeinflussung oder Manipulation empfunden. Doch ein noch wichtigerer Grund, dass diese beiden Methoden Ihnen gegebenenfalls nicht zum gewünschten Erfolg verhelfen, ist, dass sie oft an den Bedürfnissen und Motiven Ihres Kunden vorbeigehen.

Bevor Sie eine Alternativfrage stellen, überlegen Sie bitte, ob und, wenn ja, welche Bedürfnisse des Kunden Sie damit ansprechen. Die Frage nur zu stellen, weil Sie irgendwann gelernt haben, dass sie tendenziell zu mehr Umsatz führt, ist zu wenig. Wer partout keinen Bedarf an neuen Maschinen hat, wird Ihnen auch auf die Frage »Wollen Sie die flexible oder die schnelle Variante in Ihrer Produktion einsetzen?« keine abkaufen.

Genauso achten Sie bitte bei Sokratischen Fragen stets darauf, dass sie logisch auf einen Mangel, den Ihr Kunde besitzt und den Ihr Angebot beheben kann, hinführen. Nur weil er auf fünf Ihrer Fragen zuvor mit »ja« geantwortet hat, muss er auf eine sechste Frage, die seine Bedürfnisse nicht anspricht, noch lange nicht erneut mit »ja« antworten.

So gestalten Sie Ihre Verkaufsgespräche spannend

Wie können Sie Ihre Verkaufsgespräche spannend gestalten, damit der Kunde sich nicht langweilt? Wollen Sie das wissen? Sie erfahren es weiter unten.

Die russische Psychologin Bljuma Wulfowna Seigarnik, bekannt auch als Bluma Zeigarnik, entdeckte mit ihren Studien einen besonderen Effekt in unserem Gehirn, der auch Ihnen als Verkäufer hilft. Welcher dies ist? Die Antwort folgt gleich.

Wir wissen, dass Menschen sich gerne belohnen, sich Wünsche erfüllen und ihre gesteckten Ziele erreichen wollen. Doch immer wieder geschieht es bei jedem von uns, dass wir auf dem Weg zu diesem Ziel unterbrochen werden und erst später wieder weiter vorankommen und das Ziel erreichen.

Sie wollten heute fünf Kunden anrufen, haben jedoch nur drei angetroffen. Die restlichen zwei versuchen Sie, morgen zu erreichen. Sie wollten bereits gestern Ihre Steuererklärung fertig haben, doch Sie haben es noch nicht geschafft. Sie haben sich beim letzten Jahreswechsel vorgenommen, mehr Sport zu treiben. Doch leider gelingt es Ihnen immer noch nicht.

Dies sind drei Beispiele für unerledigte Handlungen und nicht erreichte Ziele. Bluma Zeigarnik hat entdeckt, dass solche Situationen im Gehirn Restspannungen hinterlassen, die solange bestehen bleiben, bis die Handlungen abgeschlossen und die Ziele erreicht sind. Dadurch können sich Menschen an »offene Schubladen« viel besser erinnern als an das, was Sie bereits erreicht haben.

Wenn Sie einen arbeitsintensiven Tag hinter sich haben, an dem Ihnen sehr viel gelungen ist, an dem jedoch zwei wichtige Punkte offen geblieben sind, werden Sie sich abends oder am nächsten Morgen deutlich besser an diese beiden offenen Punkte erinnern als an das, was Sie alles erledigt haben.

Dies ist der sogenannte Zeigarnik-Effekt. Er führt zudem dazu, dass wir eine verstärkte Tendenz verspüren, offene Punkte möglichst bald zu erledigen. Denn wir alle besitzen in der Regel einen Drang dazu, begonnene Handlungen abzuschließen – sowohl angenehme als auch unangenehme. Manche mögen dies als schlechtes Gewissen empfinden. Offene Punkte lenken uns im Alltagsgeschäft deshalb immer wieder ab und rufen uns in Erinnerung, dass noch etwas zu tun ist.

Wenn Sie den Zeigarnik-Effekt noch nicht gekannt haben, haben Sie vermutlich gespannt den vorigen Abschnitt gelesen um zu erfahren, worum es sich dabei handelt. Die entsprechende offene Schublade wurde durch die beiden Sätze »Welcher dies ist? Die Antwort folgt gleich« weiter oben erzeugt. Diese Schublade ist jetzt geschlossen. Doch Sie besitzen noch eine offene Schublade, erinnern Sie sich? Ganz zu Beginn stehen die beiden Fragen und der Satz: »Wie können Sie Ihre Verkaufsgespräche spannend gestalten, damit der Kunde sich nicht langweilt? Wollen Sie das wissen? Sie erfahren es weiter unten.«

Nun die Antwort hierauf: Zählen Sie Fakten und Vorteile auf, so wird sich Ihr Kunde irgendwann während des Verkaufsgesprächs langweilen. Wann dies sein wird, hängt von der Qualität Ihres Sprachcodes und von der Länge des Verkaufsgesprächs ab. Spannend werden Ihre Verkaufsgespräche dann, wenn Sie den Zeigarnik-Effekt nutzen. Erwähnen Sie zu Beginn des Verkaufsgesprächs, dass Sie für Ihren Gesprächspartner am Ende des Gesprächs eine besonders wichtige Information haben.

»Sie erhalten am Ende unseres Gesprächs eine besonders wichtige Information.«

So bauen Sie positive Spannung auf. Um was es genau geht, verraten Sie noch nicht, sondern Ihr Kunde wird sich bis zum Ende des Gesprächs gedulden müssen. Durch diese Ankündigung öffnen Sie bei ihm eine Schublade, die ihn bis zur Bekanntgabe der Information aufmerksam und mit Spannung im Gespräch hält. Bauen Sie mit zunehmender Länge des Gesprächs mehr als einen Zeigarnik-Effekt in Ihre Verkaufsgespräche ein. Die erste Möglichkeit haben Sie bereits zu Beginn des Gesprächs.

Formulieren Sie positiv – und Ihr Kunde wird entsprechend beeinflusst

Sie finden im Abschnitt über den Business-Sprachcode ausführliche Gedanken, wie Worte grundsätzlich auf Ihren Gesprächspartner wirken. Dies gilt selbstverständlich auch für Ihre Verkaufsgespräche. Daneben gibt es Formulierungen, die typisch für Gespräche mit Kunden sind und die auf diese negativ wirken.

Vermeiden Sie gerade im Verkaufsgespräch alles, was den Kunden gedanklich auf die »falsche Bahn« leiten kann.

Positiv formulieren im Verkauf

So formulieren Sie negativ.	Das denkt Ihr Kunde.	So formulieren Sie positiv.
Da haben Sie mich falsch verstanden.	Ja bin ich denn blöd?	Da habe ich mich falsch ausgedrückt.
Ich erkläre es Ihnen gern noch einmal.	Entweder ist er zu blöd zum Erklären oder ich zum Verstehen.	*Nennen Sie den Inhalt einfach ohne den vorangestellten negativen Satz.*
Das sehe ich vollkommen anders.	Wirklich?	Ich sehe es so: ...
Das ist ganz einfach.	Ich bin wohl zu dumm dafür.	Was halten Sie davon, ...
Wollen Sie gleich hier unterschreiben?	Will der mich überrumpeln?	Haben Sie sich von dem Angebot überzeugt? *Ja.* Dann bitte ich Sie, den Auftrag hier zu unterschreiben.
Wollen Sie nicht eine Probefahrt machen?	Weshalb fragt der mich das jetzt so suggestiv?	Sie können jederzeit gerne eine Probefahrt machen.

So formulieren Sie negativ.	Das denkt Ihr Kunde.	So formulieren Sie positiv.
Falls Sie die Maschine kaufen, dann ...	Aha, er zweifelt noch daran, ob ich unterschreibe.	Wenn Sie diese Maschine im Einsatz haben, dann ...
Ich finde das Angebot gut.	Interessiert ihn auch meine Meinung?	Finden Sie das Angebot gut?
Wünschen Sie sonst noch etwas?	Nein, nicht das ich wüsste.	Bieten Sie passende Zusatzprodukte mit einer geschickten Alternativfrage an.
Was ich noch sagen wollte:	Ja was denn noch?	Sagen Sie es einfach.
Ich würde an Ihrer Stelle diese Alternative nehmen.	Das interessiert mich nicht.	Was spricht aus Ihrer Sicht für diese Alternative?
Das Produkt hat folgenden Preis:	Ist das teuer.	Der Wert des Produktes liegt bei ...
Wollen Sie kaufen?	Ich weiß nicht.	Stellen Sie sich vor, Sie besitzen dieses Produkt.

In seltenen Fällen erlebe ich es in Verkaufseminaren, dass Teilnehmer das Thema »Positiv formulieren« als unnötige Wortspielerei abtun. Es sei doch viel wichtiger, dem Kunden die Produktvorteile zu präsentieren. Wer auf dieser Ansicht beharrt, wird in der Praxis sehr oft am Kunden vorbeireden und seine Abschlüsse werden geringer sein, als er es sich wünscht. Gerade die vermeintlichen Kleinigkeiten sind es, die dem Kunden in seinem Unterbewusstsein signalisieren, was Sie von ihm halten. Und gerade vermeintliche Wortspielereien führen dazu, ob der Kunde von Ihnen positiv oder negativ beeinflusst wird und Sie sich vom Wettbewerb positiv oder negativ absetzen können. Nutzen Sie diese einfachen Mittel.

Wertschätzendes Verhalten bringt Vertrauen und Umsätze

Sie arbeiten als Verkäufer bei einem Unternehmen, das bei den Kunden hohes Ansehen genießt. Sie bieten ein Produkt mit hoher Qualität an. Sie tragen eine passende Kleidung und treten sicher und überzeugend auf. Das sind sehr gute Voraussetzungen dafür, dass Sie viele Kunden für Ihr Angebot gewinnen können – wenn Sie zudem noch wertschätzendes Verhalten zeigen.

Denken Sie bitte daran, dass gerade beim Verkaufsgespräch Ihr Etikettecode einen relativ starken Einfluss auf den Kunden hat. Die

Wertschätzung, die Sie ihm entgegenbringen, wenn Sie ihn beispielsweise korrekt begrüßen, lässt sein Vertrauen Ihnen gegenüber steigen. Sprechen Sie seinen Namen richtig aus, gegebenenfalls zusammen mit Titeln oder Adelsbezeichnungen. Denken Sie an die Reihenfolge beim Begrüßen, wenn Sie mehrere Personen auf der Kundenseite empfangen.

Auch Ihr Sprachcode kann dem Kunden Wertschätzung signalisieren. Immer wieder können Sie Verkäufern begegnen, die einen hausüblichen Sprachcode – gefüllt mit unreflektierten Floskeln – benutzen und davon ausgehen, auf Kunden überzeugend zu wirken. So nennen diese den Namen des Kunden während des Gesprächs in fast jedem zweiten Satz, zu allem Überfluss auch noch falsch. Solche Kommunikation ist reines Abspulen von auswendig gelernten Punkten, wie »ich muss den Kunden öfters beim Namen nennen«, ohne darüber nachgedacht zu haben, wie dies wirkt. Und gleichzeitig gelingt es ihnen beispielsweise nicht, im Gespräch mit mehreren Anwesenden auf der Kundenseite mit allen Blickkontakt zu halten. Der vermeintlich »gefährlichste« oder »wichtigste« Kunde wird mit dem Blick fixiert, alle anderen fühlen sich von solchen Verkäufern nicht angesprochen. Gerade diese und ähnliche Fauxpas zerstören das Vertrauen des Kunden.

Sie bringen Ihrem Kunden auch dann Wertschätzung entgegen, wenn Sie ihm erstens überhaupt Ihre Visitenkarte überreichen und ihm diese zweitens so in seine Hand geben, dass er sie auf Anhieb lesen kann und nicht zuerst umdrehen muss.

Genauso wertschätzend ist es, wenn Sie die Gesprächsumgebung passend wählen. Zwar können Sie als Verkäufer nicht den gesamten Außenauftritt Ihres Unternehmens verändern, aber Sie können im Kleinen dafür sorgen, dass Ihr Kunde sich am Gesprächsort wohlfühlt. Dazu gehört die Sitzordnung und dazu gehören die Beleuchtung sowie die Größe und Einrichtung des Raumes.

Ihr Kunde wird es zu schätzen wissen, wenn Sie ihm einen angenehmen Sitzplatz, ohne dass er beispielsweise vom Licht geblendet wird, sowie Getränke zur Auswahl anbieten.

Sie bringen Ihrem Kunden auch dann Wertschätzung entgegen, wenn Sie vereinbarte Termine pünktlich einhalten und sich beim Verkaufsgespräch nicht vom Telefon oder von Kollegen stören lassen. Während des Verkaufsgesprächs muss Ihre gesamte Aufmerksamkeit Ihrem Kunden gelten.

Sie bringen Ihrem Kunden erst recht dann Wertschätzung entgegen, wenn Sie ihm während des Verkaufsgesprächs glaubwürdig – und nicht nur als Lippenbekenntnis – kommunizieren, dass es Ihnen in erster Linie darum geht, dass er zufrieden ist, dass seine Bedürfnisse mit Ihrem Angebot befriedigt werden und dass seine Wünsche der rote Faden für Sie sind.

Mit wertschätzendem Verhalten können Sie Ihrem Kunden auf vielfältige Art begegnen. Immer wird er es als angenehm empfinden und Sie sympathisch finden. Da innerhalb einer Branche Produkte und Dienstleistungen unterschiedlicher Anbieter oftmals fast identisch sind,»öffnen« und gewinnen Sie Ihre Kunden gerade auch durch wertschätzendes Verhalten. Bei annähernd gleichen Angebotsqualitäten, eventuell sogar noch beinahe übereinstimmenden Preisen, entscheiden Kunden immer auf Grund von den von Ihnen geschickt eingesetzten Türöffnern.

Achten Sie auf den Körpercode Ihres Kunden

Der Körpercode Ihres Kunden verrät Ihnen sehr viel. Zwei Beispiele: Sie können erkennen, ob Ihr Kunde gedanklich aus dem Gespräch ausgestiegen ist oder ob er Ihren Worten noch folgen kann. Sie können ebenso erkennen, ob er zum Kaufabschluss bereit ist oder nicht.

Immer wieder passiert es, dass sich gut vorbereitete Verkäufer um den wohlverdienten Verkaufsabschluss bringen, weil sie reden und reden und dabei vergessen, ihren Kunden zu beobachten. Die grundlegende Voraussetzung, um Abschlusssignale zu erkennen, ist der Blickkontakt, den Sie mit dem Kunden halten. Wer nur auf seine Unterlagen und seinen Notizblock konzentriert ist und – während der Kunde spricht – bereits an die eigene Antwort denkt, der läuft Gefahr, typische Abschlusssignale beim Kunden zu übersehen. Denn auch hier gilt: Alle Gedanken und Emotionen, die Ihren Kunden gerade beschäftigen, äußern sich in seinem Körpercode. Deswegen halten Sie unbedingt Blickkontakt mit Ihrem Kunden, gerade auch dann, wenn er spricht.

Wenn sich der Kunde mit seinem Oberkörper weit nach vorne beugt, dann will er mehr wissen oder er ist bereit zum Handeln, sprich zum Unterschreiben des Kaufvertrags. Dasselbe gilt, wenn sich die Mimik Ihres Gesprächspartners entspannt und er lockere Gesten zeigt. Haben Sie ein Demonstrationsobjekt am Tisch liegen und nimmt er es von sich aus in die Hand, so deutet auch dies darauf hin, dass er sich unbewusst zum Kauf entschlossen hat. Auch mehrmaliges Kopfnicken zeigt Ihnen, dass er mit Ihnen und Ihrem Angebot einverstanden ist. Selbstverständlich haben Sie alleine durch die ausgesandten Körpersignale keine hundertprozentige Gewähr dafür, dass der Kunde nun den Abschluss will. Möglicherweise stehen dem noch einige bewusst wahrgenommene Bedenken und Fragen im Wege. Doch auf jeden Fall sehen Sie positive Ansatzpunkte, ihn zum Abschluss zu führen, und Sie wissen, was ihn im jeweiligen Moment in seinem Unterbewusstsein beschäftigt.

Als erfolgreicher Verkäufer achten Sie vor allem auf die vier wichtigsten Quellen von Abschlusssignalen Ihres Kunden: seine Hände, seine Augen, seine Gesten sowie seine Bewegungen. Wenn Ihr Kunde zum Beispiel um das Produkt, das Sie anbieten, herumläuft und es genau anschaut, dann signalisiert er Ihnen großes Interesse und die Bereitschaft, es zu kaufen, außer er zeigt eine sehr skeptische Mimik.

Übrigens können Sie zustimmende Körpersignale bei Ihrem Kunden hervorrufen oder verstärken. Denken Sie bitte an die Funktionsweisen der sogenannten Spiegelneuronen. Wenn Sie mit dem Kopf nicken, so steigt die Wahrscheinlichkeit, dass es Ihr Kunde auch tut und er sich damit unbewusst auf Zustimmung einstellt. Wenn Sie mit dem Oberkörper nach vorne kommen, wird es sehr oft auch Ihr Kunde tun.

So reagieren Sie überzeugend auf Einwände

Einwände sind die Daseinsberechtigung für jeden Verkäufer
Es scheint so, als ob der Einwand zusammen mit der Preisverhandlung als das schwierigste und das am wenigsten beliebte Thema in Verkaufsgesprächen betrachtet wird – sowohl in der Praxis der Verkäufer als auch in der Theorie der Verkaufsratgeber. Es mag daran liegen, dass das Wort »Einwand« im Unterbewussten von vielen als »eine Wand« – zwischen dem Verkäufer und dem Kunden – interpretiert wird. Wer einen Einwand erhält, sorgt sich um den Auftrag. Wer einen Einwand erhält, fühlt sich inhaltlich und oft auch persönlich angegriffen.

Dabei sind Einwände letztlich die Daseinsberechtigung für jeden Verkäufer. Kunden, denen bei einem Angebot alles klar ist und die keinerlei Fragen oder Einwände haben, kaufen einfach – ohne (erneutes) Verkaufsgespräch und ohne Beratung. Sie benötigen kein klärendes Gespräch und damit keinen Verkäufer.

Ein Privatkunde, der sich für eine Milchsorte entschieden hat, geht in den Supermarkt und kauft sich beim nächsten Mal eine Flasche oder einen Beutel desselben Anbieters. Er wird deswegen kein Verkaufsgespräch führen wollen.
Ein Selbstständiger, der mit seinem Steuerberater zufrieden ist, wird sich bei der nächsten anstehenden Frage einfach an ihn wenden. Er verzichtet darauf, sich mehrere Angebote einzuholen, um zuerst neue Verhandlungen zu führen.
Ein Großkunde, der mit einem Anbieter einen Rahmenvertrag abgeschlossen hat, wird während der Laufzeit dieses Vertrags nicht vor jeder neuen Lieferung oder Dienstleistung Verkaufsgespräche führen.

Ob ein Verkäufer es schafft, überzeugend auf einen Einwand zu reagieren, hängt insofern zunächst von seiner mentalen Einstellung zu Einwänden ab. Wer Angst vor ihnen hat, wird fast immer schwach und falsch reagieren. Wer sie gar als Angriff auf seine Person wertet, wird sich rechtfertigen und damit seine Position massiv schwächen. Wer sich dagegen auf Einwände freut, geht gelassen und souverän mit ihnen um. Einwände eröffnen fast immer die Chance, die Bedürfnisse und Wünsche des Kunden noch besser zu erkennen und die Vorteile des eigenen Angebots dem Kunden diesbezüglich näher zu erläutern.

Sie können sicher sein, dass stets eine der beiden folgenden Alternativen gilt:

• Wer keine Einwände hat, kauft einfach, ohne sich auf ein ausführliches Verkaufsgespräch einzulassen. Oder er signalisiert bereits zu Beginn eines Gesprächs oder relativ früh während des Gesprächs, dass er kaufen wird.
• Wer sich auf ein Verkaufsgespräch einlässt, keine Kaufbereitschaft signalisiert und keine Einwände vorbringt, der hat überhaupt kein Interesse an Ihrem Angebot. Sie werden ihn nicht zum Kauf bewegen können.

Dies bedeutet für Ihre Verkaufsgespräche: Hoffen Sie entweder auf einen schnellen Kaufabschluss oder freuen Sie sich ansonsten über jeden Einwand. Beachten Sie dabei bitte bei Ihrer Reaktion die folgenden Punkte.

Die 8 Grundregeln für Ihr Verhalten bei Einwänden des Kunden

Weil es so wichtig ist, denken Sie bitte stets daran: Einwände in einem Verkaufsgespräch signalisieren Ihnen in der Regel, dass Ihr Kunde an Ihrem Angebot noch Interesse hat. Nur die allerwenigsten Kunden sind »Einwand-Spieler« und bringen Einwände um des Diskutierens willen, ohne dass ernsthaftes Kaufinteresse dahintersteckt.

Einwände sind Fragen nach mehr Information oder Fragen nach Entscheidungshilfen. Denn sehr oft müssen Kunden ihre Kaufentscheidung rechtfertigen – vor Vorgesetzten, vor Aufsichtsräten oder vor Lebenspartnern. Deshalb kommt es immer wieder vor, dass der Kunde selbst für sich bereits entschieden hat, Ihr Angebot anzunehmen, doch er zögert und bringt Einwände, weil ihm ausreichende Rechtfertigungsargumente noch fehlen. »Einwand« ist ein Minuswort und wirkt negativ – auf Sie, wenn Ihr Kunde es ausspricht, und genauso auf Ihren Kunden, wenn Sie einen »Einwand« haben. Das positive Ersatzwort ist »Frage«. Betrachten Sie deshalb jeden Einwand des Kunden »nur« als Frage und nennen Sie jeden Einwand, den Sie im Gespräch Ihrem Kunden gegenüber haben, ebenfalls eine »Frage«.

Die folgenden acht Grundregeln für Ihr Verhalten bei Einwänden Ihres Kunden sind für Sie wichtig:

1) Bleiben Sie ruhig und gelassen.
2) Lassen Sie Ihren Kunden unbedingt ausreden und hören Sie ihm aktiv zu.
3) Zeigen Sie mit Ihrem Körpercode auf keinen Fall, was Sie von dem Einwand halten.
4) Legen Sie vor Ihrer Antwort – die stets sachlich ausfällt – eine Pause zum Nachdenken ein oder stellen Sie je nach Situation sofort eine Gegenfrage.
5) Versuchen Sie, sich in die Situation Ihres Kunden hineinzudenken und sich mit seinen Fragen und Anmerkungen zu identifizieren.
6) Hören Sie auf mehreren »Empfangskanälen«.

7) Erkennen Sie, ob Ihr Kunde bei seinem Einwand rational oder emotional argumentiert.

8) Antworten Sie kurz und prägnant.

1) Bleiben Sie ruhig und gelassen.

Achten Sie bitte darauf, dass Sie den Kundeneinwand ruhig und gelassen aufnehmen. Wer in ihm eine Provokation oder einen persönlichen Angriff sieht, wird unpassend und wenig überzeugend reagieren. Denn sobald Sie eine negative Stimmung in sich verspüren, werden Sie von Ihrem Unterbewusstsein für Ihre Antwort entsprechend negativ vorgeformt. Ihr Sprachklang, Ihre Wortwahl und Ihr Körpercode werden dies dem Kunden signalisieren. Er wird sich von Ihnen unverstanden fühlen und seinerseits negativ gestimmt werden. Ein Verkaufsabschluss ist dann, wenn überhaupt, nur sehr schwer zu erzielen.

2) Lassen Sie Ihren Kunden unbedingt ausreden und hören Sie ihm aktiv zu.

Je öfter Sie Verkaufsgespräche führen, desto häufiger werden Sie immer dieselben Einwände hören. Und desto mehr besteht die Gefahr, dass Sie dem Kunden ins Wort fallen und sofort antworten wollen, da Sie ja sowieso schon wissen, worum es geht. Doch es interessiert Ihren Kunden nicht, wie oft Sie seinen Einwand von anderen Kunden schon gehört haben. Es ist in diesem Moment sein persönlicher Einwand, der ihn bewegt. Nehmen Sie ihn ernst. Lassen Sie Ihren Kunden ausreden und hören Sie ihm aktiv und verständnisvoll zu.

3) Zeigen Sie mit Ihrem Körpercode auf keinen Fall, was Sie von dem Einwand halten.

Es besteht die Gefahr, dass Ihr Körpercode Desinteresse oder Besserwisserei signalisiert, wenn Ihr Kunde einen Einwand vorbringt, den Sie in Ihrem Verkäuferleben schon zigmal zuvor gehört haben. Sehr schnell kann eine abwertende oder wegwischende Handbewegung von Ihnen dem Kunden Ihr Desinteresse signalisieren. Oder Sie schütteln Ihren Kopf, während der Kunde den Einwand vorbringt, weil Sie diesen für völlig unberechtigt, für völlig deplatziert oder für dumm halten.

Außerdem kann Ihr Körpercode ausstrahlen, dass Sie verunsichert sind und sich von dem Einwand getroffen fühlen. Dies wird nicht dazu führen, dass Ihr Kunde Ihnen mehr Vertrauen, sondern weniger schenkt. Denn wenn ein Einwand von ihm Sie in Ihrer Argumentation verunsichert, wie soll er sich von der Glaubwürdigkeit Ihrer bisherigen Argumentation und damit Ihrem Angebot insgesamt überzeugen? Strahlen Sie vielmehr mit Ihrem Körpercode Ruhe, Sicherheit, Interesse sowie Hilfsbereitschaft aus, gleichgültig, was Sie von dem Einwand halten oder wie unangenehm er für Sie ist.

4) Legen Sie vor Ihrer Antwort – die stets sachlich ausfällt – eine Pause zum Nachdenken ein oder stellen Sie je nach Situation sofort eine Gegenfrage.

Antworten Sie stets sachlich und lassen Sie sich nicht provozieren. Denken Sie bitte daran: Solange der Kunde bei Ihnen ist, hat er normalerweise grundsätzlich noch Interesse an Ihrem Angebot. Nutzen Sie diese Chance, auch durch Ihre Reaktion auf seinen Einwand.

Bevor Sie antworten, ist es sinnvoll für Sie, eine Denkpause einzulegen – selbstverständlich nicht vom Denken, sondern zum Denken. Versuchen Sie während dieser kurzen Pause das Motiv Ihres Kunden für seinen Einwand zu erkennen. Lesen Sie aus dem Einwand ein neues unbefriedigtes Bedürfnis heraus? Oder gibt er Ihnen einen guten Ansatzpunkt für Ihre weitere Argumentation? Überlegen Sie, wie Sie zur Zufriedenheit Ihres Kunden auf den Einwand eingehen.

Erhalten Sie einen unverständlichen oder verbal sehr scharfen Einwand, dann antworten Sie sofort mit einer Gegenfrage. Sie gewinnen einerseits mehr Verständnis für die Position Ihres Kunden und andererseits Zeit für Ihre Antwort. Und bei verbal sehr scharfen Einwänden besteht die Chance, wenn Sie den Kunden den Einwand wiederholen lassen, dass er ihn abgemildert formuliert.

5) Versuchen Sie, sich in die Situation Ihres Kunden hineinzudenken und sich mit seinen Fragen und Anmerkungen zu identifizieren.

Wenn Sie verstehen, weshalb Ihr Kunde seinen Einwand zu diesem Zeitpunkt, mit diesem Inhalt und in dieser Form vorbringt, haben Sie eine hervorragende Voraussetzung, überzeugend zu antworten. Sie strahlen dadurch auch wesentlich mehr Empathie aus. Ihr Kunde wird Sie in seinem Unterbewusstsein als verständnisvollen Gesprächspartner und nicht als ausschließlich abschlussorientierten Verkäufer wahrnehmen.

6) Hören Sie auf mehreren »Empfangskanälen«.

Es gibt Menschen, die sich spontan und ohne nachzudenken auf jede kritische Frage oder jeden Einwand zunächst einmal rechtfertigen (wofür eigentlich?) oder ablehnend reagieren. Meistens handelt es sich dabei um Menschen mit einem sehr geringen Selbstwertgefühl, die einen Einwand als Angriff auf ihre Person interpretieren und nicht in der Lage sind, mit dem »Sachohr« zu hören. Sie haben vielmehr als Empfangskanal grundsätzlich das »Beziehungsohr« eingeschaltet. Prüfen Sie sich selbst, ob dies bei Ihnen der Fall ist. Falls ja, setzen Sie alles daran, Ihre »Empfangsfrequenzen« zu erweitern.

Denn wer vorrangig mit dem Beziehungsohr hört, wird jeden Einwand tendenziell zurückweisen, sich auf irgendeine Art rechtfertigen und dabei den eigentlichen Kern des Einwands, nämlich eine offene Frage oder ein unbefriedigtes Bedürfnis des Kunden, aus den Augen verlieren. So behandelt fühlt sich der Kunde äußerst unwohl. Er wird sich fragen, weshalb sein Gegenüber so reagiert, obwohl er ihm doch überhaupt nichts Böses will, im Gegenteil, er benötigt Hilfe und Unterstützung von ihm in seinem Entscheidungsprozess.

7) Erkennen Sie, ob Ihr Kunde bei seinem Einwand rational oder emotional argumentiert.

Bitte merken Sie sich unbedingt: Emotionale Einwände lassen sich nicht rational entkräften, ebenso wenig lassen sich rationale Einwände emotional entkräften.

Bevor Sie antworten, prüfen Sie deswegen, ob Ihr Kunde emotional oder rational argumentiert oder kritisiert. Dementsprechend wählen Sie Ihre Antwort.

8) Antworten Sie kurz und prägnant.

Antworten Sie auf jeden Einwand so ausführlich wie nötig, damit Ihr Kunde Sie inhaltlich versteht. Antworten Sie prägnant auf den Einwand und schweifen Sie nicht ab. Je mehr unnötige Worte Sie verwenden, umso mehr wirkt Ihre Antwort als Verteidigung oder als Ablenkung. Beides wiederum strahlt auf Ihr Angebot ab und bewirkt, dass Ihr Kunde verstärkt an dem Angebot zweifelt.

Damit Sie überzeugend auf Einwände reagieren, beachten Sie bitte zudem die folgenden Punkte:

• Vermeiden Sie den größten Reaktionsfehler bei Kundeneinwänden.
• Widersprechen Sie Ihrem Kunden bei seinem Einwand nicht.
• Was motiviert Ihren Kunden zu Einwänden?
• So antworten Sie, wenn Ihr Kunde ...
• Wann reagieren Sie am besten auf Einwände?
• So beugen Sie einem Einwand-Ping-Pong rechtzeitig vor.
• Und was, wenn Sie einen Einwand nicht ausräumen können?

Vermeiden Sie den größten Reaktionsfehler bei Kundeneinwänden
Verkaufsgespräche können sehr harmonisch verlaufen. Sie können jedoch gerade dann, wenn der Kunde seine Einwände vorbringt, in eine Diskussion ausarten, die Ihnen beiden nicht weiterhilft.

Den größten Fehler, den Sie bei Ihrer Reaktion auf einen Kundeneinwand begehen können, ist folgender:

Ihr Kunde bringt einen Einwand vor. Sie glauben zu wissen, worum es dem Kunden geht und antworten sofort. Doch der Kunde ist mit Ihrer Antwort nicht zufrieden. Er fühlt sich missverstanden und unterstellt Ihnen möglicherweise sogar, dass Sie mit Absicht am Kern seines Einwands vorbeiantworten. Vermeiden Sie diesen Fehler einfach dadurch, dass Sie vor Ihrer Antwort nachfragen. Formulieren Sie den Einwand beispielsweise mit eigenen Worten als Frage, ob Sie ihn richtig verstanden haben. Wenn der Einwand sehr allgemein gehalten ist, fordern Sie den Kunden mit einer Frage auf, seinen Einwand zu konkretisieren:

Kundeneinwand:	»Mir gefällt Ihr Angebot nicht.«
Ihre Rückfrage:	»Was genau stört Sie an dem Angebot?« *oder* »Wie stellen Sie sich eine Lösung vor?«

Denn auch mit sehr großer Erfahrung aus Ihren bisherigen Verkaufsgesprächen können Sie nie sicher sein, dass Sie den Kunden und seinen Einwand richtig verstehen. Deshalb ist es sehr wichtig, klärend nachzufragen, um unnötige Irritationen zu vermeiden.

Widersprechen Sie Ihrem Kunden bei seinem Einwand nicht

Auch wenn der Kunde mit seinem Einwand fachlich falsch liegt, ist es ein großer Fehler, wenn Sie ihm offen widersprechen. Ihr Widerspruch führt bei Ihrem Kunden dazu, dass er sich verschließt und unbewusst Ärger über Sie verspürt. Denn wer hört schon gerne, dass er falsch liegt.

Stellen Sie Ihrem Kunden geeignete Fragen, wenn er einen Einwand vorbringt, anstatt ihm zu widersprechen oder sich auf Fakten zurückzuziehen. Führen Sie ihn mit Ihren Fragen dazu, dass er selbst zu der Erkenntnis gelangt, die Sie für ihn für richtig halten. Beachten Sie dabei auch die Grundregel, sich in die Situation Ihres Kunden hineinzudenken. Überhören Sie einen Einwand auch einmal oder stellen Sie ihn zunächst zurück, bevor Sie sich auf eine Diskussion einlassen. In fast allen Fällen eignen sich zu Beginn Ihrer Antwort Ich-Botschaften.

Genauso schädlich für Ihren Verkaufserfolg ist es, wenn Sie den Kunden zu Widersprüchen provozieren. Es geht nicht darum, dass Sie Ihr Wissen als richtig herausstellen und es verteidigen. Es geht darum, dass Sie Ihrem Kunden bei der Erkenntnis helfen, dass Ihr Angebot seine Bedürfnisse befriedigt und vorhandene Mangelgefühle beseitigt.

Was motiviert Ihren Kunden zu Einwänden?

Erfolgreich verkaufen bedeutet, stets das Wohl des Kunden im Auge zu haben. Dazu gehört, dass Sie Ihren Kunden und seine Beweggründe verstehen. Dies gilt gerade auch dann, wenn er Sie mit einem Einwand konfrontiert.

Suchen Sie vor Ihrer Reaktion auf einen Einwand stets die Antworten auf die Fragen:

• Was motiviert meinen Kunden zu diesem Einwand?
• Welches Ziel verfolgt er damit?
• Weshalb bringt er den Einwand gerade an dieser Stelle des Verkaufsgesprächs vor?

Mit etwas Übung werden Sie in fast allen Fällen nicht nur mindestens eine Antwort darauf finden, sondern sogar die richtige(n). Versuchen Sie, sich in die Situation Ihres Gesprächspartners hineinzudenken.

Die Antworten auf diese Fragen werden Ihre Reaktion auf einen Einwand maßgeblich steuern. Sie sind damit viel besser in der Lage, den Kunden dort abzuholen, wo er gerade steht, vor allem, wo er emotional gerade steht.

Die Antworten auf diese Fragen helfen Ihnen auch zu erkennen, ob es sich bei der Kundenaussage wirklich um einen Einwand oder um einen Vorwand handelt. Ein Vorwand ist ein als Ausrede genannter Grund, um das Verkaufsgespräch zu beenden. Ist es Ihnen nicht selbst schon passiert, dass Sie jemanden mit einer vorgeschobenen Begründung abgewimmelt haben? Genau dies kann Ihnen als Verkäufer selbstverständlich auch geschehen. Wenn Sie erkennen, dass es sich um einen Vorwand handelt, sprechen Sie Ihren Eindruck deutlich an und achten Sie auf die Reaktion Ihres Gegenübers in seinem Körpercode sowie in seinem Sprachcode. Jedenfalls akzeptieren Sie einen vermeintlichen Vorwand niemals ohne weiteres. Denn Sie haben ja etwas zu bieten, das dem Kunden Vorteile bringt, nur er weiß es bislang noch nicht.

So viele Kunden es gibt, so viele Einwände gibt es mindestens. Allerdings ist die Zahl der Hauptmotive für einen Einwand einigermaßen überschaubar. Weshalb Ihr Kunde einen Einwand formuliert, hat in der weit überwiegenden Zahl der Fälle einen oder mehrere der folgenden Gründe:

* Der Kunde hat noch Informationsbedarf.
* Der Kunde hat sich noch nicht von den Fakten überzeugt.
* Der Kunde hat sich noch nicht emotional überzeugt.
* Der Kunde spielt ein Verunsicherungsspiel mit Ihnen.
* Der Kunde besitzt ein Vorurteil.
* Der Kunde will sein Wissen demonstrieren und gegebenenfalls weiteren Gesprächsteilnehmern imponieren.
* Sie haben den Einwand selbst provoziert.

Stimmen Sie die Art, wie Sie reagieren, auf das Motiv Ihres Kunden für seinen Einwand ab. Versuchen Sie deshalb in der Pause vor Ihrer Antwort, so gut es geht, dieses Motiv zu erkennen. Gelingt dies nicht sofort, helfen Ihnen geschickt gestellte Fragen weiter, um den Grund für den Einwand zu erkennen. Allerdings achten Sie darauf, dass Sie keine »Verhör-Situation« entstehen lassen, bevor Sie dem Kunden auf seinen Einwand Ihre Antwort geben.

So antworten Sie, wenn Ihr Kunde ...

Wenn Sie das Motiv des Kunden für seinen Einwand erkannt haben, können Sie entsprechend angemessen darauf reagieren. Damit geben Sie ihm das Gefühl, dass Sie ihn verstehen und individuell auf seine Fragen und Anmerkungen eingehen, ohne mit einer Floskel zu antworten.

Der Kunde hat noch Informationsbedarf.

Ihm fehlen noch wichtige fachliche Mosaiksteine, damit er sich ein möglichst vollständiges Bild von Ihrem Angebot machen kann.

Ihre Reaktion: Geben Sie ihm ohne ausschweifende Kommentare einfach die Informationen, die er noch benötigt.

Der Kunde hat sich noch nicht von den Fakten überzeugt.

Ihm liegen zwar alle relevanten Fakten vor, doch er erkennt noch nicht die Vorteile, die sich für ihn daraus ergeben.

Ihre Reaktion: Anstatt die objektiven Vorteile aufzuzählen, bringen Sie die Vorteile Ihres Angebots in Verbindung mit den Bedürfnissen Ihres Kunden. Machen Sie ihm klar, dass Ihr Angebot genau seine Bedürfnisse befriedigt.

Der Kunde hat sich noch nicht emotional überzeugt.

Es fehlt ihm noch das notwendige Vertrauen – in Sie als Person, in den Nutzen Ihres Angebots für ihn, in die Werthaltigkeit des Angebots oder in die Qualität des Angebots.

Ihre Reaktion: Hier ist Ihre Empathie gefragt. Vermeiden Sie unbedingt, nochmals die rationalen Vorteile Ihres Angebots herauszustellen. Sprechen Sie seine unbefriedigten Bedürfnisse und Motive an und versetzen Sie ihn verbal in die emotionale Situation, die er erwarten kann, wenn er Ihr Angebot annimmt.

Der Kunde spielt ein Verunsicherungsspiel mit Ihnen.

Es gibt Kunden, die sich einen Spaß daraus machen, grundsätzlich über den Preis zu verhandeln. Und es gibt Kunden, die während des Verkaufsgesprächs eine Reihe von Einwänden platzieren mit dem einzigen Grund, Sie zu verunsichern.

Ihre Reaktion: Lassen Sie sich auf keine Streitdiskussion ein. Widersprechen Sie dem Kunden nicht. Stellen Sie geeignete Fragen.

Oder übergehen Sie den Einwand. Häufig hilft auch eine Prise Humor, um notorischen Nörglern unter den Kunden den Wind aus den Segeln zu nehmen.

Der Kunde besitzt ein Vorurteil.

In diesem Fall handelt es sich fast immer um einen emotionalen Einwand. Zudem lassen sich gefestigte Vorurteile nur schwer widerlegen.

Ihre Reaktion: Denken Sie bitte zunächst daran: Emotionale Einwände können Sie nur emotional entkräften, niemals rational. Überhören Sie ein Vorurteil einfach, vielleicht bringt es der Kunde nicht erneut vor. Wenn es möglich und passend ist, stimmen Sie ihm eingeschränkt zu, ohne dass Sie Ihre Position aufgeben.

Der Kunde will sein Wissen demonstrieren und gegebenenfalls weiteren Gesprächsteilnehmern imponieren.

Derartige Kunden besitzen eine ausgeprägte Geltungssucht. Sie wollen alles besser wissen und Ihnen klar machen, wie unfähig Sie in deren Augen sind.

Ihre Reaktion: Wenn solche Kunden Einwände zu unwesentlichen Punkten vorbringen, geben Sie ihnen recht. Ansonsten versuchen Sie es mit Humor. Dieser hat schon so manches Eis geschmolzen. Besserwisserische Kunden können Sie zudem überraschen, wenn Sie sie loben. In der Regel sind sie dies nicht gewohnt.

Sie haben den Einwand selbst provoziert.

Eine ungeschickte oder provokante Äußerung von Ihnen hat dazu geführt, dass Ihr Kunde Ihnen widerspricht.

Ihre Reaktion: Geben Sie dem Kunden recht. Bitten Sie ihn gegebenenfalls um Entschuldigung, je nachdem, was Sie zuvor gesagt haben.

Wann reagieren Sie am besten auf Einwände?

Nicht nur wie Sie auf einen Einwand antworten, ist für Ihren Erfolg im Verkaufsgespräch wichtig. Wichtig ist auch, wann Sie auf einen Einwand antworten.

Grundsätzlich stehen Ihnen hierfür vier Möglichkeiten offen. Antworten Sie

1) bereits bevor Ihr Kunde den Einwand äußert.
2) sofort, nachdem Ihr Kunde den Einwand geäußert hat.
3) einige Zeit später nach dem Einwand.
4) überhaupt nicht.

1) Antworten Sie bereits bevor Ihr Kunde den Einwand äußert

Der beste Zeitpunkt, auf einen Einwand zu antworten, ist der, bevor der Kunde den Einwand überhaupt ausspricht. Sie schlagen damit mehrere Fliegen mit einer Klappe:

* Sie bestimmen den genauen Zeitpunkt im Verkaufsgespräch.
* Sie können sich überzeugende Argumente zurechtlegen.
* Sie signalisieren dem Kunden Fairness und stärken die Vertrauensbasis, indem Sie von sich aus auch kritische Punkte ansprechen.
* Sie geben Ihrem Kunden das Gefühl, dass Sie sich in seine Situation hineinversetzen und für ihn mitdenken.

Wichtig dabei ist jedoch, dass Sie den Einwand aus der Sicht des Kunden vorwegnehmen. Dies bedeutet: Bringen Sie Argumente, die für den Kunden wichtig sind und nicht solche, die nur Ihrer Meinung nach wichtig sind. Häufig sind beide nicht deckungsgleich. Doch Vorsicht: Wenden Sie diese Methode bitte nur dann an, wenn Sie einen Einwand so gut wie sicher bei Ihrem Kunden vermuten. Dies gelingt besonders dann, wenn Sie den Kunden schon länger kennen oder er im Laufe des Verkaufsgesprächs entsprechende Andeutungen gemacht hat. Sprechen Sie vom Kunden noch nicht bedachte Einwände an, dann wecken Sie bei ihm völlig unnötig schlafende Hunde.

2) Antworten Sie sofort, nachdem Ihr Kunde den Einwand geäußert hat

In der Mehrzahl der Fälle werden Sie einen Einwand sofort beantworten, nachdem ihn Ihr Kunde vorgebracht hat. Meistens ist dies auch völlig in Ordnung. Denn Sie signalisieren ihm dadurch, dass Sie ihn und seinen Einwand ernst nehmen. Es macht insbesondere dann Sinn, wenn der Einwand einen gewichtigen Punkt trifft und das Verkaufsgespräch erst dann fortgesetzt werden kann, wenn dieser Einwand ausgeräumt ist.

Doch achten Sie darauf, dass Sie durch die Einwände Ihres Kunden Ihr Ziel nicht aus den Augen verlieren und sich auf eine falsche Fährte locken lassen. Geschickt argumentierende Kunden sind wahre Meister darin, den Verkäufer von seinem Plan abzubringen und völlig neue Schwerpunkte im Verkaufsgespräch zu setzen. In solchen Fällen kann es sinnvoll sein, die Antwort auf einen Einwand zurückzustellen.

3) Antworten Sie einige Zeit später nach dem Einwand

Der klassische Fall, bei dem Sie Ihre Antwort auf einen Einwand erst später geben wollen, ist die Frage:»Und was kostet mich das Ganze?«, ohne zuvor ein entsprechendes Wertbewusstsein beim Kunden aufgebaut zu haben. Eine unmittelbare Antwort auf diese Frage wäre dann im Zweifel sogar fahrlässig. Denn möglicherweise bekommen Sie den Auftrag nicht und Ihr Kunde kann die Vorteile Ihres Angebots nicht nutzen.

Wie oben erwähnt, ist ein weiterer Anlass, die Antwort auf einen Einwand zu verschieben, wenn dieser Sie aus dem Konzept oder aus dem sinnvollen Ablauf des Verkaufsgesprächs bringen würde.

Außerdem fühlen Sie sich manchmal in dem bestimmten Moment nicht in der Lage, überzeugend auf den Einwand zu antworten. Bevor Sie unsicher stammeln, verschieben Sie die Antwort. Genauso, bevor Sie sich auf eine Rechtfertigungsdiskussion mit Ihrem Kunden einlassen.

»Die Zeit heilt Wunden«, besagt ein Sprichwort. Dies gilt auch bei Einwänden. Manch ein Einwand, dessen Beantwortung auf der Zeitachse nach vorne gelegt wird, erledigt sich im Verkaufsgespräch von selbst.

Damit Sie weiterhin vertrauensvoll wirken, unternehmen Sie jedoch unbedingt die folgenden zwei Schritte: Sagen Sie erstens, wann ungefähr Sie auf den Einwand zurückkommen werden.

»In circa fünf Minuten komme ich auf Ihre Frage zurück.«

Und kommen Sie zweitens dann auch wirklich darauf zurück. Es darf auf keinen Fall der Eindruck bei Ihrem Kunden entstehen, dass Sie sich vor der Antwort drücken oder, noch schlimmer, auf die Vergesslichkeit des Kunden setzen. Denn Sie wollen das Vertrauen des Kunden stärken und nicht verlieren.

4) Antworten Sie überhaupt nicht

Eine Bemerkung vorab: Sobald ein Kunde einen Einwand wiederholt, müssen Sie darauf eingehen.

Zuvor ist es hin und wieder sinnvoll, einen Einwand zu überhören und ihn nicht zu beantworten. Beispielsweise Vorurteile oder solche Einwände, die Sie nur verunsichern sollen, überhören Sie bei Gelegenheit. Auch wenn Ihr Gesprächspartner Sie zu einer Aussage über den Wettbewerb provozieren will, überhören Sie seine Worte und fahren Sie im Verkaufsgespräch unbeeindruckt fort. Überhören Sie auch solche Einwände, die Sie nur durch eine besserwisserisch wirkende Argumentation ausräumen können.

Sie können davon ausgehen, dass ein von Ihnen nicht beantworteter Einwand von Ihrem Kunden erneut vorgebracht wird, wenn er ihm wirklich wichtig ist.

Allerdings hüten Sie sich bitte vor folgender Gefahr: Wenn Sie mehrere Einwände hintereinander nicht beantworten und nicht auf sie eingehen, kann Ihr Kunde dies bemerken und Ihnen eine böswillige Methode unterstellen. Dies kann soweit führen, dass er sich mehr und mehr aus dem Verkaufsgespräch verabschiedet und irgendwann aus Desinteresse keine Einwände und keine Fragen mehr vorbringt, sondern als höflicher Mensch einen geeigneten Zeitpunkt abwartet, um ohne Kaufabschluss zu gehen.

So beugen Sie einem Einwand-Ping-Pong rechtzeitig vor

Ich bin sicher, Sie kennen die folgende oder eine ähnliche Situation:

Ihr Kunde bringt einen Einwand vor. Sie geben Ihr Bestes und antworten so überzeugend, dass Ihr Gegenüber zunächst zufrieden ist. Doch ein paar Sätze später kommt der nächste Einwand, weshalb er Ihr Angebot noch nicht annehmen kann.

Dies ist ärgerlich, zeitraubend und auf Dauer nervend. Und wer weiß, wie viele Einwände der Kunde noch in der Hinterhand hat. Jedenfalls zögert sich der Kaufabschluss unnötig hinaus und wird eventuell sogar bei diesem Verkaufsgespräch unmöglich.

Beugen Sie hier rechtzeitig einem Einwand-Ping-Pong zwischen Ihnen und Ihrem Kunden vor.

Stellen Sie die einfache und doch wirkungsvolle Frage:

>»Wenn ich Ihre vorliegende Frage zu Ihrer Zufriedenheit beantworten kann, gibt es dann noch weitere Einwände zum vorliegenden Angebot?«

Verneint Ihr Kunde nun diese Antwort, dann hat er sich für den weiteren Verlauf des Verkaufsgesprächs – für ihn unbewusst – stark festgelegt. Wenn es sich nicht um einen ganz hartgesottenen Kunden handelt, dann wird er eine gewisse Hemmschwelle überspringen müssen, um doch noch einen Einwand vorzubringen. Vielfach ist dieser dann mit der Bitte um Entschuldigung verknüpft, was Ihre strategische Position deutlich aufwertet.

Und was, wenn Sie einen Einwand nicht ausräumen können?

Trotz eines ausgefeilten Sprachcodes und eines überzeugenden Körpercodes kann es immer wieder passieren, dass Sie einen bestimmten Einwand des Kunden nicht ausräumen können.

Dies ist solange weniger schlimm, als sich der Einwand auf einen untergeordneten Punkt bezieht. Bringt der Kunde jedoch einen Einwand zu einem oder dem zentralen Punkt für die Kaufentscheidung vor, dann steht Ihr Verkaufserfolg auf dem Spiel. Immer, wenn Sie einen Einwand nicht direkt ausräumen können – und dies gilt erst recht bei zentralen Einwänden –, kommt es darauf an, wie gut es Ihnen gelingt, den vorhandenen Einwand durch Vorteile Ihres Angebots für den Kunden auszugleichen und zu übertreffen. In manchen Fällen wird Ihnen dies möglich sein, in anderen nicht.

Am besten entgehen Sie dieser Sackgasse dadurch, dass Sie Ihre Verkaufsstrategie so auslegen, dass Ihr Kunde von Anfang an mehrere Vorteile Ihres Angebots erkennen kann und jeder dieser Vorteile ihm hilft, sein Bedürfnis zu befriedigen.

Der Kunde will aktiviert werden

Eines der besten Rezepte für erfolgreiche Verkaufsgespräche lautet: »Aktivieren Sie Ihren Kunden.« Lassen Sie ihn nicht als passiven Zuhörer im Verkaufsgespräch sitzen.

Je nach Produkt, welches Sie anbieten, können Sie Ihren Kunden einfacher oder schwieriger aktivieren. Als Staubsaugerverkäufer geben Sie dem Kunden ein Gerät in die Hand, mit dem er testen darf. Als Autoverkäufer lassen Sie Ihren Kunden zur Probe fahren. Als Verkäufer von großen Investitionsgütern wie Druckmaschinen laden Sie Ihren Kunden zu einer Firmenbesichtigung bei einem Referenzkunden oder in Ihre Produktionshallen ein, zeigen Sie ihm Probedrucke oder zumindest die Maschine in einem kleinen Modell. So lange Sie greifbare Produkte anbieten, ist das Aktivieren des Kunden in der Regel kein Problem.

Schwieriger wird es dagegen, wenn Sie Dienstleistungen verkaufen. Welche Möglichkeiten haben Sie als Geldanlageberater, Ihren Kunden zu aktivieren? Ein Probedepot kommt eher nicht in Frage. Wie können Sie Ihren Kunden aktivieren, wenn Sie Unternehmensberater oder Vertriebschef einer Gebäudereinigungsfirma sind? Auch hier ist es nicht ganz einfach, den Kunden im Verkaufsgespräch aktiv werden zu lassen. Doch fast immer gelingt Ihnen das Aktivieren indirekt: Ihre Dienstleistung als solche ist zwar nicht greifbar, aber Sie können Aktivierungs-Hilfsmittel im Verkaufsgespräch nutzen. Ihrer Phantasie sind keine Grenzen gesetzt und Ihr Wissen über den Kunden wird Ihnen bei der Auswahl helfen. Als Geldanlageberater können Sie beispielsweise eine Gewichtungstabelle im Gespräch einsetzen, mit der Ihr Kunde und Sie sich zusammen überlegen, welche Einflussfaktoren die kommende Entwicklung der Börse bestimmen werden und wie bedeutend jeder der einzelnen Faktoren derzeit zu sehen ist. Der Kunde kann sich hier aktiv in das Verkaufsgespräch einbringen, jedenfalls dann, wenn er selber eine Meinung zur zukünftigen Börsenentwicklung besitzt. Sie als Berater erfahren zugleich von seinen Sorgen, Ängsten und Hoffnungen und können mit Ihrem Sprachcode das Verkaufsgespräch nach wie vor steuern. Zugleich wird er auch in schwierigen Börsenphasen besser hinter der Entscheidung stehen – er hat ja aktiv daran mitgewirkt –, als wenn Sie ihm nur Ihre Meinung erzählt hätten. Als Unternehmensberater können Sie mit Ihren Kunden den gewünschten Ablauf des Beratungsprojekts skizzieren. Erstellen Sie als Vertriebschef einer Gebäudereinigungsfirma mit Ihrem Kunden zusammen im Verkaufsgespräch eine Tabelle, wie oft und wann welche Räume gereinigt werden müssen.

Gehen Sie während des Verkaufsgesprächs vorsichtig mit Flyern und Prospekten um. Sie dienen einerseits in gewisser Weise dazu, den Kunden zu aktivieren, indem er sie sich ansieht. Andererseits jedoch besteht die Gefahr, dass Ihr Kunde sich vom Prospekt so stark ablenken lässt, dass er Ihnen nicht mehr zuhört.

Immer dann, wenn Sie Ihren Kunden aktiv in das Verkaufsgespräch einbinden, fühlt er sich wichtig und ernst genommen. Er spürt, dass Sie nicht nur einen standardisierten Gesprächsablauf durchgehen, sondern sich um ihn persönlich bemühen. Damit fällt es Ihnen wesentlich leichter, ihn für Sie und Ihr Angebot zu »öffnen«. Zugleich hat er das Gefühl, das Angebot selbst mitgestaltet zu haben und wird ihm insofern leichter zustimmen.

Ein entscheidender Schritt für zukünftige Verkaufserfolge

Ihr Verkaufsgespräch ist erfolgreich verlaufen. Ihr Kunde hat Ihr Angebot angenommen und ist mit Ihren Leistungen zufrieden. Nutzen Sie diese positive Stimmung.

Nutzen Sie sie erstens, ihn um Empfehlungen zu bitten. Wenn er weitere Personen und Firmen kennt, für die Ihr Angebot ebenfalls nützlich ist, soll er sie Ihnen nennen. Fragen Sie, ob Sie sich dann beim Anruf dieser Interessenten auf ihn als Empfehlungsgeber beziehen dürfen. Dies wird nicht immer gelingen, selbst wenn der Kunde mit Ihnen sehr zufrieden ist. Denn in seinem Unterbewusstsein sorgt er sich um seinen eigenen Ruf. Es kann durchaus sein, dass Ihr Angebot weiteren Kunden nicht in der Form zusagt, wie es bei ihm der Fall ist. Empfiehlt er Sie nun weiter und der zweite Kunde ist nicht zufrieden mit Ihnen, dann fällt dies auch auf ihn als Empfehlungsgeber zurück. Er wird sich fragen lassen müssen, wen und was er denn da empfohlen hat. Je stärker Sie jedoch das Vertrauen Ihres aktuellen Kunden gewonnen haben und je mehr er Sie als zuverlässig, flexibel und wirklich kundenorientiert einschätzt, umso geringer wird für ihn die Gefahr sein, dass eine Empfehlung schief läuft. Auch in diesem Zusammenhang zahlt es sich somit aus, wenn Sie in Ihren Verkaufsgesprächen stets das Wohl des Kunden im Auge haben. Ihre Umsätze kommen dann fast von alleine.

Nutzen Sie die positive Stimmung zweitens, Ihren Kunden darum zu bitten, dass Sie ihn in Ihre Referenzliste aufnehmen dürfen und er Ihnen schriftlich seine Zufriedenheit versichert. In der Regel werden Sie die Zusage hierfür bekommen. Ausnahmen bestätigen diese Regel: In allen Geschäftsbeziehungen, in denen es um mehr Diskretion als üblich geht, werden Sie solche Zusagen nicht erhalten. Dies kann beispielsweise im Finanzgeschäft sein, wo das Bankgeheimnis entgegensteht, dass eine Bank damit wirbt, wer bei ihr Kunde ist. Deshalb arbeiten Sie als Geldanlageberater und Verkäufer ohne Referenzlisten. Es ist auch fast immer dann der Fall, wenn Personen in Einzelcoachings geschult oder individuell beraten werden. Trainer und Berater, die ihren Schwerpunkt auf solche Individualschulungen legen, besitzen keine oder eine vergleichsweise kurze Referenzliste. In solchen und ähnlichen Branchen und Tätigkeitsfeldern sagen fehlende Referenzlisten nichts über die Qualität des Anbieters aus.

Generell ist es wesentlich effektiver, zukünftige Aufträge über Empfehlungen und Referenzen zu gewinnen als den steinigen Weg der klassischen Neu- und Kaltakquise zu gehen. Setzen Sie auf zufriedene Kunden. Setzen Sie auf deren Empfehlungen und Referenzen. Es ist eine der besten Strategien, die Sie als Verkäufer wählen können.

Wichtig ist, dass Ihr Kunde Sie dauerhaft positiv wahrnimmt und nicht aus dem Auge verliert, auch wenn Sie zwischendurch keine Aufträge für ihn ausführen. Nur dann hat er Sie präsent vor Augen und kann Sie weiterempfehlen, wenn er mit Dritten spricht, die einen Anbieter suchen. Denn Sie wissen: Wie Ihr Kunde entscheidet und was er von Ihnen hält, spielt sich fast ausschließlich in seinem Unterbewusstsein ab. Bleiben Sie dort positiv präsent.

So wichtig sind die einzelnen Türöffner in Verkaufsgesprächen

Verkaufsgespräche dienen dazu, dass Sie Ihrem Kunden zu dessen Nutzen ein Angebot unterbreiten, von dem er sich überzeugt und das er annimmt. Damit findet ein Verkaufsgespräch in weiten Teilen im Unterbewusstsein Ihres Kunden statt. Deshalb ist es wichtig für Sie, durch die entsprechende Kombination der einzelnen Türöffner dieses Unterbewusstsein positiv und überzeugend anzusprechen.

Um Ihr Ziel zu erreichen, ist bereits der erste Eindruck, den Sie hinterlassen, sehr wichtig. Dazu zählen zunächst Ihr Dresscode sowie Ihr Körpercode. Besonders beim Begrüßen und beim Verabschieden spielt auch Ihr Etikettecode eine wichtige Rolle. Während des Verkaufsgesprächs entscheiden vor allem Ihr Sprachcode sowie Ihr Körpercode darüber, wie erfolgreich Sie sind. Ihr Dresscode bleibt während des gesamten Gesprächs wirksam.

So legen Sie die richtigen Schwerpunkte bei Ihren Verkaufsgesprächen

Dresscode

Sprachcode

Körpercode

Etikettecode

Grafik 3 Türöffner im Verkaufsgespräch

Bei (Preis-)Verhandlungen

»Ein Kompromiss ist dann vollkommen, wenn beide das bekommen, was sie nicht haben wollen.«

Edgar Faure

Verhandlung – unter diesem Wort können Sie sich eine breite Palette von Gesprächssituationen zwischen mindestens zwei Personen vorstellen. Es umfasst Gehaltsverhandlungen, Tarifverhandlungen, Einstellungsverhandlungen, Preisverhandlungen und so weiter. So unterschiedlich die einzelnen Situationen in der Realität auch sind, sie haben doch alle einen gemeinsamen Kern: Es geht darum, die eigene Position überzeugend zu vertreten und so weit wie möglich oder so weit wie sinnvoll durchzusetzen. Inwieweit dabei der »Sieg« in einer einzelnen Verhandlung wichtiger ist als die grundsätzliche und langfristige Beziehung zum Verhandlungspartner, entscheiden Sie von Situation zu Situation.

Wenn Sie im Urlaub auf einem Basar über den Preis von einem Souvenir verhandeln, werden Sie anders vorgehen, als wenn Sie mit Ihrem Mitarbeiter oder mit Ihrem Chef über das zukünftige Gehalt verhandeln.

Von der klassischen Verhandlung zwischen zwei Parteien unterscheidet sich die Gerichtsverhandlung. Denn in ihr geht es darum, dass Dritte sich von Ihnen überzeugen müssen, nämlich der oder die Richter. Insofern gleicht eine Gerichtsverhandlung einer Debatte, bei der es ebenfalls darum geht, dass sich Dritte von der präsentierten Meinung überzeugen.

Verhandlungen fordern Sie in der Regel weit mehr, als wenn Sie eine Rede halten oder ein Thema präsentieren. Beim Verhandeln ist neben Ihren rhetorischen Fähigkeiten auch ganz besonders die Dialektik in Ihrem Sprachcode gefragt. Wie gut gelingt es Ihnen, sich im Zwiegespräch zu behaupten? Wie überzeugend können Sie Gegenargumente entkräften? Erkennen Sie unfaire Verhandlungsmethoden und wie gehen Sie damit um?

Außerdem spielt bei Verhandlungen Ihr Körpercode eine besondere Rolle. Bei einer Rede nehmen viele Zuhörer, zumal diejenigen in hinteren Reihen, Sie nur über Ihre Silhouette wahr. Solange Sie aufrecht stehen und nicht nervös hin und her schwanken oder gehen, solange werden Ihnen Ihre Zuhörer auf Grund Ihres Körpercodes Souveränität zugestehen. In einer Verhandlung dagegen ist fast jedes Ihrer Körpersignale ausschlaggebend. Es entscheidet in besonderem Maße mit, ob Sie überzeugend wirken und Sicherheit ausstrahlen. Besonders gilt dies für Ihre Augen und Ihre Hände. Und auch Ihre Beine und Füße können Bände über Ihren momentanen Gefühlszustand sprechen. Nicht umsonst ist häufig im Zusammenhang mit Verhandlungen die Rede vom »Pokerface«. Pokerspieler setzen mit Absicht dunkle Sonnenbrillen auf, damit ihr Gegenüber ihre Augen und deren Bewegungen nicht sehen kann. Bereits die Größe der Pupille verrät dem Verhandlungspartner sehr viel. Neben den Augen offenbart insbesondere auch Ihre Gesichtsmimik Ihren Gemütszustand. Vermeiden Sie es, Ihre Gesichtsmuskeln unkontrolliert zu lassen. Ein leichtes Ziehen der Mundwinkel, ein verschmitztes Lächeln oder ein Zusammenpressen der Lippen verraten einem geschulten Verhandlungspartner mehr, als Sie mit Ihren Worten verheimlichen können.

Je nach Verhandlungssituation mag es für Sie sinnvoll sein, Ihren Dresscode dafür zu nutzen, den Verhandlungspartner zu beeindrucken, ihn abzulenken oder es ihm zu erschweren, sich auf seine Argumente zu konzentrieren. Lediglich als Richter oder Anwalt bei Gerichtsverhandlungen bleibt Ihnen dieses Instrument verwehrt, da hier die individuelle Kleidung durch Roben ersetzt wird. Eine grelle Krawatte leuchtet. Ein eng kariertes Tuch flimmert. Ob Sie den erwarteten Rahmen für den Dresscode einhalten oder wie weit Sie ihn überschreiten, entscheiden Sie stets selbst.

Stets greifen beim Verhandeln Sachthemen und persönliche Beziehungen ineinander. Beide lassen sich in der Regel nicht vollständig trennen. Und vor allem spielt gerade auch beim Verhandeln das Unterbewusstsein eine sehr große Rolle. Ihr gesamtes Auftreten und der erste Eindruck, den Sie hinterlassen, beeinflussen bis auf wenige Hartgesottene jeden Verhandlungspartner unbewusst und konditionieren ihn für sein eigenes Verhalten vor.

Verhandlungen lassen sich im Ablauf nur bis zu einem bestimmten Grade vorausplanen. Dies eröffnet Ihnen zugleich enorme Chancen. Je mehr Sie planen und sich damit selbst einengen, desto unflexibler werden Sie sich verhalten. Ihr Gegenüber wird dies erkennen. Statt bestimmte Mindest- oder Höchstziele vorher zu definieren, ist es fast immer besser, in »Paketlösungen« zu denken. Wenn Sie beim Kauf eines Gegenstandes Ihre vorher definierte Höchstpreismarke nicht durchsetzen können, bliebe Ihnen nur der Abbruch der Verhandlung. Denken Sie in Paketlösungen, so kann es für Sie sinnvoll sein, zwar einen höheren als von Ihnen zuvor maximal angestrebten Preis zu bezahlen, aber gleichzeitig eine günstigere Finanzierung, Zusatzausstattungen, kulante Garantieleistungen oder Ähnliches auszuhandeln. Gerade dadurch bleiben Sie souverän und werden nicht zum Spielball Ihrer eigenen engen Vorgaben.

Im Folgenden erfahren Sie, ausgehend von den Erkenntnissen der Gehirnforschung und dem Wissen, wie Ihre individuellen Türöffner auf Ihre Verhandlungspartner wirken, wie Sie in Verhandlungen souverän und überzeugend auftreten, agieren sowie reagieren.

So bereiten Sie sich am besten auf eine Verhandlun

Mit dem überzeugenden Einsatz Ihrer Türöffner bes
zum größten Teil, ob Sie erfolgreich verhandeln oder nicm.
dies gelingt, ist es wichtig für Sie, sich im Vorfeld einer Verhandlung
entsprechend vorzubereiten.

Sie benötigen
* ein konkretes Verhandlungsziel,
* ausreichend Informationen über Ihren Verhandlungspartner,
* durchdachte eigene Argumentationsketten,
* eine positive mentale Einstellung.

Ein konkretes Verhandlungsziel

Setzen Sie sich als erstes ein konkretes Ziel, das Sie in der Verhandlung erreichen wollen. Sehr oft habe ich schon erlebt, dass jemand in eine Verhandlung ging, von sich und seiner Position völlig
überzeugt war und das Zusammentreffen doch mit leeren Händen
verlassen musste. Dies lag daran, dass ihm sein Ziel nicht klar war.
Es ist nämlich zu wenig, sich allgemeine Ziele wie »Ich will gewinnen« oder »Ich will mehr Gehalt« zu setzen. Nur ein Ihnen selbst
konkret bekanntes Ziel können Sie strategisch verfolgen.

Sie stehen als Anbieter einer Dienstleistung vor einer Preisver-
handlung. Es wäre zu wenig, wenn Ihr Ziel lediglich lautet: »Ich
will den Auftrag erhalten, notfalls auch zu einem niedrigeren
Preis als geplant.« Vielmehr ist es wichtig, dass Sie sich im Vor-
feld der Verhandlung die folgenden Fragen beantworten:
* »Wo ist meine psychische Schmerzgrenze für den Preis?«
* »Ab welchem Preis werde ich unglaubwürdig?«
* »Wo ist meine kalkulatorische Schmerzgrenze für den Preis?«
* »Ab welchem Preis wird der Auftrag für mich zum Verlustge-
schäft?«

Entscheidend ist, dass Sie Ihr Ziel so konkret wie möglich benennen. Schreiben Sie es vor der Verhandlung auf einen Zettel. Dabei
muss ein solches Ziel nicht aus einer Zahl bestehen, sondern kann –
wie zuvor erwähnt – eine Paketlösung umfassen. Nehmen Sie den
Zettel mit in die Verhandlung und legen Sie ihn für Ihren Verhandlungspartner unsichtbar vor sich hin.

Wichtig ist zudem, dass Sie sich nicht nur ein konkretes Ziel oder eine konkrete Paketlösung vornehmen. Erstellen Sie vielmehr eine Liste mit zwei bis drei Alternativen, damit Sie bereits im Vorfeld gedanklich und in der Verhandlung selbst in Ihrem Tun flexibel bleiben.

Ausreichend Informationen über Ihren Verhandlungspartner

Sie wissen: Wenn Sie auf jemanden überzeugend wirken wollen, dann gelingt dies besonders dann gut, wenn Sie seine bewussten oder unbewussten Wünsche und Bedürfnisse ansprechen und ihm mit Ihrem Standpunkt eine gute Lösung signalisieren können. Versuchen Sie, sich in Ihren kommenden Verhandlungspartner hineinzuversetzen. Wie würden Sie in seiner Situation agieren?

Informieren Sie sich über Ihren Verhandlungspartner. Suchen Sie Antworten auf die folgenden Fragen:

- Um wen handelt es sich?
- Besitzt er Entscheidungsbefugnis?
- Welche Vergangenheit hat ihn geprägt?
- Gibt es Pressemeldungen über ihn und falls ja, wie wird er dort dargestellt?
- Haben Sie einen harten oder einen umgänglichen Verhandlungspartner zu erwarten?
- Welchen Standpunkt muss er aus seiner Funktion heraus vertreten?
- Welche Ziele wird er verfolgen?
- Welches Interesse hat er an einem Verhandlungsergebnis?
- Mit welchen Argumenten wird er versuchen, dass Sie sich überzeugen?
- Welche Argumente würden Sie an seiner Stelle vorbringen?
- Welche Gegenargumente würden Sie an seiner Stelle zu Ihrer eigenen Verhandlungsposition vorbringen?
- Hatten Sie oder Kollegen und Bekannte von Ihnen bereits in der Vergangenheit mit Ihrem Verhandlungspartner zu tun und wenn ja, mit welchem Ergebnis?

Durchdachte eigene Argumentationsketten

Sammeln Sie als Erstes Argumente für Ihre Position. Und zwar solche, die nicht nur Sie verstehen, sondern auch Ihrem Verhandlungspartner verständlich sind. Es geht dabei um direkte Argumente, die für Ihren Standpunkt sprechen, es geht jedoch genauso um solche Argumente, die die zu erwartenden kritischen Anmerkungen Ihres Verhandlungspartners entkräften. Denken Sie bitte dabei daran, dass die Argumente für Ihre Position den Nutzen für Ihren Verhandlungspartner berücksichtigen, den dieser hat, wenn er Ihre Position akzeptiert. Und schließlich geht es um Gegenargumente zur Position Ihres Verhandlungspartners. Sie benötigen somit mindestens zwei Argumentationsketten: eine für Ihren Standpunkt und eine gegen den Standpunkt Ihres Verhandlungspartners. Denn oft ist es so, dass die Argumente für Ihren Standpunkt nicht automatisch den Standpunkt Ihres Gegenübers schwächen.

Schreiben Sie sich sämtliche Argumente auf. Schreiben Sie sich auch sämtliche Fragen auf, die Sie Ihrem Verhandlungspartner stellen wollen. Lassen Sie die Liste liegen und prüfen Sie sie einen oder zwei Tage später erneut. Nutzen Sie diese Übersicht, um sich in die Verhandlung auch aus Sicht Ihres Gegenübers hineinzudenken. Ihre Chance auf Erfolg erhöht sich enorm, wenn Sie sich im Vorfeld der Verhandlung auch mit seinen Argumenten befassen.

Über die Reihenfolge Ihrer eigenen Argumente und wie wichtig diese für Sie in der Verhandlung ist, erfahren Sie weiter unten.

Eine positive mentale Einstellung

Gleichgültig, welche Art von Verhandlung Ihnen bevorsteht, Sie benötigen auf jeden Fall eine positive Einstellung dazu.

Dazu gehört, dass Sie sich im Vorfeld niemals einreden, Sie hätten ja doch keine Chance, weil Ihr Verhandlungspartner, objektiv betrachtet, die stärkeren Argumente haben wird. Wer bereits vor einer Preisverhandlung am Preis seines Angebots selbst Zweifel hat, darf sich nicht wundern, wenn er ihn nicht durchsetzen wird. Und wenn Ihre Position noch so aussichtslos erscheinen mag, konzentrieren Sie sich auf die Punkte, die für Sie sprechen. Denken Sie daneben an Ihre persönlichen Stärken. Seien Sie von sich selbst überzeugt. Dies gelingt Ihnen umso mehr, je besser Sie sich inhaltlich vorbereiten. Glauben Sie an Ihren eigenen Erfolg, dann treten Sie automatisch entsprechend überzeugend auf. Denn was Sie denken, strahlt Ihr Körper aus. Und damit signalisieren Sie Ihrem Gegenüber Ihre eigene Schwäche oder Stärke.

Ihre mentale Einstellung zu Ihnen selbst und zu Ihrer Verhandlungsposition ist enorm wichtig. Und genauso wichtig ist, wie Sie über Ihren Verhandlungspartner denken. Haben Sie Angst vor ihm? Fühlen Sie sich als Person unterlegen? Auch die hierauf gegebenen Antworten strahlt Ihr Körper in der Verhandlung unwillkürlich aus. Angst oder Unsicherheit wird Sie verkrampft wirken lassen. Hilfreich ist, wenn Sie sich bereits im Vorfeld als gleichwertig empfinden, unabhängig davon, wer mit Ihnen verhandeln wird. Es handelt sich stets auch »nur« um einen Menschen. Begegnen Sie ihm auf gleicher Augenhöhe und bleiben Sie locker.

Ihre gesamte mentale Einstellung zur Verhandlung ist die Quelle für Ihren Körpercode und dessen Signale während der Verhandlung.

Gestalten Sie Ihr Gesprächsumfeld vorteilhaft

Ihr Gesprächsumfeld besteht aus mehreren Komponenten. Einerseits zählt das unmittelbare räumliche Umfeld dazu, in dem die Verhandlung stattfinden wird. Andererseits zählen auch die Menschen und deren Einfluss auf Sie dazu, mit denen Sie vor einer Verhandlung kommunizieren. In beiden Fällen können Sie dafür sorgen, dass Sie von Ihrem Umfeld positiv beeinflusst werden.

Optimieren Sie den Verhandlungsort

Wenn Sie Einfluss darauf haben, wie der Verhandlungsort gestaltet wird, nutzen Sie ihn.

Beginnen Sie bei der Sitzordnung. Je nach dem, wie viele Personen an der Verhandlung teilnehmen werden, wählen Sie die Form des Tisches. Bei zwei Personen ist es am günstigsten, wenn Sie sich übers Eck platzieren. Zwei Personen, die sich direkt gegenüber sitzen, laufen immer Gefahr, dass Ihr Körpercode Konfrontationssignale sendet. Bei mehr als zwei Personen prüfen Sie, ob ein ausreichend großer runder Tisch vorhanden ist. Falls ja, lassen Sie ihn am Verhandlungsort aufstellen. Auch dies hilft anschließend, das Verhandlungsklima vorteilhaft zu gestalten.

Bedenken Sie, wer mit dem Rücken zum Fenster oder zur Tür sitzen soll. Besser sitzt, wer die Tür im eigenen Blickfeld hat und nicht gegen das Fenster schauen muss.

Sorgen Sie dafür, dass die Verhandlungsteilnehmer ausreichend verpflegt werden. Getränke und gegebenenfalls Essen für die Pausen gehören hierzu.

Falls während der Verhandlung technische Hilfsmittel wie Flipchart, Pinwand oder Ähnliches benötigt werden, sorgen Sie dafür, dass der Verhandlungsraum damit ausgestattet ist.

Denken Sie auch daran, dass Sie ungestört verhandeln können. Ständig klingelnde Telefone oder sich öffnende Türen stören sowohl Sie als auch Ihren Verhandlungspartner. Es ist zugleich ein Zeichen der Wertschätzung, wenn während der Verhandlung nichts wichtiger für Sie ist, als Ihr Gegenüber und das Verhandlungsthema.

Wie wirkt Ihr persönliches Umfeld auf Sie?

Die Rede war schon davon, wie stark Ihre mentale Einstellung Ihr Verhalten während der Verhandlung bestimmt. Wie Sie mental eingestellt sind, hängt unter anderem auch davon ab, mit welchen Menschen Sie vor einer Verhandlung Kontakt haben und welche Informationen auf Sie einwirken. Achten Sie darauf, dass Sie sich so weit es geht von negativen und pessimistischen Einflüssen fern halten. Ob Sie wollen oder nicht: Diese finden auch bei Ihnen einen mehr oder weniger starken Niederschlag.

Auch ausreichend Schlaf im Vorfeld einer Verhandlung kann Wunder wirken. Sie treten lockerer, entspannter und konzentrierter auf, wenn Sie ausgeschlafen sind, als wenn Ihnen die Müdigkeit in den Knochen steckt.

Vermeiden Sie Stress vor einer Verhandlung. Stress blockiert Sie in Ihrem Denken und raubt Ihnen wertvolle Energie, die Sie beim Verhandeln oftmals dringend benötigen.

Ihre Augen verraten viel

Im Abschnitt über den Business-Körpercode finden Sie Hinweise, welche Botschaft Sie mit Ihren Körpersignalen ausstrahlen. Diese Hinweise gelten selbstverständlich auch in Verhandlungen und sie gelten nicht nur für Sie, sondern auch für Ihren Gesprächspartner.

Neben den bereits ausführlich behandelten Körpersignalen sei an dieser Stelle nochmals explizit auf die Augen und deren Signale hingewiesen. Augen und deren Bewegungen verraten in Verhandlungen sehr viel – über Sie und über Ihren Verhandlungspartner.

Solange Sie Blickkontakt halten, wirken Sie souverän und haben zugleich Kontrolle über Ihren Verhandlungspartner. Doch ein anhaltender Blickkontakt wirkt auf Dauer durchdringend und unangenehm. Besonders der Blick auf die Nasenwurzel Ihres Gegenübers wird ihn relativ schnell dazu bringen, den Blickkontakt mit Ihnen abzubrechen.

Wird der Blickkontakt unterbrochen, dann verrät die Richtung, in welche Sie oder Ihr Verhandlungspartner nun schauen, sehr viel. Ein kurzer Blick nach unten auf den Tisch und die Verhandlungsunterlagen zerstört ein souveränes Bild noch nicht. Blicken Sie dagegen zur Seite, so kann der Eindruck entstehen, dass Sie aus dem Gespräch fliehen wollen, sich bereits gedanklich verabschiedet haben oder eine passende Antwort suchen. Ein Blick nach oben zeigt, dass Sie Hilfe benötigen. Schauen Sie ins Leere nach vorne, dann fehlen Ihnen in einer Verhandlung momentan die Worte. Ziehen Sie Ihre Augenbrauen zusammen, so kann dies bedeuten, dass Sie mit den gehörten Worten nicht einverstanden sind und diese skeptisch prüfen. Oder es kann bedeuten, dass Sie »in sich gehen« und konzentriert nachdenken. Dasselbe gilt für Ihren Gesprächspartner. Mehr noch: Sie erkennen an der Richtung der Augen, ob Ihr Gesprächspartner nachdenkt oder gerade eine neue Lösung konstruiert. Untersuchungen haben ergeben, dass ein Blick nach links in die Erinnerung geht, einer nach rechts andeutet, dass etwas Neues konstruiert wird. Schaut also Ihr Verhandlungspartner von Ihnen aus gesehen nach links, so versucht er, eine neue Argumentationslinie aufzubauen. Schaut er dagegen von Ihnen aus gesehen nach rechts, dann sucht er nach etwas ihm schon Bekannten.

Weiten sich seine Pupillen bei unverändertem Lichteinfall, dann können Sie davon ausgehen, dass sich Ihr Gegenüber für Ihre Argumente interessiert, nach mehr Information verlangt oder Sie persönlich als angenehm empfindet. Bei negativen oder unerwünschten Eindrücken dagegen verengen sich seine Pupillen. Dies ist ein Zeichen für Sie, dass Ihr Gesprächspartner »zumacht«, dass er mit Ihrer Argumentation nicht einverstanden ist.

Sämtliche Körpersignale, doch besonders die der Augen und des gesamten Gesichtes sind in Verhandlungen sehr wichtig, weil sie

Ihnen viel über Ihr Gegenüber verraten, ebenso geben Sie damit über sich auch etwas preis.

Die Reihenfolge Ihrer Argumente ist entscheidend

Grundsätzlich gilt für Ihren gesamten Auftritt: Der erste Eindruck ist entscheidend, und der letzte bleibt.

Übertragen auf Ihre Argumentation bedeutet dies: Ihr erstes Argument ist entscheidend, und Ihr letztes bleibt im Ohr Ihres Gegenübers.

Sie wollen in einer Verhandlung ein bestimmtes Ziel erreichen. Dafür engagieren Sie sich und bringen wortreich Ihre Argumente vor. Starten Sie mit einem schwachen Argument, dann werden Sie und Ihr Anliegen im Unterbewusstsein Ihres Verhandlungspartners von Anfang an als schwach wahrgenommen und klassifiziert. Wenn überhaupt, wird es Ihnen relativ schwer fallen, diese Schublade durch weitere Argumente zu verlassen.

Starten Sie mit Ihrem stärksten Argument, dann hinterlassen Sie zwar einen überzeugenden Eindruck. Ihr Verhandlungspartner wird versuchen, Ihr Argument in Frage zu stellen. Gelingt es ihm, dann können Sie nun nicht mehr nachlegen, da Sie Ihr stärkstes Argument bereits verbraucht haben.

Deshalb ist es für Sie aus taktischen Gründen vor dem Hintergrund der bekannten Mechanismen im Gehirn Ihrer Verhandlungspartner am besten, wenn Sie

- mit dem zweitstärksten Ihrer Argumente starten,
- Ihr stärkstes Argument am Schluss der Verhandlung vorbringen,
- Ihre schwächeren Argumente weder zu Beginn noch zum Schluss, sondern – wenn überhaupt – dazwischen platzieren.

Wollen Sie die Position Ihres Verhandlungspartners angreifen und mit Worten in Frage stellen, so konzentrieren Sie sich auf sein schwächstes Argument, gleich an welcher Stelle er es vorgebracht hat. Damit widerstehen Sie dem üblichen Reflex, der dazu verleitet, stets auf das zuletzt Gehörte einzugehen.

Wirksame Profi-Strategien für Verhandlungen

Sie können eine Vielzahl von Ratschlägen erhalten, wie Sie eine Verhandlung strategisch angehen sollen. Es gibt auch ausformulierte Konzepte wie das sogenannte Harvard-Konzept, mit dem Sie in vielen Fällen erfolgreich zum Ziel gelangen. Unbestritten ist, dass Sie sich auf eine Verhandlung stets vorbereiten müssen – inhaltlich, strategisch und mental. Gleichwohl ist es wenig hilfreich für Sie, wenn Sie den einen oder anderen Ratschlag zum Ablauf einer Verhandlung auswendig lernen und versuchen, ihn 1:1 in Ihren Verhandlungen umzusetzen. Denn jede Verhandlung nimmt ihren eigenen Lauf, und jeder Verhandlungspartner hat seine individuellen Stärken und Schwächen. Sie würden sich in Ihren Reaktionsmöglichkeiten unnötig einengen und Ihre Konzentration zu stark auf die fixierte Methode als solche richten, anstatt auf den tatsächlichen Verhandlungsablauf. Zudem sind klassische Vorgehensweisen oftmals auch Ihrem Verhandlungspartner bekannt und laufen damit ins Leere.

Erfolgreicher sind Sie, wenn Sie vor einer Verhandlung Ihr »Spielfeld« gedanklich mit einigen wesentlichen »Verhaltens-Pfosten« begrenzen. Nehmen Sie sich vor, sich an diesen Pfosten zu orientieren und die durch sie entstandene Begrenzung Ihres Verhandlungsspielfeldes nicht zu überschreiten.

Bei Verhandlungen ist es für Sie zunächst wichtig, Ihre Türöffner so einzusetzen, dass Sie ein insgesamt stimmiges, souveränes und selbstbewusstes Bild bei Ihrem Verhandlungspartner hinterlassen. Zweitens ist es für Sie wichtig, dass Sie sich über Ihre eigenen Verhandlungsziele und einen realistischen Verhandlungsspielraum im Klaren sind, bevor Sie mit dem Verhandeln beginnen. Und drittens muss Ihre mentale Einstellung stimmen und positiv sein.

Nutzen Sie zudem die Macht von geschickt gestellten Fragen und denken Sie an die Kraft der Ich-Botschaft und des Sie-Standpunktes.

Aus dem Blickwinkel, dass Sie Ihren Verhandlungspartner »öffnen« und für Ihren Standpunkt so weit wie möglich gewinnen wollen, ergeben sich für Sie daneben folgende 14 strategische Vorgehensweisen und »Spielfeld-Begrenzer«:

1) Signalisieren Sie Ihrem Verhandlungspartner Stärke.
2) Schwächen Sie Ihre Position nicht unnötig.

3) Vermeiden Sie Anschuldigungen und Vorwürfe.
4) Stellen Sie den Nutzen Ihrer Position für Ihren Verhandlungspartner in den Mittelpunkt.
5) Wenn Sie provoziert werden, konzentrieren Sie sich besonders auf das Sachthema.
6) Nennen Sie Ihre eigenen Bedürfnisse und hinterfragen Sie die Ihres Gegenübers.
7) Betrachten Sie die Verhandlung auch vom Standpunkt Ihres Gegenübers aus.
8) Achten Sie auf Ihre »Empfangs-Ohren«.
9) Arbeiten Sie mit der Reziprozitätsregel.
10) Denken Sie an die psychologische Reaktanz.
11) Sprechen Sie stets mit der richtigen Person.
12) Reagieren Sie sofort auf erkennbare Manipulationsversuche.
13) Schweigen Sie zwischendurch.
14) Schieben Sie gegebenenfalls kurz vor Ende der Verhandlung noch Forderungen nach.

1) Signalisieren Sie Ihrem Verhandlungspartner Stärke

Bereits wie Sie Ihren Verhandlungspartner begrüßen, wie Sie ihm entgegengehen und welche Körpersignale Sie dabei aussenden entscheidet darüber, ob Ihr Gegenüber Sie stark oder schwach einschätzt. Ihr gesamter Körpercode trägt ganz wesentlich dazu bei, dass Sie ernst genommen werden. Geschickte und erfahrene Verhandelnde werfen stets einen Blick auf den Körpercode Ihres Gegenübers.

Auch Ihr Dresscode spielt eine wichtige Rolle – unmittelbar und mittelbar. Unmittelbar werden Sie auf Grund Ihrer Kleidung von Ihrem Verhandlungspartner unbewusst in eine Schublade gesteckt. Ihnen werden die Attribute »stark«, »kompetent« oder »schwach« zugeschrieben. Mittelbar treten Sie viel sicherer auf, wenn Sie sich in Ihrer Kleidung wohlfühlen und zugleich wissen, dass diese dem Anlass entsprechend passt. Unpassende oder beispielsweise verschwitzte Kleidung hat schon so manchen an sich guten Verhandlungspartner so abgelenkt, dass er einen schwachen Auftritt gezeigt hat.

Weitere Signale der Stärke senden Sie mit Ihrem Sprachcode. Vermeiden Sie Worte, die Führungsschwäche signalisieren. Formulieren Sie ruhig und gelassen, worauf es Ihnen ankommt. Sprechen Sie mit fester und deutlich vernehmbarer Stimme. Denken Sie daran, Ihre Stimme zu modulieren. Sprechen Sie auch dann gelassen, wenn Sie in die Enge getrieben oder provoziert werden. Denn Sie wissen: Wer schreit, hat schon verloren. Stärke signalisieren Sie auch, wenn Sie auf Referenzen, persönliche Qualifikationen und herausragende Produkteigenschaften hinweisen.

Stärke in der Verhandlung zeigen Sie auch dann, wenn Sie selbst einem guten Angebot nicht sofort zustimmen. Dieses Verhalten hat sogar noch einen weiteren Vorteil. Stellen Sie sich hierzu bitte folgende Situation vor:

> Ihr Verhandlungspartner nennt Ihnen sein erstes Angebot. Sie stimmen dem ohne weitere Diskussion sofort zu. Obwohl Sie sein Angebot sofort annehmen und ihm die Verhandlung ersparen, werden Sie bei Ihrem Verhandlungspartner ein schlechtes Gefühl auslösen. Denn er würde noch lange mit der Situation hadern und sich fragen, wie viel mehr er noch aus Ihnen hätte heraushandeln können.

Selbst wenn Sie mit einem ersten Angebot Ihres Verhandlungspartners leben können oder dieses sogar gut finden, nehmen Sie es nicht ohne weiteres an. Denn Sie trüben damit seine Freude unnötig, wenn Sie zu schnell einem Vorschlag von ihm zustimmen. Verhandeln Sie, deshalb sitzen Sie zusammen. Jeder Verhandlungspartner will am Schluss das Gefühl haben, so weit gekommen zu sein, wie es gerade noch möglich war. Ihre Verhandlungsstärke dient in diesem Fall sowohl dazu, dass Sie ein gutes Ergebnis erzielen, als auch dazu, dass Ihr Gegenüber in die Lage versetzt wird, mit der Verhandlung und seinem Vorgehen zufrieden sein zu können.

Achten Sie außerdem darauf, dass jeder inhaltliche Schritt von Ihnen, mit dem Sie auf Ihren Verhandlungspartner zugehen, auch ein Entgegenkommen von ihm erfordert. Dies bedeutet zum Beispiel in Preisverhandlungen, dass Sie einen Preisnachlass nur bei entsprechender Gegenleistung oder wegen eines nachvollziehbaren Grundes gewähren.

2) Schwächen Sie Ihre Position nicht unnötig

Sehr häufig kommt es vor, dass eine unbedachte Wortwahl dem Verhandlungspartner signalisiert: »Hier geht noch mehr.« Floskeln,

Füllwörter oder eigene »Marotten-Wörter« strahlen eine Wirkung aus, die meistens überhaupt nicht gewollt ist:

- »Eigentlich beträgt das Honorar ...«
- »Normalerweise verlangen wir dafür ...«
- »Im Prinzip kostet diese Dienstleistung ...«
- »Vielleicht wäre es möglich, dass Sie nochmals darüber nachdenken, ob ...«
- »Ich könnte mir vorstellen, dass wir ...«

Solche Wörter und Sätze geben das klare Signal, dass es noch Spielraum zum Verhandeln gibt, und zwar offensichtlich ohne dass Ihr Gegenüber eine Gegenleistung erbringen muss. Jedenfalls wird er diese und ähnliche Formulierungen so interpretieren.

Häufig können Sie solche abschwächenden Formulierungen bei Menschen hören, die harmoniesüchtig sind. Um des lieben Friedens willen signalisieren diese Personen ihrem Gegenüber bereits im Vorhinein, dass sie sich auf jeden Fall einigen wollen, notfalls auch zu einem für sie schlechten Ergebnis.

Prüfen Sie sich bitte selbst, ob Sie unbewusst solche Wörter oder Formulierungen gebrauchen.

3) Vermeiden Sie Anschuldigungen und Vorwürfe

Immer, wenn Sie jemanden anschuldigen oder ihm etwas vorwerfen, wird er sich verteidigen. Sehr oft können Sie in Verhandlungen beobachten, dass sich die beiden Parteien durch gegenseitiges Beschuldigen in eine Eskalationsspirale manövrieren. Am Ende mag dann zwar ein Ergebnis stehen, doch die Beziehung zwischen beiden Verhandlungspartnern ist zerrüttet oder gar zerstört. Doch auch hier gilt: Man sieht sich im Leben immer zweimal.

Einer der klassischen Vorwürfe an die Gegenseite, der durchaus in manchen Situationen taktisch gebraucht wird, lautet:»Sie bewegen sich nicht und verhindern damit eine Lösung.« Solche Vorwürfe führen normalerweise dazu, dass der so Gescholtene sich verschließt und »zumacht«. Es kann jedoch Verhandlungssituationen geben, in denen damit ein wirksamer Druck aufgebaut wird. Allerdings ist dies nur dann der Fall, wenn eine breite Öffentlichkeit die Verhandlung verfolgen kann und davon sogar negativ betroffen ist. Denken Sie dabei an Tarifverhandlungen mit Streiks. Je nachdem, wie negativ der Streik auf die Öffentlichkeit wirkt, umso mehr mag es hilfreich sein, öffentlich zu kommunizieren, wenn sich eine Partei überhaupt nicht bewegt. Solange Sie jedoch unter Ausschluss von betroffenen Dritten verhandeln, wird Ihnen diese Methode relativ wenig helfen.

4) Stellen Sie den Nutzen Ihrer Position für Ihren Verhandlungspartner in den Mittelpunkt

Je mehr Nutzen Ihr Verhandlungspartner von einer angestrebten Verhandlungslösung hat, umso eher ist er bereit, ihr zuzustimmen. Ihre Nutzen-Argumentation formulieren Sie am besten im Sie-Standpunkt:

- »Sie können sicher sein, dass Ihnen diese Lösung ...«
- »Ihr Nutzen dabei ist ...«
- »Sie profitieren dabei von ...«

Solche und ähnliche Sätze stellen den Nutzen Ihres Verhandlungspartners und damit ihn selbst in den Mittelpunkt. Besonders geschickt formulieren Sie im Sie-Standpunkt, wenn Sie mit Ihren Worten auch die Bedürfnisse und deren erreichbare Befriedigung durch Ihr Angebot ansprechen.

Hilfreich kann in diesem Zusammenhang sein, wenn Sie Ihrem Gegenüber zwei Lösungsalternativen anbieten. Denn seine Bereitschaft, sich zu einigen, wird in dem Maße steigen, in dem er das Gefühl hat, selbst entscheiden und agieren zu können.

5) Wenn Sie provoziert werden, konzentrieren Sie sich besonders auf das Sachthema

Eine oft benutzte – unfaire – Verhandlungstaktik ist, den Partner emotional zu reizen und ihn zu provozieren. Vermeiden Sie diese Taktik. Und reagieren Sie richtig darauf, wenn Sie mit ihr konfrontiert werden.

Lassen Sie sich nicht aus der Ruhe bringen. Weisen Sie persönliche Angriffe ruhig und gelassen zurück, und ersparen Sie sich den Fehler, sie persönlich zu nehmen und mit emotionalen Verteidigungsformeln zu antworten. Behalten Sie stets einen kühlen Kopf.

Stellen Sie sich mental vor einer Verhandlung darauf ein, dass für Sie ausschließlich das Sachthema Gegenstand des Verhandelns ist, wenn Sie provoziert werden. Denn gerade in solchen Situationen laufen Sie Gefahr, die an sich richtige emotionale Ansprache Ihres Gegenübers in negative und unfaire Emotionen abgleiten zu lassen.

Selbstverständlich können Sie jedoch auch hier auf faire Art die unbewusste Emotionsebene Ihres Verhandlungspartners ansprechen. Und wenn Sie sich entrüsten wollen, dann tun Sie dies bitte kontrolliert und bewusst. Spielen Sie gleichsam Ihre Wut, doch empfinden Sie sie nicht. Denn tatsächliche Wut und echter Zorn beeinträchtigen Ihr Denken und schmälern damit Ihre Chancen auf einen guten Verhandlungsabschluss.

Sich in provokanten Situationen auf das Sachthema zu konzentrieren bedeutet für Sie zugleich, den Standpunkt Ihres Gegenübers zu respektieren. Doch lassen Sie sich deswegen von ihm nicht in die Enge treiben.

6) Nennen Sie Ihre eigenen Bedürfnisse und hinterfragen Sie die Ihres Gegenübers

Gehen Sie bitte niemals davon aus, dass Ihr Verhandlungspartner hellseherische Fähigkeiten besitzt und Ihre unausgesprochenen Wünsche erkennen kann. Und selbst wenn in manchen Fällen ein solcher Wunsch offensichtlich ist, werden Sie ihn nicht ohne weiteres erfüllt bekommen.

Nur darüber, was Sie explizit als Forderung auf den Tisch legen, wird verhandelt. Der Glaube, Ihr Gegenüber muss doch erkennen, was Ihnen wichtig ist und auch so fair sein, dies zu berücksichtigen, ist naiv. Denn wenn eine Lösung von Vornherein klar ist, dann muss darüber nicht verhandelt werden, sondern die zwei Parteien können sich sofort darauf einigen.

Und genauso ist es umgekehrt ein sehr großer Fehler, eine eigene Forderung deswegen nicht einmal vorzubringen, weil man im Vorhinein zu wissen glaubt, dass der Verhandlungspartner sie nicht erfüllen wird. Verhandeln Sie bitte stets mit Ihrem Gegenüber, und nicht mit sich selbst.

So, wie Ihr Gegenüber Ihre Bedürfnisse nur dann würdigen kann, wenn Sie sie nennen, können auch Sie nur seine in die Verhandlung einbeziehen, wenn Sie sie kennen. Entweder er informiert Sie darüber, oder Sie hinterfragen, was für ihn wichtig ist. Hüten Sie sich bitte davor, eigenständig zu interpretieren und vorwegzunehmen, was eventuell sein kann.

7) Betrachten Sie die Verhandlung auch vom Standpunkt Ihres Gegenübers aus

Ein Merkmal vieler Verhandlungen ist, dass die Partner in Rollen gezwungen sind. Sei es bei einer Gerichtsverhandlung, bei der eine Seite eine offensichtlich aussichtslose Position verteidigen muss, sei es bei Tarifverhandlungen, oder sei es bei inner- beziehungsweise außerbetrieblichen Verhandlungen: Die Rollen der jeweiligen Verhandlungspartner bestimmen deren Verhalten – oft auch gegen den gesunden Menschenverstand.

Sie können viel Druck und Stress in Verhandlungen vermeiden, wenn Sie das Verhandlungsthema auch vom Standpunkt Ihres Gegenübers aus betrachten. Wie würden Sie sich an seiner Stelle verhalten? Welchen Zwängen unterliegt er? Darf er wirklich sagen, was er denkt? Viele Gegenargumente werden verständlich und wirken weniger negativ, wenn Sie sie aus dem Blickwinkel Ihres Gegenübers betrachten. Doch bleiben Sie bitte beim Betrachten. Diese Sichtweise darf bei Ihnen nicht dazu führen, dass Sie eigene wichtige Argumente in der Verhandlung weglassen, weil Sie glauben zu wissen, Ihr Verhandlungspartner wird nicht darauf eingehen.

Ein weiterer Vorteil ergibt sich für Sie, wenn Sie den Blickwinkel Ihres Gegenübers einnehmen: Diese Sichtweise hilft Ihnen, Ihre eigenen Argumente zu schärfen. Haben Sie sich in Ihr Gegenüber und seine Gedankenwelt mental hineinversetzt, dann fällt es Ihnen wesentlich leichter, seine Argumentation im Voraus abzuschätzen und entsprechende Reaktionen vorzubereiten.

Und schließlich können Sie ihm Lösungsvorschläge unterbreiten, die ihn sein Gesicht wahren lassen, wenn er sie annimmt. Denn gerade hieran scheitern viele Verhandlungen. Auch wenn Lösungsvorschlage sachlich gut und richtig sind, kann es jedoch sein, dass sie vom Rollenverständnis eines Verhandlungspartners her unannehmbar sind.

8) Achten Sie auf Ihre »Empfangs-Ohren«

Dass Gesagtes beim Empfänger in das »falsche Ohr« kommen kann, darüber finden Sie im Abschnitt zum Sprachcode ausführliche Hinweise. Gerade auch bei Verhandlungen passiert es häufig, dass Informationen – gewollt oder ungewollt – mit dem »falschen Ohr« gehört und aufgenommen werden. Inwieweit dies bei Ihrem Verhandlungspartner geschieht, können Sie bestenfalls durch die Klarheit und Eindeutigkeit Ihres Sprachcodes beeinflussen. Wer Sie jedoch falsch verstehen will, wird dies immer tun. Andererseits kann es passieren, dass Sie selbst auf dem »falschen Ohr« hören. Eine harmlos gemeinte Äußerung erzeugt bei Ihnen Wut. Versuchen Sie stets, möglichst objektiv zu hören. Interpretieren Sie keine Vorwürfe in Aussagen hinein, in denen keine enthalten sind. Hören Sie genauso wenig ein Zugeständnis Ihres Gegenübers, wo dieser keines gegeben hat. Am besten vermeiden Sie solche Missverständnisse, indem Sie die Aussage Ihres Verhandlungspartners mit Ihren eigenen Worten nochmals formulieren und ihn fragen, ob Sie ihn richtig verstanden haben.

Nur wenn Sie beide auf derselben Verhandlungsebene kommunizieren, werden Sie ein gutes Ergebnis erzielen können.

9) Arbeiten Sie mit der Reziprozitätsregel

Aus der Gehirnforschung wissen wir, dass Spiegelneuronen dafür mitverantwortlich sind, dass Menschen Verhaltensweisen anderer imitieren. Nicken Sie mit dem Kopf, so nickt Ihr Gegenüber zumindest innerlich ebenfalls mit, wodurch Sie ihn so konditionieren können, dass er Ihnen eher zustimmt.

Doch das gegenseitige »Spiegeln« geht noch weiter und über die bekannten Mechanismen der Spiegelneuronen hinaus. Fast jeder Mensch ist bestrebt, erhaltene Leistungen oder Gegenstände in einer ähnlichen Form zurückzugeben. Reziprozität bedeutet Wechselseitigkeit und Gegenseitigkeit.

Übertragen auf Verhandlungen können Sie Folgendes ableiten: Gehen Sie in einer Verhandlung einen kleinen Schritt in Vorleistung, so fühlt sich Ihr Verhandlungspartner zumindest unbewusst dazu verpflichtet, Ihnen ebenfalls entgegenzukommen – und dies unabhängig davon, ob Ihr Gegenüber Sie um die Vorleistung gebeten hat oder nicht.

Nutzen Sie diesen Mechanismus. Wenn Sie wünschen, dass Ihr Verhandlungspartner Ihnen in einem für Sie wichtigen Punkt entgegenkommt, so gehen Sie bereits zuvor in Vorleistung, indem Sie beispielsweise in einem für Sie weniger wichtigen Punkt nachgeben.

10) Denken Sie an die psychologische Reaktanz

Sobald Sie jemanden bedrängen oder in die Enge treiben, wird diese Person versuchen, sich aus dieser Bedrängnis zu befreien. »Psychologische Reaktanz« meint in Anlehnung an die Bedeutung von »Reaktanz« in der Elektrotechnik sowie an die Forschungsergebnisse des US-amerikanischen Sozialpsychologen Jack W. Brehm, dass ein Mensch einen inneren Widerstand gegen etwas aufbaut, was ihm nicht gefällt oder wodurch er sich bedroht fühlt.

Für das Verhandeln leiten Sie daraus für sich ab: Je stärker und je öfter Sie auf einen Abschluss der Verhandlung drängen, desto mehr wird sich Ihr Gegenüber diesem Ziel verschließen. Sie »öffnen« keinen Menschen für Ihre Wünsche, wenn Sie ihm diese aufzwingen oder er auch nur einen solchen Eindruck erhält. Sie können keinen Menschen überzeugen, letztlich muss er sich immer selbst überzeugen. Insofern helfen beim Verhandeln vielmehr geschickte Fragen dazu, dass Ihr Verhandlungspartner zur Selbsterkenntnis gelangt und nicht das Gefühl hat, von Ihnen etwas aufgedrückt zu bekommen. Vermeiden Sie allzu offensichtliche Methoden, um Ihr Gegenüber auf Ihre Seite zu ziehen.

11) Sprechen Sie stets mit der richtigen Person

Die Verhandlung beginnt, beide Parteien tauschen ihre Argumente aus und einigen sich verbal auf einen Kompromiss. Da fügt einer der Verhandlungspartner an, dass er dieses Ergebnis erst noch mit seinem Vorgesetzten besprechen muss.

So verlaufen Verhandlungen leider immer wieder. Sie können dies bei Verhandlungen zwischen Verkäufern und Einkäufern in der Industrie wie auch zwischen Kunden und Kundenberatern bei Anbietern von Dienstleistungen erleben. Eine solche Verhandlung kommt verschwendeter Zeit gleich. Sinnvoll sind Verhandlungen nur dann, wenn auf beiden Seiten entscheidungsbefugte Personen sitzen, die einem erzielten Ergebnis auch definitiv zustimmen können. Wer sich anschließend noch rückversichern muss, war der falsche Verhandlungspartner.

Achten Sie stets darauf, nur mit solchen Personen zu verhandeln, die auch mit den notwendigen Kompetenzen ausgestattet sind. Erkennen Sie, dass dies nicht der Fall ist, dann brechen Sie die Verhandlung am besten ab und bestehen darauf, dass Ihnen beim Folgetermin die entscheidungsberechtigte Person gegenübersitzt. Ist dies nicht möglich, so bestehen Sie zumindest darauf, dass auch Sie sich an die bereits ausgehandelten Punkte dann nicht mehr gebunden fühlen, wenn der Vorgesetzte Ihres Verhandlungspartners daran rütteln will.

12) Reagieren Sie sofort auf erkennbare Manipulationsversuche

Manche Verhandlungspartner legen es darauf an zu testen, was sie mit Ihnen alles machen können und wo Ihre Grenzen liegen. Hierzu dienen ihnen sowohl persönliche Verbal-Angriffe als auch emotionale Appelle. Während persönliche Verbal-Angriffe genutzt werden, um Sie zu provozieren und aus der Ruhe zu bringen, verfolgen emotionale Appelle das Gegenteil. Häufig ist deren Ziel, bei Ihnen Mitleid oder Angst zu erzeugen. Ebenso kann das Ziel sein, Ihren Ehrgeiz, Ihre Eitelkeit oder Ihren Gerechtigkeitssinn anzusprechen.

»Wir haben zwar eine Kooperationsvereinbarung, doch bitte verstehen Sie, dass wir das dort vereinbarte Honorar diesmal senken müssen, damit wir für die Kunden einen Kennenlern-Preis ausschreiben können.«
»Wenn Sie uns bei diesem Auftrag einen günstigeren Preis berechnen, besteht für Sie die Chance auf lukrative Folgeaufträge.«
»Sie wissen, dass die wirtschaftlichen Verhältnisse schwierig geworden sind. Wir können uns Ihre Produkte nicht mehr leisten.«

Gleichgültig, auf welche Art Sie getestet werden, halten Sie sofort dagegen. Lassen Sie Ihren Verhandlungspartner wissen, dass Sie seine Methode durchschaut haben. Leiten Sie die Verhandlung wieder hin zum Kernthema. Bestehen Sie darauf, in Aussicht gestellte Vorteile sofort schriftlich festzuhalten. Bestehen Sie darauf, getroffene Vereinbarungen einzuhalten. Wenn ein Entgegenkommen von Ihnen erreicht werden soll, dann verbinden Sie damit die Frage, welchen Schritt Ihr Verhandlungspartner dafür tun wird. Nutzen Sie dazu Ich-Botschaften. In der Reaktion Ihres Gegenübers erkennen Sie, ob es sich wirklich um einen Test zum Ausloten oder um ein ehrliches Ansinnen handelt.

13) Schweigen Sie zwischendurch

Viele Menschen können Schweigen nicht ertragen. Sie fühlen sich unwohl, wenn in ihren eigenen Ausführungen eine Lücke entsteht und sie fühlen sich ebenso unwohl, wenn ihr Gegenüber mit der Antwort auf sich warten lässt.

Dabei kann gezieltes Schweigen in einer Verhandlung eine enorme Wirkung entfalten. Stellen Sie Ihrem Verhandlungspartner eine Frage, seien Sie nach dem gedachten Fragezeichen still und warten Sie seine Antwort ab. Dabei müssen Sie die Stille ertragen können. Fast immer werden Sie dann erleben, wie sich der Druck auf Ihr Gegenüber erhöht, nun aktiv zu werden.

Treffen Sie auf einen Verhandlungspartner, der die Wirkung des Schweigens ebenfalls kennt und das Spiel mit Ihnen spielen will, entgehen Sie dem durch eine Gegenfrage. Spielen Sie den Ball zurück auf die Gefahr hin, dass das »Schweige-Spiel« in dieser Verhandlung ab einem bestimmten Punkt nicht mehr funktioniert.

14) Schieben Sie gegebenenfalls kurz vor Ende der Verhandlung noch Forderungen nach

Dies ist eine sehr beliebte Methode, das Verhandlungsergebnis insgesamt zu verbessern. Allerdings kann sie leicht durchschaut werden, auf wenig Gegenliebe stoßen und das zukünftige Verhältnis zu Ihrem Verhandlungspartner trüben. Überlegen Sie deshalb genau und von Fall zu Fall, ob Sie sich dieser Strategie bedienen wollen.

Planen Sie, diese Strategie anzuwenden, dann halten Sie einige kleinere Forderungen noch in der Hinterhand. Sobald Sie die Zustimmung Ihres Gegenübers zu einem Ergebnis erhalten haben, schieben Sie diese Forderungen nun nach. Häufig werden Sie damit Erfolg haben, insbesondere dann, wenn die nachgeschobenen Forderungen im Verhältnis zum gesamten Verhandlungsergebnis nur wenig Gewicht besitzen. Seien Sie jedoch nicht überrascht, wenn Sie als Antwort ein ablehnendes Lächeln erhalten.

So reagieren Sie erfolgreich auf Killerphrasen

Killerphrasen tauchen sehr oft in Verhandlungen auf, und nicht nur dort. Sie werden meist von solchen Verhandlungs- und Gesprächspartnern benutzt, denen in der Sache gute Argumente fehlen und die Ihre vorgebrachten Argumente mit leeren Phrasen »killen« wollen. Killerphrasen können jedoch auch rein taktisch eingesetzt werden, um Sie zu verunsichern. Wenig von sich selbst überzeugte und ängstliche Personen lassen sich von Killerphrasen beeindrucken und oftmals von ihrer eigenen Meinung abbringen.

Was sind Killerphrasen? Es handelt sich um verallgemeinernde Formulierungen, die einen fremden Standpunkt ohne Begründung vom Tisch wischen wollen. Folgende Beispiele, die endlos fortgesetzt werden können, sind typisch:

- »Wir haben es bisher immer so gemacht.«
- »Da könnte ja jeder kommen und uns was erzählen.«
- »Das kommt überhaupt nicht in Frage.«
- »Das gehört überhaupt nicht hierher.«
- »Wenn das wirklich so einfach wäre, würde es ja jeder können.«
- »Das geht nicht.«
- »Dafür habe ich keine Zeit.«
- »Sie reden am Kernthema vorbei.«
- »Sie haben doch als Theoretiker keine Ahnung von der Praxis.«
- »Das ist doch nichts Neues.«
- »Dafür gibt es bei uns keine Zustimmung.«

So harmlos sich diese Sätze lesen, so heftig wirken sie, wenn sie zudem noch mit energischer Stimme und entsprechendem Körpercode vorgetragen werden.

Doch Killerphrasen sind kein Grund, dass Sie sich einschüchtern lassen oder gar Ihre Meinung ändern. Halten Sie dagegen. Jedoch nicht, indem Sie mit einer schwachen, beleidigt wirkenden Antwort reagieren, sondern indem Sie Ihr Gegenüber auf das Sachthema zurückführen. Dies gelingt Ihnen durch eine geschickte Fragetechnik, wie Sie im Abschnitt zum Business-Sprachcode beschrieben ist. Dies gelingt Ihnen auch, indem Sie Ihre wichtigsten Argumente nochmals verständlich vorbringen. Und manchmal reicht es schon aus, wenn Sie die Methode »Killerphrase« einfach entlarven. Ihre Antwort hängt von der Verhandlungssituation, von Ihrem Verhandlungspartner und vom Thema ab.

Sie:	»Die neue Software spart uns eine Menge Zeit und Geld.«
Ihr Gegenüber:	»Die Installation kommt überhaupt nicht in Frage. Meine Mitarbeiter wollen sie nicht.«
Sie:	»Was genau stört Ihre Mitarbeiter an der Software?«
Sie:	»Wir haben die einmalige Chance, die neue Maschine bereits zum Beginn des kommenden Monats einzusetzen.«
Ihr Gegenüber:	»Wir brauchen diese Maschine nicht. Die alte funktioniert einwandfrei.«
Sie:	»Ich weiß, dass die alte Maschine jetzt noch einwandfrei funktioniert. Doch die Erfahrungen anderer Firmen zeigen, dass ab dem kommenden Jahr die Wartungskosten überproportional zunehmen werden. Die neue Maschine erhalten wir jetzt kostengünstig, sie spart uns auf Jahre hinaus Wartungskosten und wir gewinnen mit ihr Zeit in der Produktion und zugleich freie Kapazitäten.«

Bleiben Sie ruhig und behalten Sie das Sachthema im Blick. Übrigens: Auch die Antwort »Geht nicht, gibt's nicht« auf »Das geht nicht« ist eine Killerphrase und bringt die Verhandlung keinen Millimeter weiter.

So kontern Sie geschickt unfaire Verhandlungsmethoden

Im Abschnitt zu Besprechungen und Diskussionen finden Sie Hinweise, wie Sie generell auf unfaire Verbalattacken gekonnt und fair reagieren können. Diese Hinweise gelten selbstverständlich auch für Ihr Verhalten in Verhandlungen.

Zusätzlich finden Sie auf den folgenden Seiten typische unfaire Verhandlungsmethoden und Hinweise dafür, wie Sie diese geschickt kontern. Denn die beiden üblichen einfachen Reaktionsmuster helfen nicht weiter: Entweder Sie lassen sich unfair behandeln oder Sie reagieren selbst unfair. Beides führt dazu, dass sich das Verhandlungsklima verschlechtern wird und dass Sie selbst hemmende Gefühle wie Wut oder Zorn verspüren werden. Im schlimmsten Fall verlieren Sie Ihren roten Faden und die Verhandlung.

Wehren Sie sich ruhig und gelassen gegen unfaire Verhandlungsmethoden und signalisieren Sie damit Ihrem Gegenüber, dass Sie sein Vorgehen nicht beeindruckt und nicht aus der Bahn wirft. Nehmen Sie ihm gleichsam den Wind aus den Segeln. Damit dies gelingt, ist es für Sie zunächst wichtig, unfaire Methoden zu erkennen und den Mut aufzubringen, diese anzusprechen. Denn sehr oft werden unfaire Methoden, von denen es reichlich gibt, nicht als solche erkannt, sondern als üblich oder gegeben hingenommen.

Einige typische und häufig auftretende Varianten sind:
- unfaire Gesprächsumgebung
- vermeintlich nett gemeinte Äußerungen
- falsche Fakten
- der »Gute« und der »Böse«
- durch Statussymbole einschüchtern
- sich auf einen Standpunkt festlegen

Unfaire Gesprächsumgebung

Zu niedrige Stühle, den Blick gegen das grelle Fenster gerichtet, den Platz direkt neben einem lärmenden und Luft blasenden Overhead-Projektor – dies sind nur einige Beispiele, um die Gesprächsumgebung für Sie unfair zu gestalten.

Sie kommen in den Verhandlungsraum und erhalten einen Platz zugewiesen, an dem es zieht oder der von der Sonne stark beschienen wird.
Ihre Reaktion:
Nehmen Sie die Raumgestaltung nicht als unveränderbar oder normal hin, sondern fordern Sie einen besseren Platz – unabhängig davon, ob Ihr Gegenüber wirklich unfair spielt oder Ihnen ohne Bedacht einen schlechten Platz zugewiesen hat.

Vermeintlich nett gemeinte Äußerungen

Auf den ersten Blick harmlose Äußerungen, eventuell gar mit gespieltem Mitleid garniert, dienen häufig dazu, Sie zu verunsichern.

Werden sie nicht entsprechend erkannt, besteht sogar die Gefahr, sie als nette persönliche Geste zu deuten. Ihr unfairer Partner wird Sie unweigerlich in die Schublade »naiv, leicht zu beeinflussen« einordnen. Solche Äußerungen können unbewusst bei Ihnen bewirken, dass Sie an Ihrem Auftreten zweifeln und sich Ihr Selbstbewusstsein verringert.

Sie betreten den Verhandlungsraum, Ihr Verhandlungspartner begrüßt Sie mit den Worten:»Ich finde, Sie sehen heute sehr blass aus. Geht es Ihnen wirklich gut?«
Ihre Reaktion:
Halten Sie Blickkontakt und antworten Sie mit fester Stimme, dass es Ihnen selbstverständlich gut geht. Reagieren Sie auf keinen Fall überrascht, Sie würden damit Unsicherheit signalisieren. Lassen Sie Ihr Gegenüber auf freundliche und bestimmte Art wissen, dass Sie die vermeintlich nett gemeinten Äußerungen als Methode durchschaut haben.

Falsche Fakten
»Falsche Fakten« gilt als einer der Klassiker unter den unfairen Verhandlungsmethoden. Um es auf den Punkt zu bringen: Ihr Verhandlungspartner lügt schlichtweg. Die Möglichkeit, eine solche Lüge auf Anhieb zu erkennen, ist häufig nicht vorhanden. Insbesondere besteht die Gefahr, dass das Auftreten und der Sprachcode Ihres Gegenübers dazu beitragen, dass Sie ihn unbewusst als glaubwürdig einschätzen. Eine geschliffene Rhetorik, eine seriöse Kleidung sowie gute Umgangsformen reichen dafür schon aus. Hierin liegt oft das eigentliche Problem. Lassen Sie sich von Äußerlichkeiten nicht blenden, gerade in Verhandlungen nicht. Es kommt sehr stark darauf an, den von Ihrem Verhandlungspartner erhaltenen ersten Eindruck während der Verhandlung laufend zu überprüfen.

»Experten attestieren uns hohe Qualität.«
»Uns liegt ein Angebot Ihres Wettbewerbers vor, das im Preis 20 Prozent unter dem Ihrigen liegt.«
»Wir können auf eine erfolgreiche Expansion zurückblicken.«
»Der Gebrauchtwagen ist nach Scheckheft gepflegt.«

Ihre Reaktion:
Nehmen Sie sich die Zeit, genannte und zweifelhafte Fakten zu überprüfen. Stellen Sie während der Verhandlung entsprechende Fragen. Bringen diese nicht die gewünschte Klärung, dann unterbrechen Sie die Verhandlung solange, bis Sie die Fakten geprüft haben. Lassen Sie sich nicht drängen und unter Druck setzen. Es ist kein Zeichen von Misstrauen, wenn Sie Fakten, die Sie selbst nicht nachvollziehen können, vor dem Weiterverhandeln überprüfen. Vielmehr ist es im Geschäftsleben üblich, dass beide Seiten das Recht haben, von der Seriosität des Partners überzeugt zu sein.

Der »Gute« und der »Böse«

Ihnen sitzen zwei Verhandlungspartner gegenüber. Diese haben im Vorfeld der Verhandlung abgesprochen, wie sie sich verhalten wollen. Der »Böse« zeigt sich in der Verhandlung unnachgiebig, extrem fordernd und mit nichts zufrieden. Er greift Sie und Ihren Standpunkt vehement verbal an. Sein Körpercode wirkt einschüchternd, seine Stimme energisch. Sein Ziel und seine Aufgabe bestehen darin, Sie zu verunsichern und mürbe zu machen. Hat er Sie verbal lange genug angegriffen, dann kommt der »Gute« ins Spiel. Seine Aufgabe besteht darin, zu beschwichtigen, zu vermitteln und Sie vordergründig vor dem »Bösen« in Schutz zu nehmen. Dadurch, dass er sich von dem »Bösen« sogar teilweise distanziert, will er Ihre Sympathie gewinnen. Das psychologische Ziel dieser unfairen Verhandlungsmethode ist, dass Sie – verunsichert durch den »Bösen« – dem »Guten« Vertrauen schenken, ihm fast schon dankbar sind für sein kooperatives Verhalten und ihm deswegen in der Verhandlung mehr als gewollt entgegenkommen.

Der »Böse«: »Was Sie sich da überlegt haben, können Sie vollständig vergessen. Dies ist völlig unannehmbar. Ich erwarte, dass Sie uns deutlich stärker entgegenkommen.«

Der »Gute«: »Ich bitte um Nachsicht. Mein Kollege reagiert schnell zu heftig. Er meint es nicht böse. Ich verstehe, dass Sie mit dem Verhandlungsergebnis auf jeden Fall Ihr Gesicht wahren müssen. Wie können wir uns einigen?«

Ihre Reaktion:
Behandeln Sie den »Guten« nicht anders als den »Bösen«. Lassen Sie sich auf keinen Fall dazu verleiten, den »Guten« als Ihren Verbündeten anzusehen. Er ist es nämlich nicht. Oft hilft es bereits, wenn Sie beiden zu verstehen geben, dass Sie das Spiel durchschaut haben.

Durch Statussymbole einschüchtern

Dies ist eine typische Methode, um Ihr Selbstwertgefühl unbewusst anzugreifen. In Ihnen soll ein Gefühl der Unterlegenheit, der Minderwertigkeit entstehen, noch bevor die Verhandlung beginnt.

Solche Statussymbole können ein großes Büro, eine exklusive Büroausstattung, ein persönlicher Referent, ein großer Firmenwagen, eine teure Uhr, ein exklusives Hobby oder auch Titel und Auszeichnungen sein.

Besonders empfänglich für diese Methode sind Personen, die selbst viel Wert auf Äußerlichkeiten und Statussymbole legen.

Sie treffen in der Verhandlung auf den Vertriebschef eines großen Konzerns. Sein Handgelenk wird dominiert von einer überdimensionierten mechanischen Uhr. Er erzählt Ihnen, mit welchen Berühmtheiten er zuletzt wieder Urlaub auf einer einsamen Privatinsel gemacht hat. Dorthin gefahren ist er mit seiner eigenen Yacht. In seinem 70 oder mehr Quadratmeter großen Büro lässt er Sie an einem holzgetäfelten Besprechungstisch Platz nehmen.

Ihre Reaktion:
Lassen Sie sich auf keinen Fall von Statussymbolen in Ihrer Verhandlungsstrategie beeinflussen. Bedenken Sie vielmehr: Wer mit Äußerlichkeiten angibt, kaschiert damit oft eigene Minderwertigkeitsgefühle. Wirklich »große« Menschen haben dies nicht nötig und verzichten auch darauf. Insofern kann Ihr Selbstwertgefühl sogar steigen, da Sie sich klar machen, dass Sie selbst solche Angebereien nicht nötig haben, sondern durch Ihre Person wirken.

Sich auf einen Standpunkt festlegen

Diese Methode dient dazu, Ihnen mit einer anscheinend unveränderbaren Verhandlungsposition entgegenzutreten. Ihr Gegenüber will Ihnen damit signalisieren, dass Sie keine Chance haben, ihn von seinem Ziel abzubringen. Und wenn doch, dann nur unter großen Zugeständnissen Ihrerseits.

Wer diese Methode einsetzt, wandelt auf einem schmalen Grat. Die Chance, damit sein Ziel zu erreichen, und die Gefahr, das eigene Gesicht zu verlieren, liegen nahe beieinander. Denn wer sich zu weit aus dem Fenster lehnt und zu deutlich auf eine Position festlegt, dem fällt es schwer, davon wieder abzurücken.

Sich auf eine Position festzulegen, gehört zu fast jeder Tarifverhandlung. Mit großer Öffentlichkeitswirkung wird verkündet, welches Ziel die jeweilige Partei verfolgt: mindestens 4 Prozent Lohnerhöhung beziehungsweise nicht mehr als 2 Prozent Lohnerhöhung.

Ihre Reaktion:

Achten Sie darauf, dass eine so deutliche Festlegung nicht zum zentralen Verhandlungsthema wird. Versuchen Sie, davon abzulenken und neue Nebenthemen zu verhandeln. Dadurch, dass Sie das Thema selber nicht sehr stark beachten, erleichtern Sie Ihrem Gegenüber, davon abzurücken und sich auf eine neue Alternative einzulassen. Machen Sie zugleich deutlich, dass Sie sich nicht unter Druck setzen lassen und sich nur von guten Argumenten, jedoch nicht von überhöhten Festlegungen beeindrucken lassen.

Das Denken in Paketlösungen führt oftmals zu Lösungen, bei denen beide Verhandlungspartner ihr Gesicht wahren.

**So kommunizieren Sie Ihren Preis überzeugend —
15 ausgewählte Hilfen**

Bei Preisverhandlungen fühlen sich viele Menschen unwohl. Erstaunlicherweise gilt dies oftmals stärker für professionelle Verkäufer als für verkäuferisch ungeschulte Kunden. Immer wieder erlebe ich in Verkaufsseminaren, dass selbst erfahrene Verkäufer ab dem Moment, ab dem sie über den Preis ihres Produktes oder ihrer Dienstleistung sprechen sollen, in eine schwache Rhetorik verfallen. Auch wenn über einen Preis verhandelt wird, bleiben die grundlegenden Mechanismen im menschlichen Gehirn intakt. Wenn es lediglich darum ginge, von A nach B mit einem Automobil zu gelangen, gäbe es sowohl für Geschäfts- als auch für Privatkunden eine Vielzahl von Niedrigpreisautomobilen. Wenn es lediglich darum ginge, Unterlagen in einem Ordner abzuheften, dann gäbe es auch hierfür Ordner mit einem vergleichsweise niedrigen Preis. Doch was wirklich gekauft wird, sind eben nicht nur Güter und Dienstleistungen, die den niedrigsten Preis besitzen. Bekanntermaßen spielt eine Reihe anderer Faktoren bei der Kaufentscheidung und damit bei der Preisverhandlung eine wichtige Rolle. Wir Menschen lassen uns viel stärker durch diejenigen empfangenen Signale beeinflussen, die unsere Wünsche, Bedürfnisse und Erwartungen ansprechen, als durch die absolute Höhe des Preises. Sie können dies im alltäglichen Privatleben genauso beobachten wie im Business-to-business-Geschäft.

Die entscheidende Frage, die sich Ihnen stellt, lautet: »Wie gelingt es, während der Preisverhandlung den Verhandlungspartner zu ›öffnen‹?«

Unzählige Hinweise können Sie hierzu in Literatur und Praxis finden. Top-Verkäufer schwören auf ihre eigene persönliche Methode. Diese kann jedoch bei einem anderen Verkäufer bereits versagen, weil ihm beispielsweise die passende Ausstrahlung fehlt. Grundsätzlich gilt für Sie: Jede auswendig gelernte Methode birgt stets die Gefahr in sich, dass Sie Ihr Gegenüber aus den Augen und aus den Ohren verlieren und sich zu stark auf den Ablauf Ihrer geplanten Methode konzentrieren. Doch Verhandeln, gerade auch über den Preis, ist wie ein Tischtennis- oder Tennis-Spiel: Der Ball fliegt schnell von einer Seite zur anderen. Nur wem es gelingt, den Ball im Spiel zu halten, hat die Chance auf Erfolg. Und dies setzt wiederum voraus, dass Sie die Aktionen des Spielers auf der gegenüberliegenden Seite im Auge behalten und versuchen einzuschätzen, was er als Nächstes tun wird und wie er sich körperlich fühlt. Daraus folgt: Es ist wichtig für Sie, auch in Preisverhandlungen flexibel reagieren zu können.

Positiv und überzeugend wirken und kommunizieren Sie in Preisverhandlungen dann, wenn Sie nicht nur souverän auftreten, sondern auch die folgenden 15 ausgewählten Hilfen nutzen:

1) Glauben Sie selbst an den Preis, den Sie fordern.
2) Freuen Sie sich auf die Preisdiskussion.
3) Beachten Sie: Preise wirken bereits ohne Worte.
4) Nennen Sie den Preis als ein selbstverständliches Detail Ihres Angebots.
5) Ummanteln Sie den Preis.
6) Relativieren Sie den Preis und lassen Sie Ihr Gegenüber auswählen.
7) Sprechen Sie klar und eindeutig.
8) Formulieren Sie positiv.
9) Visualisieren Sie den Preis.
10) Stellen Sie den Nutzen für Ihr Gegenüber heraus.
11) Erwähnen Sie Qualitäts- und Alleinstellungsmerkmale.
12) Auf den Wert Ihres Angebots kommt es an.
13) Überraschen Sie Ihr Gegenüber.
14) Achten Sie auf den Körpercode Ihres Gegenübers.
15) Nehmen Sie Ihren Verhandlungspartner ernst.

1) Glauben Sie selbst an den Preis, den Sie fordern

Zweifel am Preis des eigenen Angebots äußern sich unweigerlich in Ihrem Körper- und meist auch Sprachcode. Ihr Verhandlungspartner wird sich freuen, wenn er solche Schwächen bei Ihnen entdeckt.

Zweifel am Preis können mehrere Ursachen haben. Eine häufig unterschätzte und unbeachtete Ursache liegt in der eigenen Erziehung. Wer als Kind ständig gelernt hat, Geld vorrangig zu sparen, der mag sich schwer tun daran zu glauben, dass jemand für die Produkte oder Dienstleistungen, die er als Erwachsener verkaufen muss, so viel Geld bezahlen wird. Und wer nicht gewohnt ist, mit hohen Zahlen umzugehen, dem wird ein hoher Preis seines Angebots ebenfalls negative Gefühle bereiten. Eine weitere Ursache für den Preis-Zweifel liegt in der Angst vor dem »Nein« des Verhandlungspartners begründet. Viele Verkäufer verstehen eine Absage ihres Gegenübers an ihr Angebot als Absage an ihre Person – und welcher Mensch fühlt sich wohl, wenn er abgelehnt wird. Die Höhe des Preises wird unbewusst als Hemmnis für ein Erfolgserlebnis in der Preisverhandlung angesehen. Häufig wird unbegründet unterstellt, dass der Verhandlungspartner ein günstigeres Angebot vorliegen hat. Entsprechend unsicher und ohne Selbstbewusstsein wird der Preis kommuniziert.

Auch das Marktumfeld kann zu Zweifeln am eigenen Preis führen. Wenn Sie ein Produkt oder eine Dienstleistung anbieten, die nahezu identisch von Ihren Wettbewerbern zu einem geringeren Preis angeboten werden, dann kann es Ihnen schwerfallen, überzeugende Argumente für Ihr Preisniveau in der Verhandlung zu finden.

Wichtig ist, dass Sie sich der Ursache für Ihre Preiszweifel bewusst werden und diese Zweifel überwinden. Eine der besten Strategien hierfür ist, wenn Sie sich in die Situation Ihres Verhandlungspartners hineindenken und so den Nutzen Ihres Angebots für ihn erkennen.

2) Freuen Sie sich auf die Preisdiskussion

Wenn Sie ein Angebot anbieten, so wird Ihr Verhandlungspartner in der Regel davon ausgehen, dass Sie die Preisdiskussion eher ungern führen. Überraschen Sie ihn und bringen Sie ihn möglicherweise sogar aus seinem Konzept, indem Sie beim Beginn der Preisverhandlung signalisieren, dass nun über Ihr Lieblingsthema gesprochen wird. Zugleich vermeiden Sie mit einer solchen mentalen Einstellung, dass Sie verkrampft und unsicher auftreten. Machen Sie die Preisverhandlung gleichsam zu Ihrem Steckenpferd, bei dem Sie sich besonders wohl fühlen.

Ihr Gegenüber:	»Lassen Sie uns nun das unangenehme Thema ›Preis‹ besprechen.«
Ihre Antwort:	»Ich empfinde dieses Thema als sehr angenehm. Der Preis ist ein natürlicher Bestandteil jedes Angebots. Zugleich freue ich mich, mit Ihnen darüber zu sprechen, denn so kann ich Ihnen nochmals die Vorteile, die Sie von unserem Angebot haben, erläutern und Sie können sich vollends davon überzeugen, dass Sie eine gute Wahl treffen werden.«

Eine solche Antwort bringt Ihren Verhandlungspartner zumindest leicht ins Grübeln, ob seine geplante Strategie bei Ihnen überhaupt eine Chance auf Erfolg hat. Sie wirkt in einem Gespräch um ein Vielfaches stärker, als es in diesen Zeilen beim Lesen zum Ausdruck kommt. Selbstverständlich zeigen Sie nun tatsächlich Vorteile und Nutzen für Ihr Gegenüber auf, die den Preis rechtfertigen.

3) Beachten Sie: Preise wirken bereits ohne Worte

Auch wenn Ihr Gegenüber es nicht zugeben mag: Die absolute Höhe Ihres Angebotspreises beeinflusst sein Denken stärker, als auf den ersten Blick erkennbar ist. Sie öffnet bei Ihrem Gegenüber eine bewusst nicht wahrgenommene Schublade. Diese Schublade ist gefüllt mit Erwartungen, mit Imagegedanken und mit Selbstwertgefühlen. Auch wenn er vordergründig um den Preis feilschen will, so verbindet er mit jedem Preisniveau eine bestimmte Erwartungshaltung an Sie und Ihren Service. Zugleich stellt er sich vor, welches Image ihm Ihr Angebot verleiht, wenn er es annimmt. Und er wird unbewusst Ihr Angebot mit seinem Selbstwertgefühl und mit seiner Position verbinden. Genauso ergeht es Ihnen, wenn Sie auf der anderen Seite als Interessent stehen. Zwei Beispiele mögen dies verdeutlichen:

Sie sind Geschäftsführer und Eigentümer eines innovativen mittelständischen Unternehmens und suchen sich Ihren nächsten Geschäftswagen aus. Bei einem hohen Fahrzeugpreis erwarten Sie von vornherein hohe Qualität beim Produkt und bei der Beratung sowie einen überdurchschnittlich guten Service. Sie prüfen, wie sich Ihr Image und Ihre Außenwirkung (»Was denken meine Kunden?«, »Was denken meine Nachbarn?«), ändern oder stabilisieren, wenn Sie Ihre Wahl in einer bestimmten Preisklasse treffen. Und schließlich entscheiden Ihr Selbstbewusstsein (»Weniger darf es nicht sein.«), Ihre Lebenseinstellung (»Das gönne ich mir.«) sowie Ihre Position als Geschäftsführer und Eigentümer (»Das gehört sich so, das ist so üblich.«) darüber, in welcher Preisklasse Sie sich bewegen werden. Insgesamt kommen Sie zu dem Ergebnis, dass Ihr Fahrzeug ein bestimmtes Preisniveau nicht überschreiten, allerdings auch nicht unterschreiten darf.

Sie sind Vorstand einer Aktiengesellschaft und suchen sich für ein anstehendes Projekt eine externe Unternehmensberatungsgesellschaft. Der Preis der einzelnen Angebote variiert relativ stark. Sie entscheiden sich jedoch nicht alleine auf Grund des Preises, sondern berücksichtigen den Bekanntheitsgrad des externen Partners (»Welche Expertise weist der Anbieter auf?«). Sie beachten das Image, welches Ihr Unternehmen mit der Wahl des Beraters nach außen sendet (»Die sind gut beraten.« oder »Die können sich wohl keinen Besseren leisten.«). Und Sie haben Ihr eigenes Selbstverständnis und das Ihrer Gesellschaft – auch im Vergleich zu Mitbewerbern – im Blick (»Was wollen wir uns leisten?«).

Damit bieten sich Ihnen als Anbieter vielfältige Chancen, bereits über den Preis entsprechende Türen zu öffnen. Mit dem Preis legen Sie sich auf eine Qualitätsstrategie fest. Mit dem Preis sprechen Sie von vornherein nur diejenigen Personen an, die für Sie als Geschäftspartner überhaupt in Frage kommen. Der Preis alleine sendet bereits Aussagen über Sie, über Ihr Angebot und über Ihr Unternehmen. Denn Preise wirken ohne Worte. Bauen Sie Ihre Nutzenargumentation vor dem Hintergrund dieser Preiswirkung auf.

4) Nennen Sie den Preis als ein selbstverständliches Detail Ihres Angebots

Nachdem Sie sich mental entsprechend eingestellt haben, fällt es Ihnen wesentlich leichter, den Preis als ein selbstverständliches Detail Ihres Angebots zu präsentieren.

Dazu gehört erstens, dass Ihr Verhandlungspartner weder an Ihrem Körpercode noch an Ihrem Sprachcode feststellen kann, dass mit dem Preis nun ein besonderes Thema angesprochen wird. Bleiben Sie locker und entspannt, zeigen Sie eine freundliche Mimik und eine offene Gestik – gerade auch dann, wenn Sie auf den Preis zu sprechen kommen. Dazu gehört zweitens, dass Sie den Preis nicht unnötigerweise rechtfertigen. Bevor Sie den Preis nennen, haben Sie hoffentlich Ihrem Gegenüber ausreichend Vorteile und Nutzenaspekte erläutert. Dann reicht es nun völlig, wenn Sie den Preis erwähnen, und sofort weiterreden – beispielsweise mit der Frage, ob der Auftrag erteilt wird. Es gehört drittens dazu, dass Sie die Höhe des Preises nicht damit begründen, dass sie von Ihren Vorgesetzten so festgelegt wurde. Dies würde Ihrem Gegenüber sofort signalisieren, dass Sie selbst den Preis für falsch halten.

5) Ummanteln Sie den Preis

Einer der größten Fehler in der Preisverhandlung ist, den Preis zu nennen und anschließend eine bedeutungsschwere Pause entstehen zu lassen, eventuell garniert mit einem fragenden Blick in Richtung

Ihres Gegenübers. Das Signal ist eindeutig, das Sie damit senden: Sie sind im Zweifel, ob der Preis für Ihren Verhandlungspartner in Ordnung ist. Sie lassen ihm nun Zeit, darüber nachzudenken. Er wird diese nutzen und eine entsprechende Attacke auf Ihren Preis formulieren. Deswegen ist es wichtig, den Preis verbal gleichsam zu ummanteln. Eine sehr wirkungsvolle Methode hierfür ist, unmittelbar vor und nach dem Preis den Wert und den Nutzen Ihres Angebots für Ihr Gegenüber herauszustellen. Allerdings achten Sie bitte darauf, dabei den Preis nicht mit ausufernden Worten zu rechtfertigen. Aus Frankreich stammt das Sprichwort: »Qui s'excuse, s'accuse.« (»Wer sich entschuldigt, klagt sich an.«) Wenngleich diese Sichtweise für den Umgang mit Menschen im Alltag bedenkliche Folgen haben kann – dass beispielsweise auf Entschuldigungen bei Missgeschicken verzichtet wird –, für Preisverhandlungen und sonstige Verhandlungen trifft sie einen wichtigen Punkt. Wenn Sie sich für die Höhe des geforderten Preises mehr oder weniger deutlich entschuldigen, dann fordern Sie Ihren Verhandlungspartner geradezu auf, den Preis nach unten zu verhandeln.

Unmittelbar bevor Sie den Preis nennen, sprechen Sie offensichtliche Bedürfnisse und Wünsche des Kunden an, die Sie zuvor von ihm erfahren haben. Machen Sie ihm klar, dass Ihr Angebot diese Bedürfnisse und Wünsche befriedigt. Nennen Sie dann den Preis, und fügen Sie ohne Pause direkt anschließend ein oder zwei Nutzenaspekte für Ihr Gegenüber an. Verkäufer nennen diese Art der Argumentation »Sandwich-Methode«.

Ihr Gegenüber: »Und was kostet mich das Ganze?«

Ihre Antwort: »Wenn ich Sie richtig verstanden haben, suchen Sie eine Maschine, die Ihnen eine hohe Zuverlässigkeit und damit geringe Ausfallzeiten beschert. Zugleich benötigen Sie die neue Maschine bereits in zwei Monaten. Die Lösung hierfür erhalten Sie mit unserem Modell XY bereits für 200 000 Euro. Zugleich werden Ihre Mitarbeiter intensiv in die Funktionen der neuen Maschine eingewiesen und Sie können den kostenlosen Rund-um-die-Uhr-Service bei

Fragen nutzen. Damit Ihre Mitarbeiter die Maschine ausreichend kennenlernen, schlage ich vor, die Maschine mindestens drei Wochen vor Inbetriebnahme zu installieren. Welcher Tag passt Ihnen dafür am besten?«

Mit der Frage am Schluss im obigen Beispiel signalisieren Sie, dass Sie den Abschluss des Geschäfts unterstellen und bereits an den reibungslosen Ablauf vor Ort bei Ihrem Gesprächspartner denken. Damit »öffnen« Sie Ihren Verhandlungspartner unbewusst dafür, dass er sich ebenfalls bereits in die Situationen nach dem Geschäftsabschluss hineinversetzt. Allerdings gehen Sie bitte nicht davon aus, dass dieser Blick in die Zukunft bei jedem Verhandlungspartner ohne weiteres gelingt. Stellen Sie sich darauf ein, dass die »Sandwich-Methode« von vielen professionellen Einkäufern erkannt wird und deswegen bei Verhandlungen mit ihnen nicht wirkt.

6) Relativieren Sie den Preis und lassen Sie Ihr Gegenüber auswählen

Die einfachste Art, einen Preis zu relativieren, ist die, ihn auf kleinere Einheiten zu beziehen. Passende Einheiten beziehen sich auf das Gewicht, die Größe, die Menge oder auch die Zeit. Anstatt beispielsweise den Gesamtpreis eines Mietwagens für die Dauer einer Woche zu nennen, argumentieren Sie mit dem Preis pro Tag. Wohlgemerkt: Sie ändern nichts am Preis an sich, Sie verringern ihn nur optisch dadurch, dass Sie ihn auf kleinere Einheiten beziehen. Allerdings ist auch diese Methode insbesondere im Business-to-business-Geschäft den geschulten Einkäufern bekannt, so dass sie häufig ins Leere läuft.

Eine zweite Möglichkeit, einen Preis zu relativieren, ist, ihn in eine Reihe weiterer Preise zu stellen. Zugleich eröffnen Sie Ihrem Verhandlungspartner dadurch die für sein Unterbewusstsein wichtige Möglichkeit, selbst auszuwählen. Nicht Sie sagen ihm, was für ihn gut ist, sondern er wählt aus mehreren Alternativen aus. Jeder Mensch bevorzugt es, wenn er selbst auswählen kann. Nutzen Sie dabei die Ergebnisse von Untersuchungen, die der Frage nachgegangen sind: »Welche Alternative wird am liebsten gewählt?« Geben Sie Ihrem Verhandlungspartner beispielsweise die Chance, aus drei Angeboten mit unterschiedlichen Preisen auszuwählen, so wird er sich in der deutlich überwiegenden Zahl der Fälle für das Angebot mit dem mittleren Preis entscheiden. Auch hier spielen unbewusste Gedanken an die Qualität, das Image und das Selbstbewusstsein eine Rolle. Das billigste Angebot soll es nicht sein, denn es bietet vermutlich die geringste Qualität und lässt den Eindruck entstehen, dass man sich nicht mehr leisten kann. Das teuerste Produkt muss es ebenfalls nicht sein, weil der Preis abschreckt.

7) Sprechen Sie klar und eindeutig

Klar und deutlich sprechen bezieht sich auf Ihre Stimme und genauso auf den Inhalt Ihrer Worte. Gerade bei Preisverhandlungen ist es für Sie wichtig, dem Verhandlungspartner klar, deutlich und unmissverständlich zu kommunizieren, wie hoch der Preis Ihres Angebots ist, worauf er sich bezieht und was er umfasst. Handelt es sich um einen Brutto- oder einen Nettopreis? Fallen noch Nebenkosten an und wenn ja, welche und in welcher Höhe? Lassen Sie den Verhandlungspartner hier zunächst im Unklaren und kommen später noch mit neuen Preisbestandteilen, so verspielen Sie sehr viel Vertrauen. Dagegen wecken Sie bei Ihrem Gegenüber Vertrauen, wenn Sie ihn klar über den Preis informieren und nicht nach und nach »die Katze aus dem Sack lassen«. Die berühmte »Salamitaktik« erleben Sie häufig in Preisverhandlungen von Ihrem potenziellen Kunden. Darauf können Sie sich im Vorfeld einstellen. Doch mit Ihrem Auftritt in der Position des Anbieters wirken Sie überzeugender, wenn Sie hierauf verzichten.

8) Formulieren Sie positiv

Im Abschnitt über den Business-Sprachcode finden Sie beschrieben, wie wenig hilfreich Minuswörter oder -formulierungen grundsätzlich sind. Sie finden dort auch entsprechende Beispiele. Darüber hinaus gibt es bei Preisverhandlungen spezielle Negativformulierungen, mit denen Sie das Unterbewusstsein Ihres Verhandlungspartners in eine ungewollte Richtung konditionieren. Formulieren Sie deshalb positiv.

Sprechen Sie beispielsweise niemals über »Kosten« oder davon, was Ihr Angebot »kostet«. Kosten will jeder Mensch so gut es geht vermeiden. Sprechen Sie davon, zu welchem Preis Ihr Verhandlungspartner das Produkt oder die Dienstleistung »erhalten« oder »bekommen« kann.

Nutzen Sie zudem die Wirkung von Zahlen im Unterbewusstsein Ihres Gegenübers. Dies geht über die allseits bekannten Schwellenpreise (14,99 Euro statt 15,00 Euro) hinaus. Gewisse Größenordnungen schrecken ab, wenn sie ausgesprochen werden. »Tausend« wirkt negativer als »Hundert«, jedenfalls für all diejenigen, die solche Preise bezahlen müssen. Sprechen Sie deshalb von »Siebzehnhundert« anstatt von »Eintausendsiebenhundert«. Auch aus diesem Grund werden bei Preisverhandlungen zu Großinvestitionen die Einheiten »Hunderttausend« oder »Millionen« einfach weggelassen. Die neue Maschine ist dann für »fünf-acht« zu bekommen anstatt für »fünf Millionen Achthunderttausend«.

9) Visualisieren Sie den Preis

Unentbehrlich in einer Preisverhandlung sind Papier sowie ein zu Ihrem Anspruch passendes Schreibgerät. Und wenn im Raum ein Flipchart steht, so ist auch er sehr wertvoll für Sie zum Visualisieren, gerade wenn Sie mehreren Verhandlungspartnern gegenübersitzen.

Visualisieren Sie den absoluten Preis im Vergleich zu sonstigen Alternativen, indem Sie beispielsweise unterschiedlich hohe Balken zeichnen. Visualisieren Sie besonders Preisunterschiede dann, wenn Ihr Preis höher als beim Wettbewerb ausfällt, es dem Verhandlungspartner zugleich jedoch hohe Einsparungen bei seinen sonstigen Aufwandszahlen ermöglicht.

Stellen Sie sich bitte vor, Sie wollen Ihrem Verhandlungspartner erläutern, dass er bei Ihrem Angebot gegenüber dem des Wettbewerbers zwar 25 Prozent mehr investieren muss, seinen Gesamtaufwand damit aber in der Zukunft um 10 Prozent senken kann.

Formulieren Sie schlichtweg die Prozentzahlen, so muss Ihr Verhandlungspartner anfangen, zu rechnen, was diese Zahlen in Absolutbeträgen bedeuten: »Unser Produkt ist zwar um 25 Prozent teurer als das des Wettbewerbers, aber dafür sparen Sie jährlich 10 Prozent Ihres bisherigen Gesamtaufwandes ein.«

Mehr noch: 25 Prozent ist mehr als 10 Prozent, deswegen wird sein Unterbewusstsein zuerst negativ beeinflusst, da er prozentual mehr zahlen muss als er einspart.

Zeichnen Sie jedoch beispielsweise einen Kreis mit entsprechend großen Segmenten für die absoluten Aufwands- und Ersparnissummen, so können Sie sehr leicht verdeutlichen, dass die Einsparungen höher sind als der Mehraufwand.

Und wenn Sie nicht zeichnen können, dann schreiben Sie die entsprechenden absoluten Zahlen einfach auf und stellen Sie sie gegenüber. Denn auch damit visualisieren Sie. Und dies wirkt immer weit stärker auf Ihr Gegenüber, als wenn Sie ausschließlich verbal argumentieren. Doch bitte überlegen Sie sich vor der Preisverhandlung, wie Sie visualisieren wollen. Damit nicht anschließend ein unansehnliches und unverständliches Blatt Papier auf dem Tisch liegt.

10) Stellen Sie den Nutzen für Ihr Gegenüber heraus
Weshalb ist jemand bereit, Geld auszugeben? Weil er sich einen Nutzen davon verspricht. Dieser kann ideeller oder materieller Art sein. Wer spendet, fühlt sich wohler und hat oftmals sein Gewissen beruhigt. Wer einkauft, will oder muss ein Bedürfnis befriedigen. Dies gilt für Profi-Einkäufer in Großkonzernen genauso wie für den Endverbraucher im Supermarkt, auch wenn die Bedürfnisse sehr unterschiedlich sind.

Genau dies ist ein sehr wichtiger Ansatzpunkt, von dem aus Sie in der Preisverhandlung überzeugend argumentieren können. Da der Profi-Einkäufer in der Regel für Preisverhandlungen intensiver geschult ist als der durchschnittliche Privatkunde, sind Sie als Anbieter eines Produkts oder einer Dienstleistung dort stärker gefordert. Damit Sie erfolgreich sind, haben Sie während des Gesprächs durch geschickte Fragen erfahren, welche Bedürfnisse Ihr Verhandlungspartner hat und welche Motive ihn in seinem Handeln bestimmen. Sie verdeutlichen ihm, dass Ihr Angebot ihm hierfür nutzt. Dabei nutzen Sie die Kraft des Sie-Standpunkts.

| Anstatt: | Unser Produkt verhilft zu mehr Konzentration und Zeitersparnis. |
| Besser: | Sie können sich in Zukunft viel besser konzentrieren und sparen Zeit, wenn Sie unser Produkt einsetzen. |

| Anstatt: | Wir bieten Ihnen einen Rund-um-die-Uhr-Service. |
| Besser: | Für Sie steht ein Rund-um-die-Uhr-Service bereit. |

Der Sie-Standpunkt stellt Ihren Verhandlungspartner und seine Wünsche und Bedürfnisse in den Mittelpunkt. Damit gelingt es Ihnen wesentlich besser, Ihr Gegenüber so anzusprechen, dass er sich Ihnen »öffnet«, dass er Ihnen vertraut und dass er seinen Nutzen erkennt.

11) Erwähnen Sie Qualitäts- und Alleinstellungsmerkmale

Dieser Punkt versteht sich von selbst – und trotzdem wird er häufig missachtet. Die Gefahr dazu ist gerade bei sehr bekannten Marken und Angeboten groß. Denn im Unterbewusstsein des Anbieters kann der Glaube entstehen, dass alleine der hohe Bekanntheitsgrad bereits die hervorragenden Merkmale des Angebots kommuniziert hat. In diesem Glauben wird nun versäumt, das vermutlich Selbstverständliche zu erwähnen.

Erwähnen Sie Qualitäts- und Alleinstellungsmerkmale, doch spulen Sie sie keinesfalls eintönig ab. Verbinden Sie Ihre Aufzählung unmittelbar mit dem Nutzen, der für Ihr Gegenüber Ihrer Ansicht nach daraus erwächst. Denn auch ein in Ihren Augen geniales Alleinstellungsmerkmal muss Ihrem Gegenüber aus dessen Sicht zunächst noch lange keinen Nutzen bieten und es rechtfertig für ihn damit keinen höheren Preis. Häufig ist es notwendig, dass Sie ihm Nutzen und Bedürfnisse aufdecken, die ihm bislang noch nicht bewusst geworden sind. Dieser Gedanke gilt über Preisverhandlungen hinaus immer dann, wenn Sie jemanden für sich und Ihre Ansichten gewinnen wollen.

Übrigens: Auch Qualitätsmerkmale, die neben Ihnen sämtliche Anbieter in Ihrer Branche bieten, erwähnen Sie und nehmen Sie für Ihr Angebot in Anspruch.

12) Auf den Wert Ihres Angebots kommt es an

Der Wert Ihres Angebots bestimmt sich für Ihren Verhandlungspartner im Einzelfall aus unterschiedlichen Komponenten. Ihr Angebot kann für ihn einen materiellen oder einen immateriellen Wert besitzen oder beide Werte beinhalten. Zu erkennen, was ihm wichtig ist, ist Ihre Aufgabe vor und während der Preisverhandlung.

Allgemein in eine Formel gebracht ergibt sich der Wert Ihres Angebots für Ihren Verhandlungspartner immer wie folgt:

Wert des Angebots = Wert der Bedürfnisbefriedigung – Preis des Angebots

Für Sie bedeutet dies in Ihrer Praxis: Versuchen Sie, den Wert der Bedürfnisbefriedigung für Ihren Verhandlungspartner möglichst hoch werden zu lassen. Dann spielt der Preis letztlich eine untergeordnete Rolle. Nutzen Sie dazu die erwähnten Punkte zur Preiskommunikation sowie die passenden Türöffner und kombinieren Sie sie je nach Situation.

Als wahrer Profi im Preisverhandeln erhöhen Sie den Wert der Bedürfnisbefriedigung bei Ihrem Gegenüber so, dass er es nicht bewusst merkt, sondern weiterhin davon ausgeht, dass Sie mit ihm nur über den Preis verhandeln. Zum Beispiel auf die Art, dass Sie Bedürfnisargumente in Nebensätzen einfließen lassen, während sich der Hauptsatz auf den Preis bezieht.

Achten Sie darauf, dass Sie mit Ihrem Verhalten stets signalisieren, dass Ihr Angebot seinen Preis wert ist. Dies schließt leichtfertige und unbegründete Preisnachlässe aus. Denn Sie verlieren enorm an Glaubwürdigkeit und Vertrauen, wenn Sie zunächst eine Stunde oder länger Ihrem Verhandlungspartner klar machen, dass der Preis in Ordnung ist, um ihn dann am Ende der Verhandlung um des Abschlusses willen doch zu reduzieren. Jede Preisreduktion erfordert ein Entgegenkommen Ihres Verhandlungspartners. Nur so entsteht der Eindruck eines fairen und dem Wert entsprechenden Preises.

Und denken Sie bitte bei der Wertargumentation auch stets daran, dass Ihr Verhandlungspartner seine getroffene Entscheidung fast immer rechtfertigen muss: als Vorstand gegenüber seinem Aufsichtsrat, als Einkäufer gegenüber seinem Vorgesetzten, als Privatperson gegenüber seinem Lebenspartner. Angebotene Hilfen für diese Rechtfertigung bestimmen für ihn ebenfalls den Wert Ihres Angebots. Liefern Sie ihm auch dafür geeignete Argumente. Er wird Ihnen dankbar sein.

13) Überraschen Sie Ihr Gegenüber

In fast allen Preisverhandlungen ist die Erwartungshaltung wie folgt verteilt: Sie als Anbieter müssen irgendwann einen Preis nennen, ihn erklären und verteidigen. Ihr Verhandlungspartner wartet darauf und wird anschließend versuchen, den Preis zu ermäßigen.

Aufmerksamkeit erreichen Sie immer dann, wenn Sie etwas anders machen als Ihr Gegenüber erwartet. Übertragen auf die Preisverhandlung kann dies für bestimmte Konstellationen bedeuten, dass Sie Ihr Gegenüber dadurch überraschen, dass Sie ihn den Preis bestimmen lassen.

Dies ist auf jeden Fall immer dann möglich, wenn unterschiedliche Abnahmemengen oder Folgeaufträge möglich sind.

»Den Preis bestimmen Sie selbst.«
Hier legen Sie eine ganz kurze Pause ein.
»Herr Kunde, legen Sie die Menge fest, die Sie benötigen, und Sie erhalten den entsprechenden Preis.«

Als Verhandlungsprofi wissen Sie, dass Ihr Gegenüber nun oft eine höhere als benötigte Menge nennt in der Erwartung eines relativ niedrigen Preises pro Einheit sowie in der Hoffnung, die Abnahmemenge später reduzieren und trotzdem den günstigeren Preis behalten zu können. Deshalb notieren Sie die genannte Menge sofort. Im Vertrag halten Sie sie anschließend verbindlich fest. Oder Sie vereinbaren, dass erst mit jeder neuen Bestellung in einem bestimmten Zeitraum der Preis entsprechend reduziert wird.

Überraschen können Sie Ihr Gegenüber auf vielfältige Weise. Wichtig dabei ist, ihn so zu überraschen, dass er sich für Sie und Ihr Angebot »öffnet«.

14) Achten Sie auf den Körpercode Ihres Gegenübers

Was Ihr Verhandlungspartner denkt und fühlt, zeigt sich mehr oder weniger deutlich an seinem Körpercode. Nutzen Sie diese Signale für Ihre Argumentation und Ihr Vorgehen während der Preisverhandlung.

Sie wissen, dass sich der Körpercode nur beschränkt beeinflussen lässt. Deshalb wird Ihnen Ihr Verhandlungspartner ungewollt und unbewusst signalisieren, was in ihm vorgeht. Ein vermeintliches Pokerface kann beispielsweise durch nervöse Hände oder Beine entlarvt werden. Achten Sie darauf besonders in dem Moment, in dem Sie den Preis zum ersten Mal nennen.

Details zum Körpercode finden Sie in den entsprechenden Abschnitten weiter oben.

15) Nehmen Sie Ihren Verhandlungspartner ernst

Sie mögen sagen:»Das ist doch selbstverständlich.« Ja, dies ist an sich selbstverständlich. Bei genauerem Hinsehen zeigt sich jedoch, dass der Verhandlungspartner in Preisverhandlungen häufig nicht ernst genommen wird. Ein klassisches Beispiel ergibt sich, wenn der Verhandlungspartner beziehungsweise der Kunde zu früh die Frage nach dem Preis aufwirft oder den Preis als »zu teuer« zur Seite schiebt. In diesen Momenten zeigt sich sehr genau, wie stark jemand sein Programm mit Standardfloskeln abspult oder wie ernst er die Fragen und Gedanken des Gegenübers nimmt und darauf eingeht.

Sie wissen, dass es besser ist, zunächst den Wert und die Vorteile Ihres Angebots mit den Wünschen und Bedürfnissen Ihres Gegenübers zu verbinden. Erst dann macht es Sinn, über den Preis zu verhandeln. Doch nicht jeder Verhandlungspartner hält sich daran. Häufig wird eifrig nach vorne geprescht mit der Frage:»Und was kostet mich das Ganze?« Und nun lauert eine Falle, in die Sie tappen, wenn Sie wie folgt oder ähnlich antworten:

>»Ja, ja, auf den Preis komme ich gleich. Zunächst möchte ich Sie noch darauf hinweisen, welche Vorteile unser Produkt hat.«

Wenn Sie so antworten, signalisieren Sie Ihrem Verhandlungspartner, dass Sie ihn nicht ernst nehmen. Er wird dies zumindest unbewusst so empfinden, denn Sie sprechen nur in Ich-Standpunkten. Mehr noch, in einer solchen Wortwahl kommt zum Ausdruck, dass Sie seinen Wunsch, jetzt über den Preis zu reden, völlig ablehnen. Es kann dabei auch der Eindruck entstehen, dass Sie sich um die Preisantwort drücken wollen.

Zeigen Sie dagegen Ihrem Gegenüber auf, dass Sie seine Frage für wichtig halten, und informieren Sie ihn darüber, wann Sie antworten, dann nehmen Sie ihn ernst, werten ihn auf und signalisieren, dass Sie keineswegs vor der Preisantwort fliehen wollen. Eine konkrete Zeitangabe wird überraschend auf ihn wirken und seine Aufmerksamkeit erhöhen.

»In drei Minuten erfahren Sie den Preis, der für Sie ja ein wichtiger Punkt für Ihre Entscheidung ist.«

Eine zweite Falle lauert nach der Frage: »Und was kostet mich das Ganze?« Unerfahrene Verhandelnde laufen Gefahr, sich als Lehrmeister des Gegenübers zu präsentieren:

»Herr Kunde, der Preis alleine hilft Ihnen nicht weiter. Erst wenn Sie sämtliche Vorteile kennen, können Sie wirklich gut entscheiden. Lassen Sie mich deshalb zunächst ...«

Selbst wenn die Antwort vom Inhalt her stimmt, signalisiert sie dem Verhandlungspartner, so wie sie formuliert ist, dass er für unfähig gehalten wird. Er fühlt sich bevormundet. Möglicherweise hat er sich im Vorfeld der Verhandlung schon sehr gut informiert und weiß bereits, dass er abschließen will. Doch dies kann sich nach einer solchen Antwort ändern. In solchen Fällen sind Sie mit Ihrem Sprachcode gefordert. Die Kunst besteht darin, den Kunden so elegant von der Preisfrage wegzulotsen, dass er es nicht als Affront empfindet, sondern dass er im besten Fall sogar dankbar ist, dass Sie ihm zunächst Vorteile aufzeigen. Eine entsprechende Antwort kann beispielsweise wie folgt beginnen:

»Das ist für Sie eine sehr wichtige Frage. Vor allem auch im Verhältnis dazu, welchen Nutzen Sie von dem Angebot haben und welche Bedürfnisse es Ihnen zu befriedigen hilft.«

Achten Sie darauf, dass Sie Ihren Verhandlungspartner grundsätzlich ernst nehmen, insbesondere auch bei zu früh gestellten Fragen nach dem Preis. Spulen Sie dann bitte kein Floskelprogramm ab, sondern gehen Sie auf ihn, seine Wünsche und Bedürfnisse sowie seine Vorteile ein.

So wichtig sind die einzelnen Türöffner bei (Preis-)Verhandlungen

Die unmittelbare räumliche Nähe zwischen Ihnen und Ihrem Verhandlungspartner erfordert eine entsprechende Kombination der einzelnen Türöffner bei (Preis-)Verhandlungen.

Bei den einzelnen Türöffnern spielt während einer Verhandlung der Sprachcode die bedeutendste Rolle, dicht gefolgt vom Körpercode. Der Dresscode, solange er im Rahmen der Erwartungen liegt, ist bereits deutlich weniger wichtig. Allerdings können Sie ihn dazu nutzen, um Ihren Verhandlungspartner zu beeindrucken oder gar abzulenken. Dann gewinnt er an Wichtigkeit. Der Etikettecode spielt in der Regel nur beim Begrüßen und Verabschieden eine besondere Rolle. Eventuell auch dann noch, wenn Sie während der Verhandlung Getränke oder Häppchen reichen.

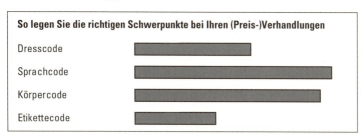

So legen Sie die richtigen Schwerpunkte bei Ihren (Preis-)Verhandlungen

Dresscode

Sprachcode

Körpercode

Etikettecode

Grafik 4 Türöffner in (Preis-)Verhandlungen

In Headhunter- und Vorstellungsgesprächen

»Hast Du nach innen das Mögliche getan, gestaltet sich das Andere von selbst.«

Johann Wolfgang von Goethe

Gespräche mit einem Headhunter oder Vorstellungsgespräche beim potenziellen neuen Arbeitgeber stellen im Berufsleben ganz besondere Situationen dar – sowohl für Berufsanfänger als auch für erfahrene Bewerber. Nahezu ausschließlich werden im Berufsleben fachliche Inhalte, Zahlen oder Konzepte vorgestellt, präsentiert oder in Reden erläutert. Die eigene Persönlichkeit in den Mittelpunkt zu stellen, über eigene Vorzüge oder gar über eigene Schwächen zu reden, ist die Ausnahme. Doch gerade darum geht es in Headhunter- und Vorstellungsgesprächen.

Wer das Interesse eines Headhunters geweckt hat oder zu einem Vorstellungsgespräch eingeladen wird, der hat sich in seiner bisherigen Berufslaufbahn und Tätigkeit erfolgreich bewiesen. Ein Berufsanfänger, der zum Vorstellungsgespräch eingeladen wird, darf davon ausgehen, dass seine Berufsausbildung, seine Noten und sein Erstkontakt zum Unternehmen Gefallen gefunden haben. Das heißt, in beiden Situationen – Berufsanfang und Stellenwechsel – wirken die fachlichen Qualifikationen, die »harten Kriterien«, überzeugend. Als Bewerber stimmen Sie sich deshalb mental darauf ein, dass Sie mit fachlich gleich oder besser qualifizierten Kandidaten in den Wettbewerb eintreten. Diesen können Sie nur über Ihre Persönlichkeit gewinnen. Deshalb geht es bei den anstehenden Gesprächen nun besonders um Sie, um Ihr Auftreten, um Ihr Benehmen und um Ihre Sprachgewandtheit. Denn bis auf ein Foto, die Stimme am Telefon und möglicherweise einige handgeschriebene Worte sowie einen hoffentlich selbstständig verfassten Bewerbungstext sind dem Headhunter oder dem entsprechenden Personalbereich Ihre sonstigen persönlichen Eigenschaften noch nicht bekannt.

Ihre Türöffner entscheiden, weniger Ihr Fachwissen

Ein Gespräch mit einem Headhunter oder ein Vorstellungsgespräch bei einem potenziellen Arbeitgeber ist im Kern ein Verkaufsgespräch, bei dem Sie selbst das zu verkaufende Produkt sind. Sie müssen sich selbst »verkaufen«. Damit haben Sie in solchen Situationen die alleinige Verantwortung, ob Sie erfolgreich sind oder nicht. Ausreden wie »Ich habe einen tollen Auftritt hingelegt, jedoch befriedigte das angebotene Produkt die Bedürfnisse des Kunden nicht« gelten hier nicht.

Nachdem Ihre »harten Kriterien« im Vorfeld des Gesprächs überzeugend waren, entscheiden nun über Ihren Erfolg oder Misserfolg ausschließlich zwei Punkte. Erstens: Wie gut gelingt es Ihnen, durch den Einsatz der entsprechenden Türöffner Ihren Gesprächspartner und vor allem sein Unterbewusstsein so zu erreichen, dass er sich von Ihnen und Ihren Qualitäten überzeugt? Sind Sie redegewandt? Wie kleiden Sie sich? Wie treten Sie auf? Welchen Eindruck hinterlassen Sie – im Gespräch und gegebenenfalls auch beim gemeinsamen Essen? Beherrschen Sie die grundlegenden Etikette-Leitlinien? Und zweitens: Kann Ihr Gesprächspartner durch Ihr Auftreten einen Vorteil für sich selbst erkennen, wenn er Ihnen eine Zusage gibt? Sie erinnern sich: 70 bis 95 Prozent der Entscheidungen werden vom Unterbewusstsein getroffen – und dies gilt auch für Headhunter und solche Mitmenschen, die in Firmen über Stellenbesetzungen entscheiden. Nutzen Sie dieses Wissen für sich.

Darauf achten Sie als Bewerber vor allem

Sie können auf sehr viel als Bewerber in einem Gespräch achten. Allerdings ist es wichtig, bei den »big points« sicher und überzeugend zu wirken. Deshalb ist die nachfolgende Auswahl von Punkten auf die wichtigsten beschränkt.

Vor dem Gespräch

Denken Sie bitte daran: Der erste Eindruck ist entscheidend. Und dieser entsteht beim Headhunter- und Vorstellungsgespräch vor allem durch Ihren Dresscode, Ihren Körpercode und Ihren Etikettecode.

Deshalb beachten Sie bereits vor einem Gespräch die folgenden Punkte:

- Informieren Sie sich.
- Kleiden Sie sich passend.
- Bereiten Sie sich mental vor.
- Starten Sie rechtzeitig.

Informieren Sie sich

Bevor Sie der Einladung zu einem Headhunter- oder Vorstellungsgespräch folgen, lesen Sie möglichst viel über den potenziellen Arbeitgeber. Welche Branche, welche Produkte, welche Mitarbeiterzahl, welche Umsatzverteilung und welche Geschäftszahlen kennzeichnen ihn? Daneben ist es hilfreich für Sie zu wissen, welche Gepflogenheiten bei dem in Aussicht stehenden zukünftigen Arbeitgeber gelten. Welche Hierarchiestufen gibt es? Welches Klima herrscht dort vor? Wie sind die Mitarbeiter üblicherweise gekleidet? Gibt es nahegelegene Parkplätze und sind diese einsehbar? Letztgenanntes ist dann wichtig, wenn Sie mit dem Auto anreisen. Fahren Sie am besten ein standesgemäßes Fahrzeug, weder zu groß noch zu klein. Wer sich als Trainee bewirbt, bei dem wirkt ein teurer Sportwagen deplatziert.

Wenn Sie sich dagegen als Führungskraft oder gar als zukünftiger Geschäftsführer oder Vorstand ins Gespräch bringen, darf und muss das Fahrzeug diesen Status im branchenüblichen Rahmen auch widerspiegeln.

In der Praxis können Sie es immer wieder erleben, dass ein Headhunter den potenziellen Arbeitgeber zunächst noch nicht nennt. Sie befinden sich damit im Unklaren darüber, über wen Sie sich konkret informieren sollen. In solchen Fällen erfragen Sie möglichst viele der zuvor genannten Punkte während des Gesprächs mit dem Headhunter. Auch wenn er Ihnen den Namen des Unternehmens noch nicht nennen will oder kann, wird er Ihnen in der Regel doch Antworten auf Ihre Fragen zur Unternehmensgröße, zum dortigen Klima und zu sonstigen Eigenschaften des Unternehmens, für das er Sie als potenziellen neuen Mitarbeiter zum Gespräch eingeladen hat, geben.

Kleiden Sie sich passend

Kleiden Sie sich so, als ob Sie schon in dem angestrebten Beruf tätig sind. Bewerben Sie sich bei einer Bank, so ist ein dezenter Dresscode gefragt. Sind Sie Werbedesigner, so ist es wichtig, dass Ihr Dresscode die geforderte Kreativität ausstrahlt. Und vergessen Sie auf keinen Fall Ihre Schuhe. Sie sind für einen überzeugenden Dresscode äußerst wichtig. Grundsätzlich ist bei Bewerbungen eines der Ziele, sich von den restlichen Kandidaten positiv abzusetzen. Denn dann wird Sie Ihr Gesprächspartner besser in Erinnerung behalten. Dies kann durch Accessoires geschehen – eine elegante Krawatte beim Mann, dezenten Schmuck oder eine individuelle Tasche bei der Frau sowie eine gut sitzende Brille bei beiden. Doch achten Sie bitte darauf, dass solche Gegenstände Ihren Gesprächspartner nicht von Ihnen als Person ablenken. Wenn nach zwei Tagen nur noch erinnert wird, dass Sie der oder die mit der ausgefallenen Brille waren und sonst nichts, dann hilft Ihnen dies wenig.

Bereiten Sie sich mental vor

Auch Ihre mentale Einstellung ist wichtig. Kreisen Ihre Gedanken ausschließlich darum, hoffentlich die neue Stelle zu erhalten, so werden Sie im Gespräch mit großer Wahrscheinlichkeit verkrampfen. Und dies wiederum würde Sie unsicher erscheinen lassen. Statt daran zu denken, dass Sie eine Stelle suchen und es hoffentlich beim anstehenden Gespräch mit einer Zusage klappt, denken Sie besser daran, dass Sie etwas Wertvolles anzubieten haben, nämlich sich selbst mit all Ihren Fähigkeiten und Erfahrungen. Zeitgleich suchen das Unternehmen oder der Headhunter eine entsprechende Arbeitskraft. Wenn Sie so eingestellt zum Headhunter- oder Vorstellungsgespräch gehen, werden Sie automatisch sicherer auftreten. Ihr Körpercode wird dynamisch wirken. Ein Bittsteller dagegen sendet fast immer passive und negative Signale aus.

Spielen Sie mental besonders auch die Begrüßung und die Verabschiedung durch. Überlegen Sie, wer wem zuerst die Hand reicht, wie Sie mit Ihrer Visitenkarte umgehen und wann Sie Platz nehmen dürfen.

Starten Sie rechtzeitig

Findet das Gespräch an Ihrem Wohn- oder bisherigen Arbeitsort statt, dann haben Sie die Zeitdauer für den Weg zum Treffpunkt meist gut im Griff. Doch planen Sie auch hier einen angemessenen Zeitpuffer ein, damit Sie nicht abgehetzt und verschwitzt eintreffen. Falls Sie zu Fuß gehen, treffen Sie eventuell unterwegs Ihren Chef und werden ihm erklären müssen, wohin Sie gerade gehen. Auch einen Bekannten wollen Sie nicht unhöflich abweisen, sondern zumindest kurz mit ihm sprechen. Können Sie öffentliche Verkehrsmittel oder Ihr eigenes Fahrzeug benutzen, dann wählen Sie Ihren Zeitpuffer größer als beim Fußmarsch. Viele meiner Seminarteilnehmer schwören darauf, mindestens 50 Prozent der normal benötigten Zeit als Puffer einzubauen.

Erfordert das Gespräch die Anreise in einen anderen Ort, so hängt der Zeitpuffer zunächst von der Entfernung und auch vom Verkehrsmittel ab. Findet das Gespräch vormittags statt, dann kann es sinnvoll sein, dass Sie bereits am Abend zuvor anreisen und im Hotel übernachten.

Während des Gesprächs – 6 wichtige Punkte
1) Sollen Sie wirklich immer authentisch sein?
2) Bleiben Sie locker und freundlich
3) Treten Sie professionell auf
4) So gehen Sie mit Kritik um
5) Der ideale Sitzplatz
6) Beobachten Sie Ihren Gesprächspartner

1) Sollen Sie wirklich immer authentisch sein?

Bitte versuchen Sie als Erstes, dem allzu häufig gegebenen Hinweis »seien Sie authentisch« nicht blind zu folgen. Denn was bedeutet »authentisch«? »Authentisch« bedeutet laut Duden »echt, unverfälscht, wahr, nicht gefälscht«. Keinesfalls sollen Sie sich als Lügner präsentieren oder eine fiktive Rolle spielen. Doch gerade auch in Headhunter- und Vorstellungsgesprächen gilt der weise Spruch: »Sage immer die Wahrheit, doch sage die Wahrheit nicht immer.« Wenn Sie gerne lange ausschlafen, so kamen Sie doch bisher und kommen Sie hoffentlich zukünftig pünktlich zu Ihrer Arbeit. Insofern ist dieser authentische Charakterzug von Ihnen – »lange ausschlafen« – für Ihren beruflichen Erfolg zweitrangig und muss nicht erwähnt werden. Oder stellen Sie sich bitte folgende Situation vor:

Ihr Hobby ist Briefmarken- oder Münzensammeln und Sie bewerben sich um die Stelle eines Verkaufsdirektors. Briefmarken- und Münzensammeln wird unterbewusst verbunden mit bedächtig, konservativ und zurückhaltend. Selbst wenn Sie im Berufsleben diese Eigenschaften überhaupt nicht zeigen, ergibt sich doch bei Ihrem Gesprächspartner ein Gefühl der Diskrepanz zwischen Ihrem Charakterprofil und den Anforderungen an einen Verkaufsdirektor.

In einer solchen Situation verzichten Sie deshalb ebenfalls auf vollständige Authentizität. Erwähnen Sie ein eher unpassendes Hobby nur dann, wenn Sie explizit darauf angesprochen werden. Achten Sie insofern auch darauf, welche Hobbys Sie in Ihrem Lebenslauf angeben. Gleichwohl muss Ihnen bewusst sein, dass vor allem Headhunter bereits beim ersten Gespräch häufig mehr über Sie wissen als Sie vermuten. Deshalb nochmals: Was Sie sagen, muss stimmen.

2) Bleiben Sie locker und freundlich

Bleiben Sie locker und freundlich, gerne auch hin und wieder humorvoll. Sie wissen, dass Sie in solchen Gesprächen unter ständiger Beobachtung stehen und mehr als nur Ihre Worte gewertet werden. Betrachten Sie diesen vermeintlichen Druck als Ihre Chance. Besonders bei Gesprächen mit erfahrenen Headhuntern können Sie davon ausgehen, dass diese ein psychologisches Wissen und »den« Blick für Menschen besitzen. Konzentrieren Sie sich auf das, was Sie sagen wollen und denken Sie nicht daran, wie Ihr Gesprächspartner Ihre Worte und Gesten interpretieren wird.

3) Treten Sie professionell auf

Unabhängig davon, ob Ihnen Ihr Gesprächspartner sympathisch ist oder nicht: Zeigen Sie einen professionellen Auftritt, keinen kumpelhaften und auch keinen schnippischen. Nutzen Sie die positiven Sprachcodes, zu denen in diesem Zusammenhang beispielsweise die Ich-Botschaften und der Sie-Standpunkt zählen. Möglicherweise ist das vermeintlich unsympathische Verhalten von Ihrem Gegenüber auch bewusst gespielt, um zu testen, wie Sie darauf reagieren.

4) So gehen Sie mit Kritik um

Nehmen Sie Kritik an Ihrem Gesagten und kritische Fragen gelassen. Unterlassen Sie es, sich zu rechtfertigen. Denn wer sich rechtfertigt, der klagt sich häufig an. Besser ist es, wenn Sie auf kritische Fragen ebenso gelassen antworten wie auf nette Fragen. Wie gut Sie mit Kritik umgehen können, ist für Ihren Gesprächspartner ein wichtiger Hinweis dafür, ob Sie für die mögliche Position geeignet sind.

5) Der ideale Sitzplatz

Wenn Sie es steuern können, setzen Sie sich Ihrem Gesprächspartner nicht direkt gegenüber. Ihr Körpercode läuft sonst Gefahr, dass Sie Konfrontation signalisieren. Sitzen Sie leicht versetzt oder über Eck, so bleiben beiden Gesprächspartnern größere Freiheiten für Gesten und Nachdenken. Achten Sie auch ansonsten darauf, dass Sie mit Ihrem Körpercode Sicherheit ausstrahlen. Neben den zuvor ausführlich beschriebenen Business-Körpercodes gehört dazu auch ein entspannter Nacken mit lockeren Schultern.

6) Beobachten Sie Ihren Gesprächspartner

Wie Sie wissen, werden Entscheidungen im Unterbewusstsein getroffen. Auch Headhunter und Personalmanager können sich diesem natürlichen Verhalten nicht entziehen. Deshalb ist es für Sie äußerst wichtig, dass Sie mit entsprechenden Signalen deren Unterbewusstsein ansprechen. Streuen Sie in das Gespräch emotionale Teile ein, denn nur durch solche wirken Sie als Person und nicht nur als wandelndes Fachlexikon. Wenn es Ihre Nervosität zulässt, achten Sie auf den Körpercode Ihres Gesprächspartners. Wenn Sie schon nicht die inhaltliche Gesprächsführung übernehmen dürfen, bleibt Ihnen doch die Möglichkeit, dank der Signale seines Körpercodes geschickt auf Ihren Gesprächspartner zu reagieren und ihn zu beeinflussen.

Hier lauern 12 typische Fettnäpfchen

Wollen Sie unbedingt einen schlechten Eindruck hinterlassen, so zeigen Sie möglichst viele der nachfolgend aufgeführten Punkte. Sie finden dort zwölf typische Fettnäpfchen, in die Bewerber immer wieder hineintreten.

1) Unpünktlich sein
2) Etikettecode beim Begrüßen missachten
3) Unaufgefordert Platz nehmen
4) Handy oder Smartphone eingeschaltet lassen
5) Das Gespräch an sich reißen
6) Sich nur auf die Stuhlkante setzen
7) Beinspiele unter Glastischen
8) Hände unter dem Tisch halten
9) Hände über die Mitte des Schreibtisches bringen
10) Auf die Uhr schauen
11) Den Namen des Gesprächspartners vergessen
12) Im Warteraum die falsche Zeitung lesen

1) Unpünktlich sein
Dem französischen König Ludwig XVIII. wird der Ausspruch zugeschrieben:»Die Pünktlichkeit ist die Höflichkeit der Könige.« Nun sind Sie kein König, sondern treffen sich mit einem Headhunter oder einem Personalmanager zum Gespräch. Doch gerade auch dann ist es ein Gebot der Höflichkeit, dass Sie pünktlich sind. Dies beinhaltet, dass Sie eine angemessene Wartezeit beim Empfang sowie den Weg vom Empfang zum Büro einkalkulieren und nicht erst zur vereinbarten Zeit am Empfang eintreffen. Gehen Sie davon aus, dass Pünktlichkeit häufig gleichgesetzt wird mit Zuverlässigkeit.

2) Etikettecode beim Begrüßen missachten
Findet das Gespräch im Büro des Headhunters oder bei Ihrem potenziellen neuen Arbeitgeber statt, so sind Sie der Gast. Ein Fettnäpf-

chen lauert bereits, bevor das Gespräch begonnen hat: Wer gibt wem die Hand? Denken Sie bitte in diesem Fall an die generellen Regeln des Business-Etikettecodes. Falls Sie aus falsch verstandener Höflichkeit geneigt sein sollten, Ihrem Gesprächspartner den Handschlag anzubieten und damit dem passenden Etikettecode zuwiderhandeln, wird bereits der erste Minuspunkt auf Ihrem Konto verbucht. Über den Handschlag in einer solchen Situation entscheidet stets der Gastgeber – in diesem Fall also der Headhunter oder der ranghöchste Gesprächspartner des Unternehmens, das Sie besuchen. Stellen Sie sich mit klarer und deutlicher Stimme vor. Nennen Sie dabei Ihren Vornamen und Ihren Nachnamen. Positiv wirken Sie, wenn Sie anstatt der Floskel »Mein Name ist …« (darauf wäre niemand gekommen, dass es sich um Ihren Namen handelt) selbstbewusster formulieren: »Ich bin *Vorname Nachname*.«

3) Unaufgefordert Platz nehmen

Wer sich um eine Führungsposition bewirbt, zeigt oftmals einen falsch verstandenen Ehrgeiz. Denn er meint, er muss seine Führungsstärke ständig unter Beweis stellen. Zum Beispiel dadurch, dass er sehr selbstsicher nach dem Händeschütteln einfach Platz nimmt. Doch damit erweist er sich einen Bärendienst. Nehmen Sie erst dann Platz, nachdem Ihnen ein solcher angeboten wurde. Falls Sie einen Platz angeboten bekommen, an dem Sie beispielsweise die Sonne blendet, weisen Sie bitte umgehend darauf hin und bitten um einen anderen Platz oder darum, die Jalousien zu schließen. Denn ansonsten kann es passieren, dass Sie der Sonnenstrahl so stark irritiert, dass Sie deswegen ein schlechtes Bild abgeben.

4) Handy oder Smartphone eingeschaltet lassen

Es ist für Sie selbstverständlich, das Handy oder Smartphone vor einem Headhunter- oder Vorstellungsgespräch auszuschalten. Doch immer wieder geschieht es, dass dieses an sich nützliche Gerät mitten im Gespräch die beiden Partner unterbricht. Wenn es an Ihrem Gerät geklingelt oder vibriert hat, so bitten Sie auf jeden Fall um Entschuldigung. Gleichwohl hinterlassen Sie einen schlechten Eindruck. Denn was kann es in einem solchen Gespräch Wichtigeres geben, als den Headhunter oder den Personalmanager. Manche Bewerber meinen, sie beweisen ihren besonderen Status dadurch, dass sie ständig erreichbar sind. Das Gegenteil ist der Fall: Wer ständig erreichbar ist, hat es entweder für seinen weiteren Aufstieg im derzeitigen Beruf noch nötig oder er ist schlichtweg schlecht organisiert.

Denken Sie deshalb unbedingt daran, Ihr Mobilgerät auszuschalten, bevor Sie den Gesprächspartner treffen.

5) Gespräch an sich reißen

Sie bewerben sich um eine Führungsposition. Selbstverständlich muss im Headhunter- oder Vorstellungsgespräch klar werden, dass Sie Führungsqualitäten besitzen. Doch bitte nicht dadurch, dass Sie das Gespräch an sich reißen und hier die Führung übernehmen. In der Regel wird Ihnen am Schluss eines solchen Gesprächs die Frage gestellt:»Haben Sie noch Fragen?« An dieser Stelle können Sie alle offenen Punkte ansprechen und das Gespräch somit steuern. Doch bis zu diesem Zeitpunkt muss die Leitung bei Ihrem Gesprächspartner bleiben.

6) Sich nur auf die Stuhlkante setzen

Wer sich nur auf die Stuhlkante setzt, ist unsicher. Er signalisiert, dass er an kein langes Gespräch glaubt. Im Falle eines Headhunter- oder Vorstellungsgesprächs wird dies so gedeutet, dass er seinen eigenen Qualitäten misstraut. Sind Sie dagegen von sich überzeugt, nehmen Sie die volle Sitzfläche inklusive der Rückenlehne in Anspruch.

7) Beinspiele unter Glastischen

Manchmal zufällig, manchmal auch absichtlich stehen bei Headhunter- oder Vorstellungsgesprächen Glastische. In beiden Fällen sind Ihre Beine und Füße und deren Bewegungen für Ihren Gesprächspartner sichtbar. Hieraus kann Ihr Gegenüber sehr viel ablesen. Ob Sie unruhig sind, ob Sie unsicher sind, ob Sie ungeduldig sind, ob Sie genug von dem Gespräch haben – all dies signalisieren gegebenenfalls Ihre Beine und Füße.

Wenn sich Ihre Füße um die Stuhlbeine klammern, sagen Sie unbewusst, dass Sie hier sitzen bleiben und Ihren Standpunkt nicht verlassen wollen. Werden die Füße in der Knöchelgegend ineinander verschlungen, so spiegelt dieses Körpersignal innere Verspannungen wider, manchmal auch, dass noch Informationen zurückgehalten werden. Gehbewegungen auf der Stelle unter dem Stuhl oder unter dem Tisch zeigen, dass sich der Bewerber unwohl fühlt und gehen möchte.

Achten Sie darauf, dass beide Schuhsohlen guten Kontakt zum Boden haben. Dies ist das beste Signal, dass Sie sich sicher fühlen und sich den Realitäten stellen.

8) Hände unter dem Tisch halten

Wer die Hände unter dem Tisch versteckt, wirkt unsicher, ängstlich und erweckt den Eindruck, dass er etwas zu verstecken hat. Oftmals verbirgt er ein Detail aus seinem bisherigen Lebenslauf, das er als unangenehm empfindet und deswegen nicht nennen will.

Um solche Deutungen zu vermeiden, halten Sie die Hände stets sichtbar. Wenn Sie Gesten einsetzen, dann am besten mit den Handflächen nach oben.

9) Hände über die Mitte des Schreibtisches bringen

Der Schreibtisch ist klassischer Territorialgegenstand. Wem er gehört, der hat Anspruch darauf, dass dieses Territorium nicht durchbrochen wird.

Wenn sich im Gesprächsverlauf ergibt, dass Sie als Bewerber in dieses Territorium eintreten dürfen, zum Beispiel um sich Notizen zu machen oder gemeinsam mit dem Gesprächspartner Unterlagen anzuschauen, dann nehmen Sie Ihre Hände bitte nicht über die Mitte des Schreibtisches hinaus. Im schlimmsten Fall kann dies ansonsten so verstanden werden, dass Sie den Schreibtisch unbewusst bereits für sich beanspruchen. Und wer stellt schon gerne jemanden ein, der ihm seinen Arbeitsplatz streitig macht.

10) Auf die Uhr schauen

Einer der größten Fehler überhaupt, den Sie im Headhunter- und Vorstellungsgespräch machen können, ist auf die Uhr zu schauen. Stellen Sie sich bitte vor, nach einiger Zeit heben Sie Ihr Handgelenk und schauen, wie spät es ist.

Dies zeigt Ihrem Gesprächspartner Ihr Desinteresse. Es zeigt ihm, dass Sie in Gedanken bereits woanders sind (bei einem weiteren Bewerbungstermin?), dass Sie es eilig haben und Ähnliches. Jedenfalls müssen Sie sich bis hierher als eine unverzichtbare Person dargestellt haben, wenn Sie jetzt noch den Hauch einer Chance auf die Stelle haben wollen.

Vergessen Sie deshalb die Zeit. Lassen Sie sich vom Gesprächsverlauf einnehmen und konzentrieren Sie sich ganz darauf. Dabei hilft Ihnen in vielen Fällen auch, die Rückreise mit Flug oder Bahn mit ausreichendem Zeitpuffer zu buchen.

11) Den Namen des Gesprächspartners vergessen

Einen Namen zu vergessen, kann jederzeit passieren. Doch besonders peinlich ist es im Headhunter- und Vorstellungsgespräch. Denn damit hinterlassen Sie den Eindruck, sich nicht ausreichend auf das Gespräch und den Gesprächspartner zu konzentrieren. Im gleichen Atemzug wird Ihnen unterstellt, dass Sie auch im Arbeitsalltag unkonzentriert sein und die Namen von Kunden vergessen werden.

Um die Gefahr zu verringern, den Namen Ihres Gegenübers zu vergessen, können Sie sich folgender Methoden bedienen: Lassen Sie sich seinen Namen gleich zu Beginn nochmals wiederholen, indem Sie darauf hinweisen, ihn nicht richtig verstanden zu haben. Allerdings wenden Sie diese Methode nur bei ungewöhnlichen Namen oder bei undeutlicher Aussprache Ihres Gegenübers an. Wer sich Ihnen klar und deutlich mit Hans Müller vorgestellt hat, dem würden Sie mit dieser Methode ebenfalls ein Signal der Unkonzentriertheit senden. Deshalb ist die weit bessere Methode, Visitenkarten, die Sie in der Regel erhalten werden, genau anzuschauen und sie anschließend vor sich auf dem Tisch in Sichtweite zu platzieren. Wenn Sie es beherrschen und es sich passend ergibt, dann merken Sie sich den Namen Ihres Gesprächspartners, indem Sie ihn mit einem Bild verknüpfen. Doch achten Sie bitte darauf, ihn anschließend nicht mit dem Bild anzusprechen.

12) Im Warteraum die falsche Zeitung lesen

Meistens haben Sie vor einem Headhunter- oder Vorstellungsgespräch Gelegenheit, in einem Warteraum in den dort ausliegenden Zeitungen und Zeitschriften zu blättern. In vielen Fällen können Sie dies völlig unverfänglich tun. Allerdings kann Ihnen auch passieren, dass Sie dort von einer Person abgeholt werden, die geschult ist darauf zu achten, welches Medium Sie nun aus der Hand legen. Je nach Branche wird nämlich von einer Führungskraft erwartet, dass sie die

Tageszeitung bereits zu Hause am Frühstückstisch gelesen hat und entsprechend informiert zur Arbeit kommt. Wenn Sie auch in dieser Hinsicht ein gutes Bild abgeben wollen, blättern Sie in branchenüblichen Zeitschriften, wenn solche ausliegen.

So wichtig sind die einzelnen Türöffner in Headhunter- und Vorstellungsgesprächen

Gerade auch bei Headhunter- und Vorstellungsgesprächen besitzt der erste Eindruck eine besondere Bedeutung. Einen guten ersten Eindruck erzielen Sie durch einen passenden Dresscode und einen sicheren Körpercode. Bei der Begrüßung entscheidet Ihr Etikettecode. Während des Gesprächs gewinnt der Sprachcode zunehmend an Bedeutung. Doch Sie können davon ausgehen, dass Ihre Worte stets mit Ihren Körpersignalen abgeglichen werden. Die Frage, wie stimmig Worte und Körpercode sind, bleibt das gesamte Gespräch über im Raume stehen. Deshalb ist unter den Einzelcodes der Körpercode der wichtigste für Sie. Da sich ein solches Gespräch meistens über ein bis zwei Stunden oder länger hinzieht, ist der Sprachcode am zweitwichtigsten. Der Dresscode wirkt außer beim ersten Eindruck über das gesamte Gespräch, so dass er wichtiger ist als der Etikettecode, der vor allem beim Begrüßen und beim Verabschieden ins Spiel kommt.

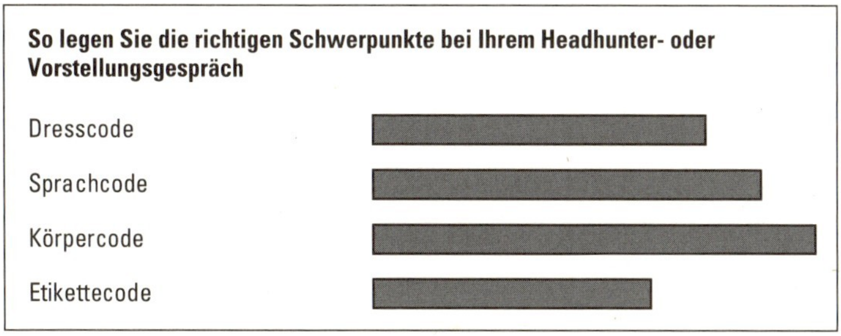

So legen Sie die richtigen Schwerpunkte bei Ihrem Headhunter- oder Vorstellungsgespräch

Dresscode

Sprachcode

Körpercode

Etikettecode

Grafik 5 Türöffner bei Headhunter- oder Vorstellungsgesprächen

Bei Reden

Aristoteles hat es auf den Punkt gebracht: Unabhängig davon, zu welchem Anlass Sie reden, stets wollen Sie bei den Zuhörern Glauben an Ihre Aussagen und damit Vertrauen erwecken. Manchmal wollen Sie mit einer Rede Ihre Zuhörer sogar in eine von Ihnen gewünschte Richtung bewegen.

Manche Redner vertreten die Meinung: »Eine Rede zu halten erfordert nicht viel. Es braucht lediglich interessierte und dem Redner wohlwollende Zuhörer.«

Dem stimme ich nur teilweise zu. Bis zu einem gewissen Grad mag es möglich sein, ohne Fach- oder Situationskenntnisse sowie ohne rhetorische und körpersprachliche Fähigkeiten vor Zuhörern zu bestehen. Sicher hängt dies auch von den Zuhörern ab. In der Mehrzahl der Fälle gelingen gute und überzeugende, ja sogar begeisternde Reden jedoch nur dann, wenn der Redner Kenntnisse darüber besitzt, wie er positive Wirkung erzeugen kann und diese Kenntnisse auch einsetzt.

Menschen treffen Entscheidungen im Unterbewusstsein. Dies bedeutet für Sie als Redner zunächst, dass die Türöffner, die Ihre Zuhörer von Ihnen wahrnehmen, in sich stimmig sein müssen. Gut gewählte Worte werden die gewünschte Wirkung verfehlen, wenn sie mit negativen Gesten und Körpersignalen oder mit einer unpassenden Kleidung einhergehen. Bei den Zuhörern entsteht in solchen Fällen das oft nicht greifbare – unbewusste – Gefühl: »Etwas hat bei dieser Rede nicht gestimmt.« Und dieser innere Zweifel reicht aus, um Ihnen als Redner keinen Glauben zu schenken, um Ihren Appellen nicht nachzukommen, um Ihre möglicherweise fachlich sogar überzeugenden Argumente zu ignorieren. Auch bei Reden hängt Ihr Erfolg von der passenden Kombination der einzelnen Türöffner ab.

Woran Sie unmittelbar vor Ihrer Rede denken – 8 wichtige Punkte

Inwieweit Ihre Rede erfolgreich sein wird und inwieweit Sie als Redner die mit ihr verfolgten Ziele erreichen werden, entscheidet sich schon vor Ihrem eigentlichen Redeauftritt.

Unmittelbar bevor Sie sich auf den Weg zum Rednerpult machen, stellen Sie sich bitte die folgenden Fragen. Sie sollten sie sämtlich mit »Ja« beantworten können.

1. Stimmt mein Äußeres?
2. Sitzt meine Krawatte?
3. Schließe ich beim Aufstehen mein Sakko, wenn ich eine Krawatte trage?
4. Habe ich meine Redeunterlagen dabei?
   Zudem achten Sie bitte auf Folgendes:
5. Atmen Sie kurz und tief durch.
6. Zeigen Sie eine natürliche und positive Mimik.
7. Gehen Sie sicher und aufrecht zu Ihrem Redestandort.
8. Beginnen Sie erst zu reden, wenn Sie an Ihrem Redestandort stehen und Blickkontakt mit den Zuhörern aufgenommen haben.

Haben Sie diese acht Punkte beachtet, so gewinnen Ihre Zuhörer bereits vor Ihrem ersten gesprochenen Wort einen positiven Eindruck von Ihnen. Der Körpercode, den Sie vor Beginn Ihrer Rede zeigen, trägt sehr stark dazu bei, wie die Zuhörer Ihre nun folgenden Worte aufnehmen werden. Mehr dazu finden Sie im Abschnitt, wie Sie Sicherheit während Ihrer Rede ausstrahlen. Bevor Sie zu reden beginnen, fällen die Zuhörer in ihrem Unterbewusstsein innerhalb kürzester Zeit ein (Vor-)Urteil über Sie.

So beginnen Sie eine Rede wirkungsvoll – 5 + 15 Alternativen

Kennen Sie den Unterschied zwischen einer Rede von Bill Clinton, Barack Obama oder Richard von Weizsäcker – um drei prominente Beispiele wirkungsvoller Redner zu nennen – und einer solchen von durchschnittlichen Rednern?

Abgesehen von den Inhalten liegt der Unterschied besonders in der Art und Weise, wie Profi-Redner ihre Ausführungen beginnen und wie sie sie beenden.

In acht von zehn Fällen können Sie bei Durchschnittsrednern erleben, dass sie eine der vier folgenden Eröffnungsalternativen benutzen:

- Der Redner begrüßt die Zuhörer insgesamt, zum Beispiel mit »Meine Damen und Herren, ich begrüße Sie recht herzlich zu ...« Manchmal hebt er auch einzelne Personen hervor: »Ich freue mich besonders, Herrn X, Frau Y sowie ... zu begrüßen.«
- Der Redner stellt sich selbst vor: »Ein paar Angaben zu meiner Person: Mein Name ist ... und ich bin derzeit tätig als ...«
- Der Redner gibt zu Beginn seiner Rede – meist nach der Begrüßung – eine Art von Inhaltsübersicht, worüber er reden wird: »Als Erstes spreche ich über ..., danach hören Sie einige Ausführungen zu ... und schließlich ...«
- Der Redner gibt administrative Ankündigungen: »Wir werden nach einer Stunde die erste Pause einlegen, Sie finden dann im Foyer Getränke ...«

Haben Sie jemals von einem Profi-Redner solche Eröffnungen gehört? Ich nicht – außer, wenn aus protokollarischen Zwängen die Begrüßung einzelner ranghoher Personen erforderlich ist.

Diese Eröffnungen sind Standard. Sie überraschen die Zuhörer nicht und senden damit keine bleibenden Impulse an deren Unterbewusstsein. Wenn insbesondere bei einer längeren Rednerliste jeder Redner zuerst eine Reihe von Anwesenden (dann in der Regel meist immer dieselben) begrüßt und/oder seine eigene Person vorstellt, dann langweilen sich die Zuhörer besonders. So verhindern Sie als Redner, dass sich ein wertvoller Spannungsbogen in Ihrer Rede aufbaut.

Viel wirkungsvoller ist es, wenn Sie auf Standard-Eröffnungen verzichten und Ihre Zuhörer überraschen. Damit haben Sie weit höhere Chancen, Zuspruch und Zustimmung zu ernten. Denken Sie bitte gerade am Beginn einer Rede daran: Entscheidend ist, dass Sie das Unterbewusstsein Ihrer Zuhörer so ansprechen, dass Sie Wohlwollen gewinnen und Ihre Ziele mit Ihrer Rede erreichen – gleichgültig, ob es sich um eine reine Informationsrede, um eine Überzeugungsrede oder um eine Wahlrede handelt.

Für die Praxis bedeutet dies für Sie zunächst:

1) Vermeiden Sie die klassische Standard-Begrüßung mit Anrede mehrerer Anwesender. Wenn Sie anwesende Zuhörer namentlich begrüßen müssen, so bieten sich Ihnen einige wirkungsvolle Optionen, wobei Sie sich im Zweifel stets über die korrekte Anrede, insbesondere von Würden- und Titelträgern sowie Adeligen, informieren:
   a) Beginnen Sie mit einer der nachfolgend aufgeführten Eröffnungsalternativen (zum Beispiel Zitat, Anekdote oder situationsbezogener Einstieg), schlagen Sie anschließend den Bogen und begrüßen Sie erst dann namentlich.
   b) Wird erwartet, dass Sie sehr viele Anwesenden namentlich begrüßen, so können Sie die einzelnen Namen auch geschickt während Ihrer Rede einbauen. So verhindern Sie eine ermüdende »Anwesenheitsliste« zu Beginn Ihrer Rede.
   c) Ist es unumgänglich, dass Sie mit der »Begrüßungslitanei« starten (weil beispielsweise der Veranstalter darauf Wert legt), so versuchen Sie, die Anzahl der namentlich Herausgehobenen auf drei, maximal fünf, zu beschränken.
2) Vermeiden Sie ebenso, sich selbst am Beginn Ihrer Rede vorzustellen. Dies können Sie nach einer der im Folgenden aufgeführten Rede-Eröffnungen spannungsgeladen in Ihre Rede einbinden. Oder noch besser: Sie lassen sich von jemandem vor Ihrer Rede vorstellen. Für diesen Fall empfiehlt sich, dass Sie einen vorbereiteten Stichwortzettel mit den wichtigsten Daten zu Ihrer Person bereithalten, den Sie der vorstellenden Person rechtzeitig übergeben. So haben Sie mehr Sicherheit, dass keine »Märchen« über Sie erzählt werden. Denn sehr häufig werden solche Situationen schnell peinlich.
3) Verzichten Sie zu Beginn Ihrer Rede darauf, Ihre Gliederung aufzuzählen. Ansonsten verhindern Sie, dass bei den Zuhörern ein Spannungsbogen entsteht. Wer als Zuhörer zu Beginn weiß, was ihn alles erwartet, der ist nicht so gespannt, als wenn er Ihnen Wort für Wort von den Lippen abliest.
4) Verzichten Sie zu Beginn Ihrer Rede ebenso auf Hinweise zu Pausen, anschließendem Buffet und dergleichen. Sie lenken damit die Zuhörer von Ihrem Thema ab.

5) Verzichten Sie auf Floskeln und unnötige Feststellungen wie zum Beispiel:»Ich freue mich, heute vor Ihnen zu stehen.« Oder:»Wir sind heute zusammengekommen, um ...« Wenn Sie sich wirklich freuen, werden dies die Zuhörer durch Ihre Art zu reden spüren. Und: Weshalb die Zuhörer mit Ihnen zusammen sind, ist ihnen auf Grund einer erhaltenen Einladung bekannt.

Der Beginn einer Rede ist gleichsam der Händedruck des Redners mit seinen Zuhörern. Als Redner wollen Sie die Aufmerksamkeit und das Interesse Ihrer Zuhörer gewinnen. Bereits mit dem Beginn Ihrer Rede soll im Unterbewusstsein Ihres Publikums zumindest verankert werden: Es lohnt sich, der folgenden Rede zuzuhören.

Dieses Zwischenziel erreichen Sie je nach Situation und Anlass am besten mit einer der folgenden 15 Alternativen für den Beginn Ihrer Rede. Viele dieser Möglichkeiten passen immer, manche passen nur zu bestimmten Themen, Anlässen oder Rahmenbedingungen. Probieren Sie die einzelnen Möglichkeiten aus. Versuchen Sie, sich ein eigenes Repertoire zurechtzulegen, mit dem Sie dann arbeiten. Vermeiden Sie auf jeden Fall, stets mit der gleichen Methode zu beginnen.

1) An ein Ereignis aus der Situation heraus anknüpfen
2) An ein aktuelles Ereignis anknüpfen
3) Eine persönlich erlebte Geschichte oder eine Anekdote erzählen
4) Mit einem Zitat beginnen
5) Frage(n) an die Zuhörer stellen
6) An ein historisches Ereignis anknüpfen
7) Gemeinsamkeiten mit den Zuhörern herausstellen
8) Humorvoll beginnen
9) Die Botschaft Ihrer Rede prägnant präsentieren
10) »Anonym« über Ihr Thema starten
11) Beginnen wie im Roman
12) Ihr Thema anschaulich demonstrieren
13) Ein Hilfsmittel einsetzen
14) Ihr Thema mit einem bildhaften Vergleich oder einem Gleichnis verdeutlichen
15) Die Kontra-Technik nutzen

1) An ein Ereignis aus der Situation heraus anknüpfen

Ein solcher Beginn Ihrer Rede erfordert Spontaneität und ein gutes Auge zum Beobachten. Er lässt sich nicht vorbereiten. Seine Wirkung ist dafür in der Regel sehr positiv. So positiv, dass Sie durchaus daran denken können, einen vorbereiteten Redebeginn zu Gunsten einer spontanen situativen Anknüpfung zu verwerfen.

Sie halten eine Rede vor Ihren Mitarbeitern, um sie für ein neues Projekt zu motivieren. Während Sie zu Ihrem Sprechort gehen, dröhnen die Lautsprecher, weil das Mikrofon übersteuert oder sich rückkoppelt. An dieses Ereignis können Sie zu Beginn Ihrer Rede anknüpfen:
»Manchmal kann zuviel Energie auch störend sein, wie Sie alle soeben gehört haben. Doch sollten wir deshalb völlig auf Energie verzichten? Energie benötigen wir alle in den kommenden Monaten, um unser neues Projekt erfolgreich umzusetzen. ...«

2) An ein aktuelles Ereignis anknüpfen

Wenn das aktuelle Ereignis zu Ihrem Redethema passt oder zumindest direkt zu ihm hinführt, dann bietet Ihnen dieser Einstieg in Ihre Rede eine gute Alternative, einen Aufmerksamkeits-Effekt zu setzen. Auch wenn dieses Rhetorik-Muster als solches relativ häufig benutzt wird, so wirkt es dennoch positiv, da Sie sich mit Ihrer Rede durch die individuelle Wahl des aktuellen Ereignisses in der Regel stets von sonstigen Reden unterscheiden.

Damit Ihr so gewählter Sprachcode zu Beginn einer Rede noch stärker wirkt, bieten sich Ihnen die folgenden zwei Möglichkeiten an: Sie unterstreichen Ihre Worte durch ein Hilfsmittel, beispielsweise indem Sie die Zeitung mit der entsprechenden Meldung hochhalten. Oder, und das ist die Krönung der Alternative »an ein aktuelles Ereignis anknüpfen«, Sie knüpfen an ein wichtiges Ereignis an, welches soeben erst bekannt wurde und Ihre Zuhörer noch nicht kennen.

Sie reden beispielsweise vor Mitgliedern eines Vereins, einer Partei oder einer sonstigen Zuhörergruppe. Kurz vor Ihrer Rede haben Sie an einer Sitzung teilgenommen, in der eine wichtige Entscheidung mit Bezug auf Ihr Redethema gefällt worden ist.

Nun können Sie Ihre Rede beginnen:

>>Soeben komme ich aus der Vorstandssitzung. Ich kann Ihnen
mitteilen, ...<<

Wie eingangs erwähnt, muss dieses Ereignis zu Ihrem Thema passen oder hinführen – sonst besteht die Gefahr, dass Sie damit von Ihrem Redethema ablenken.

3) Eine persönlich erlebte Geschichte oder eine Anekdote erzählen

Selbstverständlich gilt auch bei dieser Eröffnungsvariante, dass die persönlich erlebte Geschichte oder die Anekdote mit Ihrem Redethema zusammenhängen muss oder zu ihm hinführt.

Ist dies der Fall, so können Sie davon ausgehen, dass Sie Ihre Zuhörer geradezu fesseln können, wenn es Ihnen gelingt, die Geschichte oder Anekdote spannend und mit entsprechender Stimmmodulation vorzutragen. Menschen hören gerne Geschichten.

Sie halten eine Rede, in der Sie betonen wollen, dass Erfolg nicht ausschließlich von Faktenwissen abhängt, sondern dass auch Humor und Flexibilität im Denken gefragt sind. Folgende Anekdote wäre für den Beginn dieser Rede geeignet:

Ein junger Mann bewarb sich bei einer großen Firma um einen
sehr begehrten Posten. Zusammen mit einigen anderen, in die
engere Wahl gezogenen Bewerbern wurde er zu einer Eignungs-
prüfung geladen. Eine Frage lautete:>>Wie groß ist die Entfernung zwischen Erde und Sonne?<<
Der junge Mann schrieb:>>Das weiß ich nicht. Ich glaube aber
nicht, dass die Sonne so nahe ist, dass sie mich bei der Erfül-
lung meiner Pflichten stört.<< Er machte das Rennen.
(aus: Eberhard Puntsch: *Witze, Fabeln und Anekdoten*)

4) Mit einem Zitat beginnen

Mit einem passend gewählten Zitat erzielen Sie stets hohe Aufmerksamkeit. Zugleich zeigen Sie Ihren Zuhörern, dass Sie belesen und über Ihr Redethema hinaus interessiert sind. Zitate besitzen fast immer eine enorme Aussagekraft. Damit besitzen Sie für den Einstieg in Ihre Reden eine wirkungsvolle Option.

Ein gutes Zitat hilft Ihnen als Redner, den Zuhörern Ihre Kernbotschaft prägnant, einprägsam oder bildhaft zu verdeutlichen. Zugleich können Sie Ihren Standpunkt untermauern, wenn Sie sich durch Ihr Zitat auf eine anerkannte Autorität berufen.

Beachten Sie jedoch bitte die folgenden »Spielregeln«, wenn Sie Zitate einsetzen:

- Bereiten Sie Ihr Zitat nach. Dies heißt, stellen Sie unmittelbar nach dem Zitat seinen Bezug zu Ihrem Thema her. Denn nicht jeder Zuhörer ist in der Lage, Ihre unausgesprochenen gedanklichen Sprünge nachzuvollziehen. Dies umso weniger, als ein Zitat sich oft mehrfach interpretieren lässt.
- Nennen Sie die Person, von der das Zitat stammt. Außer es handelt sich um ein allseits bekanntes geflügeltes Wort.
- Besteht die Gefahr, dass nicht alle Zuhörer die Person, von der das Zitat stammt, kennen, helfen Sie ihnen. Lassen Sie in einem Nebensatz einfließen, wer diese Person war oder wodurch sie berühmt geworden ist.
- Bauen Sie in eine Rede von rund 20 Minuten Dauer insgesamt nicht mehr als zwei bis drei Zitate ein. Sonst kann der Eindruck entstehen, dass Ihre Rede keinen eigenen Gehalt besitzt. Zugleich mögen manche Zuhörer Ihnen gehäufte Zitate als Angeberei auslegen.

5) Frage(n) an die Zuhörer stellen

Je nach Anlass und Zuhörerkreis ist der Beginn mit einer oder gar mehreren Fragen an das Publikum ein wirksamer Einstieg in Ihre Rede. Hierfür bieten sich Ihnen unterschiedliche Frage-Varianten:

Die rhetorische Frage

Die bekannteste Alternative, eine Rede mit einer Frage zu beginnen, ist die rhetorische Frage. Nicht alles, was als rhetorische Frage bezeichnet wird, ist auch eine solche. Eine rhetorische Frage ist eine Frage an die Zuhörer, auf die der Redner keine Antwort erwartet. In der Regel erübrigt sich eine solche auch, da die Antwort offensichtlich ist.

Für die Praxis bedeutet dies: Sie legen als Redner nach einer solchen Frage eine kurze Pause ein, die nicht zu lang sein darf. Denn ansonsten kann es Ihnen passieren, dass Sie doch eine Antwort erhalten, im schlimmsten Fall eine, die Ihnen Ihr Konzept durcheinander bringt oder bereits zu Beginn Ihrer Rede eine ungewünschte Diskussion auslöst.

Wenn Sie diese mögliche Gefahrenquelle im Griff haben, dann gewinnen Sie durch eine rhetorische Frage, die mit Ihrem Redethema korrespondiert, eine spürbare Aufmerksamkeit Ihrer Zuhörer. Allerdings zeigt die Erfahrung, dass eine rhetorische Frage mitten in einer Rede noch wirksamer ist als zu Beginn. Einen Nachteil besitzt die rhetorische Frage: Sie schafft in der Mehrzahl der Fälle keine unmittelbare Betroffenheit bei den Zuhörern.

Die Betroffenheitsfrage

Deutlich mehr Aufmerksamkeit als mit der klassischen rhetorischen Frage gewinnen Sie zu Beginn Ihrer Rede mit der Betroffenheitsfrage, auf die Sie ebenfalls keine Antwort vom Publikum erwarten. Falls ausnahmsweise jemand während oder nach einer sehr kurzen Pause von Ihnen doch eine Antwort gibt, dann fällt diese in der Regel in Ihrem Sinne aus – wenn Sie die Betroffenheitsfrage entsprechend gestellt haben.

Mit der klassischen rhetorischen Frage erzielen Sie bei Ihren Zuhörern keine unmittelbare Betroffenheit und stellen damit keine erhöhte Bindung zwischen Ihnen und Ihrem Publikum her. Wenn Sie fragen »Was ist das Ziel unseres Unternehmens?« oder »Was wollen wir am Ende dieser Konferenz erreicht haben?«, dann wirken diese Fragen auf die Zuhörer nicht direkt, weil sie sich davon nicht unmittelbar betroffen fühlen. Vielmehr geht es um eine Institution (= das gesamte Unternehmen) oder um eine Veranstaltung (= die Konferenz).

Das Merkmal der Betroffenheitsfrage dagegen ist, dass Sie mit Ihrem Sprachcode ein unmittelbares Problem oder Bedürfnis Ihrer Zuhörer ansprechen. Entscheidend dabei ist, dass Sie Betroffenheitsfragen so formulieren, dass nur eine Antwort in Ihrem Sinne möglich ist. Damit erreichen Sie bereits zu Beginn Ihrer Rede, dass die Zuhörer Ihnen unbewusst zustimmen – insbesondere dann, wenn Sie zwei oder drei Betroffenheitsfragen hintereinander stellen und »richtig« formulieren. Selbstverständlich muss auch hier ein Zusammenhang zu Ihrem Redethema bestehen.

Sprechen Sie beispielsweise als Personalrat auf einer Personalversammlung und es geht um das Thema »Bonuskürzung«, so schaffen Sie Betroffenheit, wenn Sie beginnen mit einer Frage wie:

»Wollen Sie trotz anhaltend guter Leistungen weniger Gehalt?«

In diesem Fall verknüpfen Sie Leistung und Gehalt.
Sind Sie Personalchef und sprechen auf derselben Versammlung, so erzielen Sie Betroffenheit mit der Frage:

»Wollen Sie Ihren Arbeitsplatz verlieren?«

So verknüpfen Sie die Arbeitsplatzsicherheit mit den Personalkosten und damit den Boni.
Sprechen Sie als Verkäufer auf einer Verkaufsveranstaltung für Rücken schonende Stühle, so machen Sie Ihre Zuhörer betroffen mit der Frage:

»Wollen Sie in 10 Jahren wegen kaputter Bandscheiben arbeitsunfähig werden?«

Die Aktivierungsfrage (= »Wer-von-Ihnen«-Frage)

Die für Sie als Redner gefährlichste Art der Fragen zu Beginn einer Rede ist die Aktivierungsfrage. Während Sie sowohl bei der klassischen rhetorischen Frage als auch bei der Betroffenheitsfrage keine Reaktion des Publikums erwarten, muss das Publikum bei der Aktivierungsfrage reagieren. Tut es das nicht, lief nicht nur die Frage ins Leere, sondern auch Ihr Redeeinstieg. Dann hätten Sie bereits nach wenigen Sekunden enorm an Überzeugungskraft verloren.

Eine Aktivierungsfrage leiten Sie mit »Wer von Ihnen« ein und schließen Sie mit einem Appell (»Bitte Hand hoch!«) ab. Mit einer entsprechend dominanten Körpersprache blicken Sie nun zu den Zuhörern und erwarten deren Handzeichen.

Damit Aktivierungsfragen grundsätzlich die Chance auf die gewünschte Wirkung bieten, ist es wichtig, dass Sie auf jeden Fall mit der offenen Frage »Wer von Ihnen …« starten. Würden Sie dagegen geschlossen fragen: »Hat jemand von Ihnen …?«, dann ist das Risiko sehr groß, dass Sie nicht das gewünschte Ergebnis erreichen. Zudem fragen Sie stets so eindeutig, dass jeder Zuhörer Ihre Frage verstehen und beantworten kann.

Außer, dass Sie eine Aktivierungsfrage unklar formulieren, besteht das Risiko dieses Redeeinstiegs darin, dass die Zuhörer – aus welchen Gründen auch immer – keine Lust haben, gerade jetzt mit Ihnen ein Handzeichen-Spiel zu spielen. Oftmals hängt dies von der Tageszeit, der bisherigen Dauer der Veranstaltung oder der Grundmotivation der Zuhörer ab. Oder es traut sich schlichtweg niemand.

6) An ein historisches Ereignis anknüpfen

Eine der üblichen Formen dieses Redeeinstiegs ist, dass der Redner ein gewichtiges Ereignis aus der Vergangenheit, das am gleichen Datum wie die Rede stattgefunden hat, darstellt. Eine zweite Möglichkeit ist, die historische Entwicklung des Redethemas aufzuzeigen.

Im ersten Fall ist besondere Sorgfalt gefragt. Denn es wäre sehr peinlich, wenn Sie als Redner mit dem Redetag ein falsches historisches Datum verbinden. Wenn die Rede am 12. Oktober stattfindet und Sie erwähnen ein historisches Ereignis, welches Sie ebenfalls auf den 12. Oktober datieren, dieses jedoch am 14. Oktober stattfand, so wirken Sie damit sofort unsicher und inkompetent, vorausgesetzt, Ihre Zuhörer erkennen den Fehler.

Im zweiten Fall kommt es weniger darauf an, die Historie lückenlos darzustellen, sondern die wesentlichen Meilensteine zu erwähnen.

Bitte beachten Sie dabei generell, dass ein in der Vergangenheit gepriesenes Ereignis heutzutage durchaus in einem gegenteiligen Licht gesehen werden kann. Dies gilt ebenso für historische Personen.

7) Gemeinsamkeiten mit den Zuhörern herausstellen

Gemeinsamkeiten mit den Zuhörern herausstellen bewirkt, dass Sie mit Ihren Zuhörern auf einer übereinstimmenden Wellenlänge kommunizieren und ein Wir-Gefühl entstehen lassen – jedenfalls, solange Ihnen kein Anbiedern unterstellt wird.

Gemeinsamkeiten mit Zuhörern finden Sie meistens viele: regionale, branchenbezogene, altersbezogene, situationsbezogene …

Bereits zu Rhetorik-Urzeiten war diese Methode der »Umarmung« bekannt (captatio benevolentiae = Erheischen des Wohlwollens).

Achten Sie bei dieser Einstiegsalternative jedoch besonders darauf, welche Erwartungen Ihre Zuhörer haben und wie Ihr Publikum zusammengesetzt ist. Denn nicht immer lassen betonte Gemeinsamkeiten Freude entstehen.

8) Humorvoll beginnen

Humor öffnet die Sinne und die Herzen, das ist oft zu hören und zu lesen. Auch zu Beginn einer Rede stimmt dies meistens. Humor bricht Eis, sollte solches bei den Zuhörern vorhanden sein. Allerdings gilt es, dem Anlass, den Zuhörern und dem Thema entsprechend humorvoll zu beginnen. Witze zu Lasten der Zuhörer sind tabu. Manche Anlässe verbieten sogar einen humorvollen Einstieg – zum Beispiel eine Trauerrede. Besonders erfolgreich wirkt Humor, wenn er mit einer dosierten Prise Selbstironie gewürzt wird.

9) Die Botschaft Ihrer Rede prägnant präsentieren

Haben Sie nur wenig Redezeit – zu wenig, um eine der zuvor und nachfolgend erwähnten überzeugenden Einstiegsalternativen zu wählen –, so verzagen Sie nicht. Ebenfalls überzeugend kann wirken, wenn Sie zu Beginn Ihrer Rede bereits Ihre Botschaft prägnant formulieren und präsentieren. Beispiele hierfür bietet gute Werbung, bei der die Werte eines Produkts oder einer Dienstleistung kurz und prägnant als Kernbotschaft vermittelt werden.

10) »Anonym« über Ihr Thema starten

Diese Art, Ihre Rede zu beginnen, erzeugt bei Ihren Zuhörern in der Regel einen großen Spannungsbogen. Dadurch, dass Sie zunächst offen lassen, worüber Sie sprechen, und das Thema gleichsam bildhaft umschreibend präsentieren, fesseln Sie Ihre Zuhörer.

Selbstverständlich eignet sich dieser Einstieg nur dann, wenn Ihr Thema nicht bereits auf einer Einladung bekannt gemacht wurde.

Handelt Ihre Rede von der Restrukturierung Ihres Unternehmens, so sprechen Sie beispielsweise zunächst allgemein von vergangenen erfolgreichen Zeiten, vom Wandel der Zeiten, von der zunehmenden internationalen Vernetzung und Konkurrenz, von den Chancen der Zukunft und leiten dann auf Ihr Unternehmen und seine Situation über.

Je bildhafter Ihre Sprache dabei ist, desto mehr Spannung werden Sie erzeugen.

Diese Methode ist verwandt mit der nachfolgend beschriebenen Roman-Methode. Ein Unterschied liegt jedoch darin, dass Sie bei der Roman-Methode den Zuhörer bereits mitten in Ihr Thema versetzen und mit ihm darin gleichsam »spazieren gehen«. Die Methode, »anonym« über Ihr Thema zu starten, kann den Zuhörer dagegen von »weiter entfernt« an Ihr Thema heranführen.

11) Beginnen wie im Roman

Ihr Ziel, die Aufmerksamkeit und das Interesse Ihrer Zuhörer bereits mit den ersten Worten Ihrer Rede zu erzielen, lässt sich besonders gut mit der Roman-Methode erreichen – wenn auch nicht bei allen Themen.

Die Roman-Methode gelingt mit einer reinen bildhaften Sprache am besten. Fesseln Sie die Zuhörer, indem Sie sie mit Worten mitten in Ihr Thema »zaubern«. Selbst für auf den ersten Blick nüchterne Themen können Sie diese Methode oftmals anwenden. Und sie lässt sich auch anwenden, wenn das Thema Ihrer Rede bereits bekannt ist.

Sie halten vor Ihren Mitarbeitern in Deutschland eine Rede über die Geschäftsausweitung Ihres Unternehmens nach Asien. Mit der Roman-Methode lässt sich die Rede zum Beispiel so beginnen:

»Shanghai, 2011. Fröhliche Gesichter, zufriedene Menschen, begeisterte Kunden. Das Buffet ist nahezu geleert. Es wird gerade Kaffee angeboten. Gute Gespräche entwickeln sich. Vertrauen entsteht. Ein Gefühl des Miteinanders ist spürbar. Ein Mann geht auf die Bühne, nimmt das Mikrofon, beginnt eine Rede und lobt unser Unternehmen in den höchsten Tönen. So, meine Damen und Herren, wurde unsere Entscheidung, nach China zu expandieren, …«

Entscheidend bei dieser Methode ist, dass Sie unvermittelt mit dem »Roman-Einstieg« beginnen, ohne ein weiteres Wort zuvor. Genauso wichtig ist, aus diesem Einstieg heraus ohne rhetorischen Bruch in Ihr Thema überzugehen. Jedenfalls darf nicht der Eindruck entstehen, Sie haben einen »Fremdkörper« vorne an Ihre Rede angeklebt.

12) Ihr Thema anschaulich demonstrieren

Wenn Ihre Rede einen greifbaren Gegenstand zum Thema hat, dann lassen Sie sich die Chance nicht entgehen, durch die anschauliche Demonstration des Gegenstandes vor Ihren Zuhörern deren volle Aufmerksamkeit zu gewinnen. Sprechen Sie über große Gegenstände wie Maschinen oder Automobile, so setzen Sie verkleinerte Modelle ein.

Aus dem Verkauf kennen wir das Beispiel, dass ein Staubsaugerverkäufer den Staubsauger direkt vor dem potenziellen Kunden vorführt. Wovon überzeugen Sie sich mehr: ausschließlich Worte über die Qualitäten dieses Staubsaugers zu hören oder zu erleben, wie Dreck und Staub mit diesem Staubsauger vollkommen verschwinden?

Genau diesen Effekt machen Sie sich zu Nutze, indem Sie Ihr Redethema plastisch demonstrieren.

Besonders stark wirken Sie dabei, wenn Sie Ihre Zuhörer aktiv miteinbeziehen.

13) Ein Hilfsmittel einsetzen

Reden Sie über weniger greifbare Themen, so ist die unmittelbare Demonstration schwierig. Beispielsweise kann ein Bankberater seinen Kunden Geldanlageempfehlungen oder den Zinseszinseffekt nicht unmittelbar real vor Augen führen.

In solchen Fällen bieten sich Ihnen als Redeeinstieg Hilfsmittel an.

Stellen Sie sich bitte folgende Situation vor:

Sie werben während einer Betriebsversammlung mit Ihrer Rede für transparentere Vereinbarungen zwischen Vorstand und Betriebsrat. Vereinbarungen sind nicht greifbar und lassen sich demnach auch nicht direkt demonstrieren. Sie können jedoch einige zusammengeheftete DIN-A4-Blätter als Symbol für die bisherigen intransparenten Abkommen zu Beginn Ihrer Rede den Zuhörern zeigen, und diese – begleitet von passenden Worten und Gesten – vor dem Publikum zerreißen.

Als hilfreich und für die erwünschte Wirkung notwendig erweist sich: Zeigen Sie Ihren Zuhörern das Hilfsmittel erst dann, wenn es in Ihrer Rede von passenden Worten »ummantelt« wird. Wird der

Gegenstand zu früh sichtbar, ist der Überraschungseffekt verflogen, und die Aufmerksamkeit Ihrer Zuhörer gilt nicht mehr Ihnen, sondern nur noch dem unbekannten, fragwürdigen Gegenstand. Bevor Sie das Hilfsmittel dagegen zu spät präsentieren, lassen Sie es lieber völlig weg.

14) Ihr Thema mit einem bildhaften Vergleich oder einem Gleichnis verdeutlichen

Scheuen Sie sich, ein Hilfsmittel in Ihrer Rede einzusetzen, dann besitzen Sie eine weitere Möglichkeit, Ihr Thema bereits zu Beginn Ihrer Rede prägnant zu verdeutlichen – nämlich durch einen bildhaften Vergleich oder ein Gleichnis.

Die Macht von Gleichnissen ist groß. Ein Gleichnis wirkt direkt auf das Unterbewusstsein Ihrer Zuhörer – und genau dort muss Ihre Rede wirken, wenn sich Menschen davon überzeugen sollen.

Gleichnisse finden sich in der Historie fortwährend. Schon die Bibel und weitere historische religiöse Schriften sind voller Gleichnisse. Auch Goethe wusste um den Wert von Gleichnissen, wenn er schreibt:»Gleichnisse dürft ihr mir nicht verwehren, ich wüsste mich sonst nicht zu erklären.«

Der Einsatz von Gleichnissen erfordert allerdings ein hohes Verantwortungsbewusstsein. Weshalb? Gleichnisse sind wunderbare rhetorische Mittel, um (komplizierte) Themen anschaulich zu verdeutlichen. Gleichnisse können jedoch genauso dafür eingesetzt werden, um Menschen gezielt negativ zu beeinflussen. Sie als Redner entscheiden bei Gleichnissen, was Sie mit Ihrem Sprachcode erreichen wollen.

Achten Sie zudem beim Einsatz von Gleichnissen darauf, dass Sie mit dem Gleichnis den Kern Ihres Themas oder Anliegens treffen. Nur dann erzielen Sie bei Ihren Zuhörern die gewünschte mächtige Wirkung.

15) Die Kontra-Technik nutzen

Sie sind mit einem bestimmten Thema als Redner angekündigt. Handelt es sich um eine Überzeugungsrede, so werden die Zuhörer von Ihnen solche Formulierungen erwarten, mit denen sie sich von Ihrem Thema und von Ihrer Meinung überzeugen sollen. So weit, so gut.

Beginnen Sie nun Ihre Rede im Rahmen dieser Erwartungshaltung Ihrer Zuhörer, dann werden Sie keine sonderliche Aufmerksamkeit und kein besonderes Interesse gewinnen.

Wollen Sie Ihr Publikum jedoch bereits zu Beginn der Rede aufrütteln, so bietet Ihnen die Kontra-Technik eine gute Möglichkeit dazu. Beginnen Sie Ihre Rede mit den Nachteilen, die Ihre Ansicht mit sich bringt. Beginnen Sie Ihre Rede, indem Sie zunächst die entgegengesetzte Position beschreiben. Wichtig ist für Sie beim Einsatz der Kontra-Technik, dass Ihnen der Sprung in Ihr »Pro-Thema« geschickt und überzeugend gelingt. Sonst würde dieser Einstieg wie ein misslungener Gag wirken.

So beenden Sie eine Rede wirkungsvoll – 7 weitere Punkte

»Der erste Eindruck ist entscheidend, und der letzte bleibt.« Dieser Satz gilt gerade auch bei einer Rede.

Je nach Art Ihrer Rede können Sie grundsätzlich manche der Alternativen zum Einstieg in eine Rede auch zum Beenden Ihrer Rede wählen. Doch verwenden Sie möglichst nicht die gleiche Alternative am Beginn und am Schluss in derselben Rede. Eine Rede mit einem Zitat zu beginnen und zu beenden oder eine Rede mit einem Hilfsmittel zu beginnen und zu beenden, wirkt weniger stark, als wenn Sie mit unterschiedlichen Türöffnern zu Beginn und am Ende Ihrer Rede arbeiten.

Gleichgültig welche Variante Sie für den Schluss Ihrer Rede wählen, verdeutlichen Sie auf jeden Fall Ihren Zuhörern, was der Sinn Ihrer Rede war. Eine Rede und deren Sinn werden durch einen starken Schluss bei den Zuhörern verankert. Ihre Kernbotschaft, Ihre Aufforderung zum Handeln oder Ihr Wunsch an die Zuhörer muss bei diesen nachhaltig wirken.

Die schwächste Art, eine Rede zu beenden, ist die leider häufig verbreitete Floskel »Ich danke Ihnen für Ihre Aufmerksamkeit.« Verzichten Sie auf diese oder ähnliche Sätze. Sie signalisieren, dass Ihnen nichts Besseres eingefallen ist. Und sie wirken nicht nachhaltig.

Wie erwähnt, können Sie für den Schluss Ihrer Rede auch ausgewählte Redebeginn-Alternativen verwenden. Besonders geeignet davon sind Zitate, an ein historisches Ereignis anzuknüpfen, Gemeinsamkeiten mit den Zuhörern herauszustellen, Komplimente an die Zuhörer zu verteilen, humorvoll zu schließen oder ein Gleichnis zu erzählen. Darüber hinaus bieten sich Ihnen die folgenden sieben Möglichkeiten an, Ihre Rede zu beenden:

1) Zusammenfassen, was Sie in der Rede gesagt haben
2) Kernbotschaften nochmals herausstellen
3) Zum Handeln auffordern
4) Einen Bogen zum Beginn Ihrer Rede spannen
5) Wünsche äußern
6) Empfehlungen aussprechen
7) Ausblick in die Zukunft

1) Zusammenfassen, was Sie in der Rede gesagt haben

Diese Art, eine Rede zu beschließen, bietet sich vor allem bei Informationsreden an. Und besonders dann, wenn Sie relativ lang geredet haben. Erwähnen Sie am Schluss nochmals kurz und prägnant die wesentlichen Punkte, die Sie zuvor ausführlicher thematisiert haben. Dies hilft Ihren Zuhörern, die Kernpunkte besser im Gedächtnis zu behalten.

Kritiker merken an, dass das Zusammenfassen am Schluss ein Zeichen dafür sei, dass der Redner selber daran zweifelt, während seiner Rede verständlich genug gesprochen zu haben. Diese Kritik mag in Einzelfällen angebracht sein. Die Gehirnforschung lehrt uns jedoch, dass wiederholt erwähnte Punkte beim Zuhörer besser haften bleiben. Und bei einer Informationsrede ist dies eines der Hauptziele der Rede.

2) Kernbotschaften nochmals herausstellen

Der Unterschied zum klassischen Zusammenfassen ist, dass Sie nun Ihre Kernbotschaften durchaus mit einer gewissen Dramatik am Schluss Ihrer Rede nochmals herausstellen.

Beispiele hierfür sind Reden des US-Präsidenten Barack Obama. Seine Reden sind meist auf einen Höhepunkt am Schluss ausgerichtet und enden auf diesem. Dabei stellt er dramaturgisch gut durchdacht die Kernbotschaften seiner Rede nochmals explizit heraus. Diese bleiben dadurch einerseits besser im Gedächtnis der Zuhörer haften. Andererseits lässt sich damit beim Publikum häufig ein Umdenken in die gewünschte Richtung bewirken.

3) Zum Handeln auffordern

Immer dann, wenn Sie von den Zuhörern nach Ihrer Rede eine Aktion erwarten, fordern Sie sie am Schluss Ihrer Rede nochmals deutlich dazu auf.

Besonders prägnant wirkt diese Alternative bei Wahlreden oder wenn Sie Kunden zum Kauf animieren wollen. Das Ziel des Redners bei einer Wahlrede ist, möglichst viele Stimmen der Zuhörer für sich zu gewinnen. Das Ziel des Verkäufers ist ein für Kunde und Verkäufer guter Geschäftsabschluss. Nun wäre es eine Möglichkeit, darauf zu vertrauen, dass alleine starke Inhalte und überzeugende Positionen dazu führen werden, dass die Zuhörer ihre Stimme »richtig« abgeben oder das Produkt kaufen. Doch Menschen sind in ihrem Verhalten oft träge. Sie brauchen somit einen Impuls, damit sie das »Richtige« tun. Und diesen Impuls geben Sie, indem Sie am Schluss Ihrer Rede zum Handeln auffordern.

4) Einen Bogen zum Beginn Ihrer Rede spannen

Halten Sie eine Rede, mit der Sie keine unmittelbare Aktion Ihrer Zuhörer verbinden, so ist eine elegante Art zum Schluss zu kommen, wenn Sie den Bogen zu Ihrem Redeeinstieg spannen.

Zugleich vermitteln Sie Ihren Zuhörern den Eindruck, dass Sie Ihre Rede wohldurchdacht haben. Denn Sie erinnern sich offensichtlich am Ende noch an Ihren Redeeinstieg – was nicht bei allen Rednern der Fall sein mag.

5) Wünsche äußern

Ist es das Ziel Ihrer Rede, den Zuhörern Ihren Standpunkt zu einem Thema zu vermitteln, ohne dass Sie sie zum anschließenden Handeln motivieren wollen oder müssen, so bietet sich als Schluss an, eigene Wünsche zu äußern.

Sie sprechen als Führungskraft oder als Betriebsrat vor einer Betriebsversammlung. Ein möglicher Schluss kann lauten:

»Ich wünsche mir, dass wir in Zukunft noch intensiver, offener und fairer miteinander umgehen.«

Sie sprechen vor potenziellen Kunden und haben für eines Ihrer Produkte geworben.

Dann können Sie beispielsweise schließen mit:

»Ich wünsche Ihnen viel Freude mit ... und bin sicher, dass Sie mit Ihrer Wahl sehr zufrieden sein werden.«

6) Empfehlungen aussprechen

Sie sind als Experte eingeladen und sollen zu »Ihrem« Thema eine Rede halten. Gerade in solchen Fällen bietet sich ein Schluss an, bei dem Sie den Zuhörern etwas empfehlen.

Sie sprechen als Wertpapierspezialist vor Kunden eines Kreditinstituts. Ihre Rede beenden Sie mit einer Empfehlung:

»Ich empfehle Ihnen, Ihr Geld ... anzulegen.«

7) Ausblick in die Zukunft

Fast jede Rede lässt sich mit einem Ausblick in die Zukunft beenden. Besonders angebracht ist dies, wenn Sie als Führungskraft oder als Politiker Hoffnung verbreiten wollen.

Oftmals fallen solche Ausblicke in der Praxis jedoch sehr schwach und schwammig aus. Ihre Zuhörer merken es, wenn Sie für einen Ausblick in die Zukunft lediglich leere Floskeln verwenden.

Für Ihre Praxis bedeutet dies: Wählen Sie diese Variante für den Schluss Ihrer Rede wirklich nur dann, wenn Sie inhaltlich glaubwürdige und nachvollziehbare Gründe für Ihren Zukunftsausblick anführen können. Denn Sie wollen ja einen überzeugenden letzten Eindruck hinterlassen.

So strahlen Sie vor und während einer Rede Sicherheit aus — 9 entscheidende Punkte

Unter Rednern gilt das dem ehemaligen Stuttgarter Oberbürgermeister Manfred Rommel zugeschriebene geflügelte Wort: »Die Rede hat immer einen Anfang und meistens einen Schluss. Was dazwischen liegt, ist nicht so wichtig.« Dieser Ausspruch korrespondiert mit der Regel »Der erste Eindruck ist entscheidend und der letzte bleibt«. Doch sich nur darauf zu verlassen, dass der Mittelteil einer Rede nicht wichtig wäre, ist gefährlich. Diese Gefahr steigt deutlich mit der Länge Ihrer Rede.

Sie haben Ihre Rede überzeugend und wirkungsvoll begonnen. Nun kommt es darauf an, dass Sie den guten ersten Eindruck, den die Zuhörer von Ihnen gewonnen haben, nicht wieder verspielen. Selbst wenn nicht jedes inhaltliche Wort bei den Zuhörern haften bleibt – insofern ist der Mittelteil nicht so wichtig –, der Gesamteindruck, den Sie bei Ihrer Rede – und damit auch im Mittelteil – hinterlassen, wird wahrgenommen und mit dem ersten Eindruck abgeglichen.

Die wichtigsten Türöffner, mit denen Sie während Ihrer Rede Sicherheit ausstrahlen, sind Ihr Körpercode und Ihr Sprachcode.

Mit Ihrem Körpercode strahlen Sie dann Sicherheit aus, wenn Sie die folgenden Punkte beachten:

1) Ich gehe sicher und aufrecht nach vorne zu meinem Redestandort.
2) Ich beginne erst zu reden, wenn ich an meinem Redestandort stehe und Blickkontakt mit den Zuhörern aufgenommen habe.
3) Ich spreche den Beginn und den Abschluss meiner Rede frei mit anhaltendem Blickkontakt zu meinen Zuhörern.
4) Ich stehe oder sitze aufrecht.
5) Ich zeige eine natürliche, positive Mimik.
6) Ich setze positive Gesten ein.
7) Auch während der Rede halte ich Blickkontakt mit meinen Zuhörern.
8) Ich setze meine Stimme gekonnt ein.
9) Falls es ein Rednerpult gibt: Ich halte mich nicht andauernd an ihm fest, besser noch, ich trete vor oder neben das Pult.

1) Ich gehe sicher und aufrecht nach vorne zu meinem Redestandort

Die Körpersprache, die Sie vor Ihrer Rede sprechen, trägt sehr stark dazu bei, wie die Zuhörer Ihre nun folgenden Worte aufnehmen werden.

Gehen Sie aufrecht und mit sicherem Schritt und eilen Sie nicht, dann wird Ihnen unbewusst das Etikett »kompetent« angeheftet. Schreiten Sie mit großen, ausladenden Schritten und aufrechter Haltung an Ihren Redestandort, dann werden Sie unbewusst als jemand wahrgenommen, der in weiten Bögen denkt und der Risiken auf sich nimmt, um in kurzer Zeit viel zu erreichen. Trippeln Sie dagegen mit kleinen Schritten, so werden Sie als jemand eingeschätzt, der auf Details Wert legt, der Sicherheit sucht, der alles sorgfältig überprüft und der keine Risiken eingehen will. Setzen Sie Ihre Fersen deutlicher als Ihre Ballen auf den Boden, so wollen Sie anerkannt wissen, was Sie bislang geleistet haben.

2) Ich beginne erst zu reden, wenn ich an meinem Redestandort stehe und Blickkontakt mit den Zuhörern aufgenommen habe
Ein oft zu beachtendes Signal der Unsicherheit strahlen diejenigen Redner aus, die bereits zu reden beginnen, während sie noch zu Ihrem Redestandort gehen. Sie haben weder Blickkontakt zum Publikum noch haben sie sich »geerdet«.

Gerade der Blickkontakt vor Ihren ersten Worten signalisiert, dass Sie sich sicher fühlen. Zugleich strahlen Sie damit auch Kompetenz aus. Sie senden Ihrem Publikum das Signal, dass Sie von sich und Ihrer Rede überzeugt sind.

3) Ich spreche den Beginn und den Abschluss meiner Rede frei mit anhaltendem Blickkontakt zu meinen Zuhörern
Wie unsicher, ja manchmal peinlich wirkt es, wenn ein Redner den Beginn seiner Rede oder den Schluss seiner Rede ablesen muss.

Niemand wird erwarten, dass Sie während der gesamten Rede nur Blickkontakt mit Ihren Zuhörern haben. Ein Blick auf Ihre Stichwortzettel ist notwendig und bewirkt zugleich den Eindruck, dass Sie eine Rede speziell für diesen Zuhörerkreis vorbereitet haben.

Allerdings gehört Ihr Blick zu Beginn und zum Abschluss Ihrer Rede ausschließlich dem Publikum und nicht den Stichwortzetteln. Sie können nicht überzeugend wirken, wenn Sie beispielsweise Ihre Kernbotschaft am Schluss der Rede ablesen. Dies legt den Eindruck nahe, dass Sie diese selbst nicht verinnerlicht haben. Und wenn schon Sie nicht voll dahinter stehen, wie sollen es Ihre Zuhörer tun.

Für Ihre Praxis bedeutet dies: Wenn Ihnen an jedem einzelnen Wort Ihres Redeeinstiegs und Ihres Redeabschlusses viel liegt, dann lernen Sie Beginn und Ende auswendig. Allerdings tragen Sie diese bitte nicht wie »auswendig gelernt« vor.

4) Ich stehe oder sitze aufrecht

Sprechen Sie im Stehen, haben Sie zunächst stets den Vorteil der besseren Atmung und damit des besseren Stimmklangs. Stehen Sie zudem aufrecht, dann signalisieren Sie Ihren Zuhörern, dass Sie sicher sind, dass Sie von Ihrem Thema überzeugt sind und dass Sie kompetent sind.

Auch im Sitzen können Sie diese Signale senden, indem Sie aufrecht sitzen und Ihre Hände stets auf dem Tisch sichtbar halten.

Versuchen Sie in beiden Situationen, sich natürlich aufrecht zu halten. Halten Sie sich steif aufrecht, dann wirken Sie unnatürlich, was zu Vertrauensverlusten führt. Zeigen Sie sich zu lässig, dann wirken Sie fast immer arrogant.

5) Ich zeige eine natürliche, positive Mimik

»Lachen steckt an.« Sicher haben Sie diesen Spruch schon gehört und erlebt, dass er zutrifft.

Lächeln Sie öfters, wenn Sie eine Rede halten, solange Ihr Thema dem nicht völlig entgegensteht. Ihr Lächeln strahlt auf das Publikum positiv aus. Allerdings denken Sie bitte stets daran, dass wahres, von innen kommendes Lächeln stets bei den Augen beginnt und sich erst dann am Mund zeigt. Lächelt der Mund alleine, so versteckt sich dahinter ein unehrliches, ein nicht ernst gemeintes Lächeln.

6) Ich setze positive Gesten ein

Im Abschnitt über den Business-Körpercode finden Sie, wann Gesten positiv, wann sie negativ und wann sie dominant wirken.

Setzen Sie während Ihrer Rede wann immer möglich positive Gesten ein. Dies untermauert Ihre Kompetenz und Ihre Sicherheit. Positive, offene Gesten während Ihrer Rede lassen bei Ihren Zuhörern Vertrauen Ihnen gegenüber entstehen.

In diesem Zusammenhang taucht häufig die Frage auf: »Was mache ich mit meinen Händen zu Beginn der Rede?« Meine Antwort lautet: Lassen Sie Ihre Arme ganz am Anfang seitlich locker hängen oder halten Sie sie bereits in der positiven Körperzone. Letzteres fällt Ihnen dann besonders leicht, wenn Sie mit Stichwortzetteln arbeiten. Vermeiden Sie jedoch, sich an diesen krampfhaft »festzuhalten«.

7) Auch während der Rede halte ich Blickkontakt mit meinen Zuhörern

Blickkontakt während der Rede mit Ihren Zuhörern zu halten bedeutet nicht, dass Sie einzelne Personen längere Zeit anstarren. Lassen Sie Ihren Blick entspannt durch Ihr Publikum gleiten. Je nach Größe des Raumes variieren Sie über die Ecken zur Mitte, von links nach rechts, von vorne nach hinten. So gewinnen nahezu alle Zuhörer den Eindruck, von Ihnen direkt angesprochen zu werden.

8) Ich setze meine Stimme gekonnt ein

Aus Ihrer Stimme entspringt derjenige Türöffner, der die Emotionen Ihrer Zuhörer am meisten anspricht. Ihre Stimme ist gleichsam Ihre emotionale Visitenkarte.

Überzeugend wirken Sie, wenn Sie langsam sprechen und deutlich artikulieren, wenn Sie kleine Pausen in Ihren Sprechfluss einbauen, wenn Ihre Stimme nicht zu hoch klingt, wenn Sie angemessen laut sprechen und wenn Sie Ihre Stimme modulieren. Andernfalls wirken Sie nervös, unsicher bis hin zu unglaubwürdig.

Oft wird die Frage gestellt: »Wie stark darf ich mit Dialekt sprechen?« Grundsätzlich gilt, dass Sie dann überzeugend wirken, wenn Sie sich nicht verbiegen. Bezogen auf den Dialekt bedeutet dies für Sie: Versuchen Sie nicht krampfhaft, ein gekünsteltes Hochdeutsch zu sprechen. Entweder es gelingt Ihnen, ungekünstelt dialektfrei zu sprechen, oder Sie lassen Ihren Dialekt durchklingen. Eine leichte Färbung Ihrer Sprache durch einen Dialekt wirkt persönlich, oft sogar sympathisch – wobei Letzteres jedoch von der Art des Dialekts abhängt. Untersuchungen zeigen, dass nicht jeder deutsche Dialekt gleich sympathisch empfunden wird. Auf jeden Fall ist es wichtig, dass Sie verständlich sprechen und nicht tief im Dialekt versinken.

Nicht jeder von uns hat eine angeborene Rednerstimme. Wer sie nicht hat, der kann seine Stimme jedoch so trainieren, dass er mit ihr positiv wirkt. Nehmen Sie Ihre Stimme auf Band oder Chip auf und hören Sie sie sich selbst an. In der Regel werden Sie vom Klang Ihrer eigenen Stimme zunächst überrascht oder gar erschrocken sein. Achten Sie auf Tempo, Modulation, Höhe und Lautstärke. Lassen Sie Ihre Stimme gegebenenfalls professionell schulen, es lohnt sich für Sie. Hilfreich sind stets auch Schulungen, bei denen eine Videokamera eingesetzt wird, denn auch hier hören Sie Ihre Stimme so, wie sie von anderen gehört wird.

9) Falls es ein Rednerpult gibt: Ich halte mich nicht andauernd an ihm fest, besser noch, ich trete vor oder neben das Pult
Wer kennt sie nicht, die Redner aus dem Deutschen Bundestag, die sich breitschulterig mit beiden Händen am Rednerpult festhalten. Wichtig, mächtig und offen wollen sie damit wirken. In Wirklichkeit ist es ein Zeichen von Unsicherheit. Offensichtlich haben sie es nötig, Halt zu suchen, sich festzuhalten. Mit diesen Vorbildern vor Augen glauben viele Redner, wenn sie das Rednerpult fest mit beiden Händen greifen, hätten sie alles im Griff. Das Gegenteil ist der Fall.

Am besten umgehen Sie das »Festhalte-Signal«, wenn Sie ohne Rednerpult sprechen. Falls Ihnen sowieso kein Pult zur Verfügung steht, dann leben Sie in der idealen Rednerwelt. Steht ein Pult bereit und der Anlass erlaubt es, so treten Sie vor oder neben dieses Pult. Im Zeitalter von Headsets und Handmikrofonen ergibt sich daraus in der Regel kein technisches Problem mehr. Im Zweifel entscheiden Sie sich bitte stets für ein gutes Headset-Mikrofon.

So begeistern und gewinnen Sie Ihre Zuhörer – 15 Möglichkeiten

Sicherheit strahlen Sie in erster Linie durch einen überzeugenden Einsatz Ihres Körpercodes aus, wie bereits erwähnt. An zweiter Stelle kommt es auf Ihren Sprachcode an, wenn es darum geht, dass Sie sicher wirken.

Mit Ihrem Sprachcode begeistern und gewinnen Sie Ihre Zuhörer auch im Mittelteil Ihrer Rede dann, wenn Sie virtuos auf der Klaviatur der Sprachcode-Bausteine spielen.

Nutzen Sie dazu die Erkenntnisse der Gehirnforschung. Denn es hilft zu wissen, wie Menschen auf welche Worte (unbewusst) reagieren.

Führen Sie sich für Ihre Reden stets vor Augen: »Eine Schreibe ist keine Rede, und eine Rede ist keine Schreibe.« Wenn Sie einen geschriebenen Text vorlesen, dann können Sie durch Betonen bestimmter Worte und durch Stimmmodulation einiges bewirken. Doch häufig bleibt der Text immer noch holprig oder gar mit Nebensätzen verschachtelt. Dies besonders dann, wenn es sich um Fachtexte oder Texte von Experten über deren Spezialthema handelt. Ein gutes Kinderbuch dagegen kommt der »Rede« oftmals schon sehr nahe.

Es hilft Ihnen, rechtzeitig vor Ihrem Auftritt Ihre Rede in einer »Generalprobe« auszuprobieren. Sprechen Sie probeweise vor Bekannten oder nehmen Sie sich auf Band oder Chip auf. Sie erhalten beim Abspielen ein Gefühl dafür, ob Ihre Worte fließen. Damit erkennen Sie sehr schnell Textstellen, die zwar geschrieben gut wirken, gesprochen aber nicht.

Im Folgenden finden Sie einige ausgewählte Sprachcode-Bausteine, die aus Ihren Texten eine solche »Rede« machen, die begeistert und überzeugt. Nutzen Sie je nach Anlass die eine oder andere Technik. Wichtig dabei ist, dass Sie die Bausteine wie selbstverständlich in Ihrer Rede vortragen, ohne dass es gekünstelt oder übertrieben wirkt.

1) Verben statt Substantive
2) Vorsicht vor Adjektiven
3) Die Anapher
4) Die Epipher
5) Die Anadiplose
6) Die rhetorische Frage und die Betroffenheitsfrage
7) Die Hypophora
8) Die Prokatalepsis
9) Die Juxtaposition
10) Kurze Sätze verwenden
11) In Bildern sprechen
12) Humorvoll sprechen
13) Die Herzen der Zuhörer ansprechen
14) Die Zuhörer einbinden
15) Konjunktive und »Unsicherheits-Wörter« vermeiden

1) Verben statt Substantive

Ein klassischer »Fehler«, der bei vielen Reden zu beobachten ist: Es werden zu viele Substantive gebraucht. Häufig wird zudem versucht, mit Substantiven Tätigkeiten auszudrücken – besonders bei Reden von Politikern können Sie dies hören. Oft steht dahinter der

Gedanke, dass eine Rede kompetent wirkt, wenn sie mit Substantiven, insbesondere mit Fachbegriffen und Fremdwörtern, gespickt ist. Mitnichten. Eine solche Rede wirkt statisch und unpersönlich. Emotionen wecken Sie bei Ihren Zuhörern damit nicht.

Viele Substantive können Sie durch entsprechende Verben ersetzen. Verben wirken lebendig, wecken Bilder in den Köpfen der Zuhörer und sprechen sie damit direkter an als Substantive. Wenn Sie zu jemandem sagen: »Bitte nehmen Sie Platz«, erzielen Sie weniger Wirkung im Unterbewusstsein Ihres Gegenübers als wenn Sie formulieren: »Bitte setzen Sie sich.« In offiziellen Texten können Sie lesen: »Das Gremium hat den Beschluss gefasst.« Oder: »Wir möchten unserem Bedauern Ausdruck verleihen.« Lebendiger, aktionsreicher klingt: »Das Gremium hat beschlossen.« Beziehungsweise: »Wir bedauern.«

Besondere Vorsicht lassen Sie zudem bei »-ung-Substantiven« walten. Sie sind sehr häufig ein Zeichen von unpersönlicher Bürokratie-Sprache.

Beispiele, wie schwach Substantive wirken, finden Sie im Abschnitt über den Business-Sprachcode.

2) Vorsicht vor Adjektiven

Adjektive, richtig benutzt, verleihen der Sprache etwas Bildhaftes. Adjektive können jedoch auch falsch benutzt werden, dann erzeugen sie unnötigen Wortmüll. Hierzu finden Sie ausführliche Hinweise im Abschnitt zum Business-Sprachcode.

Je mehr Worte Sie für Ihre Rede-Botschaft verwenden, desto schwieriger erreichen Sie Ihre Zuhörer und deren Unterbewusstsein.

»Der starke Baum«, »das erfolgreiche Unternehmen«, »die engagierten Mitarbeiter« – hier werden Adjektive sinnvoll und aussagekräftig verwendet. »Der morgige Tag«, »unsere finanziellen Mittel«, »unser monetärer Spielraum« – hier werden Adjektive sinnlos gebraucht. Es entstehen unnötig lange und nebulöse Aussagen, die beim Zuhörer erhöhten Zeitbedarf zum Verarbeiten erfordern. Was spricht dagegen, diese drei Aussagen wie folgt zu formulieren: »Morgen«, »unser Geld«, »unser Budget«? Kurz und prägnant erleichtern Sie so Ihren Zuhörern das Verstehen.

3) Die Anapher

Die Anapher ist ein starker Sprachcode, wenn Sie bei Ihren Zuhörern einen gewissen Punkt verankern wollen. Der Anfang eines Satzes ist identisch mit dem Anfang des vorhergehenden Satzes, und dies über mehrere Sätze hinweg. So wird der am Anfang stehende Punkt besonders herausgehoben und für die Zuhörer verstärkt.

»Unser Unternehmen ist wettbewerbsfähiger als zuvor. Unser Unternehmen ist schneller als zuvor. Unser Unternehmen ist erfolgreicher als jemals in seiner Geschichte.«
»Ich versichere Ihnen, Ihre Wünsche kraftvoll zu vertreten. Ich versichere Ihnen, Sie zu unterstützen. Ich versichere Ihnen, für Sie ein hilfreicher Botschafter Ihrer Interessen zu sein.«

Die Anapher wirkt, ebenso wie weitere Sprachcode-Bausteine, im geschriebenen Text weit weniger stark als beim gesprochenen Wort. Die Geschichte kennt viele Reden, die durch Anaphern berühmt geworden sind.

4) Die Epipher

Ähnlich wie die Anapher dient die Epipher dazu, Ihre wichtigen Redepunkte hervorzuheben und sie bei Ihren Zuhörern besonders zu verankern.

Wenn Sie eine Epipher anwenden, wiederholen Sie das letzte Wort oder die letzte Sinneinheit des einen Satzes auch am Ende des folgenden Satzes, und dies über mehrere Sätze hinweg.

»Wir reden von Mitarbeitern, meinen jedoch Menschen. Wir reden von Kostenfaktoren, meinen jedoch Menschen. Wir reden von Humankapital, meinen jedoch Menschen.«

In diesem Beispiel ist eine Epipher (»... meinen jedoch Menschen.«) verknüpft mit einer Anapher (»Wir reden von ...«). Durch die Kombination beider Sprachcode-Bausteine können Sie noch stärker auf Ihre Zuhörer wirken.

5) Die Anadiplose

Wenn Sie eine Anadiplose in Ihre Rede einbauen, so verwenden Sie das letzte Wort beziehungsweise die letzte Sinneinheit eines Satzes erneut zu Beginn des folgenden Satzes.

Der Vorteil der Anadiplose ist, dass Sie bei Ihren Zuhörern den Eindruck erwecken, jeden neuen Satz aus dem vorherigen abzuleiten und dadurch logisch durchdacht zu haben. Selbstverständlich muss dies inhaltlich auch stimmen.

»Wir wollen mehr Vertrauen. Vertrauen setzt voraus, dass abgesprochene Regeln eingehalten werden. Regeln können jedoch nur dann eingehalten werden, wenn sie bekannt und transparent sind. Deshalb werbe ich für mehr transparente Kommunikation.«

Der Einsatz dieses Sprachcode-Bausteines ist allerdings immer dann fragwürdig, wenn damit inhaltlicher Unsinn logisch anmutend »verkauft« werden soll.

6) Die rhetorische Frage und die Betroffenheitsfrage

Die rhetorische Frage und die Betroffenheitsfrage sind nicht nur beliebte Sprachcode-Bausteine für den Einstieg in eine Rede. Sie können sie beide auch im Verlauf Ihrer Rede einsetzen. Das Merkmal der »echten« rhetorischen Frage ist, dass Sie als Redner keine Antwort darauf erwarten – und selber auch keine Antwort dazu liefern, denn die Antwort versteht sich von selbst. Rhetorische Fragen sind indirekte Behauptungen. Dasselbe gilt für Betroffenheitsfragen, nur dass diese Ihre Zuhörer besonders stark berühren.

Beide Fragearten dienen Ihnen gut dazu, Ihre eigene Meinung den Zuhörern indirekt zu präsentieren – mit dem erwünschten Nebeneffekt, dass die Zuhörer sich die Frage selbst in Ihrem Sinne beantworten. Und was gibt es Besseres, als wenn jemand selbst zu einer Erkenntnis kommt. Lassen Sie nach jeder Frage Ihren Zuhörern Zeit, sich selbst die Antwort zu geben.

Stellen Sie sich bitte folgende Situation vor:

Sie halten als Politiker eine Rede, mit der Sie dafür werben, eine Umgehungsstraße zu beschließen.

»Wollen wir denn weiterhin unnötige Abgase in unserer Gemeinde haben? Wollen wir denn weiterhin nur unter großen Gefahren die Straße überqueren können? Soll der einheimische Autoverkehr durch den Durchgangsverkehr weiterhin ausgebremst werden? Macht es Ihnen Freude, wenn Sie für eine Fahrt zum

Arzt am anderen Ende der Gemeinde jedes Mal im Stau stehen? Wollen wir nicht endlich mehr Lebensqualität in unserem Ort verwirklichen? Soll denn nicht endlich abends wieder Ruhe für die Anwohner unserer Hauptstraße einkehren?«

Anstatt sämtliche Vor- und Nachteile für Ihr Thema einzeln aufzuzählen und zu werten, wirken Sie viel eleganter und wirkungsvoller, wenn Sie mit rhetorischen Fragen und Betroffenheitsfragen arbeiten, gegebenenfalls gemischt mit einer Anapher.

7) Die Hypophora

Im Gegensatz zur echten rhetorischen Frage geben Sie bei einer »nichtrhetorischen Frage« – einer Hypophora – eine Antwort. Abgesehen von der Technik unterscheiden sich beide Sprachcode-Bausteine auch darin, wie sie auf Ihr Publikum wirken.

Mit der Hypophora können Sie gleichsam ein Zwiegespräch mit Ihren Zuhörern nachahmen. Sie können Fragen aus dem Publikum vorweg aufnehmen und bereits während Ihrer Rede selbst beantworten. Damit vertiefen Sie das Vertrauen der Zuhörer in Ihre Worte und in Sie selbst. Denn Sie beweisen, dass Sie die Fragen, Ängste und Gedanken Ihrer Zuhörer zum Thema kennen und darauf eingehen.

8) Die Prokatalepsis

Eine gewisse Ähnlichkeit mit der Hypophora hat die Prokatalepsis. Bei diesem Sprachcode nehmen Sie mögliche oder bekannte Einwände Ihrer Zuhörer zu Ihrem Thema bereits während Ihrer Rede vorweg. Zugleich widerlegen Sie diese Einwände durch eine passende Argumentation.

Sie wirken damit auf Ihr Publikum sehr glaubwürdig. Denn Sie haben sich auch Gedanken über Ihre eigenen Ansichten hinaus gemacht. Sie haben an die möglichen Bedenken der Zuhörer gedacht, diese aufgenommen und setzen sich mit ihnen auseinander.

Mehr noch: Auch aus taktischen Gründen macht es Sinn, mögliche Einwände im Vorfeld »aufzuspüren«, sich mit ihnen auseinanderzusetzen und sie möglichst zu entkräften – insbesondere dann, wenn Sie eine Überzeugungsrede halten. Insofern hilft Ihnen die Prokatalepsis als Sprachcode, Ihren eigenen Standpunkt kräftiger und überzeugender mit Ihrer Rede zu vertreten.

9) Die Juxtaposition

Die Juxtaposition ist ein Sprachcode-Baustein, mit dem Sie unvereinbare Positionen sprachlich nebeneinanderstellen können, mit dem Sie vergleichen und kontrastieren können. Sie hilft Ihnen als Redner zugleich, Klarheit in Ihre Gedanken und Worte zu bringen und somit die Zuhörer deutlich anzusprechen.

Je nach Länge Ihrer Ausführungen können Sie mit der Juxtaposition Ihrem Publikum sehr eindrucksvoll verdeutlichen, weshalb Ihre Ansicht die richtige und andere Ansichten falsch sind. Beginnen Sie beispielsweise mit einer Ansicht, die Ihrer Meinung entgegensteht, führen Sie diese näher aus und widerlegen Sie sie. Dann erläutern Sie in Ihrer Rede Ihre Position und begründen, weshalb diese richtig ist – auch mit der bereits widerlegten Gegenposition.

Sie sprechen beispielsweise auf einer Betriebsversammlung und plädieren dafür, Arbeitszeiten nicht mehr zu erfassen.

Als Arbeitgebervertreter nutzen Sie beispielsweise die Juxtaposition wie folgt:

»Wir wollen Sie, unsere Mitarbeiter, nicht mehr weiter durch Arbeitszeitkontrollen überwachen, sondern auf Ihren Arbeitseifer vertrauen. Weg mit altertümlichen Überwachungssystemen, her mit vertrauensvollen Organisationsformen. Sie sollen nicht weiter am Gängelband der Zeiterfassung hängen, sondern Ihre Arbeit endlich mit eigener Zeitkompetenz ausführen können.«

Sprechen Sie dagegen für die Arbeitnehmerseite, so bietet Ihnen auch in dieser Funktion die Juxtaposition wertvolle Hilfe:

»Wir wollen, dass Sie, die Mitarbeiter dieses Unternehmens, nachvollziehbare Arbeitszeiten erbringen, und nicht dem Gutdünken Ihrer Vorgesetzten ausgesetzt sind. Sie sollen auch weiterhin für Mehrarbeit entlohnt werden, und nicht mit einem Grundgehalt unkontrollierte Überstunden leisten. Wir wollen für Sie Fairness und Transparenz und nicht Willkür und Intransparenz.«

10) Kurze Sätze verwenden

Wenn Sie Ihre Zuhörer verwirren wollen, dann bilden Sie lange Sätze mit möglichst vielen Nebensätzen oder Schachtelsätzen oder sehr lange Hauptsätze, in die Sie alle möglichen Gedankengänge einbauen. Am besten so, dass Sie sich am Ende Ihrer Wortkonstruktion selbst nicht mehr an ihren Anfang erinnern. Sie denken, das gibt es nicht? Hören Sie sich beispielsweise Interviews oder Reden mancher Politiker an, und Sie finden genügend Beispiele hierfür.

Wohlwollend gedeutet lassen sich solche Beiträge mit »da waren viele Gedanken auf einmal im Kopf« interpretieren. Wer einen solchen Redner dagegen sehr kritisch beurteilt, wird zu dem Urteil gelangen: »unstrukturiert, wirr, chaotisch«.

Sprechen Sie in kurzen Sätzen, so wirkt Ihre Rede lebendig. Ihrem Publikum fällt es leicht, Ihnen zu folgen. Sie selbst wirken kompetent, weil Sie in der Lage sind, auch schwierige Gedanken kurz und prägnant zu erläutern. Damit wecken Sie Vertrauen bei Ihren Zuhörern. Selbstverständlich erfordern kurze Sätze von Ihnen als Redner mehr Konzentration beim Formulieren, als wenn Sie einfach mal drauflosreden und hoffentlich irgendwann ein passendes Satzende finden.

Gleichwohl »hämmern« Sie nicht nur kurze, stakkatohafte Sätze in die Ohren Ihrer Zuhörer. Dies würde auf Dauer eintönig und langweilig wirken. Bieten Sie Ihren Zuhörern einen Wechsel von kurzen und etwas längeren Sätzen, wobei die kurzen jedoch in der Überzahl sein sollen.

11) In Bildern sprechen

»In Bildern sprechen« ist einer der Sprachcode-Bausteine, der Ihre Rede besonders lebendig und anschaulich gestaltet. Aus Arabien stammt der Gedanke, dass Redner Ihre Zuhörer mit den Ohren sehend machen sollen.

Für Ihre Praxis beachten Sie bitte: Wann immer Sie ein Bild oder einen bildhaften Vergleich in Ihre Rede einbauen wollen, prüfen Sie, ob das Bild oder der Vergleich in sich stimmt, zu Ihrem Thema passt und das von Ihnen Gewünschte aussagt. Denn ein falsches Bild wird Ihnen statt Zustimmung eher Gelächter Ihres Publikums bescheren.

Passende Bilder erleichtern Ihren Zuhörern das Verständnis Ihrer Rede. Je passender ein Bild, umso genauer werden die Zuhörer verstehen, was Sie sagen wollen.

»In Bildern sprechen« bedeutet mehr als nur ein- oder zweimal einen bildhaften Vergleich in Ihre Rede einzubauen. »In Bildern sprechen« bedeutet auch, mehrere Passagen Ihrer Rede so zu formulieren, als würden Sie ein Drehbuch über Ihr Thema damit schreiben. Sie lassen Ihr Thema vor den Ohren und inneren Augen Ihrer Zuhörer gleichsam wie einen Film ablaufen. In solchen Redepassagen benutzen Sie keine Nebensätze, keine Vergangenheitsformen, keine langen Sätze und keine Füllwörter. Sie können sicher sein, dass Sie mit solchen »Filmpassagen« in Ihrer Rede Ihre Zuhörer absolut aufmerksam und gespannt erleben werden.

»In Bildern sprechen« meint zudem, dass Sie nüchterne Zahlen möglichst in Bilder »übersetzen«. Anstatt von »20 Prozent« zu sprechen, erleichtern Sie Ihren Zuhörern das Verstehen mit »20 von 100« oder »jeder Fünfte von Ihnen« – je nach Zusammenhang.

Sie finden weitere Gedanken zum Sprechen in Bildern im Business-Sprachcode-Abschnitt.

12) Humorvoll sprechen

Witz und Humor in einer Rede sind wie das Salz in der Suppe. Sie geben Ihrer Rede das gewisse Etwas, ohne das Ihre Worte fad wirken. Witz und Humor alleine können gute Argumente nicht ersetzen, doch sie helfen, diese besser in die Herzen Ihrer Zuhörer zu bringen.

Für Ihre Praxis beachten Sie dabei folgende Punkte:

Humor eignet sich für »defensive« Reden. Wollen Sie mit Ihrer Rede Ihre Position oder Ihr Amt untermauern oder verteidigen, dann bauen Sie humorvolle Passagen ein. Humor signalisiert Freundschaft. Humor zeigt Toleranz. Humor entspannt. Auch einen Witz, geschickt verbunden mit Ihrem sonstigen Redetext, können Sie in solchen Situationen einsetzen. Ein Witz baut bis zu seiner Pointe zunächst Spannung bei den Zuhörern auf, während Humor durchgehend entspannend wirkt.

Halten Sie eine »offensive« Rede, mit der Sie beispielsweise ein neues Amt anstreben, dann weichen Sie bitte auf Ironie und Satire aus. Diese wirken attackierend und angriffslustig.

Von Peter Sirius, dem deutschen Dichter und Aphoristiker, stammt der Satz: »Witz ist glitzender Schaum auf der Oberfläche. Humor ist die Perle aus der Tiefe.« Er beschreibt anschaulich, wie Witz und

Humor von Ihren Zuhörern in der Regel eingeordnet werden und auf sie wirken.

Wenn Sie Humor oder Witz in Ihre Rede einstreuen, dann erreichen Sie die höchste erwünschte Wirkung bei Ihren Zuhörern dann, wenn Sie selbst nicht lachen und Pointen exakt und sicher erzählen.

13) Die Herzen der Zuhörer ansprechen

Sie wissen, Menschen entscheiden im Unterbewusstsein. Und Sie wissen: In das Unterbewusstsein anderer Menschen gelangen Sie vor allem mit emotionaler Ansprache, kaum mit Fakten und Zahlen.

Am besten können Sie die Herzen Ihrer Zuhörer ansprechen, wenn Sie wissen, wer vor Ihnen sitzt oder steht und Ihnen zuhört. Diesen Punkt haben Sie geklärt, als Sie Ihre Rede vorbereitet haben. Wenn Sie wissen, wer Ihnen zuhört, dann fällt es Ihnen leichter, Stimmungen, Wünsche oder Befindlichkeiten Ihres Publikums zu erkennen.

In die Herzen Ihrer Zuhörer gelangen Ihre Worte wie folgt:

- Sprechen Sie höhere Werte an wie beispielsweise Treue, Moral, Ehre oder Fairness. Verbinden Sie diese mit Ihrem Redethema.
- Sprechen Sie über Emotionen, die Sie bei Ihrem Thema selbst verspüren.
- Sprechen Sie Emotionen an, die Ihr Publikum mit Ihrem Thema verbindet (Freude, Sorgen, Ängste).
- Übertreiben Sie Punkte Ihres Themas, so dass Ihre Zuhörer negative und positive Konsequenzen gut erkennen und auf sich selbst beziehen.
- Erzählen Sie von persönlichen Erfahrungen mit Ihrem Thema.
- Sprechen Sie humorvoll (vergleiche oben).
- Verzichten Sie darauf, die Einzelpunkte Ihrer Rede verbal zu nummerieren. Strukturieren Sie Ihre Rede durch geschickte Wortwahl, beispielsweise mit Hilfe einer Anaphora.
- Verwenden und verbinden Sie Ich-Botschaften mit Sie-Standpunkten. Sie verknüpfen damit Ihre Erfahrungen oder Wünsche unmittelbar mit denen Ihrer Zuhörer und wirken somit sehr persönlich.
- Wenn Sie sicher sind, dass Sie mit Ihren Zuhörern bereits auf der gleichen Wellenlänge kommunizieren, dann sprechen Sie vom »Wir«.

- Verdeutlichen Sie Ihren Zuhörern durch entsprechende Details, dass Sie deren Erfahrungen und Sichtweisen zu Ihrem Thema kennen und nachvollziehen.

14) Die Zuhörer einbinden

Ihre Zuhörer können Sie aktiv oder verbal einbinden. Beides führt dazu, dass Sie mehr Aufmerksamkeit und fast immer mehr Zustimmung gewinnen.

Aktiv binden Sie Ihre Zuhörer in Ihre Rede ein, wenn Ihr Publikum etwas tut. Sie können um Handzeichen bitten, Sie können Antworten auf Fragen erhalten durch Aufstehen lassen, um zwei Beispiele zu nennen. Wichtig dabei ist, dass Sie die Fragen ins Publikum so formulieren, dass Sie eine eindeutige Reaktion damit hervorrufen.

Verbal binden Sie Ihre Zuhörer mittels des Sie-Standpunkts und durch Betroffenheitsrhetorik ein – mit beiden wird Ihr Sprachcode äußerst wirksam.

Sie-Standpunkt

Einer der wichtigsten Sprachcode-Bausteine für Reden, wenn nicht sogar der wichtigste überhaupt, ist der Sie-Standpunkt. Eine Rede ohne Sie-Standpunkt bleibt eine Rede über ein Thema, wird jedoch keine Rede zu Menschen. Ihr mentaler Ausgangspunkt für den Sie-Standpunkt ist, sich in die Lage Ihrer Zuhörer zu versetzen. Vor und bei jeder Rede denken Sie bitte an die Worte des Ökonomen und Managementvordenkers Peter F. Drucker: »Marketing heißt, die Welt von der Seite des Kunden zu sehen.« In diesem Fall steht Marketing für Ihre Rede, mit der Sie ja für irgendetwas werben. Jeder Mensch ist letztlich nur an den Themen interessiert, die ihn selbst beschäftigen oder die ihm in irgendeiner Art helfen.

Damit Sie die »richtigen« Sie-Standpunkte in Ihrer Rede formulieren, fragen Sie sich deshalb stets: Welchen Nutzen bietet meine Rede den Zuhörern? Was können sie von mir lernen? Was interessiert sie am meisten?

Statt dass Sie sagen ...	... formulieren Sie besser
Ich kann mir vorstellen ...	Was halten Sie von ...?
Meiner Meinung nach ...	Geben Sie mir Recht ...?
Ich kann Ihnen hierzu Folgendes sagen ...	Sie können Folgendes für Ihre Praxis verwenden ...
Lassen Sie mich noch folgenden Gedankengang ...	Für Sie ist folgender Gedankengang von Interesse ...
Ich habe für Sie fünf wichtige Punkte ...	Sie erhalten heute Informationen zu fünf wichtigen Punkten.

Weit mehr als bei geschriebenen Texten wirken Sie-Standpunkte in Reden. Ihre Zuhörer fühlen sich in den Mittelpunkt Ihrer Rede gestellt. Sie zeigen Ihren Zuhörern durch solche Worte zugleich, wie wichtig die Rede für sie ist und wofür sie ihnen nutzt.

Weitere Gedanken zum Sie-Standpunkt finden Sie im Abschnitt über den Business-Sprachcode.

Betroffenheitsrhetorik

Halten Sie eine Überzeugungsrede? Halten Sie eine Motivationsrede? Halten Sie eine Wahlkampfrede?

Bei jeder Art von Rede, doch besonders bei den genannten drei Redetypen, kommt es darauf an, dass Sie Ihre Zuhörer über deren Unterbewusstsein ansprechen, damit sich diese selbst von Ihrem Thema und Ihrer Sichtweise überzeugen.

Viele Redner begehen den Fehler, Vorteile über Vorteile für die Zuhörer aufzuzählen in der Hoffnung, dies würde überzeugend wirken. Gerade die Erkenntnis der Gehirnforschung, dass im Unterbewusstsein entschieden wird, legt nahe, dass sich Menschen alleine durch rationale Argumente und Vorteilslisten noch nicht überzeugen. Entscheidend hierfür ist, wie Sie es als Redner schaffen, Betroffenheit bei Ihren Zuhörern auszulösen und deren Motive gezielt anzusprechen.

Ihr Publikum muss sich die Konsequenzen aus Ihrer Rede plastisch vorstellen können und sich mitten im Geschehen fühlen. Sie erreichen dies, wenn Sie mit dem Satz »Stellen Sie sich vor ...« starten.

Sie halten einen Vortrag darüber, wie notwendig ein Spielplatz in Ihrer Wohngegend ist. Die Entscheider über diesen Spielplatz gewinnen Sie für sich, wenn Sie sie als Betroffene in die jetzige missliche Lage versetzen können.

»... Stellen Sie sich vor, Ihr Kind will spielen, doch es hat keinen Spielplatz in der Nähe. Halten Sie es für richtig, Ihre Kinder alleine zu einem entfernten Spielplatz gehen zu lassen? Halten Sie es für realistisch, dass Sie immer Zeit haben, Ihr Kind zu einem entfernten Spielplatz zu begleiten und dort zu warten? Stellen Sie sich vor, Sie haben Spielsachen für den Sandkasten zu Hause vergessen und Ihr Kind weint nun bitterlich. Bei einem weit entfernten Spielplatz können Sie nicht mal kurz nach Hause gehen und die vergessenen Spielsachen holen. ...«

Genauso hilft Ihnen die Betroffenheitsrhetorik, wenn Sie als Personalchef Ihren Mitarbeitern den Abbau von Arbeitsplätzen mitteilen müssen:

»Stellen Sie sich vor, unser Unternehmen bleibt untätig und belässt die Mitarbeiterzahl auf dem jetzigen Stand. Die Kosten für unsere Produkte sind hoch. Gleichwertige Produkte von Mitwettbewerbern kosten spürbar weniger. Ich frage Sie: Bei wem werden unsere Kunden demnächst wohl kaufen? Stellen Sie sich vor, sie kaufen immer weniger bei uns. Dann können wir irgendwann unser Unternehmen komplett schließen und Sie alle verlieren Ihre Arbeitsplätze. Wollen Sie das? ...«

Sie haben mit der Betroffenheitsrhetorik eine sehr wirksame Möglichkeit für Ihre Reden, die Ihnen bei nahezu jedem Thema hilft.

15) Konjunktive und »Unsicherheits-Wörter« vermeiden

Wenn Sie eine Rede halten, so erwartet Ihr Publikum, dass Sie fachlich Gehaltvolles zum Thema zu sagen haben und dass Sie mit Ihren Worten ein Ziel verfolgen.

Daraus folgt für Sie: Wählen Sie Ihre Worte so, dass Sie kompetent und überzeugend reden. Vermeiden Sie Konjunktive und »Unsicherheits-Wörter«.

Konjunktive

Unsicher, zweifelnd und führungsschwach wirken Sie in Ihrer Rede, wenn Sie Konjunktive benutzen. Wer von »könnte«, »dürfte«, »sollte« oder »müsste« spricht, der steht auf der verbalen Bremse. Mit Konjunktiven hemmen Sie die Zustimmungsbereitschaft Ihrer Zuhörer.

Haben Sie jemals einen Politiker im Wahlkampf wie folgt reden hören:

»Es könnte für Sie von Vorteil sein, mir Ihre Stimme zu geben.«

Oder:

»Ich könnte mir vorstellen, dass Ihre Stimme bei mir gut aufgehoben ist.«

Konjunktive sind bestenfalls in Berufen, die sich aus Haftungsgründen auf keine abschließende Zukunftsaussage festlegen dürfen, sowie in ganz bestimmten Verkaufssituationen angebracht – jedoch nicht in einer »normalen« Rede.

»Unsicherheits-Wörter«

Sie finden eine Vielzahl von Wörtern, die dem Zuhörer Ihre Unsicherheit signalisieren. Dazu zählen

- vielleicht,
- möglicherweise,
- eigentlich,
- eventuell,
- vermutlich.

Stellen Sie sich vor, eine Führungskraft redet zu ihren Mitarbeitern wie folgt:

»Könnten Sie vielleicht diese Aufgabe bis morgen erledigen? Möglicherweise benötigen wir Ihr Ergebnis bis dahin, doch eventuell auch nicht. Ich könnte mir vorstellen, für unsere Kunden ist dieses Ergebnis wichtig.«

Führungsstärke hört sich anders an.

Häufig werden solche Worte unreflektiert und floskelhaft eingesetzt – ohne dass sich der Redner über deren Wirkung im Klaren ist.

Oder es werden gut gemeinte Höflichkeitsgedanken damit verbunden, die ihre Wirkung jedoch meist verfehlen. Verzichten Sie auf diese Worte in Ihren Reden, damit Ihre Zuhörer Sie kompetent, überzeugt und sicher erleben können. Weitere Gedanken hierzu finden Sie im Abschnitt über den Business-Sprachcode.

So reagieren Sie souverän auf störende Zwischenrufe und Fragen — 10 + 10 wirksame Alternativen

Viele Redner haben Angst vor Zwischenrufen und Fragen. Sie fühlen sich hiervon oft persönlich angegriffen und reagieren entsprechend abwehrend. Dabei ist nicht jede Frage als ein Angriff auf den Redner gemeint. Allzu oft sind Fragende rhetorisch ungebildet, unsicher oder nervös, so dass sie ihre Frage in einem Ton stellen, der beim Redner ins »falsche Ohr« gelangt. Aus »Freunden« werden so schnell »Feinde«.

Das Gegenteil hierzu sind Redner, die ihr Publikum dazu auffordern, auch während der Rede gerne Fragen zu stellen. Auf den ersten Blick signalisiert dies Sicherheit und Souveränität. Gefährlich wird diese Methode dann, wenn Sie für Ihre Rede einen Zeitrahmen erhalten haben, den Sie nicht überschreiten dürfen. Wenn Sie nun Fragen zulassen, müssen Sie diese auch beantworten. Und wenn Sie eine Frage zulassen, erwarten Ihre Zuhörer, dass Sie auch mehrere Fragen zulassen. Und schon wird das Zeitkonzept Ihrer Rede von Ihren Zuhörern bestimmt. Je freier Sie sprechen und je unschärfer Ihr Thema ist, desto eher können Sie damit klar kommen.

Wie gesagt, nicht jede Frage oder jeder Zwischenruf ist bösartig gemeint. Allerdings werden Sie bei Reden immer wieder auf Störenfriede oder Ihnen negativ eingestellte Zuhörer treffen, die Sie aus dem Konzept bringen oder Ihre Inkompetenz beweisen wollen.

Hier angemessen und souverän zu reagieren, unterscheidet den rhetorisch versierten von dem laienhaften Redner. Souverän wirken Sie, wenn Sie die folgenden zehn Punkte anwenden:

1. Achten Sie in jedem Fall darauf, dass Sie das Publikum nicht spalten.

2. Achten Sie auch darauf, so zu reagieren, dass Sie keine Mitleidsreaktionen der restlichen Zuhörer für den Fragesteller hervorrufen.
3. Werden Sie verbal angegriffen, dann denken Sie vor Ihrer Reaktion darauf unbedingt an die Ziele Ihrer Rede.
4. Widerstehen Sie der manchmal vorhandenen Versuchung, auf einen Verbalangriff auf Sie aus dem Publikum übermäßig zu reagieren.
5. Reagieren Sie nicht trotzig oder wütend, sondern souverän und gelassen.
6. Lassen Sie sich auf keine Streitdiskussion ein.
7. Falls Ihnen ein wirklicher Fehler vorgeworfen wird, geben Sie ihn unumwunden zu, um anschließend sofort wieder über Ihr eigentliches Thema zu sprechen.
8. Zeigen Sie einen zu Ihrem Sprachcode stimmigen Körpercode. Souveräne Worte und eine verkrampfte Körpersprache oder verärgerte Mimik passen nicht zusammen.
9. Halten Sie Blickkontakt und Ihren Körper aufrecht.
10. Nehmen Sie Ihren Blickkontakt sofort nach Ihrer Antwort vom Fragesteller weg.

Daneben gilt grundsätzlich:

Auf Fragen, die Sie weder stören noch aus Ihrem Konzept bringen noch unfair angreifen, antworten Sie einfach. Damit zeigen Sie Ihrem Publikum, dass Sie offen, flexibel und höflich sind.

Nutzen Sie darüber hinaus je nach Situation eine der folgenden Möglichkeiten, und Sie wirken souverän, gelassen und verbindlich.

1) Nachfragen – »Wie bitte?«
2) Gegenfragen stellen
3) Nur einen Teilaspekt aufgreifen
4) Einfach überhören
5) Teilweise zustimmen und anschließend die eigenen Argumente bringen
6) Die Antwort zurückstellen
7) Die Frage eines Einzelnen an das gesamte Publikum weitergeben
8) Die eigene Betroffenheit ausdrücken
9) Die Frage/den Zwischenruf präzisieren
10) Die Anonymität aufheben

1) Nachfragen –»Wie bitte?«

Ein unverhofftes »Wie bitte?« verfehlt seine überraschende Wirkung nie – außer Sie benutzen diese Methode während einer Rede zu häufig. Wichtig dabei ist, dass Sie schnell und natürlich auf den Zwischenruf oder die Zuhörerfrage reagieren.

Ihre Reaktion kann wirklich den Grund haben, dass Sie die Worte aus dem Publikum akustisch nicht verstanden haben.

Sie können sie allerdings auch als rein taktische Reaktion bringen. Dadurch, dass der Fragesteller oder Zwischenrufer seine Worte wiederholen muss, gewinnen Sie Zeit zum Nachdenken. Und mehr noch: Sehr häufig gelingt es ihm nicht, die ursprüngliche Frage nochmals genauso gezielt zu formulieren. Dies hilft Ihnen bei besonders kritischen Fragen oder Zwischenrufen.

2) Gegenfragen stellen

Sie können häufig lesen, dass eine Gegenfrage generell ein probates Mittel gegen kritische Fragen, Zwischenrufe oder gar gegen verbale Angriffe sei.

So allgemein gilt dies in der Praxis jedoch nicht. Stellen Sie sich vor, Sie werden während oder nach einer Rede verbal angegriffen und Sie antworten mit einer Standardgegenfrage: »Was genau verstehen Sie unter ...?« Wenn Sie Glück haben, verwirren Sie Ihren Gesprächspartner damit. Wenn Sie Pech haben, stellt er Sie vor dem gesamten Publikum bloß und breitet seine negativen Argumente genüsslich aus:

Fragender:	»Ich kann Ihren Ausführungen nicht folgen. Was Sie da erzählen, ist doch völliger Nonsens.«
Redner:	»Was genau verstehen Sie unter Nonsens?«
Fragender:	»Das will ich Ihnen sagen: Nonsens ist für mich das, was Sie in den letzten Monaten gesagt, geschrieben und getan haben.«

Mehr Erfolg versprechen in solchen Situationen solche Gegenfragen, die auf die emotionale Ebene zielen:

Fragender:	»Ich kann Ihren Ausführungen nicht folgen. Was Sie da erzählen, ist doch völliger Nonsens.«

Redner: »Wieso greifen Sie mich so unfair / so hart / so unter
der Gürtellinie an?«

oder

Redner: »Wieso sind Sie so böse mit mir?«

oder

Redner: »Was hab ich Ihnen denn getan, dass Sie so scharf
reagieren?«

Fast immer wird der Fragesteller durch eine solche emotionale
Antwort verwirrt oder überrascht sein und in der Regel sogar einen
(Teil-)Rückzieher machen.

An dieser Stelle mag die Frage – insbesondere von »starken« Männern oder Frauen – gestellt werden, ob denn solche Antworten nicht
zu »weich« seien. Die Antwort lautet: Gerade deswegen wirken solche emotionalen Gegenfragen so stark, weil Sie ein gängiges Reaktionsmuster durchbrechen.

3) Nur einen Teilaspekt aufgreifen

Viele Fragen oder Zwischenrufe beinhalten mehr als einen Aspekt.
Haben Sie genau zugehört und dies erkannt, so gehen Sie auf den für
Sie am leichtesten zu beantwortenden Teil ein. Oft vergessen die Zu-
hörer die weiteren, noch nicht beantworteten Punkte.

4) Einfach überhören

Sie müssen nicht auf jede Frage oder jeden Zwischenruf reagieren.
Überhören Sie sie einfach mal. Eine für einen Zuhörer wirklich wichtige Frage wird dieser erneut stellen. Allerdings setzen Sie diese Methode nicht zu oft ein. Ansonsten werden Sie vom Publikum als arrogant oder überheblich eingestuft.

5) Teilweise zustimmen und anschließend die eigenen
Argumente bringen

Sie wirken mit dieser Art, auf Fragen oder Zwischenrufe zu reagieren, sehr verbindlich. Zugleich vermeiden Sie damit, in direkten Widerspruch zu dem Fragenden zu gehen.

Außer bei völlig bösartigen Fragen können Sie davon ausgehen, dass die Fragen, die Sie bei einer Rede erhalten, zu einem gewissen Grad berechtigt sind. Gerade dann wäre es gefährlich, wenn Sie sofort auf Konfrontation schalten. Geben Sie dem Fragenden dort recht, wo es zutrifft. Anschließend ergänzen Sie seine Meinung durch Ihre Argumente.

6) Die Antwort zurückstellen

Stellen Sie Antworten mit der Bitte um Verständnis zurück, weil ...

- Sie später auf diesen Punkt noch zu sprechen kommen.
- eine Antwort zum jetzigen Zeitpunkt für alle Zuhörer den roten Faden der Rede zerreißen würde.
- weil es sich um eine so spezielle Frage handelt, die Sie nach der Rede gerne im Zwiegespräch mit dem Fragenden diskutieren.

Damit Sie glaubwürdig bleiben, ist es auf jeden Fall wichtig, dass Sie zurückgestellte Fragen auch wirklich beantworten.

7) Die Frage eines Einzelnen an das gesamte Publikum weitergeben

Dies ist eine an sich sehr gefährliche Art, zu reagieren. Wenden Sie sie nur dann an, wenn die Frage oder der Zwischenruf die Zuhörer allgemein interessiert und – dies ist ganz wichtig – wenn Sie sicher sind, dass die deutliche Mehrzahl der Zuhörer Ihre Ansicht vertritt.

Treffen beide Bedingungen zu, so besitzen Sie jedoch eine sehr effektive Möglichkeit, Störenfriede oder bösartig Fragende zu neutralisieren.

8) Die eigene Betroffenheit ausdrücken

Ähnlich wie bei emotionalen Gegenfragen begeben Sie sich mit diesem Sprachcode-Baustein auf die emotionale und damit besonders wirksame Ebene. Je stärker Sie eine Frage oder einen Zwischenruf als gefährlich für Sie und Ihre Argumentation empfinden, umso mehr drücken Sie Ihre Betroffenheit darüber aus. In vielen Fällen werden Sie damit einen Gutteil der unentschlossenen Zuhörer auf Ihre Seite bewegen können – zumindest in dem einen betreffenden Punkt.

Die eigene Betroffenheit drücken Sie am besten mit einer Ich-Botschaft aus:

- »Ich fühle mich von Ihnen ungerecht angegangen.«
- »Ich bin überrascht über das, was Sie sagen.«
- »Ich komme mit Ihrer Aussage nicht klar.«
- »Ich fühle mich gestört.«
- »Ich finde es schade, dass die Konzentration aller Anwesenden durch Ihre Frage erneut gestört wird.«

Unmittelbar nach der Ich-Botschaft fahren Sie mit einer motivierenden oder versöhnenden Frage fort:

- »Lassen Sie uns bitte den Punkt nach der Rede zu zweit besprechen, einverstanden?«
- »Darf ich meine Gedanken zunächst weiter ausführen?«

Ich-Botschaften wirken gesprochen wesentlich beeindruckender als in einem geschriebenen Text. Auch bei Ich-Botschaften mag wie bei emotionalen Gegenfragen der Eindruck entstehen, es handle sich um eine »weiche«, um eine »zu weiche« Reaktion. Hier wie dort resultiert die positive Wirkung auf die Zuhörer aus der Emotionalität gepaart mit dem Durchbrechen gängiger Reaktionsmuster. Im Übrigen wollen Sie vor versammeltem Publikum ja keinen Kampf mit einem störenden Zwischenrufer oder Fragesteller ausfechten. Oberstes Ziel ist, dass Sie sich souverän, vertrauenswürdig und überzeugend präsentieren.

9) Die Frage/den Zwischenruf präzisieren

Sie erhalten einen Einwand, einen Zwischenruf oder wirklich eine Frage. Eine erste hilfreiche Reaktion ist, dass Sie grundsätzlich sämtliche Einwürfe aus dem Publikum als »Frage« einordnen und auch so benennen. In manchen Situationen können Sie auch von »Ergänzung« oder »Anmerkung« sprechen. Damit nehmen Sie mit Ihrer Wortwahl verbale Schärfe heraus. Zugleich wirken Sie auf die restlichen Zuhörer souveräner, als wenn Sie über »Einwände« oder »Zwischenrufe« klagen.

Eine zweite hilfreiche Alternative zu reagieren ist, dass Sie das als »Frage«, »Ergänzung« oder »Anmerkung« definierte Statement eines Zuhörers nun präzisieren. Dies bedeutet, Sie präzisieren auf einen bestimmten Fokus hin und lenken damit Ihre Antwort zugleich in eine von Ihnen gewünschte Richtung.

Zwischenrufer:	»Ich finde Ihre Ausführungen total langweilig.«
Redner:	»Hinter Ihrer Anmerkung verbirgt sich eine wichtige Motivation: Wie hilft Ihnen meine Rede in Ihrem Alltag? Deswegen erhalten Sie in den kommenden Minuten einzelne, von Ihnen sofort umsetzbare Hilfen.«

Selbstverständlich eignet sich dieser Sprachcode-Baustein nur dann, wenn Sie nach dem Präzisieren wirklich auch etwas »zu bieten haben«.

10) Die Anonymität aufheben

Dies ist eine sehr mächtige und wirksame Methode, unliebsame Zwischenrufer oder Fragende zur Ruhe zu bringen, doch auch eine sehr gefährliche.

Bevor Sie auf die Frage oder den Zwischenruf eingehen, bitten Sie die jeweilige Person, die sich geäußert hat, doch aufzustehen und ihren Namen, ihre Position und ihre Tätigkeit zu nennen.

In der Mehrzahl der Fälle erreichen Sie damit, dass die entsprechende Person nicht weiter stören wird.

Allerdings hat diese Methode auch ihre Tücken: Einmal angewandt müssen Sie von jedem, auch von »lieben« Fragenden Name, Position und Tätigkeit verlangen. Je nach dem, wie Ihr Publikum Ihnen gegenüber gestimmt ist, kann Ihnen diese Reaktion auch negativ ausgelegt werden und Mitleid mit dem Fragenden hervorrufen.

So vermeiden oder überspielen Sie einen Blackout

Im Duden finden Sie für »Blackout« folgende Definition: »Blackout = ein plötzlicher, vorübergehender Ausfall von Funktionen, zum Beispiel des Erinnerungsvermögens.«

In der Praxis zeigt sich immer wieder: Redner empfinden einen Blackout unterschiedlich. Manche sprechen bereits von Blackout, wenn ihnen ein Wort nicht einfällt. Andere sprechen erst dann von Blackout, wenn sie in ihrer Rede überhaupt nicht mehr weiterkommen.

Wie schnell jemand von »Blackout« spricht und einen solchen empfindet, hängt von zwei Punkten ab. Erstens: Je erfahrener ein

Redner ist, desto weniger schnell wird er bei einer Lücke in seinem Wortfluss von »Blackout« sprechen, sondern sie als willkommene Sprechpause interpretieren. Erst ein Abbruch seiner Rede wäre für ihn ein »Blackout«. Zweitens: Je stabiler sein Selbstbewusstsein ist, desto weniger schnell wird er Lücken in seiner Rede als »Blackout« empfinden.

Denken Sie bitte immer daran: Wer von den Zuhörern weiß denn, was Sie als Redner wann und wie sagen wollen, außer es liegen gedruckte Exemplare der Rede bereits zum Mitlesen vor? Letzteres ist übrigens unbedingt zu vermeiden. Bei »Blackouts« klaffen Fremdeinschätzung und Selbsteinschätzung oft sehr weit auseinander – Ihre Zuhörer merken vieles von dem gar nicht, was für Sie schon ein großer Fehler ist.

Wenn Sie »Blackouts« jeder Art vermeiden wollen, beachten Sie bitte die folgenden Punkte:

- Reden Sie, wann immer sich für Sie eine Möglichkeit bietet. So erfahren Sie einfache und schwierige Situationen und lernen, diese gekonnt zu meistern.
- Gehen Sie selbstbewusst an eine Rede heran. In der Regel sind Ihre Zuhörer nicht gekommen, um Sie »fertig« zu machen, sondern sie sitzen in positiver Erwartung vor Ihnen. So gestimmt verzeihen sie Ihnen auch kleine Fehler oder Aussetzer.
- Bereiten Sie Ihre Rede gründlich vor – auch eine solche Ihres Redenschreibers. Merken Sie sich dabei wesentliche »Ankerwörter«.
- Sprechen Sie generell eher langsam, dann verlieren Sie nicht so leicht Ihren roten Faden.
- Bauen Sie in Ihre Reden bewusst öfters kurze Pausen ein, dann fällt eine ungewollte Blackout-Lücke weniger auf.
 Und wenn es dann doch passiert ist, was dann?

Wenn Sie ins Stocken geraten und nicht mehr weiter wissen, dann helfen Sie sich wie folgt:

- Fassen Sie Ihren letzten Abschnitt nochmals zusammen. »Zusammengefasst lassen Sie es mich so ausdrücken: ...«
- Wiederholen Sie Ihren letzten Satz.
- Sagen Sie einfach die Wahrheit. »Nun habe ich den Faden verloren.«
- Stellen Sie eine Frage an Ihre Zuhörer. »Haben Sie Fragen hierzu?«

- Denken Sie an Ihre »Ankerwörter«, die Sie sich beim Vorbereiten Ihrer Rede gemerkt haben und werfen Sie einen passenden neuen »Anker« aus.
- Wenn es sich anbietet, beginnen Sie einfach einen neuen Punkt. »Kommen wir nun zu einem weiteren wichtigen Punkt.«
- Halten Sie sich stets eine Anekdote oder eine lustige Anmerkung bereit. »An dieser Stelle fällt mir ... ein.«
- Schauen Sie auf Ihren Stichwortzettel.
- Beenden Sie Ihre Rede jetzt einfach mit dem vorbereiteten Schluss (dies allerdings nur dann, wenn Sie Ihren Inhalt und Ihre Redezeit bereits weitgehend ausgeschöpft haben).

Alle diejenigen Redner, die sehr große Angst vor einem Blackout haben, tragen in ihrem Jackett zur Sicherheit ein ausgeschriebenes Exemplar ihrer Rede mit sich.

So wichtig sind die einzelnen Türöffner bei Reden

Wenn Sie mit einer Rede Menschen bewegen, mitnehmen oder begeistern wollen, erreichen Sie dies durch den geschickten Einsatz der einzelnen Türöffner.

Der erste Eindruck, den Sie als Redner bei Ihren Zuhörern hinterlassen, entsteht durch Ihren Dresscode und Ihren Körpercode. Anschließend entscheiden Ihr Sprachcode sowie Ihr weiterer Körpercode über den Erfolg Ihrer Rede. Gleichwohl bleibt Ihr Dresscode deswegen wichtig, weil Ihre Kleidung über die gesamte Redezeit auf die Zuhörer wirkt. Der Etikettecode spielt während der Rede selbst eine geringe Rolle. Er kommt beispielsweise dann zum Tragen, wenn Sie bei hochoffiziellen Anlässen mehrere Zuhörer korrekt begrüßen wollen.

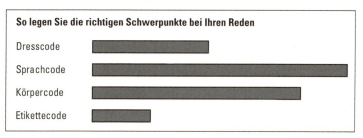

Grafik 6 Türöffner bei Reden

Bei Präsentationen

Eine der »goldenen Regeln« bei Präsentationen lautet: »Visualisieren Sie!« »Visualisieren« bedeutet: auf optisch ansprechende Weise darstellen. Die Meinungen, was optisch ansprechend ist, gehen allerdings offensichtlich weit auseinander. Denn die Spannbreite dessen, was Zuhörern bei Präsentationen an Visualisierung geboten, ja zugemutet wird, ist enorm. Von rein sprachlichem Visualisieren bis hin zu Unmengen von überladenen Grafiken und Schaubildern können Sie nahezu alles finden. Häufig entsteht der Eindruck, der Referent nutzt die Schaubilder, die er zeigt, um für sich selbst den roten Faden zu behalten. Mit am schlimmsten wirken jene Präsentationen, bei denen auf den Schaubildern der gesamte Text des Referenten enthalten ist, und dieser ihn vom Schaubild abliest, indem er den Zuhörern seinen Rücken zuwendet.

Solche Referenten missachten eine weitere »goldene Regel«: »Reden Sie stets zu Ihren Zuhörern und nicht zu Ihren Schaubildern.« Wer zur Präsentationswand schaut, muss schweigen und darf erst dann weitersprechen, wenn er seine Zuhörer wieder im Blick hat.

Präsentationen können vor großem Publikum, vor einem Gremium oder im Zweiergespräch stattfinden. Damit stehen sie zwischen der klassischen Rede und dem Verkaufsgespräch. Alles, was Sie für eine Rede nutzen können, hilft Ihnen auch bei Präsentationen vor großem Publikum und vor einem Gremium. Setzen Sie die einzelnen Türöffner entsprechend ein. Für eine Präsentation im Zweiergespräch nutzen Sie die Methoden des Verkaufsgesprächs und setzen die entsprechenden Türöffner ebenfalls entsprechend ein.

Wenn Sie eine Präsentation statt einer Rede halten, so ist der Hauptunterschied fast immer, dass Sie sich bei der Präsentation technischer Hilfsmittel bedienen. Während der Redner versucht, allein mit seinen Worten überzeugend zu wirken, entsteht sehr oft der Eindruck, dass der Präsentierende daran glaubt, dass Grafiken und Schaubilder überzeugender wirken als er selbst. Denken Sie diesen Gedanken zu Ende, dann lautet das Ergebnis, dass bei solchen Präsentationen der Referent eingespart werden kann. Es würde vollkommen ausreichen, die Grafiken und Schaubilder als Handout zu verteilen. Nun lässt sich einwenden, dass während der Präsentation auch erklärende Worte gesprochen werden. Einverstanden, wenngleich sich selbst diese erklärenden Worte als Fußnoten im Handout anbringen ließen. Deswegen achten Sie bitte auch bei Präsentationen darauf, dass Sie als Person überzeugend wirken.

Bilanzpressekonferenz. Sie präsentieren die Ergebnisse Ihres Unternehmens aus dem vergangenen Geschäftsjahr. Während der einstündigen Veranstaltung erläutern Sie die Zahlen mit Beamer und 30 PowerPoint-Grafiken – Ihnen bleiben im Durchschnitt zwei Minuten Zeit pro Grafik. Ein Reflex in Ihnen lässt Sie immer wieder zur Präsentationswand oder auf einen vor Ihnen stehenden Monitor blicken – auch um den roten Faden nicht zu verlieren. Die Grafiken sind ausführlich beschriftet, so dass allen klar wird, was darauf zu sehen ist.

Dieses Beispiel ist Standard. Und es findet so oder ähnlich in vielen Unternehmen statt – vor externen und internen Zuhörern. Die Begeisterung bei den Zuhörern bewegt sich fast immer auf einem sehr niedrigen Niveau. Manche Zuhörer fühlen sich gelangweilt, andere nicht unmittelbar angesprochen. Mehr noch: In der Mehrzahl der Fälle kann auf die Person, die vor der Präsentationswand steht, wirklich verzichtet werden. In solchen Fällen haben die Präsentationsgrafiken die Macht über die Aufmerksamkeit der Zuhörer. Doch Präsentieren ist mehr, als den Zuhörern verbal zu wiederholen, was diese bereits auf einem Schaubild an der Wand sehen oder im Handout nachlesen können. Entweder, es gelingt Ihnen, die Grafiken mit eigenen Worten so zu erläutern, dass Sie Ihre Zuhörer damit in Ihren Bann ziehen und ihnen dabei wichtige Zusatzinformationen geben, oder Sie sind bei der Präsentation überflüssig.
Dies führt unmittelbar zu der Frage:

Präsentieren Sie oder präsentiert bei Ihnen PowerPoint?

Je größer das Unternehmen ist, in dem Sie arbeiten, desto mehr werden Ihre Präsentationen von den Marketing-Mitarbeitern bestimmt. Unter dem Deckmantel der Corporate Identity werden in feinster Kleinarbeit Folienvorlagen erstellt, in die Sie sich und Ihre Ausführungen zwängen müssen. Auf jeder Folie befindet sich das Firmenlogo, in manchen Fällen kombiniert mit einem Leitspruch oder sonstigen Zusätzen. Die Farben für Ihre Grafiken sind ebenfalls vorgegeben, ebenso Schriftgrößen und Schriftarten. Dieses Vorgehen ist prinzipiell verständlich. Doch es missachtet die Tatsachen, wie Menschen auf Gesehenes und Gehörtes reagieren und wie sie was aufnehmen und im Gedächtnis abspeichern. ·

Und ein Zweites: Je höher Sie in der Hierarchie stehen, desto wahrscheinlicher ist es, dass Sie die Schaubilder für Ihre Präsentation nicht selbst erstellen, sondern von einem Mitarbeiter oder einer Mitarbeitergruppe erstellen lassen. Haben Sie anschließend ausreichend Zeit, das Ergebnis zu überprüfen und sich damit zu identifizieren? Falls nicht, werden es Ihre Zuhörer spüren. Denn Sie werden vor jeder Grafik kurz überlegen, was Sie dazu sagen. Es kann sogar so weit gehen, wie Praxisbeispiele immer wieder zeigen, dass Sie mit der präsentierten Grafik nichts anzufangen wissen. Das alles wirkt sehr peinlich und wenig überzeugend.

Die Frage, ob Sie selbst oder ob bei Ihnen PowerPoint präsentiert, wird auch dann wichtig, wenn Sie während des Präsentierens flexibel reagieren wollen. Sie merken, die Zeit läuft Ihnen davon. Sie merken, die Aufmerksamkeit und das Interesse der Zuhörer lassen nach. Oder Sie wollen die Antwort auf eine Zwischenfrage mit einer Grafik untermauern. Es wird Ihnen nicht ohne Weiteres gelingen. Denn die PowerPoint-Datei, die Ihre Präsentation erhält, ist unflexibel. So, wie sie abgespeichert wurde, so steht sie Ihnen zur Verfügung – mit all den Nachteilen, die daraus erwachsen. Wenn Ihnen die Zeit knapp wird, können Sie nicht einfach fünf Schaubilder überspringen. Ihre Zuhörer sehen dies. Der Eindruck entsteht, dass Sie schlecht vorbereitet sind. Die Zuhörer fühlen sich nicht ernst genug genommen, wenn Sie ihnen offensichtlich einen Teil Ihrer Präsentation vorenthalten. Dies gilt genauso, wenn Sie wegen nachlassender Aufmerksamkeit der Zuhörer durch einen abrupten Sprung bei den Inhalten neue Aufmerksamkeit gewinnen müssen. Wenn Sie nach einer Zwischenfrage ein Schaubild außerhalb der vorgegebenen Reihenfolge benötigen, werden Sie es schwer haben, es gezielt zu finden. Und anschließend müssen Sie wieder an die ursprüngliche Stelle im Folienablauf zurückblättern Jedenfalls wird Ihr Redefluss und damit der Spannungsbogen Ihrer Präsentation unterbrochen, während Sie in Ihrer PowerPoint-Datei suchen.

Damit präsentieren nicht Sie, sondern PowerPoint präsentiert bei Ihnen. Sie sind nur ein sprechender Software-Bediener. Denn der Blick und die Aufmerksamkeit der Zuhörer werden sich nahezu immer zuerst auf die Präsentationswand richten, und damit weg von Ihnen. Dies verstärkt sich, wenn Sie sich eventuell mit einem Laserpointer in der Hand der Projektionswand zuwenden und darauf etwas anleuchten wollen. Damit haben Sie die Aufmerksamkeit Ihrer Zuhörer in dem Moment vollständig verloren. Und: Fast immer wackelt die Hand beim Bedienen des Laserpointers, und wenn auch nur leicht. Doch auf der Wand erscheint dies als ein hin und her hüpfender Lichtpunkt, wodurch die Zuhörer Ihnen unbewusst Nervosität unterstellen. Aufmerksamkeit erregen Sie als Person mit Beamer-Präsentationen am ehesten dann, wenn Sie unbeabsichtigt in den Lichtstrahl des Beamers laufen und als Schatten auf der Präsentationswand erscheinen. Wollen Sie sich das antun?

PowerPoint als Software zum Erstellen von Schaubildern hat seine volle Berechtigung – doch in erster Linie für Handouts und nicht für Ihre Präsentationen.

Wer PowerPoint in seinen Präsentationen einsetzt, wird oftmals einige vermeintliche »Grundregeln« beachten:
- Die Folie muss selbsterklärend sein.
  Kritik: Und wozu werden Sie dann benötigt?
- Die Grafik auf der Folie muss sauber beschriftet werden.
  Kritik: Ein Achsendiagramm muss aus mathematischer Sicht in der Tat vollständig beschriftet sein. Doch weshalb auf einer Präsentationsfolie? Wo bleibt der Erklärungsspielraum für Sie?
- Jede Folie benötigt eine Überschrift.
  Kritik: Diese ist in der Regel redundant zu Ihren Worten »Hier sehen Sie ...«

Bei alledem werden die Abläufe im menschlichen Gehirn missachtet. Ihre Zuhörer sind erstens nicht in der Lage, Informationen mit mehreren Sinnen parallel aufzunehmen. Entweder Sie oder die Folie. Ihre Zuhörer können zweitens nur eine bestimmte Zahl von Informationen aufnehmen. Doch Schaubilder mit Tabellen, wie sie in Bilanzpressekonferenzen – und nicht nur dort – üblich sind, werden so kurz gezeigt, dass nur ein Bruchteil des Inhalts von den Zuhörern erfasst werden kann. Auf jedem Kongress, gleich welcher Branche, können Sie diese Art des Präsentierens erleben. Und in jedem Unternehmen werden Präsentationen so zu langweiligem Zeitabsitzen.

PowerPoint-Schaubilder schmälern in der Regel Ihre persönliche Wirkung auf die Zuhörer. PowerPoint-Schaubilder lenken die Zuhörer ab. PowerPoint-Schaubilder bieten häufig eine unverdauliche, weil übermäßige Menge an Informationen.

Nutzen Sie PowerPoint in Präsentationen nur dann, wenn Sie Format füllende Bilder, Kurs-Charts von Wertpapieren – zum Beispiel den Aktienkurs Ihres Unternehmens – oder sonstige Wertverläufe zeigen. In fast allen anderen Fällen präsentieren Sie mit PowerPoint nicht gehirngerecht.

So präsentieren Sie eindrucksvoll und gehirngerecht

Eindrucksvoll und gehirngerecht präsentieren Sie dann, wenn es Ihnen gelingt,
- das Interesse Ihrer Zuhörer für sich zu gewinnen.
- das Unterbewusstsein Ihrer Zuhörer anzusprechen.
- die Informationen aufnehmbar zu präsentieren.

Das Interesse Ihrer Zuhörer für sich gewinnen

Das einfachste Mittel, das Interesse Ihrer Zuhörer für sich zu gewinnen, ist, ausgetretene Pfade zu verlassen. Präsentieren Sie anders als alle anderen. Auch dann, wenn Sie einziger Präsentator einer Veranstaltung sind. Und erst recht dann, wenn Sie einer von mehreren Präsentierenden sind.

Da Sie davon ausgehen können, dass rund 90 Prozent aller Präsentationen mit PowerPoint und Beamer durchgeführt werden, stechen Sie bereits dann aus der Masse hervor, wenn Sie PowerPoint am besten überhaupt nicht oder nur sehr punktuell einsetzen. Wenn Sie PowerPoint punktuell einsetzen, dann verzichten Sie auf Animationseffekte wie spaßige Varianten der Texteinblendung. Sie lenken vom Wesentlichen nur ab. Einzelne Bilder oder Grafiken, die Sie geschickt im Ablauf Ihrer Präsentation platzieren, kommentieren Sie stets mit Blick zu den Zuhörern.

Statt an die Wand projizierte Schaubilder bringen Sie besser Anschauungsobjekte mit zu Ihrer Präsentation. Dies wird nicht in allen Fällen realisierbar sein, doch wo immer es möglich ist, nutzen Sie diese Chance.

Aktivieren Sie Ihre Zuhörer. Sie lockern Ihre Präsentation dadurch auf und erreichen, dass Ihre Zuhörer Impulse erhalten, mit denen sie das von Ihnen Gesprochene verknüpfen und damit später besser erinnern können. Hierzu bietet sich Ihnen eine Reihe von Möglichkeiten. Stellen Sie Fragen mit der Bitte um Handzeichen als Antwort. Gehen Sie auf Ihre Zuhörer zu. Lassen Sie sie während Ihrer Präsentation mitwirken, zum Beispiel mit zum Thema passenden symbolischen Handlungen.

Sie präsentieren als Politiker im Vorfeld einer Wahl in Regionalkonferenzen die Strategie für den Wahlkampf. Oder Sie stellen als Führungskraft Ihren Mitarbeitern ein schwieriges bevorstehendes Projekt vor. In beiden Fällen muss demnächst ein Hindernis überwunden werden. Ist die Zahl Ihrer Zuhörer entsprechend überschaubar, dann stellen Sie in den Raum einen Karton als Symbol für das bevorstehende Hindernis, beschriftet mit »Wahl« beziehungsweise »Projekt« und ermuntern Sie sie, am Beginn oder am Ende Ihrer Präsentation darüber zu springen. Diese Veranstaltung und deren Inhalte werden ihnen sehr lange im Gedächtnis haften bleiben.

Geben Sie Ihren Zuhörern ein Geschenk mit auf den Weg. »Präsentation« enthält das Wort »Präsent«, ein Geschenk oder eine kleine Aufmerksamkeit. Und mit einem Präsent wirken Sie bei Ihren Zuhörern auch über Ihren Vortrag hinaus. Am besten achten Sie dabei darauf, dass das Geschenk mit dem Thema Ihrer Präsentation zu tun hat.

Nutzen Sie außerdem die einzelnen Türöffner, insbesondere den Sprachcode, wie für die Rede auch für Ihre Präsentation. Zum Beispiel, indem Sie einen starken Einstieg in Ihre Präsentation wählen, Floskeln vermeiden und konsequent im Sie-Standpunkt sprechen.

Erzählen Sie selbst erlebte Geschichten oder knüpfen Sie an ein aktuelles Ereignis an, und das Interesse Ihrer Zuhörer ist Ihnen sicher. Bauen Sie kurze Pausen von wenigen Sekunden in Ihren Präsentationstext ein, am besten mitten in einem Satz vor einer wichtigen Aussage. Hierzu gehört etwas Mut, doch mit einiger Übung halten Sie die entstandene Stille und die fragenden Blicke Ihrer Zuhörer sehr gut aus.

Das Unterbewusstsein Ihrer Zuhörer ansprechen

Sie wissen, dass das Gehirn von Menschen solche Informationen besonders gut aufnimmt, die mit Emotionen verbunden sind. Zugleich wissen Sie, dass Ihnen fast immer dann zugestimmt und vertraut wird, wenn das Unterbewusstsein Ihrer Zuhörer Sie überzeugend, vertrauensvoll und glaubwürdig einstuft.

Auch wenn Sie Zahlen und Fakten präsentieren, können Sie diese emotional anreichern. Schaffen Sie Betroffenheit. Lassen Sie mit Ihrem Sprachcode in den Köpfen Ihrer Zuhörer Bilder entstehen. Damit sprechen Sie direkt in das Unterbewusstsein Ihrer Zuhörer.

Bilder werden vom Gehirn besonders gut verarbeitet und abgespeichert. Doch nicht überfrachtete Schaubilder auf der Projektionswand, sondern Bilder in Ihrer Sprache oder große Einzelbilder an der Wand. Je komplexer der Sachverhalt ist, den Sie präsentieren, umso besser hilft ein bildhafter Vergleich zum Verstehen. Bringen Sie Zahlen, insbesondere große Zahlen, in einen nachvollziehbaren Vergleich.

Sie präsentieren die Planzahlen für die kommenden Jahre in einer hausinternen Sitzung oder vor Ihrem Aufsichtsrat. Wenn Sie beispielsweise mit einem Gewinnwachstum von 10 Prozent pro Jahr rechnen, dann vergleichen Sie den Zuwachs mit dem absoluten Wert von etwas Greif- oder Vorstellbarem: »Das bedeutet, wir gewinnen jedes Jahr den Wert von fünf Produktionshallen dazu.« Oder: »Wenn wir unseren jährlichen Gewinn in 500-Euro-Scheinen aneinanderreihen würden, dann entspräche dies der Entfernung …«

Wichtige Aussagen, wie zum Beispiel Ihre Kernbotschaft, wiederholen Sie während Ihrer Präsentation mehrmals. Aus der Gehirnforschung ist bekannt, dass sich Wiederholungen ebenfalls besonders gut im Gehirn abspeichern.

In guter Erinnerung bleibt Ihre Präsentation auch dann, wenn Sie sie nicht in einem gewöhnlichen Konferenzraum durchführen, sondern an einem zu Ihrer Kernbotschaft, zu Ihrer Philosophie oder Ihrem Produkt passenden Ort. Wenn es Ihr Unternehmensbudget erlaubt, nutzen Sie diese Chance.

Verzichten Sie auf gängige Floskeln wie:»Sie sehen auf diesem Schaubild ...« Solche Floskeln nehmen unnötig Spannung aus Ihrem Vortrag.

Die Informationen aufnehmbar präsentieren

Zuhörer werden bei Präsentationen fast immer überfordert. Und dies liegt nicht daran, dass diese Zuhörer dumm sind, sondern es liegt an der Art, wie jemand präsentiert.

Aus vielfältigen Untersuchungen ist bekannt, dass Menschen sich unterschiedlich stark an Informationen erinnern, je nachdem, wie sie ihnen präsentiert worden sind. Auch wenn es unterschiedliche Zahlen dazu gibt, so zeigt sich doch folgende Tendenz: Am schwächsten werden jene Informationen erinnert, die nur gelesen worden sind. Am besten erinnern wir uns an solche Informationen, die wir durch Tun erworben haben. Und immerhin rund die Hälfte jener Informationen, die wir gehört und gesehen haben, können wir nachhaltig aus dem Gedächtnis abrufen. Für Ihre Präsentationen bedeutet dies, dass zum Sprechen das Visualisieren dazugehört. Die Frage ist nur, wie Sprechen und Visualisieren sinnvoll kombiniert werden.

Wir wissen, dass der Mensch Informationen in einem bestimmten Moment nur über einen Sinneskanal wirkungsvoll aufnehmen kann. Entweder liest Ihr Zuhörer die Texte und Beschriftungen auf den PowerPoint-Grafiken oder er hört Ihnen als Präsentator zu. In der Regel wird er seine Aufmerksamkeit zunächst der Grafik widmen. Er wird solange auf die Grafik schauen, bis er alles, was dort zu sehen ist, gelesen hat. Denn er unterstellt, dass diese Grafik wichtig ist, wenn Sie sie in Ihrer Präsentation verwenden.

Der Fehler, den viele Vortragende machen, ist, dass sie Schaubilder mit mehr oder weniger viel Text zeigen und parallel dazu unentwegt sprechen. Sie können nun einwenden:»Ich muss das Schaubild doch erläutern.« Da haben Sie im Zweifel recht, doch beachten Sie bitte, dass Ihr Erläutern erst dann von den Zuhörern wirklich wahrgenommen wird, wenn sie genügend Zeit auf das Betrachten des Schaubilds verwendet haben. Dies gilt übrigens auch dann, wenn Sie den Text des Schaubilds wortwörtlich vorlesen. Die Folge ist dann keine verstärkte Wirkung beim Zuhörer, im Gegenteil, seine Aufnahmefähigkeit wird deutlich reduziert. Wenn Sie Schaubilder verwenden, lassen Sie diese eine angemessene Zeit für sich sprechen, während Sie still sind. Erst dann erläutern Sie fehlende Aspekte.

Beim Arbeiten mit Schaubildern in Präsentationen besteht ein zweiter Fehler häufig darin, dass diese überfrachtet sind. Den Zuhörern, die in diesem Moment zu Zuschauern mutieren, wird viel zugemutet: ein Firmenlogo, möglicherweise ein Firmenslogan, eine Folienüberschrift, Textaufzählungen oder Grafiken mit Beschriftungen, ein Fazit und so weiter. Jeder einzelne dieser Folienbausteine erfordert vom Gehirn des Zuschauers Energie. Dazu kommen häufig Schriftgrößen, die bereits in der ersten Reihe kaum zu lesen sind. Je mehr Drumherum auf einem Schaubild zu sehen ist, desto mehr rückt die Kernaussage in den Hintergrund. Wenn Sie auf Power-Point-Schaubilder partout nicht verzichten wollen, dann verzichten Sie zumindest auf die firmeneigenen Standardvorlagen mit Logo und Ähnlichem, wenn dies möglich ist. In der Regel wissen die Zuhörer sowieso, für welches Unternehmen Sie sprechen. Bringen Sie das Firmenlogo auf der ersten Folie und danach nicht mehr. Platzieren Sie es besser auf dem Podium auf einer Schautafel oder dergleichen als auf jeder Grafik. Lassen Sie allen Beschriftungsballast weg. Entrümpeln Sie jede Folie, bevor Sie sie einsetzen. Je weniger auf der Folie steht, desto schneller wird sie einerseits von Ihren Zuhörern aufgenommen und desto mehr Spielraum haben Sie andererseits, mit Ihren Erklärungen die Aufmerksamkeit und das Interesse wieder auf sich zu lenken. Denn nicht PowerPoint soll präsentieren, sondern Ihre Persönlichkeit soll überzeugend wirken. Ansonsten können Sie die Präsentation ohne Ihre Anwesenheit als Slideshow abspielen lassen.

Sie helfen Ihren Zuhörern auch dadurch, sich auf Ihre Worte zu konzentrieren, dass Sie den Beamer auf Schwarz stellen, wenn Sie ein Schaubild abgehandelt haben. Ist dies technisch schwer umzusetzen, dann bauen Sie einfach an den entsprechenden Stellen eine schwarze Folie in Ihre Präsentation ein. Ein dritter Fehler besteht nämlich darin, dass Schaubilder einfach eingeblendet bleiben, während der Präsentator mit seinen Worten schon längst bei einem neuen Stichpunkt ist.

Wenn Sie ohne Schaubilder präsentieren, sprechen Sie am besten in kurzen Sätzen. Jeder Nebensatz vernebelt Ihre Hauptaussage. Bringen Sie plakative Aussagen, die betroffen machen oder Bilder entstehen lassen.

Eine sehr oft und kontrovers diskutierte Frage ist die nach dem Zeitpunkt für ein Handout. Soll es bereits während Ihrer Präsentation ausliegen, damit sich die Zuhörer darin Notizen machen können oder soll es erst nach der Präsentation ausgeteilt werden? Bei allen Für- und Wider-Gedanken zu beiden Alternativen erscheint mir aus der Praxis heraus betrachtet das Austeilen des Handouts am Schluss einer Präsentation als die sinnvollere Lösung. Allerdings weisen Sie darauf während Ihrer Präsentation bereits hin. Stellen Sie sich bitte vor, Ihre Zuhörer hören Sie, sie sehen Ihre Schaubilder und sie halten noch ein Handout in den Händen. Worauf sollen sie nun ihre Aufmerksamkeit lenken? Wenn sie dann noch Notizen im Handout machen, während Sie als Präsentator weitersprechen, dann gehen in der Regel mehr Informationen verloren, als wenn zwischendurch nichts notiert wird. Wenn Sie dagegen eindrucksvoll und gehirngerecht präsentieren, dann werden die Kernpunkte Ihrer Präsentation auch ohne Notizen im Gedächtnis Ihrer Zuhörer verankert.

Informationen aufnehmbar präsentieren bedeutet für Sie somit:
- Verzichten Sie am besten auf PowerPoint-Grafiken, außer Sie zeigen Format füllende Bilder oder den Aktienkurs-Chart und ähnliche Wertverläufe Ihres Unternehmens.
- Wenn Sie Schaubilder verwenden: Lassen Sie dem Zuhörer ausreichend Zeit, Ihr jeweiliges Schaubild zu betrachten und die Inhalte zu erfassen. Sprechen Sie erst dann weiter.
- Entrümpeln Sie jedes Schaubild, bevor Sie es präsentieren. Ein durchdachtes Schaubild erhält für den Zuhörer erst durch Ihre erklärenden Worte einen Sinn.
- Schalten Sie den Beamer beziehungsweise den Overhead-Projektor aus oder zeigen Sie eine schwarze Folie, wenn Sie über einen Punkt ohne Schaubild sprechen.
- Sprechen Sie in kurzen Sätzen und mit bildhafter Sprache.
- Teilen Sie ein Handout erst nach Ihrer Präsentation aus.

Die Vorteile des Flipcharts

Sie haben zuvor an mehreren Stellen gelesen, dass auf PowerPoint-Grafiken bei einer Präsentation am besten verzichtet werden soll, außer bei Handouts.

Wenn Sie die Grundregel »Visualisieren Sie!« befolgen wollen, dann bietet sich Ihnen als sehr wirkungsvolle Alternative das Flipchart an. Eine weitere Alternative kann der Overhead-Projektor sein. Er bietet Ihnen zwar deutlich mehr Flexibilität als eine PowerPoint-Datei, hat aber bei vorgefertigten Folien ähnliche Schwächen wie eine Beamer-Grafik. Denn auch eine überfrachtete Overhead-Folie ist von Ihren Zuhörern nicht besser zu erfassen. Allerdings können Sie ihn ähnlich wie das Flipchart dazu nutzen, um einfache Bilder aufzuzeichnen.

Das Flipchart bietet gegenüber den bekannten PowerPoint-Grafiken mehrere Vorteile:

- Ihre Zuhörer fühlen sich mitten im Geschehen, wenn ein Bild auf dem Flipchart entsteht.
- Das Flipchart zwingt Sie dazu, einfach und klar zu kommunizieren.
- Ihre Zuhörer erhalten Informationen in verständlicher Form – außer Sie können überhaupt nicht zeichnen.
- Die Aufmerksamkeit und das Interesse Ihrer Zuhörer werden gesteigert, da sie gespannt sind, was auf dem Flipchart entsteht.

Damit Sie mit dem Flipchart die gewünschte Wirkung erzielen, beachten Sie bitte die folgenden sechs Grundregeln:

- Verwenden Sie ausschließlich dicke Stifte.
- Schreiben Sie nur einzelne Worte an das Flipchart, keine ganzen Sätze.
- Zeichnen Sie einfach verständliche Symbole an das Flipchart.
- Schweigen Sie, solange Sie schreiben oder zeichnen.
- Nutzen Sie optische Täuschungen: zeichnen Sie dünne und eng beieinander liegende Balken für steile Anstiege, breite und weit auseinander stehende Balken für flache Anstiege (entsprechend für Abwärtsentwicklungen).
- Stellen Sie das Flipchart nicht in die Mitte Ihrer Präsentationsfläche, dort stehen Sie.

Wenn Sie diese Grundregeln beachten, dann wirken Sie auf Ihre Zuhörer mit Ihrer Präsentation weit überzeugender, als wenn Sie lediglich vorgefertigte PowerPoint-Folien abspulen. Im Moment des Zeichnens und Schweigens bauen Sie eine Spannung unter Ihren Zuhörern auf, die diese zur Aufmerksamkeit zwingt. Sie verknüpfen Worte mit leicht verständlichen Bildern, was Ihnen hilft, Ihre Botschaft besser bei Ihren Zuhörern zu verankern. Auf die Frage, was Sie bei einer Großveranstaltung machen, lautet die Antwort: Bleiben Sie beim Flipchart, doch lassen Sie durch eine Kamera das Geschehen und das fertige Bild auf eine Leinwand projizieren.

Das Flipchart bietet Ihnen ein hervorragendes Hilfsmittel, um eindrucksvoll und gehirngerecht zu präsentieren. Nutzen Sie es.

So wichtig sind die einzelnen Türöffner bei Präsentationen

Die Schwerpunkte beim Einsatz der einzelnen Türöffner legen Sie bei Ihrer Präsentation genauso wie bei einer Rede.

Den ersten Eindruck gestalten Sie durch Ihren Dress- und Körpercode. Während Ihrer Präsentation sind Ihr Sprach- und Ihr Körpercode dafür entscheidend, ob es Ihnen gelingt, Ihre Zuhörer zu begeistern. Diese beiden Türöffner entscheiden auch darüber, ob Sie sicher und souverän wirken oder nicht. Falls Sie zu Beginn Ihrer Präsentation mehrere Gäste begrüßen, dann kommt der Etikettecode ins Spiel. Er hilft Ihnen zu entscheiden, wen Sie in welcher Reihenfolge und wie viele Gäste Sie namentlich begrüßen.

Grafik 7 Türöffner bei Präsentationen

Bei Interviews in Rundfunk und Fernsehen

> »Hundert Worte, die den Verstand
> beeindrucken, wirken nicht so tief, wie
> ein einziges Wort, das das Herz
> berührt.«
>
> *Thyde Monnier*

Interviews in Rundfunk und Fernsehen eröffnen Ihnen die Chance, Ihr Unternehmen, Ihr Angebot oder Ihr Wissen vor einem breiten Publikum zu präsentieren. Wann immer Sie diese Gelegenheit haben, nutzen Sie sie. Doch damit aus der Chance ein Erfolg und keine Blamage wird, beachten Sie bitte wichtige Punkte, die nachfolgend beschrieben sind. Eine Fernsehkamera ist gnadenlos. Ein Rundfunkmikrofon auch. In beiden Fällen kommen Sie genauso »rüber«, wie Sie im jeweiligen Augenblick auftreten und sprechen. Vor einem großen Publikum können Sie beispielsweise Schwächen Ihres Körper- oder Dresscodes so verbergen, dass sie zumindest in den hinteren Reihen nicht mehr wahrgenommen werden. Während längerer Gespräche haben Sie Zeit, missverständliche Formulierungen ins richtige Licht zu setzen. In Funk und Fernsehen gibt es keine hinteren Reihen und in der Regel auch relativ wenig Zeit. Und noch etwas ist für Ihren Erfolg unabdingbar: Lassen Sie sich nur zu Themen befragen, zu denen Sie über genügend Wissen verfügen. Interviews um der Publicity willen ohne genügend Fachwissen enden meist negativ für Sie.

Die wichtigsten Unterschiede zwischen Rundfunk- und Fernseh-Interview – und was diese für Sie bedeuten

Der deutlichste Unterschied zwischen einem Rundfunk- und einem Fernseh-Interview ist für Sie klar erkennbar: Beim Rundfunk-Interview können Sie nur gehört werden, beim Fernseh-Interview sieht Sie das Publikum zusätzlich. Dies hat unmittelbaren Einfluss darauf, über welche Möglichkeiten Sie verfügen, auf die Zuhörer beziehungsweise Zuschauer überzeugend zu wirken.

Auf den ersten Blick kann die Meinung entstehen: Beim Rundfunk-Interview muss ich erstens genauso sprechen wie beim Fernseh-Interview, nur kommt es zweitens nicht auf meinen Dresscode und drittens genauso wenig auf meinen Körpercode an. Der erste Punkt stimmt so nicht, der zweite stimmt und der dritte stimmt nur bedingt. Wieso ist dies so?

Sprechen müssen Sie in der Tat bei beiden Arten von Interviews. Damit Sie das Ziel Ihres Interviews erreichen, überzeugend zu wirken, ist jedoch Sprechen im Rundfunk nicht gleich Sprechen im Fernsehen. Denn beim Rundfunk-Interview bleibt Ihnen ausschließlich Ihr Sprachcode, um überzeugend zu wirken. Ihre Stimme, Ihre Betonungen und Ihre Inhalte sind das, was die Zuhörer von Ihnen wahrnehmen können. Da der optische Reiz im Rundfunk wegfällt, gewinnt der akustische an Gewicht. Gerade deswegen ist es wichtig, dass Sie im Rundfunk-Interview besonders auf Ihre Stimme achten. Sprechen Sie langsam und deutlich. Betonen Sie mit Ihrer Stimme die Teile Ihrer Aussage, die für Sie wichtig sind. Haben Sie den Mut, Pausen einzulegen – am besten dort, wo Ihnen der Inhalt besonders wichtig ist. Wenn Sie zudem mit Ihrer Stimme vor der Pause erkennen lassen, dass Ihr Statement noch nicht beendet ist, wird Ihnen der Moderator nicht ins Wort beziehungsweise in die Pause fallen. Und welchen Einfluss hat der Körpercode beim Rundfunk-Interview? Alles was Sie denken und empfinden, strahlt Ihr Körpercode aus. Zugleich spiegelt sich Ihr Körpercode auch in Ihrem Sprachcode wider. Wenn Sie verspannt sind, werden dies die Zuhörer an Ihrer Stimme hören. Wenn Sie nervös mit den Füßen oder Händen zappeln, wird dies in Ihrer Stimme hörbar sein. Die Zuhörer können im Klang Ihrer Stimme auch hören, ob Sie aufrecht sitzen beziehungsweise stehen oder ob Sie mit hängenden Schultern und eingefallenem Brustkorb ins Mikrofon sprechen.

Geben Sie dagegen ein Fernseh-Interview, so wirken Sie auf die Zuschauer umfassender, da Sie mehrere Signale aussenden können. Selbstverständlich kommt es auch hier auf langsames und deutliches Sprechen sowie auf genaues Betonen an. Ihr Sprachcode ist ein wichtiger Baustein dafür, wie Sie »rüberkommen«. Doch die Zuschauer am Bildschirm beurteilen Sie nicht nur nach Ihren Worten und Ihrem Stimmklang. Ihr Dresscode bestimmt hier ebenfalls den ersten Eindruck, den Sie hinterlassen. Ihr Körpercode – Ihre Mimik und Ihre Gestik, insbesondere auch Ihre Augenbewegungen – beeinflusst Ihren gesamten Auftritt. Aus den Ergebnissen der Gehirnforschung können Sie ableiten, dass in Konstellationen wie einem Fernseh-Interview der Inhalt Ihrer Aussagen vergleichsweise wenig zum Gesamtbild beiträgt, das die Zuschauer von Ihnen gewinnen. Ob Sie sympathisch oder überzeugend wirken, hängt außer von Ihrem Stimmklang besonders stark von Ihrem Dress- und vor allem von Ihrem Körpercode ab, jedenfalls solange Sie keine extremen und verwirrenden Aussagen von sich geben. Kleiden Sie sich passend fürs Fernsehen. Setzen Sie Ihre Gestik wohl dosiert ein. Was auf einer Bühne eine kaum wahrnehmbare Gestik ist, kann auf dem Bildschirm bereits unruhig und übertrieben wirken. Vermeiden Sie schnelle Handbewegungen. Je länger Ihr Interview dauert und je mehr Kameras im Einsatz sind, desto wahrscheinlicher wird es, dass außer Ihrem Kopf und Hals mehr von Ihrem Körper eingefangen wird, zum Beispiel verkrampfte oder nervös spielende Finger und Füße. Nehmen Sie an einer Diskussionsrunde im Fernsehen teil, dann können Sie sogar davon ausgehen, dass verräterische oder untermauernde Körpersignale den Weg auf den Bildschirm finden werden. Denken Sie bitte auch daran, dass Ihre Augen gerade auf dem Bildschirm sehr viel über Ihre Gemütsverfassung verraten. Sicher und souverän wirken Sie, wenn Sie entweder guten Blickkontakt mit dem Interviewer oder im Außenstudio mit der Kamera halten. Blicke an die Decke und zur Seite wirken unsicher und lassen vermuten, dass Sie getroffen oder ertappt worden sind. Kurze Blicke nach unten können Sie zum Nachdenken einsetzen.

Ein weiterer wichtiger Unterschied zwischen den beiden Medien ist der Ort, an dem Sie gehört oder gesehen werden. Je nach dem, zu welcher Sendezeit und in welchem Medium Ihr Beitrag ausgestrahlt wird, ändert sich die Konzentration der Zuhörer beziehungsweise Zuschauer. Sind Sie im Radio zu hören, dann wird Ihnen Ihre Fachzielgruppe am ehesten während des Frühstücks oder bei Autofahrten einigermaßen konzentriert zuhören. Sind Sie im Fernsehen zu sehen, dann sind die optimalen Sendezeiten am Abend und – mit Einschränkungen – im Frühstücksfernsehen. Je mehr Sie davon ausgehen können, dass sich Ihre Zielgruppe nicht vollständig auf Ihre Aussagen konzentrieren kann, umso mehr ist für Sie entscheidend, dass Sie in kurzen Sätzen sprechen, sowie klare Aussagen und eindeutige Botschaften formulieren. Versuchen Sie, Ihre Kernbotschaft mit einem Vergleich oder einem einfachen, bekannten Bild zu verbinden. Dies gilt erst recht dann, wenn Sie auch Menschen ansprechen wollen, die sich mit Ihrem Thema bislang noch nicht näher befasst haben, unabhängig davon, wo sie Ihnen zuhören. Oftmals fällt es vor allem sogenannten Experten schwer, Ihre Inhalte auch für den Durchschnittszuschauer verständlich zu formulieren.

Live-Interview contra Aufzeichnung – so meistern Sie beides

Interview ist nicht gleich Interview – weder vom Ablauf her noch von den Möglichkeiten und Gefahren, die sich Ihnen bieten. Es gibt zwei grundsätzliche Kategorien für Ihre Auftritte im Rundfunk und im Fernsehen: das Live-Interview und das aufgezeichnete Interview.

Live-Interview
Immer wieder spüre ich bei Führungskräften und Politikern in Einzelcoachings eine gewisse Sorge vor dem Live-Interview. Sie denken daran, dass etwas schiefgeht und sie damit ihren Auftritt vermasseln.

Aus eigener Erfahrung weiß ich, dass das Live-Interview die bessere der beiden grundsätzlichen Interview-Alternativen darstellt. Hier haben Sie es fast vollständig im Griff, wie Sie wirken und welchen Gesamteindruck Sie hinterlassen. Und nahezu immer wirken Sie in Live-Interviews überzeugender und natürlicher, da Sie sich besser konzentrieren als bei einer Aufzeichnung. Dies gilt natürlich nur, wenn Sie nicht vor Lampenfieber übernervös werden und dies mit Ihrem Körpercode und Ihrer Stimme verraten.

Versuchen Sie daher, wenn es möglich ist, Ihre Aussagen in einem Live-Interview zu vermitteln.

Sprechen Sie zudem mit dem Sender vorab den Rahmen des Interview-Themas und der Fragen ab. Doch bestehen Sie nicht darauf, einen verbindlichen Fragenkatalog zu erhalten. Selbst wenn der Sender zustimmen würde, ist das Ergebnis Ihres Auftritts meist nicht überzeugend. Erstens wirken vollständig abgesprochene Interviews statisch und langweilig. Zweitens kann es passieren, dass der Interviewer eine Frage stellt, die sich aus dem Gespräch heraus zwingend ergibt, die jedoch nicht abgesprochen ist. Wenn Sie darauf nicht gefasst sind, wird das Fernsehpublikum an Ihrem Körpercode merken, dass Sie unsicher oder überrascht sind. Es gibt Beispiele für Interviews, in denen eine nicht abgesprochene Frage den Befragten völlig aus der Bahn warf und damit sein Image und seine Wirkung sehr negativ beeinflusst hat. Besser ist es, wenn Sie sich vor dem Interview klar machen, wo Sie die Grenze ziehen zwischen den Inhalten, die Sie äußern wollen, und denjenigen, über die Sie schweigen wollen. Behalten Sie diese Grenze stets vor Augen, dann kann Ihnen auch eine überraschende Frage nichts anhaben. Mit einem passenden Sprachcode lenken Sie dann das Interview zurück auf Ihren abgesteckten Rahmen.

Vorteile des Live-Interviews

- Sie alleine bestimmen, wie Ihr Sprachcode wirkt. Ihre Aussagen werden nicht geschnitten.
- Sie bestimmen die Länge Ihrer Statements, außer der Moderator unterbricht Sie, wenn Sie zu lang sprechen.
- Beide, Sie und Ihr Interviewer, konzentrieren sich besonders gut.
- Wenn Sie entspannt bleiben, wirken Live-Interviews sehr lebendig und damit für das Publikum ansprechend.

Risiken des Live-Interviews

- Fehler gehen ungefiltert an die Zuhörer und Zuschauer.
- Ungewollte Formulierungen können nicht mehr ohne Weiteres zurückgeholt werden.
- Wenn Sie eine Frage auf dem falschen Fuß erwischt, werden Zuhörer und Zuschauer dies sofort merken, falls Sie ungeschickt reagieren.

Aufgezeichnetes Interview

Ein aufgezeichnetes Interview bietet nur dann die Vorteile des Live-Interviews, wenn die Aufzeichnung so gesendet wird, dass das ursprüngliche Gespräch zwischen Ihnen und dem Moderator oder Interviewer 1:1 wiedergegeben wird und dabei keine Passagen geschnitten werden.

Ansonsten gibt Ihnen die Aufzeichnung zwar die Möglichkeit, Fehler auszubessern, doch meistens wirken Sie in einer Aufzeichnung weniger präsent als bei einem Live-Interview, insbesondere nach mehreren Anläufen beim Aufzeichnen.

Vorteile des aufgezeichneten Interviews
- Fehler können ausgebessert werden, wenn das Statement erneut aufgenommen wird.
- Die Aufzeichnung kann an jeder Stelle unterbrochen werden, insbesondere auch dann, wenn Ihnen eine Frage zu kritisch erscheint oder Sie darauf keine Antwort wissen.

Risiken des aufgezeichneten Interviews
- Ihre Statements können geschnitten werden.
- Vor oder hinter Ihre Statements können Aussagen platziert werden, die Ihnen im Moment Ihrer Antwort nicht bekannt sind. Im schlimmsten Fall wird Ihre Antwort vom Sinn her entstellt.
- Je öfter Sie eine Antwort wiederholt aufzeichnen, umso schlechter wirken Sie in der Regel.
- Meistens sind Sie unkonzentrierter, da Sie wissen, im Zweifel können Sie Ihren Beitrag wiederholen.

Im Studio oder nicht – diese Punkte sind für Sie wichtig

Gleichgültig, ob Sie ein Live-Interview geben oder ob Ihre Worte aufgezeichnet werden und unabhängig davon, wo das Interview stattfindet: Stets gilt, dass Sie auf Ihr Publikum nur dann überzeugend wirken, wenn Sie mehr als Zahlen und Fakten von sich geben. Auch bei Interviews gelten die Zusammenhänge, die uns die Gehirnforschung zeigt. »Öffnen« Sie Ihre Zuschauer und Zuhörer. Sprechen Sie sie emotional an, sprechen Sie in Bildern und Vergleichen, lösen Sie gegebenenfalls Betroffenheit aus. Denn das Unterbewusstsein entscheidet, wie Ihr Publikum Sie bewertet. Dies gilt für Interviews von Unternehmensvertretern ebenso wie für solche von Politikern. »Der Köder muss dem Fisch schmecken« – und Ihrem Publikum »schmecken« am besten solche Häppchen, die es verstehen kann und die es in sein alltägliches Leben einordnen kann. Reden Sie auch in Interviews im übertragenen Sinne mit den Zuhörern und Zuschauern und nicht zu ihnen oder über sie hinweg. Und denken Sie daran: Nicht auf den Moderator oder Interviewer müssen Sie überzeugend wirken, sondern auf die Zuschauer. Beachten Sie dazu die im Abschnitt über den »Business-Sprachcode« aufgezeigten passenden Hilfen und Methoden: Verwenden Sie positive Formulierungen, vermeiden Sie Floskeln, sprechen Sie klar, deutlich und lebendig. Unpassend sind dagegen in der Regel Gegenfragen oder Fragen an den Interviewer. Ihre Aufgabe ist es, Antworten zu geben sowie Ihr Thema und sich selbst gut zu »verkaufen«. Verzichten Sie auch darauf, die Frage des Interviewers nochmals mit eigenen Worten Ihrer eigentlichen Antwort voranzustellen. Und stellen Sie sich niemals selbst vor.

Mit Ausnahme des Interviews im Hauptstudio laufen Sie Gefahr, dass Ihnen niemand hilft, Ihr Gesicht telegen aufzubereiten. Überlegen Sie deshalb, wenn Sie als Mann in einer exponierten Position stehen und öfters Interviews geben, ob Sie sich in Ihren Schreibtisch eine Puderdose mit den entsprechenden Make-up-Utensilien legen und das Schminken in Grundzügen üben. Frauen sind hier in der Regel besser ausgestattet.

Nachfolgend finden Sie Merkmale, die für ausgewählte unterschiedliche Arten von Interviews typisch sind. Diese Interviews können sowohl als Live-Schaltung als auch als Aufzeichnung stattfinden.

Das Interview im Hauptstudio

Immer wieder sagen mir meine Kunden, dass sie ein Interview am liebsten im Hauptstudio geben. Ich finde: zu Recht. Denn die Atmosphäre dort entspricht am ehesten der eines normalen Gesprächs. Sie sitzen Ihrem Interviewer gegenüber oder neben ihm, jedenfalls sehen Sie ihn direkt. Das Interview löst dadurch in der Regel weniger Stresshormone aus, als wenn Sie im Außenstudio lediglich zu einer Kamera sprechen. Zugleich wirken Sie natürlicher. Sie können es immer wieder beobachten, dass der Blick von Interviewpartnern, die zugeschaltet werden, oftmals starr und unbeweglich erscheint. Dies ist zwar von den Räumlichkeiten her nachzuvollziehen, doch letztlich bleibt beim Zuschauer ein Eindruck haften, der der jeweiligen Person nicht gerecht wird.

Beim Interview im Hauptstudio haben Sie häufig die Möglichkeit, Ihr Gespräch kurz vor der Sendung oder Aufzeichnung mit dem Moderator selbst nochmals durchzusprechen. Ihm wie Ihnen liegt daran, dass das Gespräch ein Erfolg wird. Deshalb wird er Sie unterstützen, wenn er spürt, dass Sie nervös oder unkonzentriert sind. Doch verlassen Sie sich darauf bitte nicht, denn es kann auch sein, dass der Moderator bereits auf Sendung ist, wenn Sie im Studio eintreffen oder aus der Maske kommen.

Die Maske ist ein weiterer Vorteil für ein Interview im Hauptstudio. Bevor Sie ins Hauptstudio gehen, werden Sie normalerweise nach allen Regeln der Kunst geschminkt. Dagegen werden Sie nur in manchen Außenstudios fachmännisch betreut, was Ihr Gesicht und seine Wirkung auf dem Bildschirm angeht. Auch wenn dies für den einen oder anderen Mann zunächst ungewohnt ist, nutzen Sie diese Möglichkeit unbedingt. Denn es stört Ihren Gesamteindruck sehr stark, wenn Sie mit glänzendem oder von Schweißperlen bedecktem Gesicht auf dem Bildschirm erscheinen. Der Zuschauer schreibt Ihnen unterbewusst weniger Kompetenz sowie Unsicherheit zu, wenn Sie schwitzen. Auch wenn Sie ein Mensch sind, der wenig bis selten schwitzt: Unterschätzen Sie bitte nicht die Wärme, die die Leuchten in einem Studio punktuell erzeugen, auch wenn dieses an sich klimatisiert ist.

Das Interview im Außenstudio

Interviews in einem Außenstudio sind häufig praktischer und mit weniger Aufwand verbunden, als wenn Sie ins Hauptstudio fahren. Dies jedenfalls dann, wenn Sie beispielsweise in Hamburg arbeiten und der Sender aus Köln sendet, wenn also zwischen dem Ort des Hauptstudios und Ihrem Arbeitsplatz eine größere Entfernung liegt.

Der Zuschauer sieht Sie bei dieser Art von Interview meist abwechselnd in einem kleinen Bildrahmen und im Vollbild. Die Fachleute sprechen gerne auch von einer »Butterfly-Schalte«, da die beiden kleinen Bildausschnitte mit Ihnen einerseits und dem Interviewer andererseits auf dem Bildschirm an die Flügel eines Schmetterlings erinnern.

Sie sitzen auf einem einsamen Stuhl oder stehen an einem Stehpult. Die Scheinwerfer sind auf Sie gerichtet, so dass Ihnen der restliche Raum sehr dunkel vorkommt. Häufig ist er auch wirklich in Schwarz gehalten, mit Ausnahme der grünen oder blauen Hintergrundwand. Sie suchen das Objektiv der Kamera und werden von der Regie über einen Ohrhörer dazu angehalten, in die Kamera zu blicken. Immer wieder kommt es auch vor, dass Sie dann, wenn der Interviewer seine Frage an Sie stellt, auf den Kontrollmonitor schauen sollen. Dies erzeugt beim Zuschauer den Eindruck, als ob Sie sich beide wirklich ansehen, wenn der Interviewer dann zugleich auf seinen Kontrollmonitor blickt.

Mit etwas Übung wird Sie diese Situation im Außenstudio nicht weiter stören. Gleichwohl besteht die Gefahr, dass Sie auf die Zuschauer weniger überzeugend als im Hauptstudio wirken. Denn im Außenstudio fehlt häufig eine professionelle Maske. Dies bedeutet, Ihre Stirn oder Ihre Nase können glänzen und Ihre Haut kann blass wirken. Zudem mag der anhaltende Blick in das Kameraobjektiv für Sie anstrengend sein, da es im Scheinwerferlicht manchmal nicht sehr deutlich zu erkennen ist. Dadurch wirken Sie angespannt und starr. Stellen Sie sich sicherheitshalber mental auch darauf ein, dass es Tonprobleme geben kann. Bleiben Sie ruhig, wenn Sie sich selbst zeitversetzt im Ohrhörer hören oder wenn gar die Tonleitung zum Hauptstudio unterbrochen wird. Sie können daran nichts ändern. Im letztgenannten Fall weisen Sie allerdings darauf hin, dass Sie keinen Ton auf dem Ohrhörer haben.

Der Ablauf des Interviews im Außenstudio geschieht normalerweise so, als ob Sie im Hauptstudio anwesend wären. Wenn Sie an der Reihe sind, wechseln sich die Fragen des Interviewers und Ihre Antworten ab.

Das Interview bei Ihnen im Büro

Auch wenn es technisch als Live-Schaltung realisierbar ist, wird das Interview in Ihrem Büro oder in einem geeigneten Raum in Ihrem Unternehmen normalerweise aufgezeichnet.

Wenn Sie Glück haben, werden Sie sowohl von einem Fragesteller, dem Kameramann und dem Tontechniker als auch von einer kompetenten Person für die Maske besucht. Falls Letzteres nicht der Fall ist, laufen Sie Gefahr, dass Ihr Gesicht zu stark glänzt und damit Ihren Eindruck auf die Zuschauer schmälert. Ein Make-up-Set in der Schreibtischschublade kann Ihnen helfen, Ihren optischen Eindruck zu verbessern.

Im Gegensatz zu den beiden zuvor beschriebenen Arten von Interviews gibt es beim Besuch in Ihrem Büro häufig eine Besonderheit: Da es darum geht, Ihren O-Ton zu einzelnen Themenpunkten aufzuzeichnen, kann es passieren, dass Ihnen nicht die Fragen gestellt oder die Überleitungen genannt werden, die nachher in der Sendung Ihren Antworten vorangestellt sind. Es kann vielmehr sein, dass der Interviewer Sie lediglich mit Stichworten oder sonstigen Formulierungen zu Ihrer Antwort animiert. Besonders bei dieser Art von Interview besteht die Gefahr, dass Ihre Antworten einen neuen Sinn erhalten, je nach dem, welche Frage oder welcher Bericht ihnen in der Sendung vorangestellt wird. Dies bedeutet für Sie umso mehr: Sprechen Sie Ihre Sätze kurz und vom Inhalt klar und unmissverständlich. Verzichten Sie auf Nebensätze. Geben Sie nur solche Antworten, die ausschließlich an »Sollbruchstellen« geschnitten werden können. Sie erreichen dies durch Ihre Stimm- und Atemführung.

Und selbstverständlich achten Sie darauf, dass Ihr Schreibtisch sich so zeigt, wie Sie ihn dem Fernsehpublikum gerne zeigen wollen. Auch daraus lassen sich Rückschlüsse auf Ihre Persönlichkeit ziehen. Selten ist der Besuch des Fernsehteams so spontan, dass Sie keine Zeit mehr haben, Ihre Umgebung »sendegerecht« zu gestalten. In vielen Unternehmen gibt es spezielle Medienplätze oder -räume, die ein geeignetes Umfeld für Ihr Interview bieten und dabei den Zuschauern zugleich einen guten Eindruck von Ihrem Unternehmen vermitteln.

Das Im-Vorbei-Gehen-Interview

Sie sind Vorstand oder Pressesprecher eines großen Unternehmens und auf dem Weg vom Auto zu einer von der Öffentlichkeit mit Spannung erwarteten Hauptversammlung oder Pressekonferenz. Sie sind Politiker und gehen in die nächste Sitzung. Solange Sie das jeweilige Gebäude nicht über einen Neben- oder Hintereingang betreten, treffen Sie fast immer auf eine mehr oder weniger große Zahl von Journalisten, die darauf warten, von Ihnen einen sogenannten O-Ton zu erhalten. Ich nenne diese Situation das »Im-Vorbei-Gehen-Interview«. Die Fragen werden Ihnen meist wild durcheinander zugerufen und diejenigen Journalisten, die vorne stehen, halten Ihnen im Gehen die Mikrofone hin.

Sie haben drei Möglichkeiten, um zu reagieren:

1. Sie gehen weiter und schweigen oder sagen »Kein Kommentar«.
2. Sie gehen weiter und sprechen dabei in die Mikrofone.
3. Sie bleiben stehen und beantworten einzelne Fragen oder äußern davon unabhängig Ihre Meinung.

Die entscheidende Frage für Sie lautet jeweils: Wie wirke ich auf die Zuschauer beziehungsweise auf die Zuhörer?

Im Rundfunk fällt die erste Möglichkeit nicht auf, außer der Moderator weist darauf hin, dass Sie eine Antwort verweigert haben. Im Fernsehen sehen die Zuschauer, dass Sie wortlos an den Mikrofonen vorbeigehen und die Journalisten und deren Fragen ignorieren. Soweit, so gut. Doch wenn Sie so reagieren, bewegen Sie sich immer hart an der Grenze zur Arroganz. Wenn nicht vom Umfeld her deutlich wird, dass Sie es wirklich sehr eilig haben, dann wird der Zuschauer aus Ihrem Vorbeigehen schließen, dass Sie es nicht nötig haben, sich an ihn zu wenden. Denn Sie wenden sich mit Ihren Statements stets in erster Linie an die Zuschauer und Zuhörer, erst in zweiter Linie an den Journalisten. Der Journalist versteht sich gleichsam als Mittler zwischen dem Publikum und Ihnen, häufig wird er auch als Anwalt des Publikums gesehen. Es kann zudem sein, dass das Publikum Ihnen unbewusst unterstellt, dass Sie etwas zu verbergen haben. Diese Verhaltensweise ist deshalb für Sie fast immer die schlechteste von den dreien.

Sprechen Sie, während Sie gehen, nehmen Sie zumindest eine der Fragen an, die Ihnen gestellt wurden. Doch auch bei dieser Möglichkeit wirken Sie alles andere als souverän. Erstens wird Ihre Stimme während des Gehens weniger gut klingen, als wenn Sie stehen bleiben – außer Sie haben Ihr Zwerchfell in einer Gesangs- oder Sprechausbildung geschult. Zweitens signalisieren Sie, dass Sie sich nicht die Zeit nehmen wollen oder können, für Ihre Worte stehen zu bleiben. Im Zweifel wird das Publikum davon ausgehen, dass Sie es nicht wollen. Und drittens geben Sie damit ein Bild ab, das beim Zuschauer den Eindruck hinterlässt, Sie nehmen ihn – repräsentiert durch die Journalisten – nicht ernst und fühlen sich als etwas Besseres. Je nachdem, welche Ziele Sie verfolgen, mag das mehr oder weniger relevant für Sie sein. Doch spätestens, wenn Sie als Unternehmensvertreter in eine schwierig zu kommunizierende Situation geraten und auf Verständnis angewiesen sind, oder wenn Sie als Politiker vor der nächsten Wahl wieder um Stimmen kämpfen, wird eine Reihe von Zuschauern ein unterbewusstes Bild von Ihnen erinnern: Das ist doch der, der sich zu schade war, der unhöflich genug war, wenigstens kurz ein paar Fragen zu beantworten. Damit erweist sich die zweite Verhaltensweise in der Praxis für Sie ebenfalls als wenig hilfreich.

Bleibt die dritte Möglichkeit. Wenn Sie ein Im-Vorbei-Gehen-Interview geben sollen, tun Sie es. Denn wer darum gebeten wird, hat fast immer eine solch wichtige und öffentlichkeitswirksame Funktion, dass er seinem Image schadet, täte er es nicht. Zeigen Sie sich offen und volksnah. Die Zuschauer wissen es zu schätzen. Allerdings versuchen Sie, auch in dieser Situation sinnvolle und überzeugende Worte zu finden. Es geht darum, dass Sie Ihre Kernbotschaft in aller Kürze auf den Punkt bringen. Es geht darum, dass Sie mit Ihrer Aussage Betroffenheit auslösen und damit für Ihren Standpunkt werben. Es geht darum, dass Sie auch in einer solchen Situation Ihrer Position und Funktion gemäß souverän wirken.

Das Interview im Freien

Interviews im Freien können Im-Vorbei-Gehen-Interviews sein oder vorbereitet an einem bestimmten Ort stattfinden. Sie kennen dies beispielsweise von den Sommerinterviews der Politiker, die den genauen Ort, an dem sie sich interviewen lassen, überlegt auswählen. Denn gerade bei Interviews im Freien spielt die Umgebung eine große Rolle, wie Sie auf den Zuschauer wirken. Vertrauen erzeugen Sie beispielsweise leichter, wenn die Umgebung zu Ihren Themen kompatibel ist.

Stellen Sie sich bitte vor, Sie sind Politiker und kämpfen in Ihrem Interview für den Naturschutz. Dann liegt nahe, das Interview auf dem Lande mit Bergen, Seen oder Wäldern im Hintergrund zu geben anstatt zwischen Häuserblocks in einer Großstadt.
Auch als Vertreter eines Unternehmens, das beispielsweise Babynahrung herstellt, wirken Sie im Interview deutlich überzeugender, wenn Sie dieses in einem Kindergarten, auf einem Spielplatz mit vielen Kindern und Eltern im Hintergrund oder im Gemüseanbaugebiet geben anstatt in Ihrem Büro.

Unterschätzen Sie bitte nicht, wie stark Sie mit der Wahl des Interviewstandorts das Unterbewusstsein der Zuschauer beeinflussen können. Auch die Werbung macht sich diesen Zusammenhang zu Nutze. Lassen Sie sich im Zweifel kompetent beraten.
Ansonsten gilt selbstverständlich auch bei dieser Interviewform, dass Sie Ihre Aussagen möglichst kurz, für die Zielgruppe gut verständlich und mit passender Mimik und Gestik unterstreichen.

Die Frage, ob Sie geschminkt werden oder nicht, klären Sie bitte im Vorfeld ab. Ähnlich wie im Studio durch die Scheinwerfer kann eine intensive Sonnenstrahlung Ihr Gesicht sehr stark zum Glänzen bringen.

Das Interview bei einer Veranstaltung

Übliche Anlässe für diese Interviewform sind Bilanzpressekonferenzen, Parteitage oder auch Messen. In manchen Fällen ist das Interview geplant, dann haben Sie im Vorfeld die Chance, sich vorzubereiten. Daneben werden von Ihnen hier ähnlich wie bei Im-Vorbei-Gehen-Interviews ad-hoc-Aussagen gefordert. Bitte beachten Sie die Punkte, die dort wichtig sind.

Denken Sie als Profi auch hier an die Maske. Wenn Sie absehen können, dass Sie interviewt werden, nehmen Sie eine professionelle Kraft mit zu der Veranstaltung oder lassen Sie sich vor der Veranstaltung ein passendes Make-up auflegen, das mehrere Stunden hält.

Das Telefon-Interview

Im Prinzip wirken beim Telefon-Interview dieselben Türöffner auf die Zuhörer wie beim Rundfunk-Interview: Ihr Sprachcode und indirekt Ihr Körpercode. Denn Ihr Körpercode ist einerseits der Spiegel Ihrer inneren Stimmung und Ihrer Gedanken, andererseits schlägt er sich in Ihrer Stimme nieder. Auch wenn er es nicht sieht, wird der Zuhörer es an Ihrer Stimme merken, ob Sie verkrampft am Telefonhörer sitzen oder ob Ihr Körper aufgerichtet ist. Er wird es auch hören, wenn Sie selbstsicher sind und wenn Sie am Telefon lächeln. Der Nachteil beim Telefon-Interview ist für Sie allerdings, dass die Sprachqualität selbst moderner Telefonanlagen nicht an die Qualität eines sehr guten Mikrofons heranreicht. Das bedeutet für Sie, dass Ihre Stimme verzerrt klingen kann. Die Botschaft, die Sie vermitteln wollen, wird dadurch in ihrer Wirkung geschwächt.

Vermeiden Sie deshalb, wann immer es geht, Telefon-Interviews. Auf sie treffen Sie sowohl im Rundfunk als auch im Fernsehen. Ziehen Sie stets ein persönliches Treffen mit dem Radioreporter beziehungsweise ein Interview mit laufendem Bild im Fernsehen vor.

Auch wenn es für Sie die Art von Interview mit dem geringsten Aufwand zu sein scheint, ist das Telefon-Interview für eine positive und überzeugende Wirkung doch relativ wenig geeignet.

Das ausgiebige Einzel-Interview

Wenn Sie zu den absoluten Spitzen von Wirtschaft oder Politik zählen oder eine dieser Positionen anstreben, kann es Ihnen passieren, dass Sie ein ausführliches Interview über beispielsweise 30 Minuten geben können. Es kann sowohl in einem Studio, bei Ihnen im Unternehmen oder im Büro als auch im Freien stattfinden. In den meisten Fällen wird ein ausgiebiges Einzel-Interview aufgezeichnet. Beim Einzel-Interview gelten für Sie die Sprachcodes ähnlich wie bei normalen Gesprächen. Sie gehen hier mit dem Interviewer eine engere Bindung ein als bei einem Zwei-Minuten-Interview. Es entwickelt sich in der Regel ein einigermaßen normales Gespräch. Während dieser Zeit haben Sie die Gelegenheit, unterschiedliche Facetten Ihres Themas und Ihrer Person zu präsentieren. Doch achten Sie bitte auch bei diesem Interview darauf, dass Sie vor allem auf das Publikum überzeugend wirken.

So wirken Sie bei engen Zeitvorgaben überzeugend

Sie kennen das: Jemand soll in wenigen Sekunden einen komplexen Sachverhalt erklären, um die Zuhörer oder Zuschauer für sein Anliegen überzeugend zu »öffnen«. Dies gelingt selten. Es erfordert einen speziellen Sprachcode, um dieses Ziel zu erreichen.

Gerade hier können Sie die Ergebnisse der Gehirnforschung für sich nutzen. Sie wissen, dass Bilder besser im Gedächtnis haften bleiben als nüchterne Worte. Sie wissen, dass kurze Sätze besser zu verstehen sind als lange.

Sie wirken bei sehr kurzen Interviews oder Statements dann überzeugend, wenn es Ihnen gelingt,

- Ihre Kernbotschaft mit einem Bild oder einem Vergleich in einem Satz zu formulieren.
- sich nicht in Fachdetails zu verlieren. Der Zuschauer versteht diese häufig nicht.
- bei Ihrer Antwort auf jeden Fall Ihre Kernbotschaft zu platzieren, gegebenenfalls auch leicht an der Frage des Interviewers vorbei.

Bis heute sind im Gedächtnis der Zuschauer Bilder präsent, die bereits vor mehreren Jahren in Interviews oder Pressekonferenzen gesagt wurden: »Peanuts«, »bellende Hunde und Kamel-Karawanen«, »blühende Landschaften« und viele mehr.

Ihre Gestik und Mimik im Fernsehen

Wie zuvor angedeutet, wirkt Ihre Gestik und Mimik im Fernsehen völlig unterschiedlich im Vergleich dazu, wenn Sie auf einer Bühne sprechen. Machen Sie sich dies zu Nutze.

Sprechen Sie in einem Saal, so benötigen Sie eine an die Saalgröße angepasste Gestik. Im Fernsehen dagegen wird durch die Zoomfunktion der Kamera jede Bewegung in Ihrer Wirkung gleichsam potenziert. Ob Sie leicht mit den Augen zwinkern – der Zuschauer sieht es. Ob Sie unruhig auf Ihrem Stuhl sitzen oder im Stehen leicht seitlich schwanken – für den Zuschauer sind es deutliche Signale gegen Sie.

Gehen Sie deshalb sparsam mit Ihrer Gestik und Mimik um, wenn Sie ein Fernseh-Interview geben. Versuchen Sie, zur Situation passende Gesten einzusetzen. Oftmals können Sie auf Gesten sogar ganz verzichten, da Sie lediglich mit Ihrem Kopf und einem Teil Ihres Oberkörpers auf dem Bildschirm erscheinen. Fragen Sie am besten vor dem Interview, wie die Regie Sie einblenden will. Sie zeigen ein stimmiges Bild von sich, wenn Ihr Sprachcode und Ihr Körpercode übereinstimmen. Zeigen Sie keine Gesten und keine Mimik, so hinterlassen Sie einen steifen und abweisenden Eindruck. Gerade durch Ihre Mimik können Sie auf dem Bildschirm Ihre Aussagen und Inhalte unterstreichen. Blicken Sie grundsätzlich freundlich und entspannt. Anderenfalls – außer Sie sind zu Recht verärgert – werden Sie die Zuschauer als tendenziell abweisend empfinden. Beachten Sie die Hilfen, die Sie im Abschnitt zum »Business-Körpercode« finden.

Der Blickkontakt kann sowohl zur Kamera als auch zum Interviewer gehen. Im ersten Fall fühlen sich die Zuschauer unmittelbar angesprochen, im zweiten Fall sehen sie sich als stumme Betrachter eines Gesprächs. Auch hier erhalten Sie in der Regel von der Regie eine Anweisung, wohin Sie während des Interviews blicken sollen.

Diese Kleidung stört im Fernsehen

Sie geben ein Fernseh-Interview. Wenn Sie dies rechtzeitig erfahren, können Sie Ihren Dresscode daran ausrichten. Schwierig kann das Thema »Kleidung« dann werden, wenn Sie überraschend zu einem Interview gebeten werden. Haben Sie nun die »falsche« Kleidung an, so können die Signale Ihres Dresscodes im schlimmsten Fall den Gesamteindruck zerstören, den Sie bei den Zuschauern hinterlassen.

Daher empfiehlt es sich für Sie in entsprechenden Positionen und Funktionen, im Büro stets TV-kompatible Kleidung in Reserve aufzubewahren.

Denn es gibt Kleidungsstücke, die nicht ins Fernsehen passen – und dies nicht aufgrund von Dresscode-Leitlinien, sondern schlichtweg aus technischen Gründen. Die Optik von Kameras in Verbindung mit dem meist gut ausgeleuchteten Umfeld bringt es mit sich, dass weiße Stoffe sehr stark zurückstrahlen. Gestreifte und klein gemusterte Sakkos, Hemden, Krawatten oder Tücher führen häufig am Bildschirm zu unruhig wirkendem Flimmern. Vermeiden Sie bei Ihrem Anzug das Glencheck-Muster. Bei Kombinationen sind häufig am Jackett Muster wie »Shepherd's Check«, »Hahnentritt« oder »Fischgrat« üblich. Vermeiden Sie auch solche Muster unbedingt, wenn Sie im Fernsehen auftreten. Denn auch sie flimmern und wirken auf den Zuschauer störend.

Richten Sie Ihre Kleidung nach dem in diesem Buch beschriebenen Business-Dresscode aus, haben Sie keine Probleme mit der Kameraoptik, solange Ihre Krawatten und Einstecktücher beziehungsweise Schals oder Tücher keine kleinen Muster aufweisen. Tragen Sie am besten einfarbige Hemden oder Blusen – hellblau, beige oder cremefarben. Ein sehr dezentes Hellgrau wirkt auf dem Bildschirm meistens weiß, allerdings nicht so grell wie reines Weiß.

Doch selbst dann kann es vorkommen, dass Ihre Kleidung nicht zum Medium Fernsehen passt. Dies dann, wenn Sie in einem Außenstudio und nicht zusammen mit dem Interviewer im Hauptstudio sitzen. Denn in Außenstudios ist es die Regel, dass ein geeignetes Hintergrundbild mit den Mitteln der Technik eingeblendet wird, welches Sie im Studio zunächst nicht sehen. Sie sehen im Studio entweder einen blauen oder einen grünen Hintergrund, vor dem Sie stehen oder sitzen. Mit diesen blauen oder grünen Flächen können Bilder eingespielt werden, die nur der Zuschauer am Bildschirm sieht. Befindet sich das Außenstudio in München, so sehen die Zuschauer häufig die Türme der Münchener Frauenkirche, von Köln beispielsweise die Rheinuferpassage mit dem Dom und so weiter. Ein Problem kann dann entstehen, wenn Sie ein Kleidungs- oder Accessoirestück tragen, welches die identische Farbe wie der Studiohintergrund aufweist. Dann verschwindet auf einmal Ihre grüne Krawatte oder Ihr blaues Tuch und der Zuschauer sieht an dieser Stelle einen Teil des Hintergrundbildes. Die TV-Techniker können dies bis zu einem gewissen Grad versuchen zu verhindern. Mittlerweile gilt dies auch für manche Hauptstudios: Außer einem mehr oder weniger langen Tisch zeigt das Studio einen einfarbigen Hintergrund und sogar Fußboden – mit demselben Ziel, flexibel Bilder einblenden zu können. Sicherheitshalber fragen Sie vorab nach dem Studiohintergrund.

Werden Sie in Nahaufnahme und bildschirmfüllend gesendet, so bleibt dem Zuschauer im Zeitalter relativ großer Bildschirme kaum etwas verborgen von dem, was Sie an sich tragen und wie Sie es tragen. So fallen ungeputzte Brillen bei einem Vortrag kaum auf, im Fernsehen dagegen wirkt Ihre ungeputzte Brille negativ, was Ihr gesamtes Image in Frage stellen kann. Ebenso werden »Sünden« beim Dresscode wie eine gelockerte Krawatte, ein dazu noch geöffneter oberster Hemdknopf oder der zu weite Kragen eines Jacketts in ihrer Wirkung im Fernsehen potenziert – und dies nicht zu Ihren Gunsten.

Doch andersherum funktioniert das Potenzieren selbstverständlich auch: Erscheinen Sie korrekt und sauber gekleidet und erfüllen Sie die Erwartungen, die an Ihre Position und Funktion gestellt werden, dann wirken Sie auf den Zuschauer bereits kompetent und überzeugend, bevor Sie überhaupt ein Wort gesprochen haben. Nutzen Sie diesen Effekt für sich.

So wichtig sind die einzelnen Türöffner bei Rundfunk-Interviews

Im Rundfunk sind Sie beim Interview nur zu hören, Sie werden nicht gesehen. Insofern spielt Ihr Dresscode keine unmittelbare Rolle dafür, wie Sie auf die Zuhörer wirken. Kommen Sie trotzdem Ihrer

Position oder Funktion angemessen zum Rundfunk-Interview, denn Ihr Äußeres strahlt auf Ihr Inneres ab und dieses wiederum auf Ihre Stimme. Beachten Sie den Etikettecode, wenn Ihr Interviewpartner und Sie sich zu Beginn am Mikrofon begrüßen. Hat er einen akademischen Grad? Oder hat er mehrere? Sprechen Sie ihn korrekt an. Bleiben Sie locker und entspannt, denn Ihr Körpercode – auch wenn dieser von den Zuhörern nicht gesehen werden kann, beeinflusst Ihren Sprachcode. Der wichtigste Code beim Rundfunk-Interview ist der Sprachcode. Nur mit Ihrer Stimme und deren Klang sowie mit Ihren Inhalten wirken Sie direkt auf die Zuhörer.

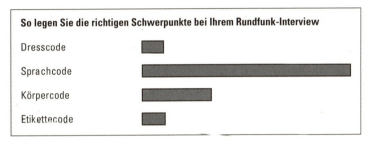

So legen Sie die richtigen Schwerpunkte bei Ihrem Rundfunk-Interview

Dresscode

Sprachcode

Körpercode

Etikettecode

Grafik 8 Türöffner beim Rundfunk-Interview

So wichtig sind die einzelnen Türöffner bei Fernseh-Interviews

Wie in anderen Situationen des Geschäftslebens gilt auch für Fernseh-Interviews: Geben Sie ein stimmiges Bild von sich ab. Der beste Dresscode nützt nichts, wenn Sie Inhaltsmüll sprechen. Und genauso verfehlen geschliffene und qualitativ wertvolle Worte ihre Wirkung, wenn Sie sich mit einem nachlässigen Dresscode präsentieren. Mit Ihrem Dresscode und Ihrem Körpercode bestimmen Sie den ersten Eindruck, den Sie am Bildschirm hinterlassen. Ihr Körpercode ist zudem dafür entscheidend, ob Ihre Worte glaubhaft wirken. Der Etikettecode ist wie beim Rundfunk-Interview insbesondere dann wichtig, wenn Sie Ihren Interviewpartner begrüßen. Achten Sie bitte darauf, dass Ihre Gesten und Ihre Mimik zu Ihren Worten passen und Ihre Kleidung zu Ihrer Funktion passt.

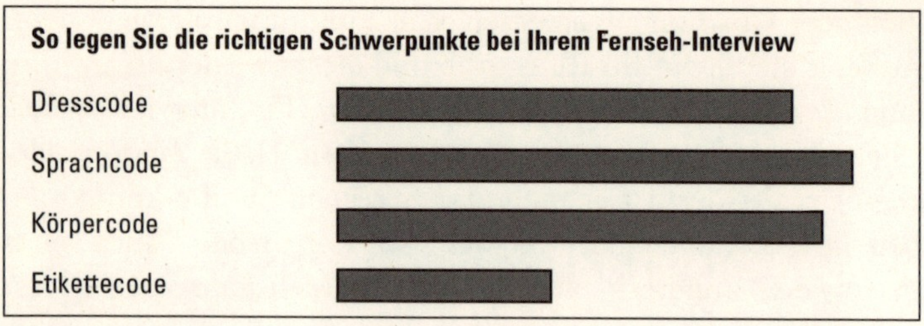

So legen Sie die richtigen Schwerpunkte bei Ihrem Fernseh-Interview

Dresscode

Sprachcode

Körpercode

Etikettecode

Grafik 9 Türöffner beim Fernseh-Interview

Dank

Ein erfolgreiches Buch benötigt starke Wurzeln, die es entstehen lassen sowie anschließend halten und tragen.

Ich danke allen, die in diesem Sinne als Wurzel für dieses Buch gewirkt haben und weiter wirken. Insbesondere danke ich Frau Jutta Hörnlein für ihre inspirierende Lektorenarbeit sowie dem gesamten WILEY-VCH Verlag für seine tragende Funktion. Ich danke meiner Familie für die Zeit, die sie mir geschenkt hat, dieses Buch zu schreiben. Ich danke meinen Seminarteilnehmern und allen, die ich individuell beraten durfte und darf, für ihre hilfreichen Impulse, die sie mir immer wieder geben.

Und ich danke Ihnen, verehrte Leserinnen und Leser, dass Sie dieses Buch gekauft haben. Empfehlen Sie es bitte weiter. Dafür danke ich Ihnen bereits im Voraus.

Literaturverzeichnis

Altmann, Hans Christian: *Die neuen Spielregeln im Verkauf.* WILEY-VCH Verlag GmbH & Co. KGaA, Weinheim, 2009

Baum, Thilo: *Komm zum Punkt!* Eichborn Verlag, Frankfurt am Main, 2009

Bonneau, Elisabeth: *Der große GU Knigge.* Gräfe und Unzer Verlag, München, 2008

Bonneau, Elisabeth: *300 Fragen zum guten Benehmen.* Gräfe und Unzer Verlag, München, 2007

Bonneau, Elisabeth: *Stilvoll zum Erfolg.* Hoffmann und Campe Verlag, Hamburg, 2008

Bredemeier, Karsten: *Provokative Rhetorik? Schlagfertigkeit!* Orell Füssli Verlag, Zürich, 1996

Danz, Gerriet: *Neu präsentieren.* Campus Verlag GmbH, Frankfurt am Main, 2010

Detroy, Erich-Norbert: *Sich durchsetzen in Preisgesprächen und Preisverhandlungen.* mi-Wirtschaftsbuch, FinanzBuch Verlag GmbH, München, 2010

Dudenredaktion: *Duden – das Synonymwörterbuch.* Bibliographisches Institut & F.A.Brockhaus AG, Mannheim, 2007

Dudenredaktion: *Duden – das Bedeutungswörterbuch.* Bibliographisches Institut & F.A. Brockhaus AG, Mannheim, 2002

Fenner, Uwe: *Erfolgreich mit Stil.* Linde Verlag, Wien, 2009

Freiherr von Knigge, Adolph: *Über den Umgang mit Menschen / Über Eigennutz und Undank.* Anaconda Verlag, Köln, 2005

Geffroy, Edgar K.: *Das große Geffroy Top-Verkäufer-Handbuch.* Campus Verlag GmbH, Frankfurt/Main, 2008

Goldmann, Heinz M.: *Wie man Kunden gewinnt.* Cornelsen Girardet, Düsseldorf, 1990

Gordon, Thomas: *Managerkonferenz.* Wilhelm Heyne Verlag, München, 1989

Härter, Gitte: *Erfolgreich verhandeln – live.* Rudolf Haufe Verlag GmbH & Co. KG, München, 2006

Häusel, Hans-Georg: *Brain View.* Haufe Verlag, Planegg/München, 2008

Häusel, Hans-Georg: *Emotional Boosting.* Haufe-Lexware GmbH & Co. KG, 2010

Hofmann, Markus: *Hirn in Hochform.* Verlag Carl Ueberreuter, Wien, 2009

Lay, Rupert: *Führen durch das Wort.* Ullstein Verlag, Frankfurt/M., Berlin, 1991

Lay, Rupert: *Dialektik für Manager.* Georg Müller Verlag, München, 1987

Leanne, Shel: *Sag's wie Obama.* Linde Verlag, Wien, 2009

Madeja, Michael: *Das kleine Buch vom Gehirn.* Verlag C.H. Beck, München, 2010

Molcho, Samy: *Körpersprache.* Wilhelm Goldmann Verlag, München 1998

Molcho, Samy: *Alles über Körpersprache.* Wilhelm Goldmann Verlag, München 2001

Molcho, Samy: *Körpersprache des Erfolgs.* Ariston Verlag 2010

Neumann, Reiner; Ross, Alexander: *Souverän auftreten.* Carl Hanser Verlag, München, 2009

Pöhm, Matthias: *Vergessen Sie alles über Rhetorik.* mvg Verlag, Frankfurt am Main, 2002

Pöhm, Matthias: *Nicht auf den Mund gefallen!* mvg Verlag, München, 2004

Pöhm, Matthias: *Präsentieren Sie noch oder faszinieren Sie schon?* mvg Verlag, München, 2006

Puntsch, Eberhard: *Witze, Fabeln, Anekdoten.* mvg Verlag, München, 1991

Rückle, Horst: *Körpersprache für Manager.* verlag moderne industrie, Landsberg/Lech, 1986

Ruhleder, Brigitte: *Umgangsformen im Beruf.* GABAL Verlag GmbH, Offenbach, 2001

Ruhleder, Rolf H.: *Rhetorik, Kinesik, Dialektik.* Verlag Norman Rentrop, Bonn, 1991

Ruhleder, Rolf H.: *Verkaufen Klassik:* GABAL Verlag GmbH, Offenbach, 2001

Scheier, Christian; Held, Dirk: »Neue Sichtweisen«. In: *Absatzwirtschaft – Zeitschrift für Marketing* 11/2007

Schneider, Wolf: *Deutsch für Profis.* Gruner + Jahr, Hamburg

Schüch-Schambuck, Irmie: *dresscode man.* Lesethek Verlag, Wien, 2010

Schulz von Thun, Friedemann: *Miteinander reden 1.* Rowohlt Taschenbuch Verlag, 1992

Simrock, Karl: *Die deutschen Sprichwörter.* Patmos Verlag, Albatros Verlag, Düsseldorf, 2003

von Trotha, Thilo: *Reden professionell vorbereiten.* Walhalla und Praetoria Verlag, Regensburg, 2010

Stichwortverzeichnis